Barbara Kündiger/Dieter Weigert

Der Adler weicht der Sonne nicht
300 Jahre Berliner Garnisonkirche

Barbara Kündiger/Dieter Weigert

Der Adler weicht der Sonne nicht
300 Jahre Berliner Garnisonkirche

Bibliografische Information der Deutschen Bibliothek
Die Deutsche Bibliothek verzeichnet diese Publikation in der Deutschen Nationalbibliografie; detaillierte bibliografische Daten sind im Internet über **http://dnb.ddb.de** abrufbar

Dieses Werk ist urheberrechtlich geschützt. Jede Verwertung außerhalb der engen Grenzen des Urheberrechtsgesetzes ist ohne Zustimmung des Verlages unzulässig und strafbar. Dies gilt insbesondere für Vervielfältigungen, Übersetzungen, Mikroverfilmungen sowie die Einspeicherung und Verarbeitung in elektronischen Systemen.

Copyright © 2004 by Berlin Edition
In der Quintessenz Verlags GmbH, Berlin

Umschlaggestaltung: Valeriy Ivankov
Herstellung: Jens Girke
Lektorat: Bernhard Thieme
Druck- und Bindearbeiten: Mayr Miesbach, Miesbach

ISBN 3-8148-0128-8

Abbildungsnachweis

Biblio Verlag Osnabrück: 109, 110; Deutsches Historisches Museum: 105; Evangelisches Zentralarchiv Berlin: 73a, 73b; Familienarchiv von Arnim: 111; Familienarchiv Finck von Finckenstein: 121, 122; Familienarchiv von der Hagen 106, 107; Familienarchiv von Stülpnagel 112, 113, 114; Förderverein Alter Berliner Garnisonfriedhof e. V.: 3, 4, 8, 13, 14, 17, 24, 25, 26, 28, 29, 31, 33, 35, 39, 40, 41, 45, 46, 47, 49, 50, 52, 54, 58, 59, 59a, 60, 61, 62, 64, 66, 67, 68, 70, 71, 72, 73, 74, 76, 78, 90, 91, 92, 95, 96, 108, 112, 115, 116, 117, 118, 119, 120, 123; Gleimhaus Halberstadt: 53; GStAPK Berlin, VIII, MKB: 7, 12, 30, 55, 56, 57, 89; Kupferstichkabinett Berlin PK: 4, 6, 15, 80-85, 87, 88, 97-104; Landesarchiv Berlin: 77; Landesdenkmalamt Berlin: 2, 16, 21, 63, 75, 79, 90a; Nicolai-Verlag: 18, 20; Potsdam Museum: 44; Staatbibliothek Berlin Preußischer Kulturbesitz, Kartenabteilung: 1, 9, 10, 11, 22, 42, 43, 48, 93-96, Abteilung Historische Drucke: 27, 32, Handschriftenabteilung: 23, Musikabteilung: 86; Staatl. Institut für Musikforschung Berlin: 34; Stiftung Stadtmuseum Berlin: 5, 19, 36, 37, 38, 51, 69; Tscheschner, Dorothea: 65

Inhalt

Klaus Duntze
Ob auch Kriegsleute seligen Standes sein können (Martin Luther) 7

Barbara Kündiger
Spurensuche und Fundstücke 17
    Ein Platz ohne Gebäude
    Die letzten Originale
    Ein authentischer Ort – der Alte Berliner
    Garnisonfriedhof
    Die Garnisonkirche im Stadtbild

Dieter Weigert
**Miles Perpetuus –
350 Jahre stehendes Heer in der Mark** 24
    „Gut gebetet ist immer halb gesiegt"
    „Aber die auf den Herrn harren, kriegen neue Kraft,
    daß sie auffahren mit Flügeln wie Adler"

Barbara Kündiger
Der erste Kirchenbau für die Garnison 32
    Die Garnisongemeinde zu Gast
    Exkurs: Der König ließ bauen
    Die erste Garnisonkirche –
    Ort, Grundsteinlegung und Baumeister
    Grundriss, Ansicht und Details
    Das Kircheninventar
    Kontroversen im zeitlichen Umfeld der ersten
    Garnisonkirche
    Profanbauten der Garnison:
    Schule, Wohnungen und Lazarett

Dieter Weigert
**Berliner Feldprediger
unter dem Soldatenkönig** 53
    „Ich kahn och kein Lateinisch. Friedrich Wilhelm"
    Lampertus Gedicke

Barbara Kündiger
Die Pulverturmexplosion 60
    Der unheilvolle 12. August 1720
    Drei Augenzeugen, drei Berichte

Dieter Weigert
Im Namen Gottes? 67
    Nachdenken über Gottes Strafgerichte
    „Bellum mihi est malum malorum"
    „Amos kam ja auch vom Dorfe her" –
    Die Radikalen
    Vielseitig und unentdeckt –
    Johann Friedrich Walther

Barbara Kündiger
Die neue Kirche 73
    Von der Zwischenlösung bis zum zweiten Bau
    Der Baumeister, die zweite Kirche und ihr Inventar
    Exkurs: Berliner Askese und Potsdamer Pracht –
    zwei ungleiche Schwestern
    Profanbauten mit Privileg
    Der Kirchensaal als Traditionsort,
    der Kirchenboden als Kleiderkammer

Dieter Weigert
Garnisongemeinde und Garnisonschule 84
    „Indem ich nicht gewillt bin, aus schlechten Menschen
    Pröbste zu machen … Friederich
    „Gelehrt" oder „nur vernünftig" –
    Soldatenkinder im Unterricht
    Die Alten Garnisonkirchhöfe
    Trauerfeiern für große und kleine Helden
    Probleme mit der Königlichen Baukasse

Dieter Weigert
1792–1794 – „Der ganze Krieg ist ein politischer Rechnungs Fehler 101
    Valmy
    Warschau und Thorn

Barbara Kündiger
Umbauten, Zerstörungen und Abriss 106
    Vom Provisorium zur klassizistische Umgestaltung
    Dachkreuze mit Blitzableiter
    Von der Rekonstruktion zur neobarocken Gestalt
    Exkurs: Neue Kirchen für die Garnison
    Der Brand 1908
    Brandbomben und Zentrumsplanung

Dieter Weigert
Pfarrer und Bürger 118
    Kirchlicher Alltag und Revolution
    Adolf Sydow –
    zum Wehrdienstverweigerer geboren
    Dankgottesdienste und Kirchenkonzerte
    Emil Frommel – von Karlsruhe zum Kaiser

Dieter Weigert
Nach dem Krieg ist vor dem Krieg – Prediger an die Front 126
    Feldpropst Schlegel
    Feldbischof Dohrmann
    Das Ende

Barbara Kündiger
Bildwelten und Klangbilder 134
    Aus dem Kircheninventar:
    Malerei und Plastik 134
        Unverwüstlich –
        der Taufstein von Andreas Schlüter

    Heldenverehrung – Gedächtnisbilder für Offiziere des
    Siebenjährigen Krieges von Christian Bernhard Rode
    Ein ungeklärter Fall: „Christus am Kreuz"
    von Karl Wilhelm Wach
    Ein königlicher Auftrag: „Christus am Ölberg"
    von Karl Begas
    Von der Akademie empfohlen: „Christus vor Pilatus"
    von Wilhelm Hensel
    „Marmor-Altar unter glänzendem Dache" –
    der Altar von Friedrich August Stüler
    Thorwaldsen als Vorbild – „Christus"
    von Anton von Werner

Orgeln – Attraktionen für Auge und Ohr ... 153
    Vom gemieteten Positiv zur bescheidenen
    Werner-Orgel
    Der bewegte Prospekt – die Röder-Orgel
    Der Prospekt als Bühne – die Wagner-Orgel
    Die Konzertorgel – die Sauer-Orgel
    Exkurs: Röder, Wagner, Sauer in Berlin-Brandenburg

**Kirche und Personen –
skizziert und porträtiert** 164
    „Das ist Keith, den erkenne ich" –
    Gruftstudien von Adolph Menzel
    Franz Skarbinas Gruftstudien
    Im Porträt: Garnisonpfarrer Emil Frommel

Dieter Weigert
Märker in den Grüften 172
    Die Herren des Havellandes
    Drei Ehrungen für einen von Arnim und acht Hektar
    Bodenreformland für Frau von Stülpnagel
    Zwei Residenzen
    Lebus und die Herren an Oder und Spree
    Das Rittergut Cunersdorf, das KZ Buchenwald
    und der Abschuss von Orjol
    Brüder und Vettern in Preußen
    Die Schulenburgs auf Lieberose

Anhang 183
    Verzeichnis der in den Grüften beigesetzten Personen
    Personenregister
    Literatur

Nachwort 207

Klaus Duntze

Ob auch Kriegsleute seligen Standes sein können (Martin Luther)

Mit diesem Buch wird der 300-jährigen Geschichte eines Gotteshauses gedacht, das in der brandenburgisch-preußischen Geschichte einen besonderen Platz einnimmt: der Berliner Garnisonkirche. Aber geblieben ist nur der Standort vor dem Hackeschen Markt – heute eine Grünanlage –, von dessen Bedeutung niemand etwas wüsste, stünde da nicht das Schild: Garnisonkirchplatz. Die Teilruine wurde 1962 gegen den Protest des Kulturbundes und der Denkmalpflege abgetragen; dieser Traditionsort des preußischen Militärwesens passte nicht in das Selbstverständnis eines sozialistischen deutschen Staates und seiner friedliebenden Gesellschaft; im Abriss schicksalsgleich der Potsdamer Schwester.

Und in der Tat ein höchst ambivalenter Ort, im Grundsätzlichen ebenso wie im Konkret-Historischen. Denn eine Kirche, ausschließlich dem Krieg und dem Kriegswesen gewidmet, wirft die fast aporetische Frage auf, wie denn das Christentum, diese erklärte Religion der Liebe und des Friedens, es mit der organisierten Gewalt nach innen wie nach außen hält. „Selig sind die Friedfertigen, denn sie werden Gottes Kinder heißen"; „Liebet eure Feinde, tut wohl denen, die euch hassen, segnet, die euch verfluchen; bittet für die, die euch beleidigen, und wer dir auf die rechte Backe schlägt, dem biete auch die linke dar". Schon einige dieser biblisch-neutestamentlichen Kernworte zeigen die Ernsthaftigkeit der Frage nach der Rechtfertigung von Gewalt, nach der Anrufung des Christengottes fürs Schlachtenglück und nach der geistlichen Legitimität einer Waffensegnung und dem „Gott mit uns" auf Koppelschlössern. Und so spannt sich ein Bogen von der Haltung der Urgemeinde, dass es für einen Anhänger Jesu Christi schlechterdings unmöglich sei, den Soldatenberuf zu ergreifen, bis zu der strikten Ablehnung jeden Waffendienstes durch die Quäker und andere christliche Gruppen unserer Tage, nicht zu vergessen die wachsende Zahl der Kriegsdienstverweigerer aus biblisch motivierten Gewissensgründen.

Dazwischen liegt eine zweitausendjährige Geschichte christlichen Pazifismus, des immerwährenden Bemühens, den Forderungen Gottes gerecht zu werden, wie sie in Leben und Lehren Jesu von Nazareth manifest geworden sind – angesichts einer Realität, die sich als eine Blutspur der Gewalt, Zerstörung und Grausamkeit durch die Geschichte der Menschen und Völker zieht. Denn auch für die Christen war die Situation der Urgemeinde, die täglich auf die Wiederkunft ihres Herren wartete und der Welt keine Zukunft mehr gab, eine allzu bald illusorische – die Mühen der Ebene taten sich auf, die Frage, wie denn man sich in der Welt einrichten solle und könne angesichts weltlicher Mächte, die das Leben des Einzelnen ebenso bestimmten wie die Geschicke der Völker. Da war der Kaiser, der als Repräsentant der weltweiten Ordnung und der Pax Romana göttliche Ehrungen beanspruchte, da waren die alten Religionen und Kulte, die heidnischen, die jüdische, da war Widerstand bis zum

Martyrium angesagt. Noch um 200 nach Christus hatte der Kirchenvater Tertullian dem Kriegsdienst der Christen eine strikte Absage erteilt. Ich zitiere aus seiner Schrift „Vom Kranze des Soldaten": „Können wir Treue schwören einem anderen Herrn als Christus? Ist es erlaubt, das Schwert zu ziehen, wo doch Christus sagte: Wer das Schwert nimmt, soll durch das Schwert umkommen? Soll ein Sohn des Friedens an einer Schlacht teilnehmen, obwohl er doch nicht einmal einen Prozess führen darf? Wird er vor den Tempeln Wache stehen, denen er doch entsagt hat?" Aber die wachsende Anhängerschaft in allen Teilen des römischen Reiches nährte ein wachsendes Selbstbewusstsein der Christen, stärkte den gesellschaftlichen Einfluss, bis anno 312 der Kaiser Konstantin die Symbole Christi auf die Fahnen seines Heeres heften ließ und alle ausgestoßenen Christen mit Rangerhöhung ins Heer zurückholte. Ausgerechnet aus militärstrategischen (und psychologischen) Gründen wird das Christentum zur Staatsreligion befördert. Da war es nur ein Schritt zu einem seiner Nachfolger, Theodosius II., der 416 verfügte, dass nur Christen Militärdienst leisten dürfen. Welch eine Wende. War damit der christliche Gebrauch der Waffen sanktioniert, so blieb doch die Frage bestehen, verloren die Worte Jesu und sein gewaltlos gelebtes Leben und Sterben nicht ihre unbedingt fordernde Kraft. Es blieb die zerreißende Spannung bestehen zwischen Feindesliebe und lieber Unrecht leiden als Unrecht tun und Schlagen und Töten, aus welchen Gründen auch immer. Sie wurde im Mittelalter immer mehr zum Thema der Theologen, der rationalen Erörterung im Namen des christlichen Glaubens, um christlichen Fürsten und Königen, um Kaiser und Papst, Feldherren und Soldaten ein gutes Gewissen zu schaffen. Da bemühte man die anderen Worte der Bibel, allem voran das Bild des alttestamentarischen Gottes als Herr der Heerscharen, der seinem Volk im Heiligen Krieg voran zieht und die Ausrottung ganzer Stämme nicht nur gutheißt, sondern sogar befiehlt, der Amalekiter, der Jebusiter, des festen Jericho und der Philister. Und dass Jesus zur Geißel greift, um den Tempel von Krämern und Wechslern zu säubern. Und hat er nicht auch gesagt (als man ihn auf den Steuergroschen ansprach): „Gebt dem Kaiser, was des Kaisers ist", also auch Gehorsam in Polizei- und Kriegsdingen? Und sein gewaltigster Schüler Paulus hat die Obrigkeit als Stellvertreterin Gottes absolut gesetzt und Gehorsam eingefordert, gerade weil sie das Schwert trägt und es gegen die Übeltäter innen und außen gebrauchen muss. Das passt besser in die weltliche Realität als die urchristliche Utopie einer Friedensgesellschaft.

Die Lehre vom gerechten Krieg bildet sich heraus als ultima ratio in der Auseinandersetzung zwischen Völkern und Gesellschaften. Wenn denn der Gegner das Land überfällt, Tod und Zerstörung hereinträgt, dann darf und soll die Obrigkeit ihre Untertanen mit allen Mitteln schützen, den Eindringling strafen und ihm Buße auferlegen. Aus diesem christlichen Realismus bildete sich ein neues Ideal heraus, der „miles christianus", der christliche Ritter, wie es uns am plakativsten in der Gestalt des Königs David, im Bamberger Reiter, im Bild des Meisters Dürer („Ritter, Tod und Teufel") und in den Sagen um König Artus begegnet. In der bösen Welt müssen Heilige mit dem Schwert für Ordnung und für den Schutz der Armen, der Witwen und Waisen sorgen, im Namen St. Georgs und St. Michaels, den wehrhaften Repräsentanten der himmlischen Hierarchie. Und alle, die im Namen Gottes das Schwert führen, bedürfen der geistlichen Betreuung und Rechtfertigung ebenso wie ihre Schutzbefohlenen. Priester und Bischöfe zogen bisweilen selbst in den Kampf, wie Bischof Turpin unter den Paladinen Karls des Großen und die wehrhaften Klosterbrüder, die mit Schwert und Keule sich an der Abwehr der Hunneneinfälle beteiligten.

Nur: wer war nun Feind, dem gerechte Kriege gelten dürften? Verteidigung gegen einfallende Horden gaben da kein Problem auf, aber auch die Kreuzzüge ins Heilige Land zur Befreiung Jerusalems von den Ungläubigen galten als gerecht, wenn auch nebenbei das allerchristliche Konstantinopel erobert, grässlich geplündert und verbrannt wurde; auch gegen andere Glaubensbrüder wie die Albigenser, die Katharer, die Waldenser konnte der Papst zum Kreuzzug aufrufen, und die Türkenkriege waren Abwehr- und Glaubenskriege in einem. Am besten funktionierte schon damals der theologisch sanktionierte Akt, die Feinde zu Unmenschen, zu Nicht-Menschen zu erklären und sie damit aller Willkür preiszugeben. Schließlich geriet im 16. und 17. Jahrhundert die Reformation zur blutigen Kirchenspaltung und zum gesellschaftlichen Aufruhr, wo Doktor Martinus Luther auch die brutale Unterdrückung der Bauernaufstände rechtfertigt: („Steche, schlage, töte hier, wer da kann!", schreibt er in seiner Schrift „Wider die räuberischen und mörderischen Rotten der Bauern"). Es bleiben aber selbst in diesen blutigen Zeiten die Gegenkräfte im Namen des Evangeliums am Werk (wenn auch nicht so wirksam): Erasmus von Rotterdam, der große christliche Humanist, sieht in der Nachfolge des heiligen Franz von Assisi im Krieg die Ursache aller Übel und schreibt seine Aufrufe zum Frieden an die Könige und Fürsten Europas, um wenigstens die Lehre vom gerechten Krieg zu retten. In dieser Tradition stand auch die Schrift Immanuel Kants „Vom ewigen Frieden", stehen immerhin die ganzen internationalen Verträge zur „humanen Kriegführung" wie die Genfer Konvention, diese Fiktion humaner Kriege. (Der Papst hat ja nach ihrem Aufkommen die Armbrust als inhumane Waffe geächtet; und Luther sah in der neuen Militärtechnik das Werk des Teufels – wäre es doch nur bei der Armbrust geblieben! Wir haben in der Zeit der ABC-Waffen ganz andere Sorgen). Der christliche Pazifismus behält seine schwache, aber beharrliche Stimme, hält die Utopie eines Friedensreiches im Namen Jesu aufrecht, bleibt moralisches und geistliches Korrektiv in der weiterschreitenden Brutalisierung der Welt. Doch auch in den zahlreichen dynastischen Kriegen, wie beispielsweise dem Hundertjährigen zwischen Frankreich und England, wo sich Heinrich IV. seinen Anspruch auf die Französische Erbfolge vom Erzbischof von Canterbury theologisch begründen ließ, verzichtete man nicht auf die – wenn auch durchsichtig-göttliche Legitimierung, wurde vor den Schlachten das „Kyrie Eleison" und nach dem Sieg das „Tedeum" gesungen. Siege wurden immer mit Gottes Hilfe errungen und mit Gottesdiensten gefeiert; der Ausgang des Krieges wurde als Gottesurteil in Anspruch genommen – von den Siegern.

Wenden wir uns nun Brandenburg-Preußen zu. Nach dem Dreißigjährigen Krieg setzte sich Friedrich Wilhelm, der „Große Kurfürst", das Ziel, die territoriale Integrität seines Landes sicherzustellen. Dazu musste der Kurfürst weg von den Söldnertruppen, die den Krieg nur handwerklich und nach Geld betrieben, wollte hin zu einem Heer, das sich mit Land und Obrigkeit identifizieren konnte. Er brauchte den Adel als nationale Führungsschicht, die Landeskinder als Soldaten (neben den immer noch im Auslande geworbenen und gepressten Rekruten), brauchte bei allem militärischen Zwang eine Autorität, die fraglose Anerkennung fand. In der Geschichte der königlichen Berliner Garnisonkirche von Georg Goens (1897), vom Förderverein verdienstvollerweise als Faksimile nachgedruckt, findet sich folgender Text: „Aber Friedrich Wilhelm (der große Kurfürst) war ein Christ und hatte in seinem vielbewegten Leben erfahren, daß man Manneszucht und Soldatentugenden nicht in die Luft bauen könne, daß auch eine menschliche Autorität nicht genügt, Menschen zu leiten, sondern daß dazu eine höhere, die göttliche nothwendig sei, und mit der Zuversicht eines Mannes, der ein gutes Gewissen hat, hat er die göttliche Autorität zur Stärkung seiner fürstlichen angerufen, und der Herr des Himmels hat seinen Knecht erhört und hat ihm ‚sein Königthum bestätigt'." (S. 1) Dies war kein macchiavellischer Kunstgriff eines Potentaten; vielmehr standen die brandenburg-preußischen Herrscher in der lutherisch-reformatorischen Tradition der christlichen Obrigkeit, deren Schwertgebrauch nach innen und nach außen durch den göttlichen Auftrag an die Obrigkeit sanktioniert ist, die aber auch in der Funktion des „summepiscopus", des Oberbischofs im „landesherrlichen Kirchenregiment", verantwortlich auch für die kirchlichen Verhältnisse ist. Ein stehendes Heer, wie es der brandenburgische Kurfürst als erster aufbaut, braucht auch ein geordnetes Militärkirchenwesen, nicht zufällig mitziehende Feldprediger, wie sie Brecht in seiner „Mutter Courage" beschreibt, sondern fest bestallte, mit klar definierten Aufgaben versehen. Und es bedurfte einer geistlichen Ordnung von Gottesdienst und Kirchgang – so entstehen neben den bürgerlichen Gemeinden in Stadt und Land eigene Gemeinden der Offiziere und Soldaten, deren Mitglieder ebenso „exemt" (d. h. von der Zugehörigkeit der Ortsgemeinde befreit) sind wie die Beamten, der Adel und die Angehörigen des Hofes. Und es entstehen in den Brennpunkten des militärischen Lebens eigene Gotteshäuser, die Militärkirchen in Berlin und Potsdam.

Die erste Berliner Garnisonkirche hatte eine Vorläuferin in der Kapelle des Heilig-Geist-Spitals in der Spandauer Straße zu Berlin, die mit dem beiliegenden Kirchhof 1655 zum Ort für die Gottesdienste der „Gemeinde, so zum Regiment gehörig" bestimmt wird.

David Hanisius wird als erster Garnisonpfarrer genannt, der dieses Amt von 1655 bis 1663 ausübt. Von seinen Nachfolgern ist Christoph Nagel (1681 bis 1699) von Bedeutung, unter dessen Amtsführung 1692 eine Garnisonschule eingerichtet wurde, in der erst 50, im Jahre drauf noch einmal 50 Soldatenkinder eine kostenlose Ausbildung in den Elementarkenntnissen erhielten – der erste Schritt zu einem aufblühenden militärkirchlichen Gemeinwesen, das neben geistlicher Betreuung auch die soziale Versorgung der Gemeindeglieder zum Ziel hatte.

Im Jahre 1701, dem Krönungsjahr Friedrichs I., wurde von Kronprinz Friedrich Wilhelm, dem späteren „Soldatenkönig", der Grundstein zur Garnisonkirche am Spandauer Tor gelegt; die Einweihung fand am 1. Januar 1703 statt. Finanziert wurde der Bau durch Kollekten in den Regimentern, einer Sammlung in der Stadt und eine Beisteuer des Königs und des Hofes – also ohne staatliche oder kirchliche Mittel. Dementsprechend hatte die Garnisonkirche auch eine eigenständige Verwaltung, die unter der Leitung des Berliner Gouverneurs und des Garnisonpfarrers stand. Bis zu der Zerstörung durch die Explosion des alten Pulverturms am ehemaligen Spandauer Tor 1720 hatte sich jedoch ein reiches Ensemble um das Gotteshaus entwickelt: neben der bereits erwähnten Schule entstand ein Militärspital mit Invalidenhaus und Waisenhaus für Soldatenkinder, ein „Kirchenhaus", das Wohnhaus des Feldpropstes (d. i. der Militärbischof für Brandenburg-Preußen) und des Garnisonpredigers – ein Gemeinwesen eigener und eigenständiger Art, dem jedoch ein kürzeres Leben noch als der Kirche beschieden war: Bei seinem Regierungsantritt 1713 macht Friedrich Wilhelm I. diesem Eigenleben ein Ende, er löst das Spital auf, überweist die Invaliden der städtischen Armenpflege, die Waisenkinder ins große Militärwaisenhaus. Nur die Schule blieb erhalten; sie entwickelte sich in der Zukunft zur Berliner Eliteanstalt für Militärs- und Bürgerkinder bis zu ihrer Auflösung 1844. Der Garnisongeistliche, Prediger Naumann, dessen Tatkraft diese Entwicklung zu danken war, nahm seinen Abschied; der Kommandant Ernst Ludwig v. Hacke, der Naumanns Wirken begleitet und gefördert hat, starb im selbigen Jahr. 1717 beruft der König Lambertus Gedicke als Garnisonprediger, ernennt ihn gleichzeitig zum Feldpropst und überträgt ihm den Ausbau des Militär-

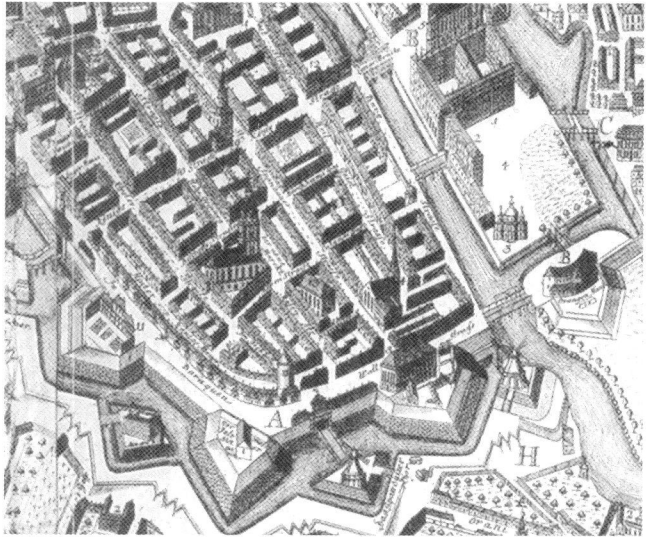

Abb.1 Johann Friedrich Walther, Plan und Prospect der Königl. Preussischen und Chur-Brandenburgischen Haupt- und Residentz Stadt Berlin, 1737, Ausschnitt. Gut zu erkennen sind die Garnison-, die Heilig-Geist- und die Marienkirche sowie das Königliche Schloss.(Karte ist gesüdet)

kirchenwesens, das unter seiner Leitung mit des Königs Unterstützung immer perfekter wurde: jedes Regiment erhielt einen eigenen Feldprediger, die nach einigen Jahren Dienst im Militär dann in zivile Gemeindestellen wechselten. Die neu gegründete Kadettenanstalt bekam einen eigenen Geistlichen, und 1738 finden sich allein in Berlin sieben Militärgeistliche. Vorbild kirchlichen Lebens war der König selbst, der nichts anderes trug als seine Obristenuniform und an keinem Sonntag den Gottesdienst versäumte (meist zum Schrecken der Pfarrer, deren Kirche er mit seinem Besuch „beehrte").

Aber ich habe vorgegriffen: Als 1720 der Pulverturm in die Luft ging und in der Spandauer Straße die umliegenden Gebäude zerstörte, musste die schwer beschädigte erste Garnisonkirche abgerissen werden. Der klassizistische Neubau des Oberbaudirektors Gerlach bot ca. 4.000 Sitzplätze, die Hälfte davon auf den Emporen.

Die Einrichtung war militärisch einfach, so spartanisch wie der hölzerne Kirchenstuhl des Königs, der am Sonntag Trinitatis, dem 31. Mai 1722, der Einweihung durch Gedicke als einer unter den „4.000 Mannspersonen" beiwohnte. Der Neubau der Schule, Predigerhaus, Predigerwitwenhaus vervollständigten das

Ensemble. Die Einnahmen der Kirche aus den üblichen Quellen: Kollekten, Beichtgeld, Gebühren für Amtshandlungen wurden erheblich gesteigert durch die Unterkellerung der Kirche. Der unterirdische Kirchhof wurde zur größten Grablege des preußischen Militärs, wofür Friedrich Wilhelm I. eigenhändig die Gebührenordnung festlegte: von den 300 Talern für einen Feldmarschall bis zu den 16 Talern für einen Fähnrich. Bis zur Zerstörung der Kirche im Zweiten Weltkrieg und der Abtragung der Ruine beherbergte sie an 800 Särge, darunter von 15 General-Feldmarschällen, 56 Generälen und angeblich auch der Amme Friedrichs II. 1835 wurde das Gewölbe wie alle Bestattungsorte innerhalb der Stadt geschlossen. So wurde die Berliner Garnisonkirche – neben der Potsdamer – zur Ikone des militärischen Preußen. Aber unter dem großen Sohne des Soldatenkönigs, dem aufgeklärten Friedrich, wurde das Militärwesen eher instrumentalisiert. Er konnte zwar aus staatspolitischen Gründen alle Confessionen tolerieren – er hätte auch Muslimen Moscheen gebaut, wie er den Katholiken mit St. Hedwig die erste Garnison- (und Gemeinde-) kirche bescherte, aber die Soldaten band er nicht mehr als christliche Obrigkeit an sich, sondern durch seine persönliche Autorität, sein solidarisches Leben im Felde. Für das gemeine Volk allerdings hatte ihm die Religion staatstragende Kraft: die Prediger waren im Heer wie im zivilen Bereich Staatsdiener. Im Offizierskorps jedoch (in dem der König „kein unadelig Geschmeiß" duldete) blieb das protestantisch-preußische Ethos der Pflichterfüllung und des Gehorsams lebendiger und wirksamer als bei ihrem König – und reichte bis hin zur Verweigerung aus Gewissensgründen, „wo Gehorsam nicht Ehre, sondern Schande brachte." Wie fragwürdig allerdings die Unterfütterung der militärischen Verfügungsgewalt mit göttlicher Autorität war, mag ein Zitat aus dem Erlebnisbericht des „armen Mannes aus Toggenburg", des zum friderizianischen Heer gepressten Ulrich Bräker zeigen: „Bald alle Wochen hörten wir nämlich neue ängstigende Geschichten von eingebrachten Deserteurs, die, wenn sie noch so viele List gebraucht, sich in Schiffer oder andere Handwerksleute, oder gar in Weibsbilder verkleidet, in Tonnen und Fässer versteckt, u. d. gl. dennoch ertappt wurden. Da mußten wir zusehen, wie man sie durch 200 Mann, achtmal die Gasse auf und ab Spießruthen laufen ließ, bis sie athemlos hinsanken –

Abb. 2 Stuhl Friedrich Wilhelms I. in der Königsloge der Berliner Garnisonkirche.

und des folgenden Tags aufs neue dran mußten –, die Kleider ihnen vom zerhackten Rücken heruntergerissen, und wieder frisch drauflos gehauen wurde, bis Fetzen geronnenen Bluts ihnen über die Hosen herabhingen. Aber es that uns nicht minder in der Seele weh ... uns selber so Jahr ein Jahr aus, coujoniert zu sehen, oft ganzer fünf Stunden lang in unsrer Montur eingeschnürt wie geschraubt stehen, in die Kreuz und Querne pfahlgerad marschieren und ununterbrochen blitzschnelle Handgriffe machen zu müssen; und das alles auf Geheiß eines Offiziers, der mit einem furiosen Gesicht und auffgehobnen Stock vor uns stuhnd, und alle Augenblick wie unter Kabisköpfe drein zu hauen drohete ... Und kamen wir dann todmüde ins Quartier, so giengs schon wieder Hals über Kopf, unsere Wäsche zurecht zu machen und jedes Fleckchen auszumustern, denn bis auf den blauen Rock war unsre ganze Uniform weiß. Gewehr, Patrontasche, Kuppel, jeder Knopf an der Montur, alles mußte spiegelblank geputzt sein ... Selbst den Sonntag hatten wir nicht frey, denn da mußten wir auf das properste Kirchenparade machen. Also blieben uns zu jenen Spaziergängen nur wenige zerstreute Stunden übrig, und wir hatten kurz und gut zu nichts Zeit übrig – als zum Hungerleiden."

Die desolate soziale Situation der Soldaten beruhte weitgehend auf der Organisation des Militärwesens durch die so genannte „Kompaniewirtschaft". Mit dem Versuch des Großen Kurfürsten, das Söldnerkriegswesen durch ein stehendes Territorialheer zu überwinden, tat sich das Dilemma zwischen Kriegs- und Zivilwirtschaft auf: nimmt man die Landeskinder als Soldaten, fehlen sie auf den Äckern und in den Werkstätten, wirbt und presst man Rekruten im Ausland oder kauft sie fremden Herrschern ab – eine damals übliche Form des Menschenhandels – so muss man die Loyalität durch drakonische Disziplin erzwingen. Eine bedingte Lösung schien die Vergabe von Regimentern an die adligen Offiziere, die im Kantonierungssystem einen territorialen Bereich zur Rekrutierung nach bestimmten Regeln (die jedoch meist durchbrochen wurden) zugewiesen bekamen. Was vom Geld zur Unterhaltung der Truppen in der Verpflegung und Kleidung der Soldaten landete, lag in der Willkür der Kommandeure. Zudem konnten sie „ihre" Soldaten außerhalb der Übungszeiten zur Arbeit auf den heimischen Gütern beurlauben oder auch in der Stadt als Arbeitskräfte verleihen. Damit war die Auslieferung der Soldaten an die Willkür der Offiziere im militärischen wie im zivilen Leben perfekt, und trotz der drakonischen Strafen war die Desertion an der Tagesordnung. Befehl und Gehorsam als militärisches Prinzip gründete sich allein in der Furcht: der große Friedrich zog noch mit der Devise zu Felde: „Meine Soldaten müssen ihre Offiziers mehr fürchten als den Feind." Der Verlust der Frömmigkeit, durch den herrschenden Rationalismus noch gefördert, schlug sich auch auf den Umgang mit der Garnisonkirche durch: Der Kommandant v. Hacke richtete auf eigene Rechnung im Dachboden der Kirche 12 Montierungskammern für sein Regiment ein, in denen gekleidet, gebürstet und geklopft wurde, auch wenn im Kirchenschiff Gottesdienste gefeiert und Amtshandlungen gehalten wurden – diese Nutzung endete erst 1815. Natürlich wurden auch in den Schlesischen und im Siebenjährigen Krieg Siege in Gottesdiensten gefeiert, wurden die erbeuteten österreichischen und französischen Fahnen in der Garnisonkirche aufgehängt (wo sie die napoleonischen Besatzungstruppen 1807 suchten, aber nicht fanden, weil sie der Küster so gut versteckt hatte, dass sie für immer verschwunden blieben). Aber mit dem gerechten Krieg um Schlesien war es nicht weit her; wenn auch Friedrich – dumm, wer keine Begründung findet – seine Machterweiterung als legitim und göttlich sanktioniert zu verkaufen versuchte. Dass ihn seine Soldaten nicht ganz im Stich ließen, dass Fähnriche immer noch „brav starben", dass man auch im weiteren Deutschland eher „fritzisch gesinnt" war, dass man auf jenem blutigen Schlachtfelde den „Choral von Leuthen" „Nun danket alle Gott mit Herzen Mund und Händen" sang, das war eher der Mythenbildung um Friedrichs Person als einem gesunden Gottvertrauen in die gerechte Sache Preußens geschuldet.

Diese Erosion des allgemeinen soldatischen Gottvertrauens bewirkte die Verlagerung der Gehorsamsleistung in das persönliche protestantische Ethos, eine Privatisierung, die ihre Wirkung bis hinein in den antifaschistischen Widerstand des preußischen Militäradels hatte: die Loyalität löste sich von der Person und der Sache des Herrschers ab, verselbständigte sich zur formalen Treue in den geleisteten Gehorsams- und Fahneneid. Der Verlust der „gemeinsamen Sache" schlägt sich schließlich in der Katastrophe von Jena und Auerstedt nieder, als das preußische Heer sich in einer verheerenden Niederlage praktisch auflöste und mit der blamablen Kapitulation fast aller preußischen Festungen vor den Franzosen demonstrierte, dass das Militär nicht mehr wusste, wofür es kämpfen und sterben sollte. Nur durch Identifikation mit den Kriegszielen, die der Feldherr repräsentiert, gibt es Loyalität und Aufopferung des Lebens, das war an der französischen Revolutions- und Volksarmee zu ersehen, und ohne den Glauben an die Gerechtigkeit der eigenen Sache keinen göttlichen Segen, den schließlich auch Napoleon I. mit Kaiserkrönung und Siegesfeiern für sich in Anspruch nahm. Aus der Niederlage wandelt sich auch für Preußen die Auffassung und Begründung des Kämpfens grundlegend: die „Freiheitskriege" wurden zur preußischen Form des Volkskrieges. Dem Aufruf des Königs zum Widerstand „An mein Volk", war eine Heeresreform vorausgegangen, in der die Prügelstrafe abgeschafft und den Bürgerlichen der Offiziersrang geöffnet wurde, Freikorps bildeten sich, von den Teilnehmern selbst finanziert, die Kriegsunterstützungskollekte, „Gold gab ich für Eisen", wurde zum Ausdruck einer Volkserhebung mit eigener Kampfeslyrik: „Nun, Volk, steh auf und Sturm brich los!". Schleiermacher, der Theologieprofessor, hält Kriegspredigten und ist im ‚Tugendbund' subversiv gegen die französische Besatzungsmacht tätig: bewegende Gottesdienste verabschieden die ins Feld Ziehenden – da ist sie wieder, die Identität in der Sache, das gute Gewissen, der Glaube an Gottes Zustimmung und Geleit. Niederlagen, die nicht ausbleiben, sind Prüfungen, aber keine Widerlegung der gerechten Sache, wer stirbt, so steht es auf einer Gedenktafel in der Dorfkirche von Pieskow, stirbt als „Krieger in einem Heiligen Krieg". Und als der Feind vertrieben, der Tyrann gestürzt, sein Heer vernichtet ist, da sinkt eine Nation – denn die ist in diesen Kämpfen geboren – in die Knie: „Nun danket alle Gott mit Herzen, Mund und Händen." Und die Garnisonkirche, von den Besatzungstruppen geplündert und entweiht, als Branntweinniederlage an einen Kaufmann vermietet, wird 1817 zum Reformationsjubiläum als Sanktuarium des Krieges neu geweiht: erbeutete Fahnen, Gedenktafeln für die Siege, aber auch der Gefallenen, deren man nun jährlich am „Totentag" mit dem Requiem gedenkt – keine Diskrepanz, kein Widerspruch zwischen dem Gott des Friedens und der Liebe und dem Herrn der himmlischen und irdischen Heerscharen. Passend auch, dass Friedrich Wilhelm III. seine Gottesdienstreform mit dem Probelauf einer Militäragende in den Garnisonkirchen einleitete.

Aber solche Hoch-Zeiten eines guten christlichen Gewissens erweisen schnell, allzuschnell ihren Moment-Charakter. Die Identifikation aller Stände in den preußischen Landen mit ihrem Staat und seinen Repräsentanten forderte ihren Preis: Das bürgerliche Selbstbewusstsein war erwacht, wer mitgekämpft hat, will in Zukunft auch mitbestimmen, das uneingelöste Verfassungsversprechen Friedrich Wilhelms III. wurde zum Prüfstein für die gesellschaftliche Entwicklung; der in der Sache überholte Absolutismus konnte und wollte nicht abdanken, schloss sich in einer „Heiligen Allianz" gegen die freiheitlichen Kräfte in den einzelnen Ländern zusammen, erklärte Demokraten zu Demagogen, pochte wieder – so Friedrich Wilhelm IV. allen Ernstes – auf das Gottesgnadentum als Legitimation für absolute Herrschaft über ein dankbares und ergebenes Volk, das aber bestand eigensinnig und nachhaltig – die Studenten voran – auf gesellschaftlicher und politischer Mitsprache, auf Eigenanteil an der Obrigkeit, wie sie mit der Steinschen Städteordnung seit 1808 in den preußischen Kommunen schon mit wachsendem Erfolg praktiziert wurde. Der Zerbruch der nationalen Einheit der Stände wurde deutlich an dem Ausspruch, der dem Prinzen Wilhelm (dem „Kartätschenprinzen" des badischen Aufstandes) zugeschrieben wurde: „Gegen Demokraten helfen nur Soldaten." Im März 1848 war es in Berlin so weit: das Militär schoss auf Bürger, bei den Barrikadenkämpfen kamen über hundert von ihnen ums Leben, der König, im Zwiespalt zwischen Liebe zu seinen Untertanen und der Machterhaltung zerrieben, zieht vor den Märzgefallenen den Hut, schickt das Militär aus der Stadt. An der Beerdigung der 15 gefallenen Soldaten durch den Garnisonpfarrer Ziehe (der mit persönlichem Einsatz den Missbrauch der Kirchenbänke zur Verstärkung der Barrikade auf der Spandauer Straße verhindern musste) nimmt die revolutionäre Bürgerwehr ebenso teil wie Soldaten und Offiziers an der Beisetzung der Märzgefallenen im Friedrichshain durch den ehemaligen Garnisonprediger und Pfarrer an der Kadettenanstalt Sydow. Aber trotz dieser Augenblicke der Besinnung – der Riss ist da und lässt sich nicht mehr kitten. Das Militär versteht seinen Oberbefehlshaber nicht mehr, will im Inneren Ordnung schaffen, befriedigt seine gekränkten Ehrgefühle im Badischen Feldzug, und sieht den Erzengel Michael so sehr auf seiner Seite, dass er gleich in vierfacher Ausfertigung von der göttlichen Rechtfertigung der Strafexpedition kündet: als Denkmal auf dem Karlsruher Friedhof für die in Baden Gefallenen, als Ehrengabe Friedrich Wilhelms IV. für seinen Feldherrnbruder hinter dessen Schloss in Babelsberg, auf der zweiten katholischen Garnisonkirche in Berlin, St. Michael in der Luisenstadt und schließlich – wer weiß das schon – als Krönung der Schlosskuppel im mecklenburgischen Schwerin. Die Unschuld eines gerechten und mit gutem Gewissen zu bejahenden Militärwesens ist dahin, und auch wenn das Volk nun zu Konzerten der Singakademie in die wegen ihrer Akustik berühmten Berliner Garnisonkirche geht, zwischen Fahnen und Gedenktafeln Mendelsohnsche Oratorien hört, auch wenn der berühmteste der Garnisonspfarrer, der Volksredner und -schriftsteller Emil Frommel, Bürger und Militär gleichermaßen in seine überfüllten Gottesdienste zieht, – die Unschuld ist dahin und kann auch durch das nationale Pathos von 1871 und durch die endlose Fülle der geistlich begleiteten Sedanfeiern nicht wieder gewonnen werden. Hat nicht Bismarck schon vor 1866 von der Deutschen Frage im Parlament gesagt, dass sie nur mit Blut und Eisen gelöst werden könne? Durch Krieg als ‚Fortsetzung der Politik mit anderen Mitteln'? Aber am 8. Juli 1866 nach der Schlacht von Königgrätz predigte der Garnisonpfarrer Friedrich Adolph Strauß über den Psalmvers: „Man singt mit Freuden in den Hütten der Gerechten, die Rechte des Herrn behält den Sieg!" Krieg als Kalkül, das war und ist er immer auch gewesen.

Aber die Inanspruchnahme Gottes auf den Koppelschlössern und in der Verfluchung der jeweiligen Feinde („Gott strafe England!"), diese Entwicklung im Zeitalter des Imperialismus stellte an das Militärkirchenwesen immer unlösbarere Fragen, die jedoch in der behaupteten Parteinahme Gottes untergingen. Denn die Militarisierung Preußen-Deutschlands im Kaiserreich nach 1871 beförderte eine scheinbare Fraglosigkeit nationaler Identität, die den Glauben „Gods own Country" zu sein, auch und gerade für dieses so inhomogene Staats- und Gesellschaftsgebilde in Anspruch nimmt – immerhin sollte der verstärkte Kirchenbau in den Arbeiterquartieren Berlins „die der Kirche und dem Staat entfremdeten Massen wieder zu Thron und Altar zurückführen". Das markige Wort Bismarcks „Wir Deutsche fürchten Gott und sonst nichts auf der Welt!" hatte seine Entsprechung in dem nationalen Appell Wilhelms II. beim Ausbruch des Weltkrieges: „Ich kenne keine Parteien mehr, ich kenne nur noch Deutsche!" Diesem Kaiser und diesem Krieg hielten die protestantischen (aber auch katholischen) Pastoren die steilsten Hurra- und Durchhaltepredigten; in der Chronik meiner ehemaligen, der Martha-Gemeinde in Kreuzberg habe ich gelesen, dass 1916 in der Kirche Lichtbilderabende gehalten wurden mit Themen wie „Unser Hindenburg" und „Der U-Boot-Krieg im Atlantik", um den Durchhaltewillen zu stärken.

Aber das Elend des Krieges ließ sich auf die Dauer nicht als göttliche Prüfung oder gar als sein Strafgericht verkaufen, und die Pfarrer im Felde konnten immer weniger den müden und verzweifelten Kämpfern, den Verwundeten und Sterbenden die Sinnfrage beantworten; das Gebet für den Kaiser, für Hindenburg und Ludendorff wurde schal. Glaube, wenn überhaupt noch riskiert unter den Anfechtungen und dem katastrophalen Ende des Krieges, wurde privatisiert, umgesetzt etwa in ein mönchisches Leben als Fischer an einem masurischen See fernab von Großstadt, Politik und Wirtschaft, fernab von allen zerbrochenen Idealen und wabernden Ideologien, so der ehemalige Kapitän zur See von Orla in Ernst Wiecherts Roman „Das einfache Leben". Von Gott, sagt ihm ein Pfarrer, den er danach fragt, von Gott sollten wir so lange schweigen, als wir von ihm geredet haben, schweigen und das anpacken, was getan werden muss. Vielleicht, dass er sich dann wieder vernehmen lässt.

Nur die Traditionen. Die Garnisonkirche, berstend voll mit Weihestücken aus über zweihundert Jahren steht und wehrt sich nicht, kann sich nicht wehren gegen Gebrauch, auch wenn er Missbrauch ist. In einem Buch von 1928 schließt die Beschreibung der Kirche und ihrer Geschichte mit den Sätzen: „Sie ist jetzt Gottesdienststätte der Reichswehr, die im Jahre 1922 in würdiger Weise das 200-jährige Bestehen der Kirche feierte.

Darüber hinaus ist sie Hüterin vieler Erinnerungen preußischer Geschichte und kostbarer Güter ... Viele Regimenter haben in ihr Gedenktafeln als Erinnerungszeichen an die Gefallenen des Weltkrieges errichtet, außer den Garderegimentern namentlich solche aus den polnisch besetzten Gebieten ..." Das Beharrungsvermögen militärischer Traditionen lässt nur selten, nur bedingt Fragen aufkommen an die Rechtfertigung im christlichen Glauben.

Nach den Freiheitskriegen, nach Sedan, nach Wilhelm II. nun die Reichswehr – mit welchem Verständnis von Militärkirche? Mit welchem Verständnis von Loyalität der Armee zum Staat? Seeckt, der Oberbefehlshaber der Reichswehr, verweigerte der Weimarer Republik in ihrer ersten tödlichen Bedrohung durch den Kapp-Putsch 1920 die Loyalität mit den Worten: „Reichswehr schießt nicht auf Reichswehr", der Korpsgeist des Militärs zählte mehr als der Bestand des Staates. Wie will ein solcher Militärstaat im Staate sich geistlich verstehen und ein eigenes Kirchenwesen rechtfertigen? Immer noch ist es das so tief gegründete protestantische Ethos im preußischen Offiziersadel, das als Gewissensnorm seine Wirksamkeit durch die Jahrhunderte behält. Als der Nationalsozialismus nach 1933 Reichswehr und Traditionsverbände, Beamtenschaft und Wirtschaft unter dem Anspruch, ein drittes Reich deutscher Nation zu errichten, vereinnahmt und die „Vorsehung" dafür ebenso in Anspruch nimmt wie einen arischen Jesus, als der vom Zaun gebrochene Krieg als Heiliger Volkskrieg gegen gottloses Untermenschentum firmiert wird, da bildet sich – wenn auch im Blick auf Fahneneid und Gehorsamsethik nur sehr zögerlich – im Militär ein Widerstand heraus, der seine Tradition in eben diesem protestantischen Pflichtbewusstsein hat, das bei aller Loyalität auch zu einer verbrecherischen Obrigkeit doch nicht vergessen konnte, dass man Gott muss mehr gehorchen als den Menschen. Es war nicht die einzige Quelle des christlichen Widerstandes gegen den Faschismus, aber diese hatte ihre besondere Affinität zu dem Herkommen aus dem Bilde des christlichen Ritters, der dem Unrecht auch mit dem Schwerte wehrt, der Witwen und Waisen beschützt, Räubern das Handwerk legt und eigentlich immer auf der Suche nach der persönlichen Integrität im Glauben ist. Wie viele Soldaten, Offiziere zumal, haben versucht, in den aufgezwungenen, Kämpfen einen Sinn zu finden: Verteidigung der Heimat, Abwehr des gottlosen Bolschewismus, ein Fundament zu schaffen für die Zeit nach dem Kriege, und doch stießen sie immer wieder auf diesen Satz: „Wo Recht zu Unrecht wird, wird Widerstand zur Pflicht". Es gibt bewegende Berichte von den Zellengottesdiensten der eingekerkerten und todgeweihten Widerstandskämpfer vom 20 Juli; Alfred Hrdlicka hat ihnen im Plötzenseer Totentanz ein eindrückliches Denkmal gesetzt. Hier wurde noch einmal die Identität von Glauben und Handeln als Soldat, wenn auch im Widerstand gewonnen. Und es ist so, dass die Kirche in Plötzensee, der Hinrichtungsstätte benachbart und ihrer gedenkend, ein eigenartiges Gegenstück geworden ist zu den ihrer Ehre und Würde beraubten (und zerstörten) Garnisonkirchen in Berlin und Potsdam.

Doch die Geschichte geht weiter. Im gespaltenen Deutschland versuchen zwei deutsche Staaten die Lehren aus Verirrung und Schuld zu ziehen und Frieden zum ersten Staats- und Gesellschaftsziel zu erheben. Und landen trotz der bitterernst gemeinten Devise „Nie wieder Krieg!", „Nie mehr vom deutschen Boden aus", landen doch wieder in Aufrüstung, in Restitution des Militärs, in Bundeswehr und Nationaler Volksarmee. Und wird im Westen der „Bürger in Uniform" zum Ideal einer demokratischen Armee, so sagt im Osten schon der Name „Volksarmee", mit welchem Anspruch da Militär etabliert wird. Nur: auch die neue Unschuld geht verloren unter der weltpolitischen Konstellation des Kalten Krieges; die jeweiligen Schutzmächte geben die Verteidigungsziele jeweils vor und befehlen unausweichlich Bündnistreue. Am Militärkirchenwesen scheiden sich die Wege in Ost und West. Die Nationale Volksarmee braucht keine Militärseelsorge; Religion ist Privatsache und kann nicht mit staatlichen Bereichen, schon gar nicht mit militärischen Strukturen vermischt werden.

Anders in der Bundesrepublik: Der Staatsbürger in Uniform ist überwiegend ein Christenmensch und hat Anspruch auf kirchliche Begleitung und seelsorgerliche Betreuung. Hatte die ökumenische Bewegung 1948 in Amsterdam noch erklärt: „Krieg ist gegen Gottes Willen", so modifiziert man bereits 1954 in Evanston: „Christlicher Pazifismus und christliche Teilnahme an militärischer Rüstung stehen als zwei Wege, dem Frieden zu dienen, ebenbürtig nebeneinander". Es geht nun um Militärseelsorge, nicht um ein Militärkirchenwesen alten Stils (wenn auch mit einem katholischen und evangelischen Militärbischof an der Spitze), kein Tedeum bei Siegen, kein Kyrie bei Niederlagen, kein Koppelschloss mehr mit „Gott mit uns", keine Segnung von Waffen und Geräten. 1957 musste die gesamtdeutsche Synode der Evangelischen Landeskirchen, damals noch gemeinsam tagend aus Ost und West, über den Seelsorgevertrag mit der Bundesrepublik beraten und entscheiden. Unter den massiven Pressionen der DDR auf die ostdeutschen Gliedkirchen konnten und wollten diese den Vertrag nicht mittragen; sein Abschluss leitete unausweichlich die Trennung der Landeskirchen ein; Entfremdung auch unter christlichen Brüdern und Schwestern.

Aber auch in der Bundesrepublik wurde das neue Militärwesen und seine christliche Begleitung als fraglich empfunden, das zeigte die wachsende Anzahl von

Kriegsdienstverweigerern, deren überwiegende Anzahl sich auf christlich-religiöse Beweggründe berief. Aus dem gebrochenen Verhältnis zu Krieg und Militär, das den Deutschen seit 1945 anhaftete, ergab sich immerhin auf staatlicher Seite die gesetzliche Regelung der Wehrdienstverweigerung und des Anerkennungsverfahrens, auf kirchlicher Seite der Aufbau einer intensiven und effektiven Betreuung der Kriegsdienstverweigerer. Die DDR brauchte bis in die Achtzigerjahre, bis sie unter dem unermüdlichen Druck der evangelischen Kirche wenigstens die Institution der Bausoldaten – d. h. Militärdienst ohne Waffe – einrichtete. Ihre seelsorgerliche Begleitung mussten Angehörige der NVA – so sie denn Bedarf danach hatten – in ihren Standort- und Heimatgemeinden suchen.

Die Führung der DDR hat die Ruinen der Garnisonkirchen in Berlin und Potsdam trotz massiven Protestes der Fachwelt wie aus der Bevölkerung abräumen lassen; die Särge im Berliner Gewölbe wurden, so weit sie nicht geplündert und zerstört waren, nach Stahnsdorf umgebettet. Das Bild des preußisch-deutschen Militarismus als Vorläufer und Brutstätte des Faschismus gab die ideologische Rechtfertigung; eine inhaltliche Auseinandersetzung fand nicht statt. Ob sie im Westen, wo immerhin einige Kasernen nach den Widerstandskämpfern des 20. Juli benannt wurden, wirklich in der notwendigen Breite und Intensität stattgefunden hat, wage ich zu bezweifeln. Die Auseinandersetzungen um die Wehrmachtausstellung zeigen, wie ambivalent das Verhältnis der Zeitgenossen und Nachgeborenen zu dieser Geschichte ist.

Nach 1990 mussten sich Gesellschaft und Staat bei der Neuordnung des nun gesamtdeutschen Militärwesens wiederum mit der Regelung der Militärseelsorge auch in den neuen Bundesländern befassen. Deren kirchliche Vertreter forderten eine Seelsorge an den Soldaten, die von den Ortsgemeinden der Garnisonstädte getragen und ausgeübt sein sollte, aber diese Vermischung von militärischen und zivilen Bereichen war nicht durchzusetzen, es blieb bei der „westdeutschen" Regelung, die aber immerhin die Truppenseelsorger, wenn auch vom Staat bezahlt, doch nicht der militärischen Führung unterstellt. Garnisonkirchen gibt es keine mehr, der Platz am Hackeschen Markt bleibt Grünanlage, und der Wiederaufbau der Potsdamer Kirche, falls er (gegen den Widerstand der evangelischen Ortsgemeinde) zustande kommt, wird weder einen Traditionsort noch einen Gottesdienstraum für Soldaten entstehen lassen. Aber die Geschichte zwischen Kirche und Militär ist noch nicht zu Ende. Neue Fragen brechen mit den zunehmenden Auslandseinsätzen der Bundeswehr auf. Das Buch sollte über das Gedenken hinaus dazu helfen, für den Weitergang die richtigen Fragen zu stellen.

Barbara Kündiger
Spurensuche und Fundstücke

In Berlin eine Garnisonkirche? Bei dieser Frage wird man meist ad hoc auf die viel berühmtere Schwester in Potsdam verwiesen. Ein Zeichen dafür, wie sehr die Berliner Garnisonkirche in Vergessenheit geraten ist. Doch ganz zu Unrecht, war doch die Berliner Kirche die erste in Preußen, die für eine Garnison errichtet wurde. Ihr auf die Spur zu kommen, ihre Geschichte ans Licht zu holen und die der Personen, die mit ihr verknüpft waren, ist eine durchaus interessante Aufgabe.

Ein Platz ohne Gebäude

Sich in Berlin auf den Weg zu machen, um Relikte der alten Garnisonkirche zu entdecken, ist ein mühevolles Unterfangen. Ein Blick auf den Stadtplan verrät zwar mit dem Eintrag „Garnisonkirchplatz" einen ersten Hinweis, doch steht der Neugierige, am Ort angekommen, auf einem Platz, der einem städtebaulichen Restraum gleicht, an dem Straßenbahnen vorbeiziehen und von dem eine Schneise Fußgängern den Weg zur nahen S-Bahn freigibt. Von einer Kirche keine Spur, nur eine Säulentrommel des ehemaligen Baus, bei jüngsten Bauarbeiten gefunden und am Straßenrand abgelegt und vergessen, fristet ein unscheinbares Dasein. Doch ist dieser Ort geschichtsträchtig. (Abb.3 S. 45)

Hier, wo heute die Anna-Louisa-Karsch-Straße auf die Straße An der Spandauer Brücke trifft und sich der Garnisonkirchplatz aufweitet, stand die erste Berliner Garnisonkirche, die im Jahr 2003 ihr dreihundertjähriges Bestehen gefeiert hätte. Und in diesem „hätte" liegt ihre wechselvolle Geschichte von der Grundsteinlegung, über ihre mehrfachen Zerstörungen durch Explosion, Brand und Bombentreffer und den wiederholten Aufbau bis zum endgültigen Abriss der kriegszerstörten Ruine. Eine Geschichte, die nicht nur von militärischen Bedürfnissen geprägt war, sondern auch abhängig vom protestantischen Verständnis über ein Gotteshaus und beeinflusst von Veränderungen der liturgischen Praxis. Nicht zuletzt spielte für Erhalt, Wiederaufbau, Zerstörung und letztlich Abriss die Haltung und das Interesse des jeweiligen politischen Auftraggebers eine ausschlaggebende Rolle.

Bezeichnet das Platzschild den Standort der einstigen Kirche, steht am östlichen Beginn der Anna-Louisa-Karsch-Straße auf der Nordseite ein Gebäude, das auf dem Türquerbalken die Inschrift „Garnison-Pfarramt" trägt und auf einer Erinnerungstafel als Wirkungsstätte des einstigen Garnisonpfarrers Emil Frommel ausgewiesen wird. Ganz in der Nähe, ein paar Schritt die Spandauer Straße entlang nach Süden, erhebt sich dort aus rotem Backstein die gotische Heilig-Geist-Kapelle, auch ihre Geschichte ist mit der Berliner Garnison verknüpft. Andere steinern-architektonische Zeugnisse, die direkt einen Bezug zur alten Berliner Garnisonkirche haben, existieren nicht mehr.

Die letzten Originale

Im Gegensatz zum Baukörper sind einzelne Stücke des Inventars der Kirche noch heute zu besichtigen. Der älteste erhalten gebliebene Gegenstand aus dem frühesten Bau der Garnisonkirche ist ihr Taufstein. Dieses Werk Andreas Schlüters entging allen Kirchenzerstörungen, fristete jedoch nach dem Kirchenabriss 1961 finstere Jahre im Depot und ist schließlich im Herbst 1994 wieder öffentlich zugänglich gemacht und in der Nikolaikirche aufgestellt worden. Die jüngsten Funde wurden im Juni 1998 bei Bauarbeiten für die neu angelegte Straßenbahntrasse entlang der Spandauer Straße gemacht. Dazu gehören die schon erwähnte auf dem Garnisonkirchplatz abgelegte Säulentrommel aus Sandstein – vermutlich aus der Umbauphase von 1908/09 –, ein Teil eines Fensterpfostens mit korinthisierendem Kapitell aus der Zeit der Restauration um 1863 und drei Teile des von König Friedrich Wilhelm IV. 1854 gestifteten Altartisches, der nach Entwürfen von Friedrich August Stüler gefertigt wurde. Zwei Teile davon, Mensa und Rückwand, und der Fensterpfosten sind heute im Lapidarium des Alten Berliner Garnisonfriedhofs ausgestellt. Eine kleine zum Altar gehörende Säule ist höchstwahrscheinlich in einem unbeobachteten Moment von privaten Liebhabern der besonderen Art vom Bauplatz genommen worden und wird der Öffentlichkeit vermutlich dauerhaft verborgen bleiben. An liturgischen Geräten ist einzig eine silberne Oblatendose aus dem Jahr 1722 überliefert, die heute in der Petrigemeinde aufbewahrt wird.

Von den Bildwerken, die einst die Kirche schmückten, ist keines erhalten geblieben. Allerdings sind einige wenige Kupferstiche und Grafiken, gefertigt nach den Gemälden in der Kirche, noch heute aufzuspüren. So bekommt man eine Ahnung von der Einbindung der Kirche in die preußisch-militärischen Traditionen mittels bildkünstlerischer Ausstattung. Christian Bernhard Rode selbst schuf nach seinen Gemälden zur Ehrung führender Militärs des Siebenjährigen Krieges Radierungen. Diese Radierungen befinden sich heute in verschiedenen Fassungen unter anderem im Kupferstichkabinett zu Berlin. Kunstgeschmack und Ausstattungswille Friedrich Wilhelms III. für diese Berliner Militärkirche sind anhand eines Kupferstichs nach Wilhelm Hensels großformatigem Ölbild „Christus vor Pilatus"

Abb. 4 Am Grabmal Kleists trauert die Göttin der Freundschaft. Christian Bernhard Rode, Radierung um 1765, NV Nr. 156, Variante A.

zu erkennen. Aber längst nicht alle Kunstwerke, die einst die Kirche schmückten, sind heute in der einen oder anderen Form bildhaft überliefert. Von manchen blieb nur eine Beschreibung oder ein Vermerk in einem Ausstellungskatalog.

Umso interessanter sind Zeichnungen und Fotografien, die die Kirche abbilden. Skizzen in Reisenotizen des Architekten Pitzler von 1704[1] und Handzeichnungen Johann Friedrich Walthers sind hier an erster Stelle zu nennen. (Abb.5 S. 45) Letztere illustrieren sein Manuskript zur Geschichte der Garnisonkirche von 1736.[2] Hier handelt es sich um einen bislang nicht

Abb. 6 Gruft unter der Garnisonkirche in Berlin. Adolph Menzel, Bleistiftzeichnung 1873.

gehobenen Schatz, der den bekannten Druckschriften vorausging und erstmals der Öffentlichkeit präsentiert wird. Einen besonders eindrücklichen Kirchenraum und dessen Inventar geben die Zeichnungen Adolph Menzels wieder, die er mit kräftigem skizzenhaften Bleistiftstrich an den geöffneten Särgen preußischer Offiziere in der Kirchengruft fertigte, Zeichnungen, die an die Funktion der Kirche als Grabstätte der Militärs und ihrer Familien erinnern und darüber hinaus zeitdokumentarischen Wert besitzen. Historische Postkarten aus der Zeit des ersten Jahrzehnts des 20. Jahrhunderts heben im Bild einzigartige Ereignisse auf, so die Resultate der Brandzerstörung von 1908.

Ein authentischer Ort – der alte Berliner Garnisonfriedhof

Ist eine bildhafte Vorstellung von der Kirchengruft nur durch die Zeichnungen Menzels vermittelt, so gibt es dennoch einen authentischen Ort, der die Umschwünge der Jahrhunderte, wenn auch nicht unversehrt, überstanden hat und Zeugnis von den Bestattungen der evangelischen Kirchgemeinde ablegt und in seiner gegenwärtigen Existenz zu den Kleinodien in Berlins Mitte zählt: der Alte Berliner Garnisonfriedhof. Dieser ehemalige Offiziersfriedhof der Garnison ist heute eine parkähnliche Anlage. Ein Besuch beschert dem Betrachter nicht nur eine unver-

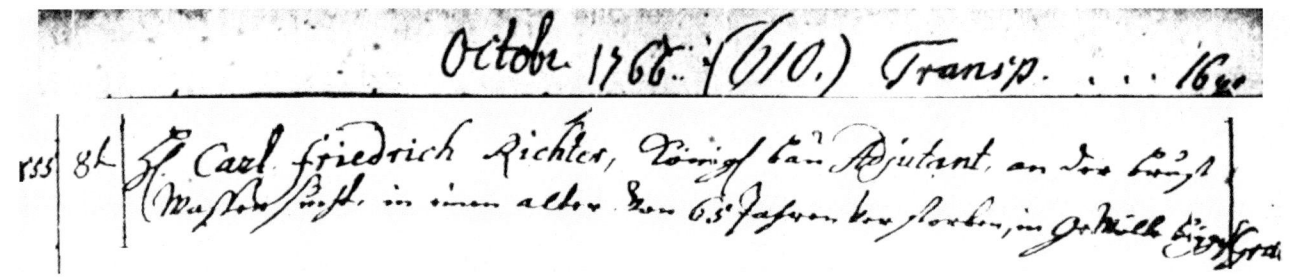

Abb. 7 Eintrag im Kirchenbuch der Berliner Garnisongemeinde zum Tod des Königlichen Bauadjutanten Carl Friedrich Richter, verstorben an der Wassersucht am 8. Oktober 1766, beigesetzt im Gewölbe der Garnisonkirche.

hoffte grüne Oase in der Spandauer Vorstadt, sondern auch Entdeckungen kunstgeschichtlicher und biografischer Art. Grabsteine nach Schinkels Entwurf oder Grabkreuze des Berliner Eisenkunstgusses führen in die Geschichte wie auch die Namen der Bestatteten mit Brandenburg-Preußen verbunden sind.

Eine Fundgrube für biografische Daten der Gemeindeglieder sind die Militärkirchenbücher, die heute im Geheimen Staatsarchiv Preußischer Kulturbesitz in Dahlem einzusehen sind. Für biografische Forschung und Recherchen über die Garnison sind sie unentbehrliche Dokumente, denn sie geben Aufschluss über Taufe, Eheschließung und Tod von Offizieren, Soldaten und deren Angehörigen. Ab 1672 liegen die ersten Aufzeichnungen vor. Generell wurden die Militärkirchenbücher von den Garnisonpredigern geführt. Für den konkreten Fall der Berliner Garnison gibt es eine Besonderheit. Bis 1717 firmierten die Militärkirchenbücher der Garnisongemeinde als Militärkirchenbücher der Heilig-Geist-Gemeinde, ein Umstand, der darauf beruht, dass die Garnisongemeinde bis 1703 Kapelle und Kirchhof der Heilig-Geist-Gemeinde für ihre Gottesdienste nutzte. Erst ab 1717 verweisen die Militärkirchenbücher im Titel nur noch auf die Garnisonkirche. Für die Garnisongemeinde liegen die Taufbücher seit 1672, die Trauungsbücher seit 1673 und die Totenbücher seit 1706 vor. Die Totenbücher sind im Zusammenhang mit der Belegung des Alten Berliner Garnisonfriedhofs besonders interessant. So sind in ihnen nicht nur die Personen mit Sterbedatum, Alter und hinterbliebenen Kindern verzeichnet, sondern bei Soldaten und Offizieren sind auch Regimentszugehörigkeit und Dienstgrad angegeben. Häufig wurde auch das Beisetzungsdatum und der Beisetzungsort notiert. Letzteres zeigt, dass nicht alle Gemeindeglieder auf dem Gemeindekirchhof oder in der Kirchengruft bestattet wurden, sondern auch auf dem Koppenschen Armenfriedhof oder – wenn Grundbesitz vorhanden war – auf den eigenen Gütern.

Neben dem Offiziersfriedhof existierte auch der so genannte Gemeinenfriedhof der Garnison. Dieser lag nur durch eine schmale Gasse, die heutige Gormannstraße, vom Offiziersfriedhof getrennt auf dem Grundstück zwischen Rücker-, Linien- und Mulackstraße und bildete mit diesem ein zusammenhängendes Friedhofsareal. Dieser Gemeinenfriedhof wurde bereits 1862 geschlossen und das Grundstück ab 1891 zum Kauf und zur Bebauung angeboten, so dass er heute nicht mehr vorhanden ist. Auf einem Teil der überbauten Fläche fanden 2002 und 2003 neuerlich Bauarbeiten für Wohngebäude und Tiefgaragen statt. Ein Archäologenteam[3] begleitete die Bodenarbeiten und stieß in den ausgeschachteten Bereichen auf Gräber des Gemeinenfriedhofs. Hierbei konnten verschiedene vertikale Bestattungslagen ausgemacht werden und vereinzelt waren persönliche Schmuck- und Gebrauchsgegenstände, auch Devotionalien zu finden. (Abb. 8 S. 46) Außerdem förderten die Arbeiten einen Grabstein eines Fuß-Gendarmen zu Tage, der im Lapidarium auf dem Alten Berliner Garnisonfriedhof ausgestellt wird. Neben den gegenständlichen Funden ist besonders erwähnenswert, dass sich an einigen Schädeln Obduktionsschnitte befinden. Leichenöffnungen aus gerichtsmedizinischen Gründen waren im 18. Jahrhundert durchaus üblich. Daneben führte ein sich ausweitendes öffentliches Interesse an empirisch-anatomischen Kenntnissen dazu, Sektionen vor einem vielschichtigen Fachpublikum – dazu zählten auch die Feldschere der Garnison – und vor Laien vorzunehmen. Die Zahl der benötigten Leichen konnte nun nicht mehr allein mit

Hingerichteten oder gewaltsam Getöteten gedeckt werden, so dass Leichen aus den Hospitälern und Armenhäusern gekauft wurden. Wahrscheinlich sind die Obduktionsspuren an den Skeletten auf dem ehemaligen Gemeinenfriedhof mit den öffentlichen Sektionen in Verbindung zu bringen und wären somit Sachzeugen eines aufklärerischen Interesses an naturwissenschaftlich-medizinischen Kenntnissen.

Zwei weitere Friedhöfe wurden im 19. Jahrhundert für die Garnison in Berlin angelegt, die noch heute zugänglich sind. Als erster 1861 der „Neue Friedhof hinter der Hasenheide", wenige Jahre später, 1867, der Garnisonfriedhof in der Müllerstraße in Wedding. Beide Anlagen wurden geschaffen, nachdem aus gesundheitspolizeilichen Gründen bereits nach 1830 die Gruft der Kirche und 1867 der Gemeinenfriedhof in der Linienstraße geschlossen wurden.

Gehören der Alte Berliner Garnisonfriedhof und die beiden aus den Sechzigerjahren des 19. Jahrhunderts stammenden Friedhöfe als authentische Orte zur Geschichte der Garnisonkirche, so wurde eine andere Begräbnisstelle als Folge des Nachkriegsvandalismus eingerichtet: Die Grabanlage auf dem Stahnsdorfer Südwest-Friedhof. Sie wurde für die Toten aus der Gruft der Garnisonkirche zu einem Begräbnisplatz, der erst nach 1949 gewählt wurde, nachdem Bombentreffer die Kirche 1943 zerstörten und die Grüfte der Kirchenruine in den Nachkriegsjahren mehrfach geplündert worden waren. Um die Totenruhe zu wahren, entschlossen sich der Magistrat von Berlin und der Synodalverband, die Toten hierhin umzubetten und in würdevoller Weise wieder zu bestatten.

Die Garnisonkirche im Stadtbild

Wird die Frage nach der stadtgestaltenden Wirkung der Garnisonkirche in der Residenzstadt Berlin gestellt, lässt sie sich mit einem Blick in historische Aufzeichnungen erhellen. Dass bereits der Gründungsbau von 1703 zu den stadtbildbestimmenden Elementen gehörte, wird anhand der Stadtansicht von Anna Maria Werner aus dem Jahr 1717 erkennbar. In der turmreichen Silhouette der Stadt Berlin ragt auch der Dachreiter der Garnisonkirche hervor, zwar keineswegs eine wirkliche Höhendominante, doch hoch und wichtig genug, um mit der Nummer 10 am Rand des Blattes verzeichnet zu sein. Schriftliche Aufzeichnungen, die unmittelbar zur Entstehungszeit detailreich Auskunft über den ersten Garnisonkirchenbau geben und über eine Erwähnung innerhalb einer Aufzählung hinausgehen, sind nach heutigen Erkenntnissen nicht mehr zu finden. Die ab 1737 als gedruckte Form im Umlauf befindliche Chronik der Garnisonkirche von Johann Friedrich Walther, ergänzt durch jährliche Anhänge, galt bislang als die ausführlichste zeitnahe Quelle. Heute jedoch, nachdem die dem Druck vorausgegangene Handschrift wiederentdeckt wurde, kann die erste umfangreiche Beschreibung mit eingefügten farbigen Originalzeichnungen von Walther auf das Jahr 1736 datiert werden.[4] Theologen, die sich im 19. Jahrhundert mit der Garnisonkirchengeschichte befassten, zitierten hauptsächlich die gedruckte Chronik von Walther und ließen andere schriftliche, etwa zeitgleiche Quellen oft unberücksichtigt. Neben den in der gedruckten Waltherschen Chronik vorhandenen Kupferstichen von Paul Busch nach Zeichnungen von Walther waren die Skizzen des Architekten Pitzler bekannt. Anhand des überlieferten Materials wurde dem ersten Garnisonkirchenbau nur ein bescheidenes Äußeres attestiert.[5]

Anders ist die Dokumentensituation für den nachfolgenden Garnisonkirchenbau. Schon 1727, fünf Jahre nach Einweihung dieses zweiten, neu errichteten Gebäudes, ist von Jacob Schmidt über die Garnisonkirche zu erfahren, dass „sehen wir sie von aussen an, so fehlet es ihr an nichts, ohne (möcht jemand sagen) am Thurm, alleine die Thürme sind wegen der Glocken daß man sie hören könne, der Soldatesca Glocken seynd die Trommeln, so zu einer Zeit so weit auch Berlin im Umfang begriffen gehöret werden. Der Klanck ist etwan dieser: Bum, bum, der Tambour leut in die Kirch, leut in die Kirch." [6] Und über die Kirchenausstattung wird berichtet, „die Cantzel ist sehr schön von Marmor woran einige Biblische Geschicht der Helden und Heldinnen zu sehen ... Sonderlich ist aber zu mercken das herrliche Orgelwerk"[7]. Dieser eher verhaltenen Erwähnung in der Sammlung Berlinischer Merk- und Denkwürdigkeiten folgt zehn Jahre später von Johann Friedrich Walther, dem Organisten der Garnisonkirche, eine ausführliche Beschreibung, die einem Gebäudelob gleicht. Passioniert stellt er fest,

Abb. 9 „Der Königl. Residentz-Stadt Berlin Nördliche Seite", 1717, Ausschnitt aus dem Plan von Anna Maria Werner. Nr. 10 markiert die Garnisonkirche.

„daß seit der Reformation und also in Zeit von zwey hundert Jahren, keine so schöne, grosse und helle Kirche, in der Chur-Mark Brandenburg erbauet worden" ist. Und auch einen Vergleich mit der nach einem Brand prächtig wieder hergestellten Petri-Kirche braucht die Garnisonkirche nicht zu scheuen, steht sie dieser doch „in Ansehung des Raums und des Lichts" in nichts nach, sondern sticht eher hervor. An der Kirche ist „inmassen auch so wol an der äußern als innern Architectur nichts vergessen, was zur Zierde, vornemlich aber zur Dauer gehöret".[8]

Friedrich Nicolai dagegen beschränkt sich in den Achtzigerjahren des gleichen Jahrhunderts in seiner Berlindarstellung wiederum wesentlich auf die Angaben der wichtigsten Baudaten der Kirche, ohne eine wertende Einschätzung damit zu verbinden.[9] Das verwundert kaum, richtet Nicolai den Blick doch auf die gesamte Stadt und die wird bedeutungsmäßig und gestalthaft jetzt – etwa fünfzig Jahre nach Errichtung der zweiten Garnisonkirche – von anderen, neueren Bauten und Plätzen geprägt, die zum Schwärmen verleiten.

Dass die Garnisonkirche trotz unterschiedlicher Präsenz in der Literatur eine herausragende Rolle im Stadtbild spielte, lässt sich anhand der überlieferten Pläne ableiten. So gehörte die Garnisonkirche zu den repräsentativen Bauten, die sowohl in den Plänen als Gebäude gestalthaft eingezeichnet und somit hervorgehoben wurden, als auch zu denen, die als besonders eindrucksvoll und die Stadt charakterisierend um die Pläne in Einzeldarstellungen gruppiert worden waren. Beispiele hierfür liefern die Pläne von Matthäus Seutter um 1740 (Abb.10 S. 45) und von J. D. Schleuen von 1773. Für die Tatsache, dass die Garnisonkirche mit Beginn dieser Art von Plandarstellung für Berlin in die Gruppe der Rahmenabbildungen aufgenommen wurde, gab es sicherlich mehrere Gründe: Einer lag darin, den königlichen Bauherrn durch die abgebildeten Bauten zu preisen, ein zweiter in der damaligen Qualität der Gebäude, eine stadtbildprägende Gestalt zu haben. Für die Garnisonkirche, deren zweiter Bau im 18. Jahrhundert über keinen Dachreiter verfügte und somit nicht als Höhendominante die Silhouette von Berlin mit kennzeichnete, wurde ihre räumliche Dimension im Stadtkörper charakteristisch. In ihrer einzigartigen Funktion in Berlin, Kirche der Garnison zu sein, lag gewiss ein weiterer Grund für diese exponierte Form der Darstellung. Dass die Garnisonkirche auch noch im 19. Jahrhundert in Berlin zu den herausragenden und stadtbildprägenden Bauten zählte, macht ihre Ab-bildung im Monumentalplan von Berlin aus dem Jahr 1860 deutlich, in den ausschließlich zeitgenössische und historisch repräsentative Großbauten aufgenommen worden waren.

Auch wenn das Gebäude der Garnisonkirche aus dem heutigen Stadtbild verschwunden ist, bietet das vorhandene Material genügend interessante Anhaltspunkte, sich der Geschichte der Garnisonkirche als Bau sowie als Institution und den mit ihr verbundenen Persönlichkeiten zu nähern und es macht neugierig darauf, den sich um die Kirche rankenden Geschichten nachzuspüren. So liegt denn im Rückblick auf Geschichte und Geschichten eine Reverenz, das dreihundertjährige Jubiläum der Garnisonkirche zu würdigen.

[1] Berliner Baukunst der Barockzeit, S. 569.
[2] Walther, 1736.
[3] Informationen nach Vortragsmanuskript von Jeannette Fester, Leiterin des Archäologenteams der Grabung. Vortrag am 19. 2 . 2003, Archiv Förderverein Alter Berliner Garnisonfriedhof e. V.
[4] Vgl. Walther 1736, 1737 und 1743.
[5] Vgl. Borrmann, S. 174.
[6] Schmidt, Zweyten Zehenden VIIIte Sammlung, S. 66.
[7] Ebenda., S. 67/68.
[8] Walther, 1743, S. 73, 74.
[9] Nicolai 1786, Bd.1, S. 22.

Dieter Weigert

Miles Perpetuus – 350 Jahre stehendes Heer in der Mark

Die ehemalige Berliner Garnisonkirche, feierlich in Anwesenheit von König Friedrich I. am 1. Januar 1703 eingeweiht, war Preußens erste Militärkirche. Der zugehörige Offizierskirchhof im Bezirk Mitte ist der älteste noch bestehende Militärfriedhof Berlins. Die Kirche war im Kriege ausgebombt, die Ruine wurde später abgetragen. Auf dem Kirchhof wurden im Frühjahr 1945 über tausend Opfer der letzten Kämpfe in Massengräbern beigesetzt.

Der Kirchenbau, das protestantische Gemeindeleben der Berliner Garnison, die Grabstätten in den Grüften und die Plastiken auf dem Kirchhof waren bedeutende Elemente der Kulturgeschichte Berlins. Sie sind Marksteine in der Mannigfaltigkeit der künstlerischen, wissenschaftlichen, militärischen und biografischen Verknüpfungen der Mark Brandenburg mit der Residenz Berlin.

Will man die Geschichte der Berliner Garnisonkirche erzählen, muss man weit zurückblicken: in die Regierungsjahre Friedrich Wilhelms, des Großen Kurfürsten, zwischen 1640 und 1688. Wüst war die Mark 1648 nach dreißig langen Jahren Krieg; Mensch und Tier getötet, ganze Orte verlassen – ein Neuanfang unter Führung des jungen Fürsten Friedrich Wilhelm musste auch den ständigen militärischen Schutz der Kurmark bedeuten.

Die Kosten sowohl für ein stehendes Heer als auch für die Befestigung der Städte wurde den märkischen Ständen aufgebürdet. Im Sommer 1653 konnte der Kurfürst ihren langwierigen Widerstand brechen – der Kompromiss mit dem Landtag sah eine jährliche Summe von 530.000 Talern für das kurfürstliche Heer vor. Die Gegenleistung: Friedrich Wilhelm sicherte den adligen Grundbesitzern alle ständischen Privilegien wie Steuer- und Zollfreiheit, Obrigkeitsrecht über die Bauern, Verfügung über deren Frondienste, Festschreibung von bestehenden Leibeigenschaftsverhältnissen. Eine schwere Hypothek lastete für Jahrhunderte auf den Dörfern und Städten der Mark.

Erste brandenburgische Garnisonen wurden schon im 17. Jahrhundert errichtet, darunter Berlin (1655), Bernau (1650), Freienwalde/Oder (1681), Fürstenwalde/Spree (1650), Halle/Saale (1681), Kolberg (1655), Küstrin (1696), Magdeburg (1682), Peitz (1615), Potsdam (1685), Prenzlau (1675), Quedlinburg (1679), Wriezen/Oder (1698).[1]

Eigentlich lag der Versuch der Errichtung einer ständigen Garnison in Berlin schon im Jahrzehnt vor dem Ausbruch des Dreißigjährigen Krieges. 1615 wurde die Kompanie „Leibguardi" unter Hauptmann Wilhelm von Kalckum von Cleve nach Berlin und Cölln verschifft und vor dem Schloss am 21. Juli durch den Kurfürsten gemustert. Die Einheit bestand neben dem Kompaniechef aus einem Leutnant, einem Fähnrich, drei Sergeanten, einem adligen Korporal, drei gemeinen Korporalen, einem Schreiber, 2 Trommlern, 56 Soldaten und einem Profoss. Der Landesherr war begeistert und überreichte dem Kommandeur ein „weiß Fähnlein mit Ihrer Churfürstlich Durchl. Wappen".[2]

Der Krieg verhinderte die permanente Präsenz brandenburgischer Truppen in der Residenz, so dass erst nach dem Westfälischen Frieden Kurfürst Friedrich Wilhelm einen erneuten, diesmal erfolgreichen Versuch unternehmen konnte, in Berlin-Cölln Militär dauerhaft zu stationieren. Die Leibkompanie von 1615, in der Zwischenzeit mehrfach verlegt und unter wechselndem Kommando, bildete ab 1655 als Churfürstliches Leibregiment (zwischen 4 und 12 Kompanien) zusammen mit der „Leibgarde zu Roß" den Stamm der Berliner Garnison. 1655 betrug die Gesamtstärke des brandenburgischen Heeres 26.800 Mann in 15 Regimentern zu Ross (Kürassiere), 7 Regimentern Dragoner (in jenen Jahren eine Mischung von Reitern und Fußvolk), 10 Regimentern zu Fuß (Musketiere und Piqueniere) sowie Feldartillerie (72 Kanonen).[3] Seit dem Landtagsrezess von 1653 gab es eine von Friedrich Wilhelm eingerichtete „Churfürstliche Kriegskasse" in Berlin, aus der Sold, Offiziersbezüge, Waffen und Ausrüstungen der Regimenter bezahlt wurden. Auch die Bürgerschaft der Hauptstadt wurde zu Abgaben verpflichtet – den von den adligen Ständen der Mark jährlich zu zahlenden 530.000 Talern für die „Miles Perpetuus" standen in der Stadt Berlin 103.000 Taler für die Jahre 1658–1665 gegenüber, die von den Bürgern der Stadt als „Quartiergeld" für das Militär aufzubringen waren.

In der zweiten Hälfte des 17. Jahrhunderts nahmen Kompanien und Bataillone anderer Infanterie-Regimenter für kürzere Zeit Quartier in der Residenz, ohne einen Beitrag zum Aufbau der Garnison zu leisten – die Regimenter unter dem Kommando der Generale Johann Friedrich Freiherr von Bawyr zu Casparsbruch (1658), Graf von Wittgenstein (1656), Joachim Rüdiger Freiherr von der Goltz, (1658–1665), von Groende (1659–1660) und von Heinrich von Uffeln (1658–1660).

Die ersten ständigen Regimenter in Berlin waren das Infanterie-Regiment No. 1 und das Infanterie-Regiment No. 18 („Weiße Grenadiergarde") sowie das Kürassierregiment No. 4 (zwischen 1646 und 1714 als „Dragonergarde" bzw. „Leibregiment Dragoner" bezeichnet). Deren Chefs waren solche bekannten Heerführer und Günstlinge des Kurfürsten wie Daniel von Tettau, Hans Adam von Schöning, Johannes Albrecht von Barfuß, Friedrich Wilhelm von Grumbkow, Alexander Burggraf und Graf zu Dohna.

„Gut gebetet ist immer halb gesiegt"[4]

Der „miles perpetuus", des Kurfürsten ständiger und garnisonierter Krieger, war ein neuer Typ des Militärs, der auch einer neuen Art der ständigen religiösen Führung in Friedenszeiten bedurfte. Weder ein in den Kriegen herumziehender und für ein Regiment rekrutierter Militärprediger noch der am Standort an einer Stadtpfarre tätige zivile Geistliche wurde mit der seelsorgerischen Betreuung des „Soldaten neuen Typs" betraut, sondern ein dem Regiment „zugehöriger" protestantischer Geistlicher, der jener Gemeinde vorstand, zu der das Regiment „gehörte". Der Kurfürst wusste um die Bedeutung der Religion für die Moral der Truppen. Schon 1656 hatte er im § 4 des „Articuls-Brief oder Churfürstlich Brandenburgisch Krieges-Recht" formuliert: „Der Gottesdienst soll, damit die wahre Gottesfurcht in der Kriegsleute Herzen eingepflanzt werde, vor allem Kriegsvolk im Lager Morgens und Abends abgewartet, und allemal durch des Lagercommandeurs Pauken, Trompeten und Trommelschlag vor und nach dem Gottesdienst ein Zeichen gegeben werden, und soll kein Priester bei Verlust eines Monatssoldes, der den Armen verfallen soll, ohne erhebliche Ursachen denselben versäumen, auch kein Soldat bei Vermeidung der Strafe des Halseisens vom Gottesdienst wegbleiben."[5] Strenge Strafen standen auf Gotteslästerei, auf den Umgang mit „Zauberern", „Teufelskünstlern", auf Trunkenheit beim Gottesdienst, auf unchristlichen Lebenswandel der Feldprediger. Diese Verordnung des Großen Kurfürsten geht unmittelbar auf ein schwedisches Vorbild zurück, auf König Gustav Adolfs „Schwedisches Kriegsrecht oder Articuls-Brief" von 1621.[6]

Der Kurfürst hatte noch keine zentrale Behörde für die Leitung der Militärkirche eingesetzt, in seiner Nähe jedoch gab es im Kriegsfall einen Generalstabsfeldprediger, der die Prediger der Regimenter instruierte. Das Feldpredigeramt war also vor 1655 keine ständige militärische Einrichtung, sondern nur in Kriegszeiten eingesetzt, wobei die Auswahl der Prediger und ihre Einstellung den Regimentschefs oblag. Mit der Errichtung der ständigen Garnison in Berlin, dem bald größten Militärstandort Brandenburgs, wurden ab 1655 Garnisonpfarrer ernannt und damit die „Gemeinde so zum Regiment gehörig" ins Leben gerufen. Die Gemeinde war lutherisch, ihr gehörten alle Militärpersonen,

Offiziere, Unteroffiziere, Mannschaften mit Ehefrauen und Kindern wie auch das Dienstpersonal in Militärfamilien oder bei einzelnen Militärs an.[7]

Als der Große Kurfürst die Söldnerheere nicht mehr vollständig auflöste und mit dem Aufbau eines stehenden Heeres begann, schickte man die Feldprediger nicht nach Hause. Sie wurden den Regimentern zugeordnet, um die Soldaten nicht nur während des Krieges, sondern ebenso in Friedenszeiten zu betreuen. So entstand schrittweise mit den Garnisonen auch eine militärkirchliche Struktur,[8] deren Spitze ein Kriegskonsistorium (Consistorium Militare Castrense) unter Führung des Generalauditeurs, des obersten Militärjuristen, bildete. Zwei Feldprediger vom Generalstab oder von den Regimentern waren Beisitzer ebenso wie zwei hohe Stabsoffiziere sowie der Stellvertreter des Generalauditeurs, der Generalauditeur-Leutnant.

Der erste Prediger der Berliner Garnison war David Hanisius. Er entstammte einer Pfarrersfamilie aus Paplitz bei Baruth,[9] sein Großvater war sogar Superintendent in Baruth gewesen.[10] Hanisius hatte in Königsberg studiert und im lutherischen Wittenberg als Pfarrer gewirkt. Später war er Garnisonprediger und Feldsuperintendent beim Dänenkönig Friedrich III. Hanisius wurde zum Feldprediger der Leibgarde und gleichzeitig zum Garnisonprediger der Residenz ernannt.

Diese Verbindung der beiden Funktionen existierte bis zum Jahre 1702. Der Kurfürst hatte damit erstmals 1655 auch einen Geistlichen auf die Besoldungs- und Verpflegungsliste („Interims-Verpflegungsordonnanz") des Stabes eines brandenburgischen Garderegiments gesetzt. Beim „Fußvolk" rangierte er mit 12 Talern monatlich zusammen mit dem Auditeur (Militärrichter) zwischen dem Obrist-Wachtmeister (27 Taler), dem Regiments-Quartiermeister (18 Taler), dem „Feldscherer" (7 Taler) und Tambour und Profoss mit je 6 Talern. Bei der „Reuterei" erhielt der Prediger wie der Auditeur 16 Taler, damit rangierte er vor dem Pauker (10 Taler), dem Wundarzt (9 Taler), dem Profoss und Scharfrichter (je 8 Taler) sowie den Steckenknechten (4 Taler). Zusätzlich zum Sold erhielten die Feldprediger je 2 Taler für „Servis".[11] Weiterhin standen dem Prediger ein Diener und zwei Pferde zu – auf Staatskosten selbstverständlich.

Der Kurfürst musste die Wahl des militanten lutherischen Predigers Hanisius bald bereuen. In den scharfen Auseinandersetzungen zwischen Lutheranern und Reformierten verweigerte Hanisius dem Großen Kurfürsten die Unterzeichnung einer von allen Berliner lutherischen Pfarrern geforderten Toleranzerklärung gegenüber den Reformierten und wurde deshalb schon 1663 seines Amtes enthoben[12], konnte doch diese Protesthandlung eines Militärpfarrers Signalwirkung für die zivilen Geistlichen der protestantischen Landeskirche Brandenburgs haben.

Mit dem Rauswurf aus Berlin war jedoch die Karriere des gebildeten und sprachgewandten Hanisius nicht beendet. Eine zeitgenössische Quelle gibt Auskunft: „Als er Berlin verlassen, nahm ihn der Schwedische Graf Magnus de la Garde anno 1665 als Hofprediger und Bibliothecarium in Bestallung, hierauf kam er in des Herzogs Augusti von Braunschweig Dienste und ward anno 1666 erster Bibliothecarius der vortrefflichen Bibliothec zu Wolfenbüttel, welchem Amte er biß an seinen Tod anno 1682 vorgestanden. Während der Verwaltung dieses Amts hat er auf Befehl seines Herrn eine Reise nach Holl- und Engelland, hatte auch die Ehre als ein Mitglied in die gelehrte Gesellschaft zu London aufgenommen zu werden. Er unterhielt einen starken Briefwechsel mit vornehmen und gelehrten Leuten und stund bey vielen in guten Credit: wiewohl es auch an solchen nicht gefehlet hat, die nicht viel von ihm gehalten haben."[13] Ein aus Berlin verjagter Soldatenpfarrer wird zum Vorgänger Leibniz' und Lessings in Wolfenbüttel – welch interessanter historischer Vorgang! In Parenthese: Dass das „Wegjagen" unliebsamer Theologen aus Brandenburg-Preußen immer zu den möglichen Instrumenten im politischen Waffenarsenal der Herrscher gehörte, werden wir noch mehr als einmal erleben.

Die Nachfolger Hanisius' waren 1663–1672 Georg Jordan aus Brandenburg/Havel, von 1671–1673 Johann Melchior Stenger aus Erfurt (1638–1710), 1673/74 Theodor Martin Berckelmann, 1674–1681 M. Franciscus du Bois, danach bis 1699 Christoph Nagel (1658–1699) und 1699–1701 Johann Ernst Rosenthal.[14] Es waren harte Zeiten für die Berliner Garnisonpfarrer, denn die Soldaten und Offiziere der brandenburgischen Infanterie- und Kavallerieregimenter waren in ihrer Frömmigkeit nicht besser und nicht schlechter als die zivile Gesellschaft der Mark Brandenburg. Die Soldaten, auch die einheimischen, wurden als Fremde

Abb. 11 Innenraum der Heilig-Geist-Kirche 1887. Foto Albert Schwarz.

in der Residenz angesehen, sie waren störende Elemente bei den Gottesdiensten der Bürger.[15] Die einheimischen Soldaten kamen in ihrer Mehrzahl vom Lande, hatten schlecht bezahlte Dorfpfarrer erlebt, die gewöhnlich über eine geringe theologische Bildung verfügten, die eigenwillig, zum Teil schrullig ihr Amt ausübten. Da es keine wirksame Aufsicht durch die Landeskirche gab, konnten kuriose Vorgänge die Annalen der märkischen Kirchengeschichte bereichern, so die Weigerung von Dorfbewohnern, die Katechismus-Lehre zu besuchen oder die Strohhalm-Episode von 1695/96: Um am Wein zu sparen, hatten einige Pfarrer beim Abendmahl Strohhalme zum Aussaugen der Abendmahlkelche ausgegeben, so dass manche Gläubige ins leere Weinglas schauen mussten. Das Konsistorium in Berlin beschäftigte sich mit dieser Praxis und drückte in seiner Verordnung vom 20. Februar 1696 die Besorgnis aus, dass manche Kommunikanten „durch solche Rohrichen gar keinen Wein bekommen, sondern ungetruncken von dem Altar wieder weggehen, dadurch sie dann leicht wieder ins Papstthumb verfallen könnten, und mit dem Essen allein würden vergnüget seyn müssen."[16] Der Lutheraner Hanisius und dessen Nachfolger konnten ihre Berliner Militärgemeinde noch nicht in eine eigene Kirche führen. Die Amtshandlungen fanden in der

Kapelle des Heilig-Geist-Hospitals in der Spandauer Straße statt, die Gottesdienste im Freien, auf dem benachbarten Lindenhof.

Trotz seines frommen Namens war das Heilig-Geist-Viertel im nord-östlichen Teil der Doppelstadt Berlin-Cölln durch die Jahrhunderte vom Militär geprägt. Zur Tradition des befestigten Tores in Richtung Spandau am mittelalterlichen Pulverturm und der so genannten „Uffelschen Bastion" mit ihrem artilleristischen Zubehör gehörte nun ab 1655 die Nutzung der Heilig-Geist-Kapelle durch die Garnisongemeinde. Die Berliner lutherischen Feldprediger amtierten daher auf vertrautem Gelände. Zu Füßen der Festungsanlage, konfrontiert mit Lazarett und Friedhof, den Marschtritt der königlichen Garde vor dem Fenster, nahmen sie Trauungen und Taufen vor, registrierten Tod und Geburt, beaufsichtigten den Schulunterricht, unterwiesen Offiziere und Soldaten im rechten Glauben.

„Aber die auf den Herrn harren, kriegen neue Kraft, daß sie auffahren mit Flügeln wie Adler"[17]

In das letzte Jahrzehnt des 17. Jahrhunderts fallen die Versuche des brandenburgisch-berlinischen Pietismus, in Armee- und Regierungsstrukturen Fuß zu fassen. August Hermann Francke (1663–1727), Theologieprofessor in Halle/Saale und Philipp Jakob Spener (1635–1705), Konsistorialrat und Propst an der Nikolaikirche zu Berlin, hatten sich Ende des 17. Jahrhunderts kritisch mit dem Verfall der Sitten in allen Ständen auseinandergesetzt und eine Wende im Protestantismus gefordert. Sie konnten auf den spiritualistischen Auffassungen der Jahre nach dem Dreißigjährigen Krieg aufbauen, nach denen eine grundsätzliche Reformierung der lutherischen Bewegung nötig sei, wie sie Luther gegenüber dem Papsttum vertreten hatte. Für die Entwicklung der geistigen Grundlagen der brandenburgisch-preußischen Militärkirche wird insbesondere der Hallesche Pietismus bedeutsam, „der seinem innersten Wesen nach eine religiös-soziale Bewegung mit weltweiter, universaler Zielsetzung gewesen ist, eine Bewegung, die nichts Geringeres gewollt hat, als die damalige Welt und ihre politischen und sozialen Verhältnisse vom Boden einer vermeintlichen zweiten Reformation aus umzugestalten."[18]

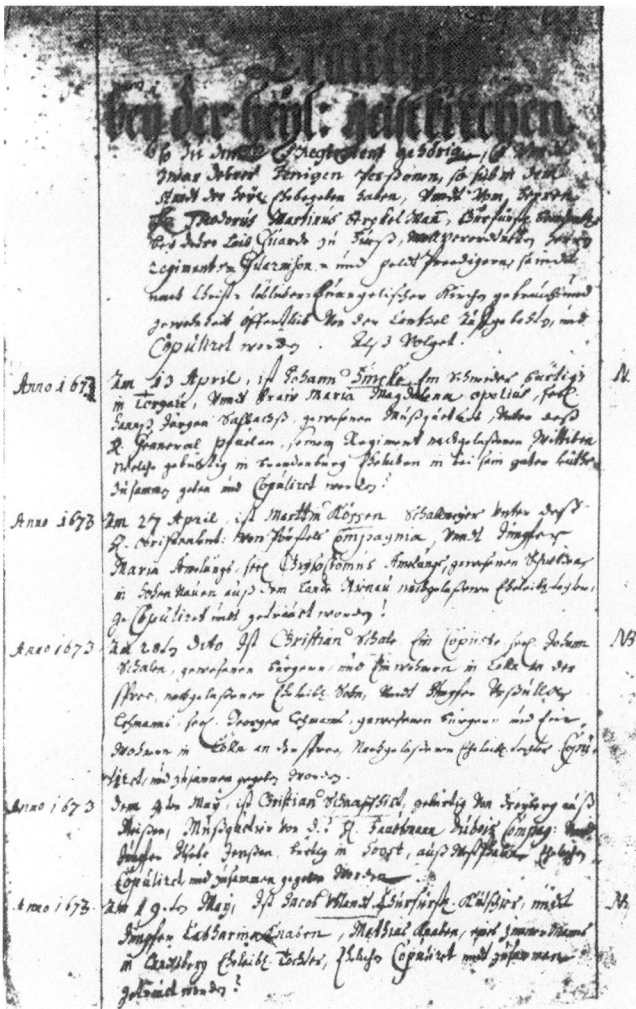

Abb. 12   Erste dokumentierte Trauungen von Angehörigen der Berliner Garnison in den Kirchenbüchern der Heilig-Geist-Kirche zu Berlin vom April 1673.

Hatten noch in den Fünfziger- und Sechzigerjahren des 17. Jahrhunderts die Schrecken des Krieges in den religiösen Anklageschriften den Hintergrund für die Erneuerungsbedürfnisse in der protestantischen Kirche gebildet, waren es im letzten Jahrzehnt jenes „barocken" Jahrhunderts die unverhüllte Prachtentfaltung der Fürsten auf Kosten der Bauern, Bürger und gepressten Soldaten, die lebensfremde Orthodoxie und steife Zeremonie der lutherischen Kirche, die brutalen Werbemethoden der brandenburgischen Armee und die Soldatenschinderei, die in den Volksmassen und bei den gemeinen Soldaten die religiöse Sehnsucht nach moralischem Beistand und Trost, nach sozialen Veränderungen verstärkt aufleben ließ. Es war deshalb kein Zufall, dass die intensive Beschäftigung des kurfürstlichen Hofes mit Inhalten und Strukturen der Militärseelsorge im brandenburgischen Heer in den Jahren ab 1691/92 zusammenfiel mit einem Aufleben der pietistischen Propaganda in Berlin. Die Reformer am Hofe unter Führung des Ministers Paul von Fuchs[19] erhielten Unterstützung vonseiten der städtischen Pfarrgemeinden St. Nikolai und St. Petri. Dass von Beginn an eine enge Partnerschaft zwischen den zivilen Vertretern des Pietismus in Berlin und den Garnisonpfarrern bestand, belegt die Tatsache, dass Philipp Jakob Spener die Leichenpredigt für seinen im Militärdienst 1699 verstorbenen Kollegen Christoph Nagel hielt.[20]

Nach dem Tode des Ministers im Jahre 1704 erlitten die Pietisten zwar einen kurzzeitigen Rückschlag, konnten aber durch intensive Einflussnahme auf den Kronprinzen Friedrich Wilhelm über die Generale von Natzmer und von Loeben sowie über den Freiherrn von Canstein[21] ihren Einfluss soweit erhalten, dass sie nach der Thronbesteigung des Soldatenkönigs im Jahre 1713 einen Neuanfang starten konnten.

Der bedeutendste und ranghöchste jener preußischen Offiziere, die dem Pietismus August Hermann Franckes und Speners nahe standen und ihn propagierten, war der General-Feldmarschall Dubislaw Gneomar von Natzmer (1654–1739). Er hatte seine Laufbahn 1664 als Page beim Grafen von Dohna begonnen, war 1676 in brandenburgische Dienste als Leutnant im Regiment von Grumbkow (Leibdragoner) eingetreten und hatte den Feldzug in Pommern 1677/1679 erlebt. 1680 wurde er Stabskapitän, 1683 Kompaniechef, nahm 1686 am Türkenfeldzug teil und kam 1687 als Generaladjutant in den persönlichen Stab des Großen Kurfürsten. Friedrich Wilhelm beförderte ihn 1688 zum Oberstleutnant und ernannte ihn zum Kommandeur der Grands Mousquetaires. Seine weitere Militärkarriere: 1689 Oberst, 1691 Errichtung Regiment zu Pferde aus den Grands Mousquetaires (später Gensd'armes), 1696 Generalmajor, 1704 Generalleutnant, 1715 General der Kavallerie und Ritter des Schwarzen Adlerordens. 1728 zum General-Feldmarschall ernannt,

Abb. 13 August Hermann Francke.

wurde er nach seinem Tode am 19. Mai 1739 feierlich in den Grüften der Berliner Garnisonkirche zur letzten Ruhe gebettet. Der Bericht über die feierliche Beisetzung ist in Johann Friedrich Walthers „Historische Nachricht" nachlesbar. Natzmer war einer der aktivsten Anhänger und Propagandisten Franckes in der Armee, las Bücher (!), verwarf Trinken und Tanzen und andere Lustbarkeiten. Er war der stärkste Gegner des alten Dessauers, der als grober, anti-intellektueller Kommandeur berüchtigt und gefürchtet war. Verwandtschaftliche Beziehungen trugen dazu bei, dass von Natzmer zum militärischen Kopf der pietistischen Bewegung in Preußen wurde – seine zweite Gemahlin war Charlotte Justine, geb. von Gersdorff, verwitwete Gräfin von Zinsendorf (1676–1763, ebenfalls beigesetzt in der Berliner Garnisonkirche[22]). Sie war die Mutter des Begründers der pietistischen „Brüdergemeine", des Grafen Nikolaus von Zinsendorf. Über den Freiherrn von Canstein war von Natzmer auch mit General von Loeben (Abb.14 S. 46) verwandt, dem zweiten hochrangigen aktiven General in der Nähe des Königs mit starken pietistischen Neigungen.

Rückkehr zu einer natürlichen Frömmigkeit, Askese, Ablehnung des äußeren Scheins und Besinnung auf die inneren Werte des Menschen, Sorge um die Armen und religiös begründete Disziplin – das waren die Tugenden der Pietisten, die für einflussreiche Kräfte in der preußischen Armee politisch geeignet erschienen, um die alleinige enge moralische Bindung der Soldaten an den Staat, an den König, an die adligen Offiziere zu festigen oder überhaupt erst herzustellen. Es lag völlig im Interesse der preußischen Armeeführung, wenn Francke und seine Anhänger drastisch gegen die Laster des Saufens, des Hurens, des Spielens, Fluchens und Raufens unter den gemeinen Soldaten predigten. Aber vor allem war es die Hinwendung der Pietisten zu einer Art neuen Mystik der Innerlichkeit, des „psychologischen Weihrauchs", der intimen Beziehung zwischen dem einzelnen Gläubigen und seinem theologischen „Betreuer", sei es der Pfarrer oder der Lehrer an der Schule oder am Waisenhaus, die Generalen wie Natzmer, Loeben, Finck von Finckenstein wichtig waren für die Überwindung der Todesfurcht bei den untergebenen Soldaten und bei der Durchsetzung einer absoluten Disziplin.

Erschien schon das „Anti-Bildnerische" und fast Rationalistische der Reformierten den evangelischen Militärs als wenig geeignet für eine Motivierung des Soldaten in einem absolutistischen preußischen Heer, so hatten sie auch kein Vertrauen in die Traditionen, in die mechanischen, veräußerlichten Liturgien und scholastischen Methoden der orthodoxen lutherischen Prediger. Die individualistische, fast spiritualistische Behandlung des Soldaten durch die pietistischen Soldatenpfarrer war überdies befähigt, den Soldaten, den der Staat durch Familiengründung zu domestizieren suchte, auch innerlich zu beruhigen, mit seinem Schicksal auszusöhnen, die Soldatensittlichkeit zu heben, das Problem der Soldatenkinder anzupacken, die Auswirkungen der Armut zu begrenzen.

Wie aber passt andererseits Soldatentum, wie passt Krieg überhaupt zum Pietismus Franckes? In einem Brief an König Friedrich Wilhelm I. argumentierte er, „dass nicht nur im Alten Testament fromme Könige auf Gottes Befehl Kriege geführt, sondern auch im Neuen Testament Paulus zun Römern am 13. im 4ten Vers leh-

Abb. 15 Adolph Menzel, Feldprediger nebst Küster, Preußische Frei-Corps des Siebenjährigen Krieges, 1850–52, Holzschnitt, Brock-Verzeichnis Nr. 1056.

ret, dass die Obrigkeit das Schwert nicht umsonst trage, sie sei Gottes Dienerin zur Strafe über den, der Böses tut. Wie nun also der Krieg an sich selbst und wenn ihn die Not erfordert, nicht wider Gottes Wort ist, so sehe ich doch die Sache also an, dass es mit dem Kriege gewissermaßen ist, wie mit dem Handel, welcher an sich selbst nicht unrecht ist ..."[23] Obwohl das Fernziel des Franckeschen Pietismus die Abschaffung von Kriegen durch eine Verbesserung der Gesellschaft ist, sind jedoch aus seiner Sicht kurzfristig Armeen und Soldaten zur Verteidigung des Landes notwendig. Wogegen er aber eindringlich predigt, ist der „Mietlingsgeist" der damaligen Armeen, die Methoden der gewaltsamen Werbung, wie sie durch das vom Fürsten Leopold von Anhalt-Dessau in der Universitätsstadt

Halle kommandierte Infanterieregiment in aller Brutalität angewandt wurden.

Die von den Pietisten gepredigte und vorgelebte Arbeits- und Studiendisziplin sollte besonders für den Offiziersnachwuchs ein hoher moralischer Wert sein, er stand den barocken, spätfeudalen Kavaliersidealen wie lässiges Verhältnis zum Geld und zu den Frauen, wie Spielleidenschaft und pompöses Auftreten, Verachtung von Literatur, Wissenschaft und technischer Entwicklung diametral entgegen. Als Beispiel für die von Francke propagierte Solidarität mit dem in Not geratenen Nächsten können die Berichte dienen, wie Offiziere und Soldaten seines Regiments 1730 dem Leutnant von Katte in den Tagen und Nächten vor seiner Hinrichtung beigestanden haben. Leutnant von Katte, Sohn eines hochdekorierten preußischen Generals, war selbst Absolvent des Franckeschen Paedagogicums in Halle gewesen.

---

1 Vgl. Gieraths.
2 Woche, 1998, S. 13.
3 Von seinem Vater, Georg Wilhelm, hatte der Große Kurfürst fünf Regimenter Fußvolk, drei Regimenter Reiterei, eine Kompanie Leibwache und 41 Mann Artillerie übernommen – Gesamtzahl etwa 6.000 Mann (Schild, Bd.2, S. 1).
4 Ebenda, Bd. 1, S. 217.
5 Ebenda, Bd.2, S. 3.
6 Schneider, S. 70.
7 Schild, Bd.2, S. 44.
8 Vgl. Hintze, S. 1217ff.
9 Zum Gedenken an einen durch schwedische Soldaten ermordeten Pfarrer Johannes Hanisius ist in der Dorfkirche von Paplitz ein Kreuz aufgestellt, das folgende Inschrift trägt: „Anno 1636, den 5. Juni in der heiligen Pfingstnacht ist der ehrwürdige und wohlgelahrte Herr Johanes Hanisius Pfarrer zu Paplitz in seinen von den raubenden Soldaten geübten Martyrio selig entschlafen: seines Alters XLVII Jahr und XXV Wochen" (aus: Müller, 2002). Vermutlich ist jener Paplitzer Pfarrer der Vater des Berliner Garnisonpredigers David Hanisius.
10 Müller/Küster, Teil 2, S. 607.
11 Schild, Bd.2, S. 13.
12 Siehe Goens, S. 7.
13 Müller/Küster, S. 608f.
14 Siehe Walther, 1743, S. 8f.
15 Ebenda, S. 18.
16 Klingebiel, S.304f.
17 Jesaja, 40,31; Giebelspruch am Hauptgebäude der Franckeschen Stiftungen in Halle/Saale, Hinrichs, 1971, S. 21.
18 Hinrichs, 1981, Bd. 3, S.1295.
19 Feiherr Paul von Fuchs (1640-1704) war ab 1670 Geheimsekretär des Großen Kurfürsten, 1679 Hofrat, 1682 Geheimrat, wurde 1694 Kurator der brandenburgischen Universitäten, errichtete die neue Landesuniversität zu Halle/Saale.
20 Die Predigt wurde in Frankfurt/Main 1699 gedruckt. Ein Exemplar befindet sich in der Herzog August Bibliothek Wolfenbüttel (Signatur 2655).
21 Zur Biographie siehe Schicketantz, 2002.
22 Geheimes Staatsarchiv Preußischer Kulturbesitz, HA VIII, Militärkirchenbücher, Mikrofiche 915, Bl. 490, Nr. 667, 6. September 1763.
23 Hinrichs, 1971, S. 126f.

Barbara Kündiger
Der erste Kirchenbau für die Garnison

Seit 1663 zogen, wie wir gelesen haben, die Soldaten der Berliner Garnison in Richtung Spandauer Straße zur Heilig-Geist-Kapelle, um den Predigten zu lauschen. Die Kapelle war der Garnison zu diesem Zeitpunkt als Ort für den Gottesdienst zugewiesen worden[1].

Die Garnisongemeinde zu Gast

Es ist jedoch anzunehmen, dass die Garnisongemeinde bereits ab ihrer Gründung 1655 diese Kapelle nutzte, denn eine eigene Kirche gab es für sie noch nicht. Mehr als vierzig Jahre war die Garnison bis zur Vollendung des ersten Garnisonkirchenbaus in eben dieser Kapelle zu Gast. Sechs Prediger, alle als Garnison- und Feldprediger bei der Kurfürstlichen Garde die evangelisch-lutherische Konfession vertretend, instruierten hier die Soldaten. Begonnen hatten die Predigten 1663 mit Georg Jordan. Johann Ernst Rosenthal zelebrierte bis zu seinem Tod im April 1701 als Garnisonprediger den Gottesdienst in der Heilig-Geist-Kapelle.[2] Da erst in der zweiten Jahreshälfte 1701 der Grundstein für die Garnisonkirche gelegt wurde, ist es wahrscheinlich, dass auch Christoph Naumann am alten Ort predigte, bis er seinen Dienst in der Garnisonkirche aufnahm. Bereits ab 1678 war ein Küster angestellt, der bei den Gottesdiensten der Gemeinde vorzusingen hatte. Für die Soldaten gehörte der Vormittagsgottesdienst zum normalen Pflichtprogramm, dem sich der eine oder andere jedoch auch entzog. Ab etwa 1670 gab es daraufhin eine Neuerung. Auf Befehl des Kurfürsten wurde die so genannte Kirchenparade eingeführt. Von nun an marschierten die Soldaten gemeinsam, geordnet und gesittet zur Kirche. Hinter diesem allergnädigsten Befehl steckte wohl weniger eine ästhetische Absicht als die, Kontrolle auszuüben und wirklich jeden Soldaten beim Gottesdienst dabeizuhaben. Für den Nachmittag waren die Regelungen lockerer. Hier stand es den Soldaten frei, dem Vortrag des Katecheten zu folgen oder sich eine Predigt in einer anderen Kirche der Stadt anzuhören.

Im Winter fanden die Predigten in der Heilig-Geist-Kapelle statt, sommers wurde der Kirchhof genutzt. Der Kirchhof bot genügend Platz und eignete sich insbesondere für diesen Zweck, da auf ihm drei schattenspendende Linden den Platz überdeckten und die sommerliche Hitze milderten. Um die Linden, deren weit ausladende Zweige mit Holzpfählen gestützt wurden, standen Bänke und Chöre; ein Predigtstuhl oder eine Kanzel befand sich in der Nähe der Kirche. Weshalb den Kirchhof drei Linden zierten, ließ sich bereits zu der Zeit, als die Soldaten sich hier zum Gottesdienst versammelten, nicht mehr genau nachvollziehen. Doch sind Geschichten, die sich um die Linden rankten, auch damals schon kolportiert worden. In einer wird der merkwürdige Wuchs der Linden, deren Kronen offenbar nicht nach oben strebten, sondern sich schirmartig ausbreiteten, zum Anlass für eine Sage genommen,

Abb. 16   Heilig-Geist-Hospital und Heilig-Geist-Kapelle, Ansicht von NW. Zeichnung von L. L. Müller 1804.

nach der eine Person ermordet worden war und der Verdacht auf drei Brüder fiel, die mit der Person in Feindschaft lagen. Die Todesstrafe war ihnen gewiss. Um ihre Unschuld nicht nur zu beteuern, sondern ein Zeichen derselben zu geben, pflanzten sie drei Linden verkehrt herum mit den Wurzeln in die Luft und den Kronen in den Boden. Sollten die Bäume weiterhin gedeihen, wäre ihre Unschuld erwiesen. In einer anderen, weniger dramatischen Geschichte wird auf drei adlige Brüder verwiesen, die der Heilig-Geist-Gemeinde Dörfer schenkten. Zu deren Andenken seien die drei Linden gesetzt worden.[3] Nach zweihundert Jahren wurden die Linden morsch und gingen ein.

Um die Jahrhundertwende war die Garnisongemeinde aus allen Nähten geplatzt, so dass sie nur noch zu einem Drittel in der Heilig-Geist-Kapelle unterzubringen war. Dies machten sich „einige freche Gemüther" zunutze, „sich bey solcher Gelegenheit wol gar dem Gehör göttlichen Worts"[4] zu entziehen. Der knappe Raum, Unruhe beim Gottesdienst und die Zahl der Schwänzenden verlangte nach Alternativen. Der Gedanke an eine eigene Kirche keimte auf. In einem Gesuch vom 18. April 1701 bitten die Offiziere der Garnison den Landesherren um Erlaubnis, eine Kirche für die Berliner Garnison zu erbauen und dafür eine Kollekte auflegen zu dürfen. Der König reagierte schnell. Im Juli 1701 nahm er die Bürger in die Pflicht und forderte sie auf, ihren Beitrag zu leisten.[5] Offenbar parallel dazu schlugen Gouvernement und Prediger einen Platz für den Bau einer Garnisonkirche am Stadtrand vor, nahe dem Spandauer Tor.

Exkurs: Der König ließ bauen

Schon bevor sich Kurfürst Friedrich III. am 18. Januar 1701 in Königsberg selbst die Krone auf den Kopf setzte und damit zu König Friedrich I. in Preußen wurde, hatte er schon weit vor dieser Krönung begonnen, seine Residenz prachtvoll ausbauen zu lassen. Er trieb mit der Anlage der Friedrichstadt nicht nur die städtebauliche Entwicklung voran, sondern förderte die architektonisch-repräsentative Gestaltung der Residenz mit zahlreichen Einzelbauten. Natürlich stand hierbei das Schloss als der zentrale monarchische Repräsentationsbau im Mittelpunkt, aber auch das Zeughaus, Brücken und Kirchen sind in seinem Auftrag gebaut worden. Von den Baumeistern, die bis zum Ende des 17. Jahrhunderts an den führenden Bauaufgaben Schloss und Kirche mit Entwurf oder Ausführung beteiligt waren, gilt Johann Arnold Nering als die dominierende Persönlichkeit im Berliner Raum. Als Oberdirektor aller Bauten unter Friedrich III. war sein Aufgabenbereich weit gefächert.[6] Zeitgleich zu Nering agierten Michael Matthias Smids, Heinrich Behr, Martin Grünberg, Andreas Schlüter, Jean de Bodt und Johann Friedrich Eosander in der Reihe der bedeutendsten Baumeister. Häufig waren diese Baumeister über Projekte miteinander verbunden oder lösten einander ab. Oft entwarf ein Baumeister ein Gebäude und ein anderer hatte die Bauleitung inne. Nach Nerings Tod 1695 wurden die von ihm begonnenen Aufgaben von anderen Baumeistern weitergeführt. So setzten beispielsweise Heinrich Behr und Martin Grünberg die Arbeiten am Jagdschloss Grunewald fort. Martin Grünberg führte die Rohbauarbeiten am Zeughaus weiter, wo er 1698 von Schlüter und dieser wiederum von de Bodt abgelöst wurde. Mit den weitergehenden Arbeiten an Schloss Charlottenburg wurden nacheinander Grünberg und

Eosander betraut. Die Rolle Schlüters war ambivalent: Zweifellos triumphierte er als Bildhauer, als Baumeister jedoch musste er Niederlagen einstecken.[7] Nichtsdestotrotz avancierte er, insbesondere zwischen 1698 und 1706, als er mit dem Schlossbau beschäftigt war, zum überragenden Baumeister nach Nering.

Als erster Kirchenneubau unter Friedrich III. wurde die Sebastianskirche in der Cöllnischen Vorstadt[8] nach Plänen von Martin Grünberg errichtet und 1695 geweiht. Seit dem Dreißigjährigen Krieg war es der zweite Kirchenneubau überhaupt. Der erste, die Dorotheenkirche, erfolgte 1678–87 noch unter dem Großen Kurfürsten in der gleichnamigen planmäßig angelegten Neustadt.[9] Offenbar gab es bis zu diesem Zeitpunkt keinen dringenden Bedarf an Neubauten. In Berlin und Cölln reichten die mittelalterlichen Kirchen den Reformierten und Lutheranern als Stätten für Gebet und Predigt aus. Die Bewohner in den anderen beiden Neustädten, in den nördlichen und östlichen Vorstädten und auch die Mitglieder der Garnisongemeinde standen buchstäblich im Freien oder mussten improvisieren, bis königliche Gunst auch ihnen eine Kirche bescherte oder einen Umbau bzw. eine Erweiterung ermöglichte.[10] Dies geschah seit Mitte der Neunzigerjahre. So wurden Jerusalemer Kirche und Georgenkirche[11] zwischen 1693 und 1695 erweitert, die Georgenkirche noch ein zweites Mal zwischen 1703 und 1704. Ab 1695 bis 1703 wurde nach Plänen von Nering die Parochialkirche von Grünberg errichtet, der wiederum Philipp Gerlach zehn Jahre später einen Turm nach dem Entwurf von Jean de Bodt hinzufügte. Es folgte ab 1698 der Bau der Friedrichshospitalkirche[12] und ab 1699 der Umbau des alten Reithauses auf dem Friedrichswerder zur Kirche mit gleicher Bezeichnung. Beide Kirchen hatte ebenfalls Grünberg entworfen. Um 1700 erhielt die Köpenicker Vorstadt durch einen Scheunenumbau eine Kapelle für die Réfugiés. Im Jahr seiner Krönung gab Friedrich I. noch drei Kirchenbauten in Auftrag. Auf Berliner Seite fand die Garnisonkirche ihren Platz, in der Friedrichstadt wurden die Neue Friedrichstädtische und die Französische Kirche gebaut. Dass davon wiederum zwei, die Garnisonkirche und die Neue Friedrichstädtische Kirche, nach den Plänen von Martin Grünberg errichtet wurden, der 1706 starb, verwundert nicht allzu sehr. Er hatte nach Nerings Tod alle wichtigen Bauämter inne, aus denen er sich jedoch peu à peu zurückzog; und obwohl er nicht als inspirierter Kopf galt, so war er doch ein zuverlässiger, loyaler Baumeister, der sein Handwerk gelernt und sich bewährt hatte. In den folgenden zehn Jahren wurde kein Grundstein für eine Kirche gelegt. Erst im zweiten Dezennium erwachte erneut das Bedürfnis nach Kirchenbauten. So erhielt die Spandauer Vorstadt von 1712–1713 die Sophienkirche und in Charlottenburg wurde zwischen 1712 und 1716 die Parochialkirche[13] gebaut.

Der Blick auf die Kirchenbauten in Berlin unter Friedrich III./I. zeigt, dass die meisten Kirchen von Grünberg entworfen und gebaut worden waren. Dennoch erreichte Grünberg nicht die allgemeine Bekanntheit in der Nachwelt wie Nering oder Schlüter und gilt eher als Mann der zweiten Reihe. Als Nachfolger Nerings im Amt des Hofbaumeisters hatte er einen umfangreichen Aufgabenkatalog zu erfüllen, zu dem die Aufsicht über die zahlreichen Schlossbauten, die Verwaltung der Plankammer und die Leitung der Arbeiten am Zeughaus gehörten. Allerdings beschränkte sich Grünberg meist auf die Fortsetzung der Bauarbeiten nach bereits vorhandenen Entwürfen, ohne schöpferisch einzugreifen. Als er sich 1699 von diesem Amt entbinden ließ und im gleichen Jahr die „Ernennung zum Baudirector bei dem Landbauwesen und in den Städten"[14] erhielt, verlor Grünberg die enge Bindung an höfisch-repräsentative Bauaufgaben. Am Hof nicht mehr gestalterisch gefordert, wandte er sich baukünstlerisch einem anderen Gebiet zu. Grünberg hatte im Kirchenbau reichlich Erfahrungen gesammelt und dies nicht nur in Berlin, sondern auch schon bei früheren Kirchenbauten in Dessau und Zerbst. Er knüpfte mit seinen letzten Kirchenbauten daran an und traf wiederum den Nerv der Zeit. Die holländisch beeinflusste, nüchterne und schmucklose Gestaltung seiner Kirchenbauten entsprach der Auffassung der Protestanten, die in ihren Gotteshäusern zweckgebundene Räume bevorzugten, in denen möglichst viele Gläubige Platz finden sollten, um der Predigt zu lauschen. Mit seinen Kirchenbauten schuf Grünberg unter spezifisch Berliner Bedingungen, die oftmals den Bau von Simultankirchen erforderten, einen wichtigen Beitrag für die Bedürfnisse der protestantischen Berliner Gemeinden.

Die erste Garnisonkirche – Ort, Grundsteinlegung und Baumeister

Der Ort, der für die zukünftige Garnisonkirche gefunden worden war, lag innerhalb der unter dem großen Kurfürsten erbauten Befestigungsanlagen in der Bastion XII, dem „Spandauer" oder „Uffelschen" Bollwerk. Nur wenige alte Gebäude, ein Schuppen, ein Stall für die Festungsbaupferde und das Dienstgebäude des Baukommissars, standen auf dem Terrain. Sie wurden bis auf den Stall für den Neubau abgerissen. Ein Blick auf den damaligen Stadtplan zeigt, dass die Garnisonkirche einen Platz am Rande der Doppelstadt Berlin-Cölln im Heilig-Geist-Viertel erhielt. Das Heilig-Geist-Viertel befand sich auf der vom zentralen Repräsentationsbereich abgewandten Seite und grenzte nord-östlich an den Lustgarten. Trotz der peripheren Lage in der Doppelstadt war die Entfernung zur prominenten Adresse des Schlosses nicht sehr groß. Über Jahrhunderte hinweg war der Ort durch das Heilig-Geist-Hospital geprägt und zu einer Stätte mit karitativen und kommunalen Funktionen geworden.[15] Zusätzlich charakterisierten die militärische Einbindung als Teil der Festungsanlage und die Nähe zu den alten Pulvertürmen das Terrain. Auch mit der Nutzung der Heilig-Geist-Kapelle durch die Garnisongemeinde trug der Ort eine vierzigjährige militärische Tradition. Das Land gehörte der Krone, ein Umstand, der für den König weder zusätzlichen Aufwand noch Kosten brachte, um darüber verfügen zu können.

Am 24. September 1701 wurde der Grundstein für die Garnisonkirche gelegt. Es wurde ein Festakt mit militärischem Zeremoniell. Der Bauplatz war in einem Geviert von 100 Fuß im Quadrat abgesteckt, „das Fundament vorn an der Strasse ausgegraben."[16] In der Mitte befand sich ein Zelt, unter diesem der Grundstein. Die Garnison rückte an und verteilte sich auf dem Gelände: Nah am Geschehen auf dem Platz standen Generale und Soldaten, die übrigen Soldaten stellten sich entlang der Wälle auf. Generalfeldmarschall und Gouverneur von Barfuß empfing den Kronprinzen und dessen Gefolge. Nachdem Gesang, Gebet und Pfarrer Naumanns Predigt vorüber waren, trugen die Hauptleute Gerlach und Ludwig, Leutnant Weinreich und Baukommissar Jänicke den Grundstein in das Fundament. Ob nun der Kronprinz die auch heute noch üblichen drei Hammerschläge tat oder ein erstes Mal Kalk auf den Stein warf oder ihn gar selbst setzte ist, ist nicht genau zu sagen.[17] Jedenfalls war er für den feierlichen Akt von seinem Vater bestimmt worden. Nach nochmaligem Gesang und Gebet endete die Zeremonie. Bereits nach kurzer Bauzeit war die Kirche vor Michaelis 1702, also vor dem 29. September, unter Dach, so dass sie am 1. Januar 1703 eingeweiht werden konnte. Im Fundament betrug die Mauerdicke sechs, über der Erde drei Fuß.

Martin Grünberg, immer wieder von Friedrich zu Kirchenbauten herangezogen, wurde auch mit dem Entwurf für die Garnisonkirche betraut. Es ist urkundlich nicht mehr überliefert, dass Grünberg die Garnisonkirche entwarf, wohl aber haben Augenzeugen, die die Kirche noch kannten, dies bezeugt. Nicht nur in Bezug auf Grünbergs Entwurfsurheberschaft liegen die Dinge, was urkundliches Material oder Entwurfszeichnungen von ihm betrifft, schlecht, auch über die Kirche existieren kaum überlieferte Aufzeichnungen, so dass die Mitteilungen von Johann Friedrich Walther und Christoph Pitzler Kronzeugenstatus in beiden Fällen bekommen. Walther war nicht nur in der Garnisonschule erzogen, er war auch im November 1716 an der Garnisonkirche zum Organisten berufen worden, kannte sie also aus den täglichen Gottesdiensten. Von ihm stammt nicht nur eine verbale Beschreibung, sondern er fügte seiner Chronik über die Garnisonkirche auch eigenhändige Zeichnungen bzw. Kupferstiche des Gebäudes von G. P. Busch bei. Pitzler dagegen, ein reisefreudiger Architekt aus dem Herzogtum Sachsen-Weißenfels, besuchte die Kirche bei einem Berlinaufenthalt und hielt seinen Eindruck 1704 in einem Skizzenbuch fest.[18] Neben diesen beiden Augenzeugen ergänzen zeitnahe schriftliche Aufzeichnungen lokaler Historiographen die Angaben.

Dass der Plan für die Garnisonkirche von Grünberg stammt, ist einer bei Walther dokumentierten steinernen Inschrifttafel, die im Kircheninnern an der Sakristeimauer angebracht war, zu entnehmen. In Erinnerung an die Grundsteinlegung waren alle Hauptpersonen genannt, und hier wurde an letzter Stelle „der Land-Bau-Director Martin Grüneberg"[19] als Architekt der Kirche aufgeführt. Auch die bei Walther eingefügte Zeichnung bzw. der abgebildete Kupferstich der Kirche weisen Grünberg als Architekten aus.[20]

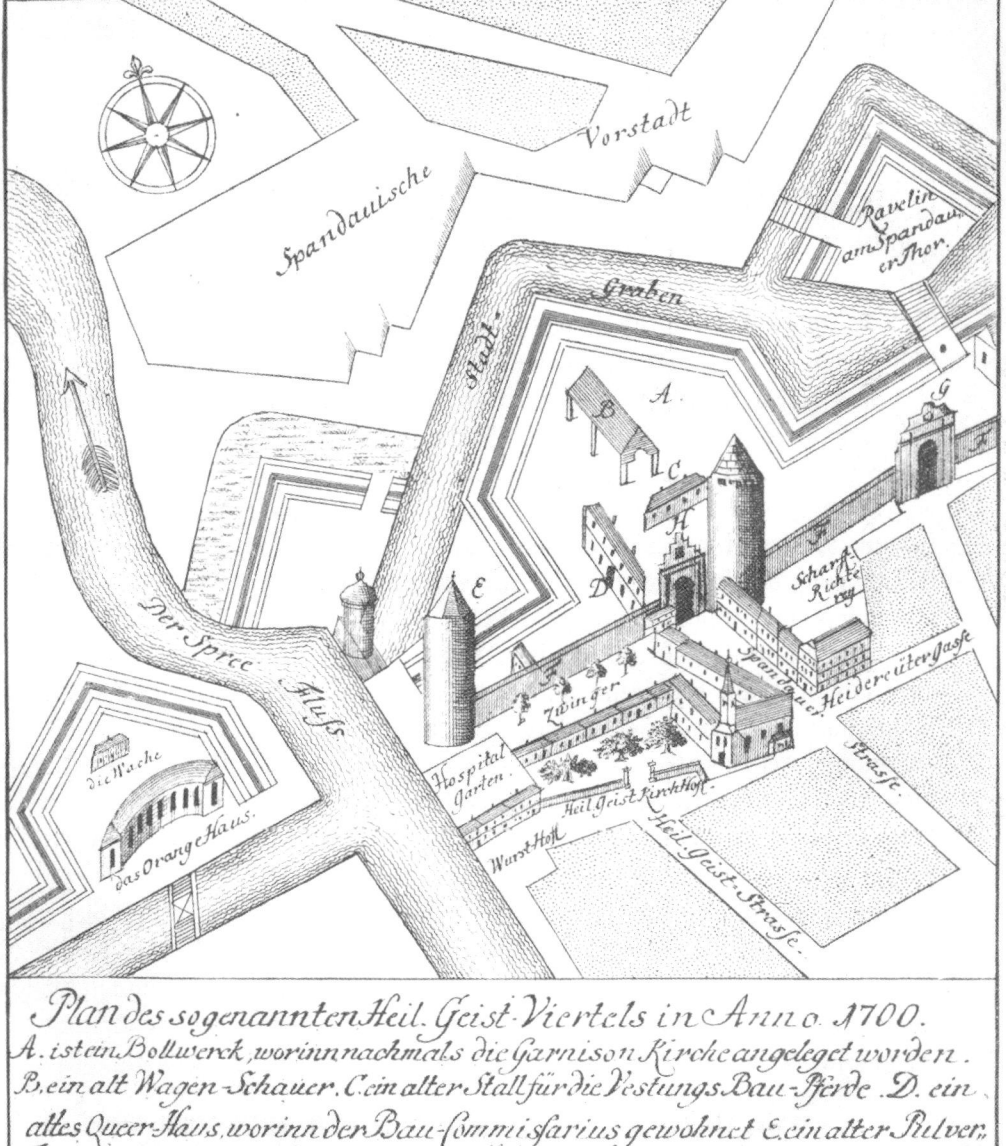

Abb. 17
Heilig-Geist-Viertel um 1700. Kupferstich von Georg Paul Busch nach einer Zeichnung von Johann Friedrich Walther, 1743. Aus dem mit C bezeichneten Stall wird das erste Schulgebäude.

Grundriss, Ansicht und Details

Pitzler hielt in seinem Skizzenbuch in Grundriss, perspektivischer Ansicht und mehreren Detailzeichnungen die Garnisonkirche fest. Von Walther wurden ebenfalls Grundriss und Ansicht gefertigt. (Abb.19 S.47) Im Manuskript mit den Handzeichnungen hielt Walther auch das neben der Kirche befindliche Schulgebäude in Ansicht und Grundriss auf demselben Blatt fest. Grundsätzlich stimmen die Zeichnungen beider Autoren zur Kirche in ihren Hauptaussagen überein, dennoch sind in einigen Details Unterschiede zu erkennen, die auf Veränderungen nach der Kircheneinweihung hindeuten. Die Kirche war als Zentralbau angelegt. Sie erhob sich über einem symmetrischen kreuzförmigen Grundriss, war mit einem Walmdach gedeckt und über dem Schnittpunkt der Kreuzarme erhob sich ein zierlicher hölzerner Dachreiter. Dass sich in dem Türmchen keine Glocken befanden, hatte schon Schmidt 1727 erwähnt und auch Bekmann notierte dies und begründete: „…weil die Zeit des Gottesdienstes anfangs durch den Trommelschlag angedeutet wurde".[21]

Die Ansichten von Pitzler und Walther zeigen, dass das Gebäude ein Walmdach trug, mit hohen Rundbogenfenstern versehen war, deren einzige Zier ein Schlussstein war, und dass das jeweilige Mittelfenster einer Kreuzarmfront direkt auf das Portal stieß. Die Lukarnen im Walmdach und den Segmentbogengiebel über dem Mittelportal zeichnete Pitzler nicht, ebenso gibt seine Skizze das umlaufende Gesims und die Lisenen an den Ecken der Kreuzarme nicht wieder. Die beiden mit dem Vermerk „a", „thüren in die begräbnüße"[22] versehenen Nebeneingänge auf Pitzlers Skizze sind in der Proportion zum Gebäude zu klein ausgefallen. In einem wesentlichen Punkt unterscheiden sich die Ansichten und Grundrisse von Walther und Pitzler jedoch. Nach Pitzlers Zeichnungen gab es am Gebäude keine Hauptfront, denn alle Seiten waren nach dem gleichen Prinzip ausgebildet. So hielt Pitzler einen auf allen Seiten gleich gegliederten Zentralbau fest, dessen Kreuzarme an ihren Stirnseiten jeweils ein Portal in einem Mittelrisalit zeigen. Dagegen wird die Gleichwertigkeit der Seiten auf der Waltherschen Zeichnung durch zwei Hervorhebungen beeinträchtigt. Zum einen wird nur ein Kreuzarm mit Mittelrisalit wiedergegeben, der offenbar die Hauptfassade darstellt. Die Beschreibung von Bekmann bestätigt dies: Dieser südliche Kreuzarm, „der Haupteingang war an der Strasse durch drei Thüren, davon die mittelste zwischen 2 jonischen Pilastern stund und mit einem gedrükten Frontispice gezieret war, über sich ein Fenster, über diessm am Dache aber noch ein spitzes Frontispice hatte."[23] Zum zweiten enthalten die Zeichnungen von Walther einen quadratischen Anbau am östlichen Kreuzarm. Dieser Anbau erfolgte wahrscheinlich erst nach 1704. Die Annahme begründet sich aus der Funktion des Anbaus, „durch welchen man beides unten in die Kirche und durch eine abgesetzte Windeltreppe hinauf in die Köhre kommen konnte."[24] Noch in der Skizze von Pitzler ist in diesem Kreuzarm ohne Anbau in der nordöstlichen Ecke die Sakristei eingetragen, in der Südostecke eine Treppe verzeichnet. Die Erweiterung der Sakristei über den gesamten Kreuzarm und damit die Auslagerung der Treppe in den Anbau gilt als wahrscheinlich.

Laut Bekmann war die Kirche der „äusserlichen Beschaffenheit" nach „von gebakkenen Steinen ohne Strebepfeiler nach der neuen Gothischen Bauart".[25] Auch Müller/Küster bezeichneten die Bauart als gotisch, abweichend jedoch wurde in der Darstellung erwähnt, dass die Kirche „von innen und aussen wohl abgeweisset"[26] war. Zweierlei verblüfft. Die Übertragung des Begriffs gotisch auf das Bauwerk und die unterschiedlichen Angaben über die äußere Erscheinung der Kirche. Was die Charakterisierung des Baus als gotisch hervorgerufen haben kann, ist nur noch zu mutmaßen. War der Bau tatsächlich in sichtbarem Mauerwerk belassen, so kann ein Vergleich mit den mittelalterlichen Bauwerken aus Backstein das Attribut gotisch provoziert haben. Oder aber die schlanken und hohen Fenster mit den Schlusssteinen im Bogenscheitel verleiteten zu dieser Bezeichnung. Eine plausible Erklärung für die Differenz in der Wahrnehmung der äußeren Erscheinung der Kirche scheint es allerdings nicht zu geben. Denn eins ist klar: die Kirche kann nur entweder verputzt oder ein Bau gewesen sein, dessen Backsteine sichtbar belassen worden waren. Ein Vergleich der Zitate mit den erhaltenen Abbildungen unterstützt die Aussage von Müller/Küster.

Die Grundrisse beider Autoren geben Auskunft über die innere Ausstattung der Kirche. Wiederum ist Unterschiedliches zu erfahren. Aus Pitzlers Grundriss ist die Lage von Treppen, Bestuhlung, Kanzelaltar und Emporen zu entnehmen. Detailskizzen und Anmerkungen ergänzen diese Angaben. So notierte Pitzler die Anlage von zwei übereinander liegenden Emporenreihen in der 30 Fuß, also etwa 9,50 Meter, hohen Kirche, eine Angabe, die durchaus plausibel ist angesichts des Platzbedarfs der Garnison. Auch Müller/Küster berichteten von doppelten Emporen.[27] Bekmann gab darüber hinaus sogar die Platzierung der Garnisonmitglieder an. Die „Köhre sind west- und nordwärts angeleget, alle gleich und zwiefach übereinander gesetzet und nur

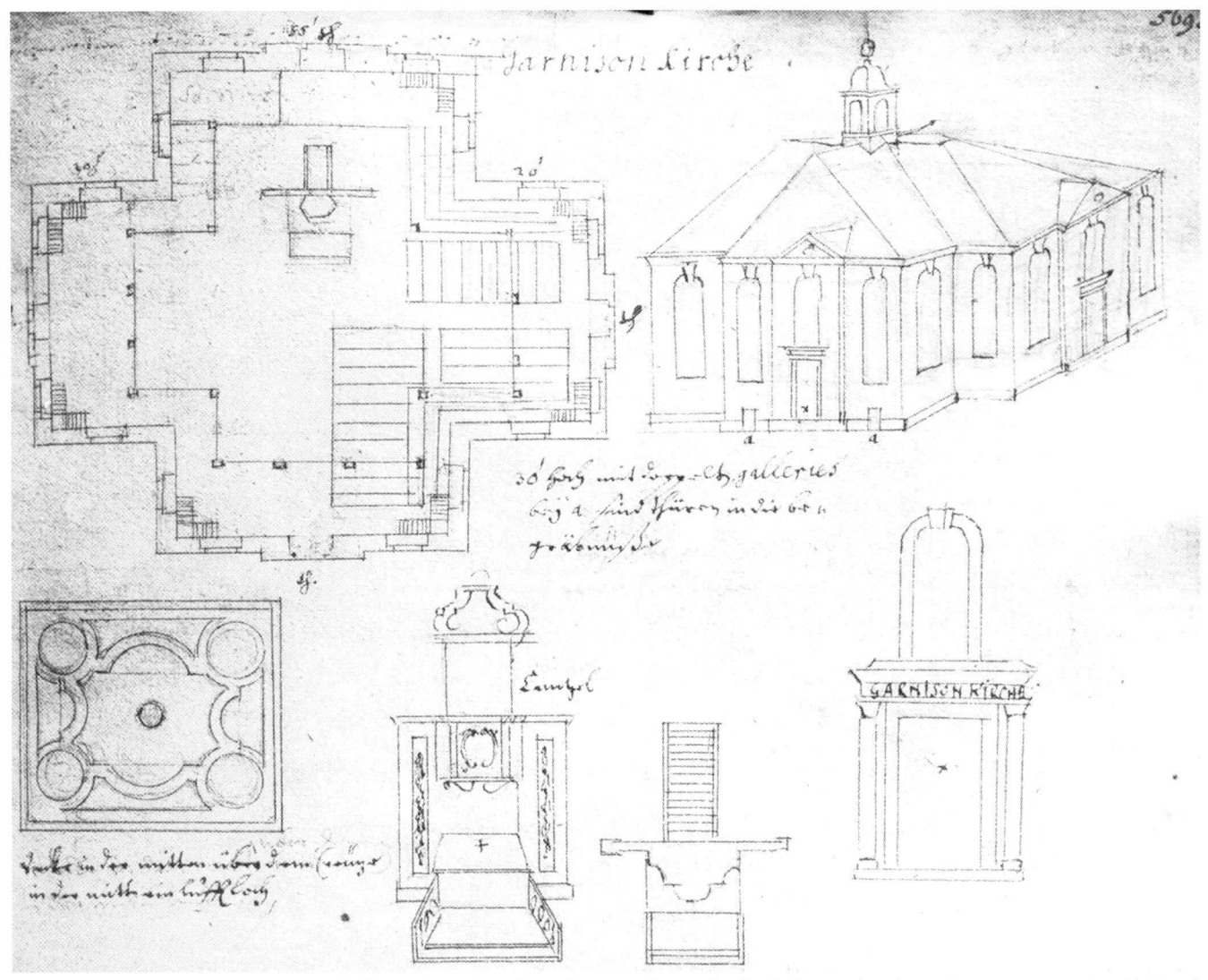

Abb. 18 Garnison Kirche. Aus dem Skizzenbuch von Christoph Pitzler, Berlin, September 1704. Oben links Grundriss der Kirche mit Emporen, Gestühl, Kanzel und Altar, rechts die perspektivische Ansicht der Kirche. Unten von links nach rechts: Deckenausschnitt über dem Schnittpunkt der Kreuzarme, Aufriss der Kanzel, Grundriss der Kanzel und Portal.

weiß angestrichen. Die Köhre westwärts hatten drei Eintheilungen: die mittlere waren für die Stabsoffizier, die zur Rechten für die Hauptleute, die zur Linken für die Lieutenants und Fähnriche, auf den süd- und nordwärts befindlichen Köhren hatten die gemeinen Soldaten ihre Stellen. Die Stühle für das Frauenvolk unten waren gleichfalls in 6 Theile eingerichtet." Eine weitere Empore, den „Schülerkohr mit der Orgel"[28] ver-

merkte Bekmann auf der Rückseite des Kanzelaltars. Die östliche Empore betreffend, hat jüngste Forschung dem Grundriss eine bisher unbekannte Information entlocken können.[29] Pitzlers Blätter zeigen unter den mit Tinte gezogenen Federstrichen teilweise noch die mit Graphitstift ausgeführte Vorzeichnung, auch sind nicht alle Linien mit Tinte nachgezogen worden. Zu den nur in Graphitstift vorliegenden Eintragungen gehören die Konturen einer Orgelempore im östlichen Kreuzarm der Kirche hinter dem Kanzelaltar. Eine Umzeichnung hat dieses Detail jetzt deutlich hervorgeholt. Die Linien lassen einen konvex in den Kirchenarm einschwingenden Orgelprospekt oberhalb des Altars erkennen. Sollte sich, wie die Zeichnung vermuten lässt, bereits 1704 eine Orgel in der Kirche befunden haben, korrigiert das nicht nur die Angaben von Bekmann[30] und von Walther[31], die beide das Jahr 1706 für den Einbau der ersten Orgel nennen, sondern auch das handschriftliche Manuskript von Walther, in dem die erste Orgel der Kirche auf das Jahr 1705 datiert wurde,[32] und bestätigt die Angaben bei Goerg Goens, aus denen sich das Jahr 1704 ableiten lässt für ein erstes, noch gemietetes Positiv.[33] Zu Pitzlers Detailskizzen gehören auch der Kanzelaltar und ein Deckenausschnitt, der das Deckenfeld am Schnittpunkt der Kreuzarme wiedergibt. Ob die Deckenverzierung gemalt oder aus Stuck geformt war, ist nicht bekannt.

In dem von Walther überlieferten Grundriss ist nicht nur eine vollständige Anordnung des Kirchengestühls und der Kanzelaltar zu sehen, auch ein Taufstein und vier Deckenstützen sind eingezeichnet. Es ist nicht mehr genau nachzuvollziehen, ob die Stützpfeiler zur ursprünglichen Baugestalt gehörten. Da in der Skizze von Pitzler die Stützen fehlen, ist die Annahme eines nachträglichen Einbaus nicht abwegig, zumal es auch andere Bauten gab, die später derartige Stützen bekamen wie die Sebastianskirche in der Cöllnischen Vorstadt.[34]

Das Kircheninventar

Der Kanzelaltar wurde aus freistehender Kanzel mit Kanzelkorb und volutenbekröntem Schalldeckel sowie einem direkt angestellten Altartisch gebildet. Aus dem östlichen Kreuzarm war er zur Raummitte vorgerückt. Pitzlers Grundriss und die Detailansichten geben davon eine Vorstellung. Die Kanzel wurde sowohl von Müller/Küster als auch von Bekmann beschrieben, wobei der fast identische Wortlaut überrascht. „Die Canzel war mit Tafelwerk und verguldteten Leisten gezieret, über der Decke eine Sonne, und im übrigen also gesetzt, dass der Prediger allem im Gesichte stund."[35] Über den unter der Kanzel stehenden Altar äußerte sich allerdings nur

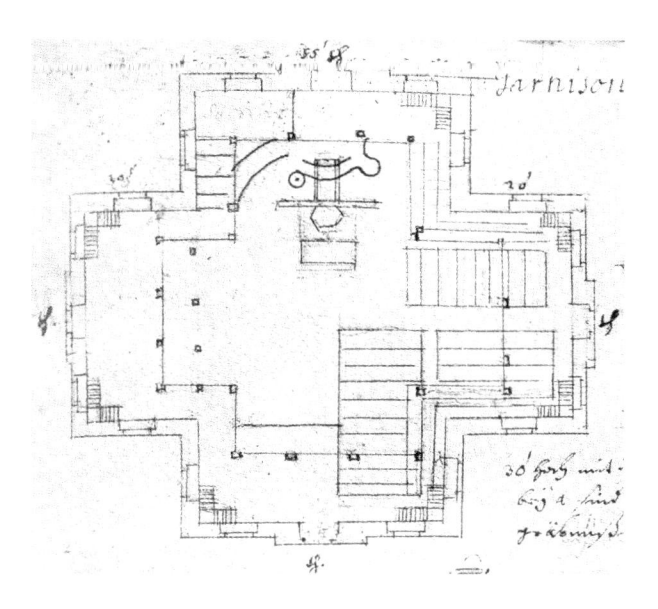

Abb. 20 Umzeichnung des Grundrisses der Garnisonkirche von Christoph Pitzler mit Konturen einer Orgelempore. Umzeichnung v. B. Lahrmann.

Bekmann: „Unter derselben war der Altar ohne andern Zierrathen von Holz angeleget".[36]

Der vor dem Kanzelaltar aufgestellte Taufstein wird Andreas Schlüter zugeschrieben.[37] Etwa 1702 als Entstehungsdatum für den Taufstein anzunehmen[38], scheint trotz der stilistischen Nähe zur Kanzel der Marienkirche strittig, da nicht zweifelsfrei zu klären ist, ob die Kirche zur Einweihung bereits über ihr vollständiges Inventar verfügte oder dieses erst je nach Finanzlage angeschafft oder auch ausgetauscht wurde.

Ein nachweisbares Beispiel für das Austauschen von Inventar ist die Orgel. Vom Geld der Sonntagskollekte der ersten Jahreseinnahme wurde ein kleines Positiv gemietet, das, nachdem es kaputt und wieder repariert worden war, durch ein bescheidenes, doch umfangreicheres Instrument ersetzt wurde.[39] Zwischen 1704 und 1706 wurde eine kleine, nur aus einem Manual mit acht Stimmen bestehende Orgel in der Kirche aufgestellt, die 1713 durch ein Instrument mit zwei Manualen und Pedal bei 23 klingenden Stimmen ersetzt wurde. Diese von Johann Michael Röder gefertigte Orgel zeichnete sich nicht nur durch ihren Klang aus, sie war mit ihrem prächtigen Prospekt auch ein Augenschmaus. Nach der Pulverturmexplosion 1720 blieb die Orgel weitgehend unversehrt und wurde im Kirchneubau wieder aufgestellt. Erst 1724 wird sie abgebaut und in der Potsdamer St. Nikolaikirche installiert.

Zur verbürgten Ausstattung dieser ersten Garnisonkirche gehörten auch eine „schöne silberne und zierlich verguldete Communion-Kanne" und „zwey grosse, besonders zierlich verfertigte silberne Altar-Leuchter"[40], die 1706 und 1708 als Geschenke von Generalmajor Daniel von Tettau, dem Chef der königlichen Leibgarde, an die Garnisongemeinde übergingen. Neben diesen liturgischen Geräten sind der Druck eines Gesangbuchs in zweitausend Exemplaren im Jahr 1704 und dessen Nachauflagen 1708 und 1712 in je gleicher Stückzahl bekannt. Das Geld kam vom Königshaus. Für den Druck des Neuen Testaments und eines Psalters in je sechstausend Auflage übernahm ebenfalls das Königshaus die Kosten.

Gleichsam sind die Inschriften von vier in der Kirche platzierten Epitaphien überliefert. Das eine wurde für Johannes Ebel, Hauptmann bei der Preußischen Garde zu Fuß und seine Ehefrau Catharina Elisabeth, geborene Cannegiesser, 1703 aufgestellt[41], ein anderes im gleichen Jahr für die Leutnantsfrau Salome Catharina Lautherien, geborene Niemeyer. Diese überlieferten Angaben sind detaillierter: Die Leutnantsfrau wurde am 17. Juni 1650 in Halberstadt geboren und am 10. Dezember 1703 begraben. Ausführliche biografische Daten enthielt die Epitaphinschrift für die Frau des Feldtrompeters beim Kadettenkorps Gottfried Butzloff. Hier war festgehalten, dass Margaretha Elisabeth, eine geborene Veinen, am 24. Juli 1688 zur Welt kam, am 8. September 1712 heiratete und in der Ehe ein Sohn und zwei Töchter gezeugt worden sind. Sie starb am 14. August 1719, mit 31 Jahren und 22 Tagen.[42] 1709 bekam der verstorbene Generalmajor Daniel von Tettau ein Epitaph von seinen Brüdern errichtet.[43] Es befand sich zur linken Seite des Altars. Die in schwarzen „romanischen Buchstaben"[44] eingehauene Inschrift auf einem „grossen Steine welcher gantz verguldet gewesen"[45], gab knapp die Lebensgeschichte dieses tapferen preußischen Kriegers wieder. Da Tettau überdies ein großzügiger Gönner für die Garnisonkirche war, breitete Walther dessen Beerdigung umfänglich für die Nachwelt aus[46] und gab damit den Hinweis auf einen Gebäudeteil, der nur in der Zeichnung von Pitzler vermerkt ist: das Gruftgewölbe. Wie groß es war, wie viele Tote an diesem Ort bestattet wurden und wie lange es genutzt wurde, bleibt allerdings im Dunkeln. Wahrscheinlich ist, dass das Gewölbe ab 1705 hochrangigen Militärs vorbehalten war. Es ist das Jahr, in dem für die Garnisongemeinde ein Kirchhof zwischen der Schönhausischen Straße und dem Rosenthalischen Landwehr angelegt wurde.

Abb. 21 Taufstein, Andreas Schlüter zugeschrieben, nach 1704.

Kontroversen im zeitlichen Umfeld der ersten Garnisonkirche

Der Neubau von Kirchen zu dieser Zeit kann nicht außerhalb der Debatte über die Gottesdienste und das Verhältnis von Lutheranern und Reformierten gesehen werden. Diese bettet sich ein in die seit der Kirchenpolitik des Großen Kurfürsten beginnende Einführung von Simultankirchen für lutherische und reformierte Gemeinden und findet ein Ziel in den Unionsbestrebungen der Brandenburgisch-Preußischen Landeskirche unter König Friedrich I. Die orthodox-lutherische

Landeskirche war seit Beginn der Neunzigerjahre von zwei Seiten unter Zugzwang geraten: von der pietistischen Bewegung und den reformierten Gemeinden, die sich hauptsächlich aus Glaubensflüchtlingen rekrutierten. Die reformierten Refugiés hatten überdies den Landesvater auf ihrer Seite, um ihre Forderungen zu bekräftigen.[47] In diesem Prozess waren Simultankirchen baulicher Ausdruck der konfessionspolitischen Ausgleichsbemühungen. Sie zu bauen bedeutete, einen Kirchenraum zu formen, der Lutheranern und Reformierten zeitversetzt in gleich akzeptabler Weise für ihre jeweiligen gottesdienstlichen Handlungen dienen konnte. Dafür war es auch notwendig, Lutheraner und Reformierte in ihren unterschiedlichen Auffassungen anzunähern, die sich besonders in der liturgischen Praxis auftaten und im Grundriss der Kirchenbauten Gestalt fanden. Der gravierendste Unterschied bestand in der Bewertung des Abendmahls. Sahen die Lutheraner darin die reale Präsenz Christi, galt die Wandlung bei den Reformierten als symbolischer Akt. Die Lutheraner hielten länger an katholisch tradierten Formen, Elementen und Handlungen fest als die radikaleren Reformierten. Beichtstühle gehörten zeitweilig noch zum typischen Inventar ihrer Kirchen, der Altar war häufig mit einem Tafelaufsatz versehen und der vertiefte Chor sowie die Ostrichtung der Kirchen kennzeichneten ihre Gotteshäuser. Es blieb lutherischer Brauch, Chorröcke zu tragen, Caseln und Lichter zu nutzen und das Kreuz bei Zeremonien herumzutragen, bis 1733 ein neues Reglement eingesetzt wurde. Die größte Gemeinsamkeit beider protestantischer Konfessionen bestand in der Bewertung der Predigt für den Gottesdienst, die beide Glaubensrichtungen als das zentrale Element erachteten.

Die Kirchenbaupraxis war jedoch nicht nur durch die Debatte zwischen Reformierten und Lutheranern beeinflusst, sondern auch von der Architekturtheorie der Zeit. Der erste, der mit Empfehlungen für einen neuen protestantischen Kirchenbau antrat, war 1649 der Stadtbaumeister von Ulm, der einen Text veröffentlichte, um den im Dreißigjährigen Krieg gebeutelten Gemeinden einen Leitfaden in die Hand zu geben, schnell, billig und zweckmäßig Kirchen neu zu bauen. Joseph Furttenbach formulierte darin Positionen, die grundsätzlich für die Baupraxis relevant wurden, da er gewissermaßen die Mindestanforderungen an den pro-

Abb. 22 Thron mit Adler aus 300 klingenden Pfeifen. Detail der Orgel von Michael Röder, 1713.

testantischen Kirchenbau aufstellte. So sollte der Prediger von allen Plätzen nicht nur gut gesehen und gehört werden, die Zuhörer sollten ihm am Altar oder in der Kanzel auch ins Gesicht sehen können. Damit schlug Furttenbach ein für die nächsten achtzig Jahre zentral bleibendes Thema an. In seinem Musterentwurf hielt er noch an der Ostausrichtung der Kirche fest und platzierte in einer chorartigen Erweiterung des Innenraumes Altar, Kanzel und Orgel eng beieinander. Aus Sichtgründen plädierte er für einen stützenlosen Innenraum. Für die nur Männern vorbehaltene Empore empfahl er die Westseite. Der zentrale Stellenwert der Predigt sowohl bei Lutheranern als auch bei Reformierten ließ die Kanzel zum Mittelpunkt werden, den Altar in seiner Bedeutung dagegen zurücktreten.

Gestalterische Veränderungen wie die Aufgabe des Chorraums und die Neupositionierung der kultischen Hauptgegenstände hingen eng mit den Anforderungen an den simultanen Gebrauch der Kirchenräume zusammen. Das Ausprobieren verschiedener Grundrisstypen charakterisiert die parallele und folgende Entwicklung. Grünberg selbst beförderte die Vielfalt der Grundrissentwicklungen im Kirchenbau. So wurden nach seinem Entwurf die Waisenhauskirche als Langhausanlage, die Friedrichswerdersche Kirche als Querhausanlage und die Neue Friedrichstädtische Kirche als fünfeckiger Zentralbau errichtet. Hierbei ist jedoch nicht zu vernachlässigen, dass für den konkreten Fall auch die räumlichen Bedingungen des Ortes oder umzubauende Vorgängerbauten für die Grundrisswahl eine Rolle spielten.[48] Es ist anzunehmen, dass Grünbergs Entwürfe spätere Berliner Kirchenbauten beeinflussten, zumal alle zu seinen Lebzeiten in Berlin gebauten Gotteshäuser mit Ausnahme der von den französischen Glaubensflüchtlingen errichteten Kirchen von ihm stammten. Zur Garnisonkirche lassen sich Bezüge bei der von Gerlach entworfenen Jerusalemer Kirche aus dem Jahr 1725 und der Charlottenburger Parochialkirche erkennen. Stellte bei der Jerusalemer Kirche der Grundriss die Verbindung her, war es bei der Parochialkirche nach der Planänderung von 1713 die Empfehlung, die Höhe der Garnisonkirche zum Vorbild zu nehmen sowie der bescheidene und prunklose Grundgestus der Bauten.[49]

Von den von Grünberg genutzten Bautypen wurde der der Saalkirche von den nachfolgenden Architekten am häufigsten wieder aufgenommen. Die Saalkirche, die im protestantischen Kirchenbau meistverwendete Grundform, gewährte offenbar die besten Bedingungen für den Gottesdienst. In Berlin wurde dieser Typ für die Sophienkirche, die zweite Garnisonkirche, die Petrikirche, den Dom am Lustgarten und die zweite Luisenstädtische Kirche verwendet. Welchen Einfluss auf die Grundrisswahl dieser Kirchen die Texte von Leonhard Sturm hatten, der sich erst nach Grünbergs Tod zum protestantischen Kirchenbau theoretisch äußerte, ist nicht genau zu ermitteln. Sturm jedenfalls empfahl den speziellen Typ der Quersaalkirche.

Der Architekturtheoretiker Leonhard Christoph Sturm meldete sich 1712 und 1718 zu Wort, trat als Kritiker auf den Plan, beurteilte damals gegenwärtige protestantische Kirchenbauten und schlug selbst Entwürfe vor, um Liturgie und Grundriss bzw. Kirchengestalt zu harmonisieren. Im ersten Traktat[50] beschäftigte er sich mit Zentralbaugrundrissen und dem räumlichen Verhältnis von Kanzelaltar, Emporen, Gestühl und Orgel unter der Maßgabe, den Prediger von allen Plätzen gut zu sehen und zu hören. Negativ beurteilte er den Grundriss über griechischem Kreuz. Dieser in Berliner Kirchen mehrfach anzutreffende Grundriss stand auch in der zweiten Abhandlung[51] im Mittelpunkt seiner Kritik. Den Grundriss in Kreuzform lehnte er aus funktionalen Gründen scharf ab, auch wenn er in der Symbolik der Kreuzform eine nachvollziehbare Anziehung erkannte. Er plädierte für geometrische Grundrissformen wie Kreis, Quadrat, auch Dreieck als Kirchenraum, denen er funktionsgebundene rechteckige Anbauten für Treppen oder Türme hinzufügte. Von allen Formen favorisierte er die Quersaalkirche. Generell zog er gegen eine von den Lutheranern getragene konservative Bauauffassung zu Felde, vor allem gegen deren Festhalten an traditionellen Sakralformen wie Chor, Kreuzgrundriss und Ostausrichtung der Kirche.

Die Garnisonkirche Grünbergs bildet hinsichtlich der bautypologischen Einordnung mit der Dorotheenstädtischen Kirche und der Sebastianskirche eine Gruppe. Auch sie wurden als Zentralbau über griechischem Kreuz ausgebildet. Stand mit der Dorotheenstädtischen Kirche die Einführung des kreuzförmigen Grundrisses nach holländischem Vorbild am Anfang der Berliner Entwicklung[52], erhielt diese mit der Garnisonkirche ihre reinste Form. Grünberg war einem Beispiel holländischen Kirchenbaus bereits bei einer früheren Tätigkeit in Zerbst begegnet, als er einen Kirchenbau von Cornelis Ryckwaert ausführte. Von diesem Bau ließ er sich für seine ersten selbstständigen Entwürfe für die St. Johanniskirche in Dessau inspirieren, für die er einen kreuzförmigen Grundriss wählte.

Die Dorotheenstädtische Kirche, 1687 fertig gestellt und ab 1688 als Simultankirche genutzt, zeigte im Inneren noch Anleihen an den katholischen Kirchenbau, insofern als deren östlicher Kreuzarm mit einer polygonalen Apsis abschloss[53], in der sich der Altar befand. Die Kanzel, vom Altar separiert, stand am nordöstlichen Pfeiler. Die Dominanz der konventionellen Haltung der Lutheraner war damit am Grundriss dieses ansonsten schmucklosen und schlichten Baus deutlich abzulesen. Die rein lutherische Sebastianskirche zeigte im Grundriss ein in der Querachse gelängtes griechisches Kreuz, der Kanzelaltar stand frei vor dem östlichen Kreuzarm.[54] (Abb.23 S. 46) Der verkürzte östliche

Querarm, die Anordnung des Gestühls und die Position des Kanzelaltars deuten die Entwicklung zur Querhauskirche an.[55] Kanzelaltar und Gestühl waren so in den Raum gerückt, dass der Prediger von der Gemeinde gut gesehen und gehört werden konnte. Hier wie in der ebenfalls lutherischen Garnisonkirche stand der Prediger jedoch beim Abendmahl vor dem Altartisch und wandte den Gläubigen den Rücken zu. Ein Zustand, der als nicht zufriedenstellend empfunden wurde.

Es dauerte einige Zeit, bis mit aller gebotenen herrscherlichen Kraft diese Situation per Reglement 1733 korrigiert wurde. König Friedrich Wilhelm I. legte zur Einweihung der neuen Petrikirche Regeln und Ablauf des Gottesdienstes fest. Unter Punkt zwei bestimmte er das Vorgehen beim Abendmahl und ordnete an, es „soll ein Prediger hinter den Tisch des Altars treten, der die Präparation des heiligen Abendmahls, dann die Worte der Einsetzung ablesen, keineswegs aber absingen noch auch ein Kreuz machen muss."[56]

Profanbauten der Garnison: Schule, Wohnungen und Lazarett

Nachdem die Kirche 1703 geweiht worden und von den gesammelten Geldern für deren Bau noch einiges übrig geblieben war, bekam die Garnisonschule ebenfalls ein neues Gebäude. Die Schule, bereits 1692 gegründet, hatte ihr Quartier in den Baracken in der Nähe des Spandauer Tores. Schulstube und Lehrerwohnung waren in einem Haus untergebracht. 1693 wurde ein zweiter Informator angestellt, der wie der erste ebenfalls fünfzig Soldatenkinder zu unterrichten hatte. Neben der ersten wurde für diesen Zweck eine zweite Baracke zur Behausung des Lehrers und als Schulraum bereitgestellt. 1703 wurde ein neben der Kirche liegendes Gebäude, der ehemalige Stall der Festungsbaupferde, zur Schule umgebaut und im Herbst des gleichen Jahres eingeweiht. Zwei Lehrer unterrichteten in drei Schulstuben die Kinder in fünf Klassen. Für den ersten Lehrer gab es außerdem eine Wohnung in der Schule, der zweite logierte im Haus des Garnisonpfarrers. Die Baukosten für Kirche und Schule beliefen sich auf etwa neuntausend Taler, die sich zusammensetzten aus einer Gabe des Königs und des Hofes, aus der Kollekte der Regimenter der Armee und dem Beitrag, den der Garnisonprediger und zwei Offiziere von den Bürgern der Stadt eingesammelt hatten.

1705 wurde das Dickmannsche Haus und ein dazugehöriger großer Garten in der Nähe des alten Spandauer Tores erworben. Ins Haus zog der zweite Lehrer, und der Garten wurde zum Bauplatz, auf dem nach und nach Gebäude für die Garnison errichtet wurden: 1705 das erste Lazarett für die Garde, 1707 das Garnisonwaisenhaus mit sechs Stuben, vier Kammern und zwei Gewölbekellern und 1708 ein weiteres Lazarett für die Grenadiergarde. Das Areal hinter der Garnisonkirche hatte sich von der einstigen Weidefläche der Baupferde zum sozialen Zentrum der Garnison gewandelt.

Auch die Garnisonprediger Naumann und Krüger hatten sich aus eigenen Mitteln Häuser im Bereich der ehemaligen Bastion gebaut. Sie bildeten eine Hauszeile, die senkrecht auf die Rückfront der Kirche zulief. Christoph Naumann war 1701 als Garnisonprediger und Heinrich Krüger 1702 als zweiter Garnison- und Feldprediger berufen worden. Vermutlich sind diese Häuser ebenfalls von Grünberg entworfen worden. Bei Walther ist eines dieser Gebäude dokumentiert, allerdings als Wohnung des Feldpropstes ausgewiesen. Das verwundert nicht, schrieb Walther seine Garnisonchronik doch zu einem Zeitpunkt, als das Amt des Garnisonpropstes schon Jahre installiert war und die Gebäude sich bereits im Besitz der Garnisonkirche befanden. Das Amt des Garnisonpropstes wurde erst 1717 geschaffen und mit Lampertus Gedicke besetzt, der bereits seit 1709 die Predigerstelle von Krüger übernommen hatte.

1. Vgl. Bekmann, S. 158.
2. Vollständig aufgelistet bei Walther, 1743, S. 9. In dieser Aufzählung fehlt allerdings David Hanisius, der als erster Garnisonpfarrer predigte und 1663 aus dem Dienst schied.
3. Vgl. Schmidt, Zweyten Zehenden, IVte und Vte Sammlung, S.29.
4. Walther, 1743, S.18.
5. Schiedlausky, S. 77.
6. Er war Mitglied der Baukommission zur Anlage der Friedrichstadt und ab 1688 oblag es ihm, die Entwürfe für die dortigen Bürgerhäuser zu prüfen. Nicht nur am Berliner Schloss war er verantwortlich für Um- und Erweiterungsbauten, auch in dessen Umgebung war er an Schlossbauten beteiligt. Tor, Kapelle und Galerie von Schloss Köpenick stammen von ihm, der Umbau von Schloss Schönhausen und Schloss Grunewald trägt jeweils seine Handschrift und er lieferte einen Entwurf für das Schloss Charlottenburg. Längst nicht mehr existente Bauten wie das Pomeranzenhaus im Lustgarten oder der Marstall Unter den Linden sind mit seinem Namen verbunden, aber auch die Parochialkirche und das Zeughaus, welche die Zeit überdauert haben. Für erstere zeichnete er den Entwurf, beim Zeughaus leitete er den Beginn der Bauarbeiten.
7. Von ihm stammen unter anderem die Masken und Schlusssteine am Zeughaus und das Reiterstandbild Kurfürst Friedrich Wilhelms. Der Einsturz der Zeughausmauer und das Münzturmdesaster brachten ihm jeweils Amtsenthebungen: 1699 wurde ihm die Bauleitung am Zeughaus entzogen, 1706 wurde er als Schlossbaudirektor abgelöst.
8. Später Luisenstädtische Kirche genannt, 1945 von Bombentreffern zerstört, 1964 abgerissen. Die Cöllner Vorstadt wurde auch als Köpenicker Vorstadt und seit 1802 als Luisenstadt bezeichnet.
9. Sie entstand in der Mittelstraße, wurde von 1861-63 völlig erneuert, 1943 durch Bomben zerstört und 1965 abgebrochen.
10. Beispielsweise hielten die Gläubigen der lutherischen Gemeinde vor der Einweihung der Dorotheenkirche ihren Gottesdienst im Freien in der Lindenallee ab, und die Gläubigen im Friedrichswerder nutzten das Rathaus für den Gottesdienst.
11. Die Georgenkirche war seit 1689 als Pfarrkirche zuständig für die Vorstädte vor dem Spandauer, dem Stralauer und dem Oderberger Tor
12. Auch Waisenhauskirche genannt.
13. Ab 1826 als Luisenkirche bezeichnet.
14. Schiedlausky, S. 21. Diese Aufgabe bestand wesentlich aus Verwaltungsarbeit und verlangte vom Baumeister keine gestalterisch kreative Leistung. Vgl. ebd., S.166. Schiedlauskys Arbeit zu Grünberg ist bis heute die umfassendste Biografie zu diesem Baumeister.
15. Das Hospital hatte unter geistlicher Führung die Funktion des Alten-, Siechen- und Krankenhauses erfüllt. Außerdem befand sich auf dem Gelände bis etwa 1600 noch ein Brauhaus und der schon seit dem Mittelalter existierende Wursthof, zwischen Kapelle und Spree gelegen, ist noch auf dem Plan von Walter zu sehen.
16. Walther, 1743, S. 19.
17. Bekmann nennt die „Aufwerfung des Kalks", S. 158, Walther,1743, formuliert, dass der Kronprinz den Grundstein „geleget" hat, S. 20, und Brecht schreibt von den drei Hammerschlägen, S. 2.
18. Wiedergegeben in Berliner Baukunst der Barockzeit, S. 108/109.
19. Walther, 1743, S. 22.
20. Walther, 1736 nach S. 30 und Walther, 1743, S. 20.
21. Bekmann, S. 159. Er fügte noch hinzu, dass „statt dessen man sich nach mals der gemeinen Stadtseiger bediente, sich auch wohl nach dem Geläute anderer Kirchen richtet", S. 159. Vgl. auch Schmidt, Zweyten Zehenden VIIIte Sammlung, S. 66.
22. Berliner Baukunst der Barockzeit, S.109.
23. Bekmann, S. 159.
24. Ebenda.
25. Ebenda.
26. Müller/Küster, S. 606.
27. Vgl. ebenda.
28. Bekmann, S. 159.
29. Berliner Baukunst der Barockzeit, S. 166/167.
30. Bekmann, S. 159.
31. Walther, 1743, S. 25.
32. Walther, 1736, S. 38.
33. Goens, S. 14.
34. Bei dieser ebenfalls von Grünberg entworfenen Kirche handelte es sich allerdings um ein in Fachwerkbauweise errichtetes Gebäude.
35. Müller/Küster, S. 606. Zum Vergleich „Die Kanzel war mit einigen Tafelwerk mit vergüldeten Leisten gezieret und über der Decke eine vergüldete Sonne zu sehen, sonst aber so gesetzet, dass der Prediger allen im Gesichte stund.", Bekmann, S. 159.
36. Bekmann, S. 159.
37. Auch Goens schreibt den Taufstein Schlüter zu. Vgl. Goens, S. 31.
38. Kammel, S. 44.
39. Vgl. Goens, S. 14.
40. Walther, 1743, S. 30.
41. Vgl. Schmidt, Erste Zehende, S. 7 und Müller/Küster, S. 606.
42. Vgl. Schmidt, Zweyten Zehenden, VIIIte Sammlung, S. 67.
43. Vgl. Walther ,1743, S. 34/35 und Müller/Küster, S. 606.
44. Müller/Küster, S. 606. Analog dazu formulierte Schmidt: „Das Epitaphium bestehet aus Romanischen oder Lateinischen Buchstaben", Schmidt, Zweyten Zehenden, VIIIte Sammlung, S. 69.
45. Walther, 1743, S. 34.
46. Ebenda, S. 32-34.
47. Ausführlich dazu: Klingebiel.
48. So scheiterte der repräsentative Neubauplan von Jean de Bodt für die Friedrichswerdersche Kirche am Geldmangel, weil die Krönungsvorbereitungen von Kurfürst Friedrich III./König Friedrich I. zu viel Geld verschlangen und er seine avisierte Beihilfe zurückzog. Auch bei der Waisenhauskirche lieferte der Komplex des Waisenhaushospitals die Vorgabe für den Kirchengrundriss in seiner rechteckigen Form, denn der Einbau der Kirche war in der südwestlichen Ecke der Anlage vorgesehen. Die Waisenhauskirche, die Friedrichswerdersche Kirche und die Neue Friedrichstädtische Kirche wurden als Simultankirchen errichtet.
49. Einen diesbezüglichen Nachweis hat Schiedlausky versucht vorzunehmen. Vgl. Schiedlausky, S. 175-177.
50. Sturm, 1712. Ein Teil der Vehemenz des Vortrags von Sturm ist sicherlich auch persönlicher Enttäuschung zuzuschreiben, hoffte er doch darauf, nicht nur als Mathematiker und Architekturtheoretiker hervorzutreten, sondern auch als Architekt zu Ansehen zu kommen.
51. Sturm, 1718.
52. In der Mark Brandenburg hatte bereits 1667 Reichsfreiherr Raban von Canstein auf seinem Gut Lindenberg eine Kirche als Zentralbau errichten lassen. Sie wird dem niederländischen Architekten Cornelis Ryckwaert zugeschrieben. Der ebenfalls holländische Architekt Rutger von Langerfeld entwarf die Dorotheenstädtische Kirche, deren Grundrisstyp auf die Amsterdamer Noorderkerk von Hendrick de Keyser von 1623 zurückgeht. Ausführlicher dazu Schiedlausky, S. 172ff.
53. Hierin wich der Bau von seinem Amsterdamer Vorbild ab.
54. Die enge Verbindung von Kanzel und Altar wurde von Pitzler in Skizze und Kommentar vom August 1695 wiedergegeben. Vgl. Berliner Baukunst der Barockzeit, S.36/37.
55. Werner bezeichnet diese Grundrissform als „Kreuzquerhauskirchen", um den Übergangscharakter von Kreuzkirchen zu Querhauskirchen zu charakterisieren. Die Anordnung von Bestuhlung, Emporen und Kanzelaltar lässt ihn auch die Garnisonkirche zu den Kreuzquerhauskirchen zählen. Werner, S. 71.
56. Zit. nach Werner, S. 15.

Abb. 3 Garnisonkirchplatz heute mit Blick auf das ehemalige Garnisonpfarrhaus. Die Straßenbahngleise und die Straße An der Spandauer Brücke verlaufen über das ehemalige Grundstück der Garnisonkirche.

Abb. 5 Titelblatt des handschriftlichen Manuskripts „Die gute Hand Gottes über die Kirch- und Schul-Anstalten der Garnison in der Königl. Preuß. Residentz Berlin. Oder Historische Nachricht Wie und wann die Garnisonkirche und Schule zuerst …, Berlin 1736" von Johann Friedrich Walther.

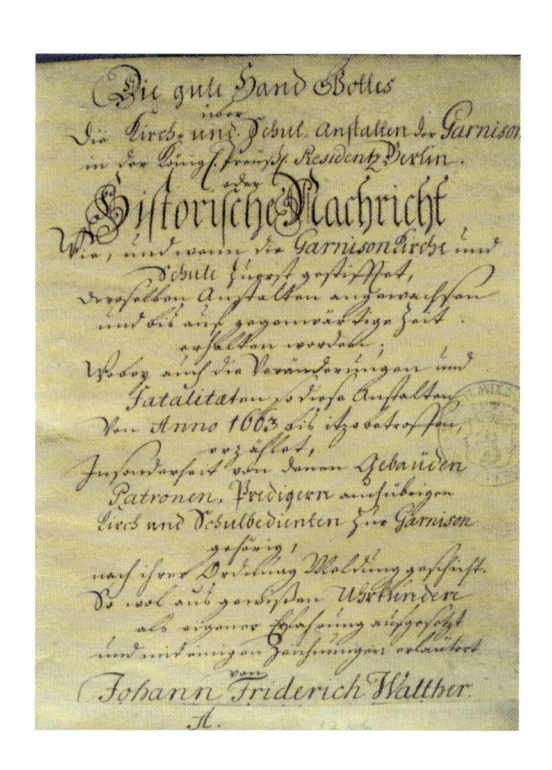

Abb. 10 „Eigentliche Abbildung und Prospecte derer Kirchen, Palläst, prächtigen publiquen Gebäuden u. Statuen so in der Königl. Preußisch und Churfürstlich Brandenburgischen Residenz-Statt Berlin an zu treffen", Augsburg nach 1737, Ausschnitt aus dem Plan von Matthäus Seutter. Nr. 6 markiert die Garnisonkirche.

Abb. 8 Kruzifix aus Bronze. Grabbeigabe, gefunden bei Grabungsarbeiten auf dem ehemaligen Gemeinenfriedhof im Jahr 2002.

Abb. 14 Carl Hildebrand von Canstein.

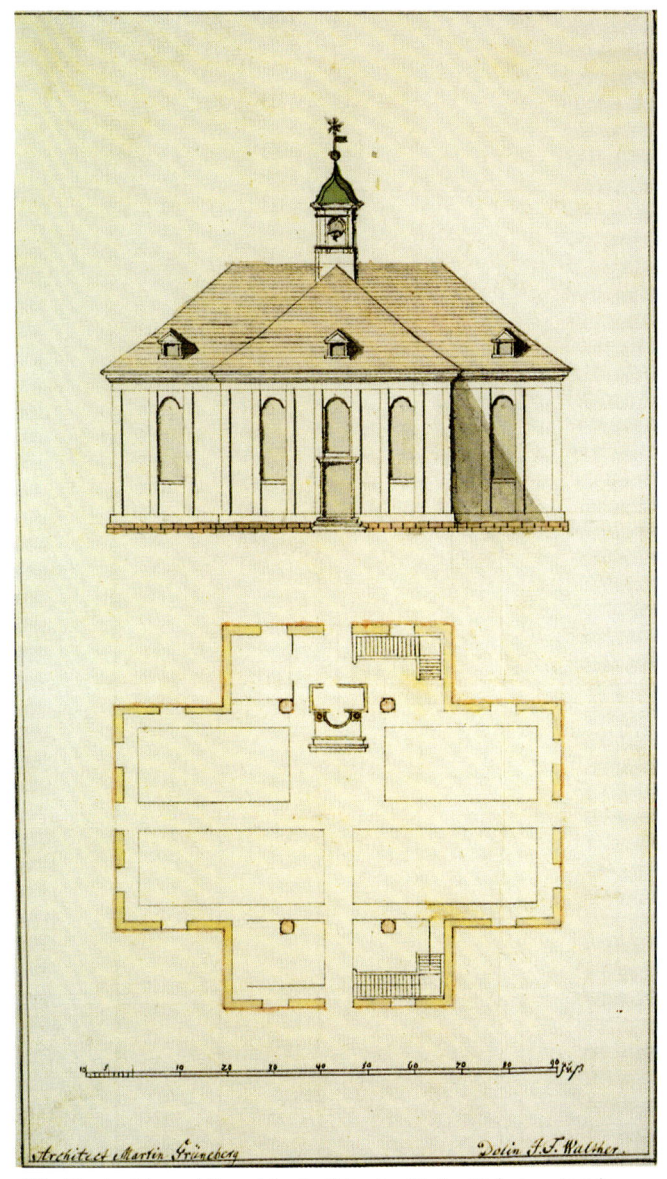

Abb. 23 Ansicht und Grundriss der Sebastianskirche. Kolorierte Zeichnung von Johann Friedrich Walther, 1757, Architekt Martin Grünberg.

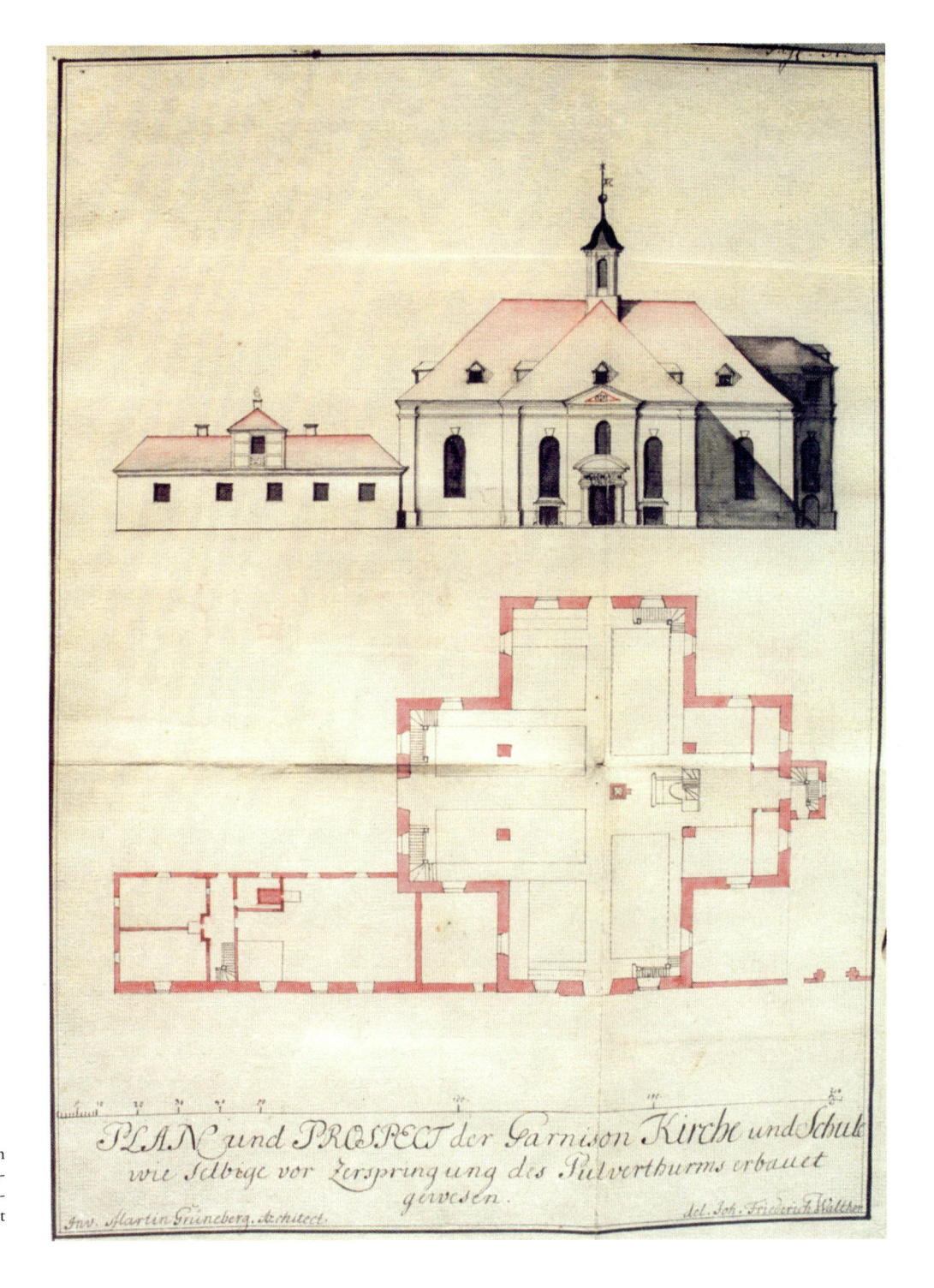

Abb. 19
Ansicht und Grundriss der ersten Garnisonkirche und Schule, kolorierte Zeichnung von Johann Friedrich Walther, 1736. Architekt Martin Grünberg.

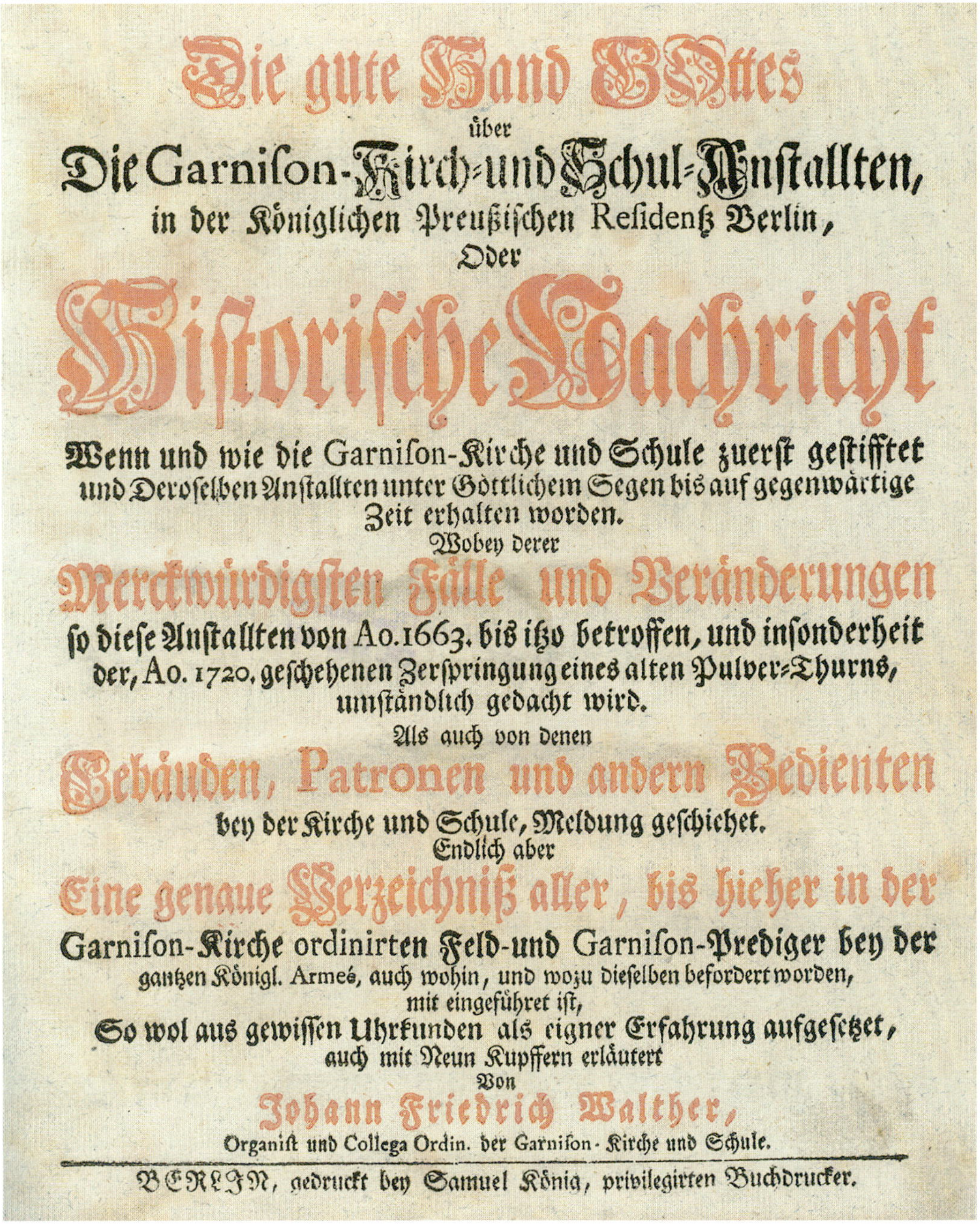

Die gute Hand GOttes

über

Die Garnison-Kirch- und Schul-Anstallten,

in der Königlichen Preußischen Residentz Berlin,

Oder

Historische Nachricht

Wenn und wie die Garnison-Kirche und Schule zuerst gestifftet und Deroselben Anstallten unter Göttlichem Segen bis auf gegenwärtige Zeit erhalten worden.
Wobey derer

Merckwürdigsten Fälle und Veränderungen

so diese Anstallten von Ao. 1663. bis itzo betroffen, und insonderheit der, Ao. 1720. geschehenen Zerspringung eines alten Pulver-Thurns, umständlich gedacht wird.
Als auch von denen

Gebäuden, Patronen und andern Bedienten

bey der Kirche und Schule, Meldung geschiehet.
Endlich aber

Eine genaue Verzeichniß aller, bis hieher in der

Garnison-Kirche ordinirten Feld- und Garnison-Prediger bey der gantzen Königl. Armee, auch wohin, und wozu dieselben befordert worden, mit eingeführet ist,
So wol aus gewissen Uhrkunden als eigner Erfahrung aufgesetzet, auch mit Neun Kupffern erläutert
Von
Johann Friedrich Walther,
Organist und Collega Ordin. der Garnison-Kirche und Schule.

BERLIN, gedruckt bey Samuel König, privilegirten Buchdrucker.

Abb. 33
Johann Friedrich Walther, Historische Nachricht …, Erste Auflage, 1737, Titelkupfer, koloriert.

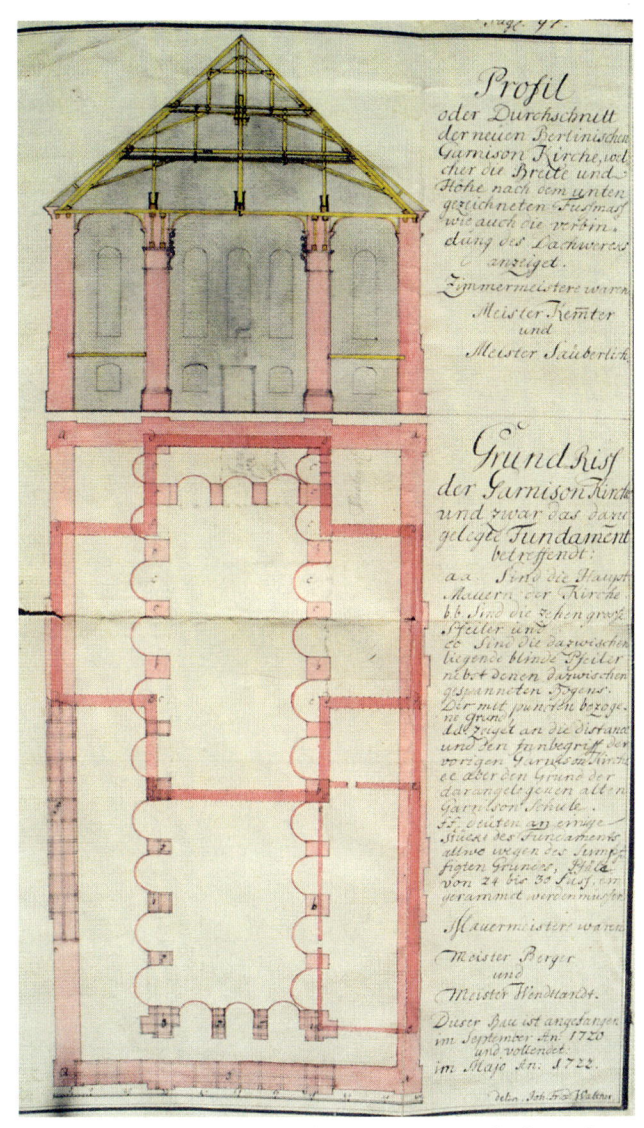

Abb. 36 Schnitt und Grundriss der zweiten Garnisonkirche. Kolorierte Zeichnungen von Johann Friedrich Walther, 1736. Im Schnitt ist gut erkennbar, dass es sich bei den Gebäudewänden und den Pfeilern um das gleiche Material – nämlich Stein – handelt, nicht um Holz, wie häufig angegeben. Interessant ist in der Grundrisszeichnung die Überlagerung der Grundrisse von erster Kirche und Schule durch die zweite Kirche. Architekt Philipp Gerlach.

Abb. 37 Ansicht und Grundriss der zweiten Garnisonkirche. Kolorierte Zeichnung von Johann Friedrich Walther, 1736. In der Grundrisszeichnung fehlt im Gegensatz zum späteren Kupferstich der Altar vor der Kanzel. Architekt Philipp Gerlach.

Abb. 46
Feldprediger zu Pferde in Uniform, 1742. Kolorierte Zeichnung, Johann Christian Becher.

Abb. 49
Grabanlage Emil Frommels auf dem Offiziersfriedhof an der Linienstraße, restauriert 2001.

Abb. 51 Ansicht des Ordenspalais am Wilhelmplatz und des Palais Schulenburg. Johann Georg Rosenberg, kolorierter Stich.

Dieter Weigert
Berliner Feldprediger unter dem Soldatenkönig

In den preußischen Garnisonstädten wurde der Garnisonpfarrer aus den Reihen der den Garde-Regimentern zugeordneten Feldprediger bestimmt. In der Residenz Berlin waren 1728 neben dem Garnisonprediger noch vier und 1738 sogar noch sechs weitere Militärgeistliche tätig. Bei der Größe der Garnison reichte der Raum in der Kirche nicht mehr aus. Vormittags hielt hier der Garnisonpfarrer den Gottesdienst für sein Regiment ab, nachmittags rückten die übrigen Regimenter ein oder wichen auf andere Kirchen Berlins aus (Böhmische und die Dreifaltigkeitskirche), solange die Bürger das „Trampeln" der Grenadiere aushielten.[1]

**„Ich kahn och kein La Teinisch.
Friedrich Wilhelm"**[2]

Schrittweise wurde durch die Landesherren auch das Unterstellungsverhältnis der Feld- und Garnisonprediger mit dem Ziel einer konsequenten Herauslösung aus zivilen Abhängigkeiten geklärt. Noch 1691 hatte Kurfürst Friedrich III. bekräftigt, dass Garnisonprediger Christoph Nagel dem Kirchenkonsistorium zu Kölln unterstehe. 1692 setzte er jedoch als oberste militärkirchliche Behörde das Kriegskonsistorium ein. Somit unterstanden die Feldprediger nicht mehr der Landeskirche, sondern dem Kriegskonsistorium (und ab 1717 dem Feldpropst) auf der einen und ihrem Regiments-

chef bzw. dem Gouverneur als militärischen Vorgesetzten auf der anderen Seite.

Seit 1717 hatte der Garnisonpfarrer von Berlin ein besonderes und lukratives Amt inne. Er war gleichzeitig Feldpropst der preußischen Armee und damit für die Personalangelegenheiten der Feldprediger des Landes zuständig. Das „Militair-Consistorial-Reglement" von 1711 und das „Renovirte Militair-Consistorial-Reglement"[3] von 1750 legten Aufgaben und Rechte des Feldpropstes fest, der höchsten Persönlichkeit der preußischen Militärkirche – einer Institution, die sich organisatorisch und strukturell gegenüber der zivilen Kirche verselbständigt hatte. Als einzige geistliche Persönlichkeit im Militärkonsistorium war der Feldpropst allein berechtigt, den militärkirchlichen Nachwuchs zu examinieren und zu ordinieren. Die Amtseinführung der Kandidaten fand bis 1742 grundsätzlich in der Garnisonkirche statt – insgesamt sollen es in dieser Zeit 280 Feldprediger gewesen sein, die ihre Laufbahn in der Berliner Garnisonkirche begannen.

Es ist offensichtlich, dass unter der Regierung des Soldatenkönigs Friedrich Wilhelm I. das Militärkirchenwesen und die Gemeinde der Berliner Garnisonkirche einen bedeutenden Aufschwung erlebten. Auch unter diesem preußischen König verlangt das Amt des Feldpredigers körperliche und geistige Voraussetzungen, die nicht jeder Kandidat erfüllen kann. Der Preis ist hoch. Der ehemalige Feldprediger Hocker hat sie beschrieben, die Beschwernisse des Amtes: „Mag wohl ein jeder, so zu einer Feld-Praedicatur begehrt oder vorgeschlagen wird, genau observiren; Dann er sucht oder bekommt da ein Ammt, worinnen ihm nicht nur insgemein sowohl als allen treuen Nachfolgern der Jünger Christi, die hochgefährliche Weyde seiner Schaafe anbefohlen, sondern (in dem Gleichniß zu bleiben) solch eine Trifft angewiesen und solch eine Herde untergeben wird, worbey er gewißlich nebst denen zum Priester-Ammt vor sich erforderlichen auch mit besondern, ich meyne solchen Gaben, die bey andern entweder gar ermangln oder doch nur einzeln angetroffen werden dürfen, ausgerüstet seyn muß. Inmassen er nicht in einer stillen Studier-Stuben zu meditiren, nicht in einer ordentlichen Kirche zu predigen die Bequemlichkeit hat. Er darf sich keiner dienstfertigen Nachbarschaft, oder nach verrichteter harten Amts-Function einer warmen Stube, gehörigen Diaet und nöthigen Pfleg getrösten. So wird er sich manchmal weder seiner Bibliothec bedienen noch weniger allzeit bey seinen Vorgesetzten Raths oder Bescheids so bald als nöthig erholen können … Dennoch bekommt er eben edle Arbeit aber mehr und offt verwirrtere Casus, als viele so lange Jahr bey ordentlichen Kirchen-Aemtern gedienet haben."⁴

Die Feldprediger waren persönlich die Nutznießer dieser königlichen Gnade. Zwei Zitate aus Erwin Schilds (bis heute unübertroffener) Darstellung der Geschichte der brandenburgisch-preußischen Feldprediger aus dem Jahre 1890 sollen das belegen: „Unter ihm (dem Soldatenkönig – d. V.) hatten die Feldprediger die gewisseste Beförderung zu vornehmen und reichen Stellen zu hoffen; daher wenig Inspectores (Superintendenten) im Lande und Prediger zu Berlin waren, die nicht vorher bei den Regimentern gestanden hätten. Es sind Pröpste, Consistorialräthe, Professores, ja gar Prälaten aus ihnen geworden" oder „Die Besetzung der besseren königlichen Pfarrstellen erfolgte während des ganzen Laufes des achtzehnten Jahrhunderts fast ausschließlich durch ehemalige Feldprediger, und der natürliche Wunsch, verdienten Militärgeistlichen eine passende Versorgung zu verschaffen, verleitete mitunter die Behörden zu einem eigenmächtigen Verfahren in Ansehung der Inspectorate in den Städten und einer Nichtachtung der magistratualischen Patronatrechte bei diesen Stellen. Das Moment, dass der größere und vornehmere Theil der märkischen Geistlichen durch die Zwischenstufe des Feldpredigeramtes hindurch ging,

Abb. 24 Hausandacht bei Friedrich Wilhelm I. mit August Hermann Francke. Adolph Menzel, Zeichnung, 1840, 2. Fassung, Bock-Verzeichnis Nr. 470.

ist auch für die Geschichte der Kirchenverfassung nicht unwichtig, indem grade dadurch auch im Kirchenwesen der Geist einer strengen militärischen Disciplin Eingang fand."⁵

König Friedrich Wilhelm I. griff manchmal persönlich in den Prozess der Rekrutierung von Feldpredigern ein und konnte oft mit derben Formulierungen seinen Willen gegenüber zweifelnden Kirchenbehörden durchsetzen, so gegenüber dem pommerschen Konsistorium im Falle des Kandidaten der Theologie Laurentius Bollhagen: „Habe ihn Schon selbsten examiniert. Kahn er kehn La Teinisch, Kahn er sich ehnen la Teinischen Lese Bengel halten, ich kahn och kein La Teinisch. Friedrich Wilhelm."⁶

Für die Stellung der Garnisongemeinde in der Residenz Berlin war während der Regentschaft Friedrich Wilhelms I. und Friedrichs II. bedeutsam, dass sich schrittweise eine Veränderung in der konfessionellen Zusammensetzung des Hofstaates durch eine Zunahme der Personen lutherischen Bekenntnisses vollzog wie auch ein Anwachsen der Zahl der Lutheraner im Personal der fremden Gesandtschaften in Berlin zu verzeichnen war. Diese Gruppe der Lutheraner fand in der Garnisongemeinde eine Heimat, so dass sich ein Zusammenwachsen der militärischen und der zivilen Gruppierung vollzog, sich die Garnisonkirche zu einer Art lutherischen Hofkirche Berlins entwickelte.

Unter König Friedrich Wilhelm I. konnten die unter seinem Vorgänger entstandenen pietistischen Einflüsse im Militärkirchenwesen deutlich ausgebaut werden, kamen sie doch den politischen und moralischen Vorstellungen des Soldatenkönigs entgegen. Von König Friedrich I. hatte er den schon erwähnten hochdekorierten General Dubislaw Gneomar von Natzmer (1654–1739), die Generäle Alexander Hermann Reichsgraf von Wartensleben (1650–1734), David Gottlob von Gersdorff (1658–1732), Curt Hildebrand von Loeben (1661–1730) und den Oberstleutnant Ernst Friedrich Finck von Finckenstein (1680–1727) übernommen, die als Wortführer der pietistischen Richtung in der preußischen Armee galten.[7] Sie waren bedeutende Mitglieder der Berliner evangelischen Garnisongemeinde, hatten ihre Offizierslaufbahn schon unter dem Großen Kurfürsten begonnen, besaßen in der Armee einen Ruf als kluge, belesene und strategisch denkende Heerführer und standen in enger Beziehung zum Berliner Hof.

Die Militärs waren keinesfalls zurückhaltend, wenn es um geistliche oder ideologische Fragen des Staates ging. So wird durch den bekannten Historiker und Biografen Anton Friedrich Büsching berichtet, dass die pietistisch orientierte Gruppierung innerhalb der Generalität im Jahre 1723 die hochpolitische Entscheidung um Verbleib oder Ausweisung des Philosophieprofessors Christian Wolf aufgrund ihrer Nähe zu König Friedrich Wilhelm I. beeinflussen konnte: „Es war aber diese Mühe, welche sich Reinbeck gab (den König zur Mäßigung zu bewegen – d. V.), umsonst, denn anstatt der gelehrten Commission erschienen bey dem Könige zwey zu Halle mündlich belehrte Generale, die eben so wie der König sehr gottesdienstlich waren, und zu welchen der König viel Vertrauen hatte, nämlich Dubislaw Gnesmar von Nazmer, damaliger General von der Reuterey, und Curt Hildebrand Freyherr von Loeben, Generalmajor. Diese brachten den König, der gottesdienstlich und jähzornig zugleich war, wider Wolf so auf, dass er am achten November 1723 den bekannten erschrecklichen Cabinetts-Befehl zur Verbannung des Philosophen unterschrieb und abschickte, und ihn vollziehen ließ, ohne sich an die Vorstellung des Ministers von Prinzen zu kehren."[8]

Über die Argumentation der pietistischen Generäle gegenüber dem König kann Büsching nur mutmaßen,

Abb. 25 Dubislav Gneomar von Natzmer.

seine diplomatische Umschreibung lässt aber die eindeutige Erkenntnis zu: „Die Vorstellungen, welche sie dem König gethan, sind mir nicht zuverläßig bekannt, doch habe ich gehöret, sie hätten gesaget, daß wenn Wolfs gottlose Grundsätze unter des Königs Kriegesheer bekannt würden, er sich gar nicht mehr auf dasselbige werde verlassen können."[9]

Dass es sich nicht um eine einmalige Aktion handelte, zeigte das Vorgehen der Pietisten gegen einen missliebigen einflussreichen Philosophen schon in den Jahren 1713/14. König Friedrich Wilhelm I. war gerade erst einige Monate gekrönt, da war er vor die Alternative „Wegjagen" oder Dulden des Hallenser Philosophieprofessors Christian Thomasius gestellt, des schärfsten ideologischen Gegners Franckes an der Hallenser Universität. Auch hier der diplomatische Ausweg des Monarchen – die Kommission unter Leitung eines Ministers sollte die Situation gründlich prü-

Abb. 26 Curt Hildebrand von Loeben.

fen und eine Entscheidung empfehlen. Und auch hier schon die effektivere Taktik Franckes: er nutzte den unmittelbaren Zugang der Militärs zum König. In seinem unnachahmlichen Deutsch hatte der König an Natzmer am 2. Dezember 1713 versichert: „Frangk soll seine Beschwerden gegen Tomasio regckta an mir überschicken. Grüssen sie ihn von meinetwegen, er soll nur curahge haben; ich werde Ihn schon Suttenieren und (in?) alles was recht ist, da ich persuadiret bin, das er nichts wird predendiren, als das equitable ist".[10] Also wurden Natzmer und Loeben beauftragt, einen Brief Franckes dem König persönlich zu übergeben und ihn mündlich von der Notwendigkeit des „Wegjagens" zu überzeugen. Die Taktik ging auf – der junge König hörte auf den Rat jener beiden Generale, ignorierte die Signale der Generale Leopold von Anhalt Dessau und Wilhelm von Grumbkow und setzte die einsame Entscheidung „Wegjagen" durch.

Ernst Friedrich Finck von Finckenstein war erster Kommandeur der 1717 geschaffenen Berliner Kadettenanstalt, hatte daher eine wichtige Funktion im Bildungswesen der preußischen Armee inne. Berliner Verbindungsmann zu August Hermann Francke in Halle/Saale war der ehemalige preußische Offizier Carl Hildebrand Freiherr von Canstein. Canstein war der praktische Kopf des Pietismus in Berlin, ein Schwager des Generals von Loeben, er stand in enger Beziehung zu Philipp Jakob Spener und anderen Geistlichen von St. Petri und St. Nikolai, die militante Verfechter des Pietismus in den zivilen Pfarrgemeinden Berlins waren. In diesem Zusammenhang ist ein Lob den Verfassern des „Adreß-Kalenders Der Kön. Preuß. Haupt- und Residentz-Städte Berlin Und daselbst befindlichen Hofes Auff das Jahr 1704"[11] angebracht. In der Dritten Abteilung „Kriegs-Staat" erfahren wir die für uns höchst interessante Nachricht, dass im Cansteinschen Hause ein Major von Loeben logiert, eben der Curd Hildebrand von Loeben, späterer General und einflussreicher Berater des Soldatenkönigs.

Die Beisetzungen der sterblichen Überreste dieser Offiziere in den Grüften der Berliner Garnisonkirche fanden unter großer Anteilnahme des Offizierskorps, des Hofes und der Angehörigen der Garnisongemeinde statt, Johann Friedrich Walther hat ausführlich diese Zeremonien beschrieben.[12] Besonders hob er bei der Charakterisierung das Wirken des Generals von Loeben und das des Oberstleutnants Ernst von Finckenstein hervor: „Beide haben ihre besondere Liebe und Zuneigung zu unserer Garnison-Kirchen und Schule, auf eine ausnehmde Art und durch viele Wohlthaten blicken lassen, und hat insonderheit der letzere seine Liebe, diesen Anstalten durch Monathlichen milden Beytrag zur Kirche, auch Gutthätigkeit gegen die Schule und deren Bediente reichlich erzeiget, doch so, dass Er bey seinem Leben, seine Lincke nicht wissen lassen, was die Rechte gethan, und also keinen eitlen Ruhm dadurch gesuchet." General von Natzmer wird besondere Gottesfurcht, christliche Tapferkeit, Liebe gegen die Armen bescheinigt, von Wartenslebens Frömmigkeit war der Gemeinde außerordentlich wertvoll, spendete er doch monatlich 10 Taler.[13]

Generalleutnant Curt Hildebrand Freiherr von Loeben (1661–1730, 10. Februar beigesetzt in den Grüften der Berliner Garnisonkirche, später überführt nach seinem Gut in Falkenberg), war neben General-Feld-Marschall von Natzmer der einflussreichste Offizier, den die Pietisten auf ihre Seite zu ziehen vermochten. Auch bei General von Loeben spielten verwandtschaftliche Beziehungen eine Rolle, war er doch ein Schwager des Freiherrn von Canstein.

Loeben war Absolvent der kurbrandenburgischen Universität Frankfurt an der Oder, kam nach einem Aufenthalt in Holland 1679 als brandenburgischer Kammerjunker zum Prinzen Friedrich, trat 1680 in die Armee ein, in der er 1685 als Leutnant und Adjutant bei General von Schöning geführt wurde. Weitere Stufen seiner militärischen Laufbahn: 1688 Kapitän bei der Leibgarde, dem späteren Infanterieregiment No. 1, 1698 Major, 1705 Oberstleutnant, 1707 Oberst, 1713 Generalmajor, Domherr zu Magdeburg, 1714 Chef des neu errichteten Regiments Infanterieregiment No. 26, 1721 Generalleutnant, 1724 Gouverneur von Kolberg. Auch über sein feierliches Leichenbegängnis in Berlin gibt es einen ausführlichen Bericht bei Walther.[14]

Weiterhin gehörten zu dieser Richtung in der Armee General-Feld-Marschall Georg Abraham von Arnim (1651-1731) und vor allem Feldpropst Lambertus Gedicke (1682–1736), seit 1709 als Feldprediger beim Infanterieregiment No. 1 und seit 1713 als zweiter Garnisonprediger in Berlin tätig.

Lambertus Gedicke

Gedicke, Sohn eines Schulinspektors, aus Gardelegen in der Altmark stammend, war nach dem Besuch des Friedrichswerderschen Gymnasiums ein Schüler Franckes in Halle gewesen. Der Ruf ins pietistische Zentrum Halle war auf Empfehlung des damaligen Rektors jenes Berliner Gymnasiums erfolgt, des Professors Joachim Ernst Lange[15], der später bei der Vertreibung des Philosophen Christian Wolf aus Preußen eine unrühmliche Rolle spielen sollte. Schon als Absolvent des Gymnasiums war Gedicke wegen seiner theoretischen Leistungen ins Gesichtsfeld der Berliner Hofgesellschaft geraten; der für Bildungsfragen zuständige Minister von Fuchs war im Jahre 1701 von Gedickes öffentlicher Rede „vom Lobe und Preiß der Schulen" außerordentlich bewegt und hatte sie auf seine Kosten drucken lassen. Der Minister, starker Förderer der Franckeschen Einrichtungen in Halle, sowie der Freiherr von Canstein unterstützten Gedickes Studium in Halle. Die Arbeit am Pädagogicum Franckes in Halle als Lehrer („Informa-

Abb. 27 Gedächtnispredigt des Feldpropstes Lampertus Gedicke zu Ehren des in den Grüften der Garnisonkirche am 10. Februar 1730 beigesetzten Generalleutnants Curt Hildebrand von Loeben.

tor") war nach seinem Geschmack, er konnte publizieren, geistliche Lieder komponieren, jungen Menschen Disziplin und Askese vorleben. Da erreichte ihn der Ruf aus Berlin – die pietistischen Freunde hatten ihn für eine Hofmeisterstelle beim General von Loeben vorgeschlagen. Nun war er im Zentrum der politischen Macht, denn von Loeben hatte – wie oben geschildert – das Ohr des Königs. Generalleutnant von Loeben war es dann auch, der ihn 1709 als Feldprediger für die frei gewordene Stelle im Garderegiment empfahl. 1713, mit der Thronbesteigung Friedrich Wilhelms I., wurde Gedicke zweiter Garnisonprediger, blieb aber Prediger im nunmehrigen Infanterieregiment No. 1, der bedeutendsten militärischen Einheit der Garnison Berlin, damals unter dem Kommando des Reichsgrafen von Wartensleben.

Die Biografie jenes Reichsgrafen ist aufs engste mit den Widersprüchen der Anfangsjahrzehnte der preußischen Monarchie verknüpft. Alexander Hermann Reichsgraf von Wartensleben (1650–1734), General-Feld-Marschall, Großvater des 1730 exekutierten Leutnants von Katte mütterlicherseits, hatte seine militärischen Meriten bis zum 52. Lebensjahr in französischen, hessischen, sachsen-gothaischen und kaiserlichen Diensten verdient, war 1702 als hochdekorierter und erfahrener Infanteriegeneral dem Ruf des preußischen Königs Friedrich I. gefolgt und wurde zum Chef des schon genannten Infanterieregiment No. 1 ernannt. Verbunden damit war die Verleihung des Schwarzen Adlerordens, die Ernennung zum Gouverneur der Residenz Berlin und zum Geheimen Kriegsrat sowie 1706 die Erhebung in den Reichsgrafenstand. Der ehrgeizige General verbündete sich am Hofe mit den beiden anderen einflussreichen „bösen W's" – dem Premierminister und Reichsgrafen von Wartenberg und dem Grafen von Wittgenstein. Deren Sturz und Verbannung im Jahre 1710, zuerst konspirativ, dann offen betrieben durch den Kronprinzen Friedrich Wilhelm und dessen engstem juristischen Berater von Creutz, brachte für Wartensleben das Ende des politischen Einflusses, nicht aber der militärischen Karriere. Den Rang des Generalfeldmarschalls, sein Garde-Regiment und die hohen Orden durfte er behalten, wobei seine Beratung des künftigen Herrschers im Jahre 1707 in Fragen der geplanten Armeereform eine Rolle spielen sollte. Tiefe Frömmigkeit, Engagement in der Armenfürsorge und ein gutes Verhältnis zur Militärgeistlichkeit ließen ihn den Verlust der politischen Machtpositionen verschmerzen. Als er am 26. Januar 1734 starb, beklagte J. F. Walther das Ende des „rühmlichst geführten Lebens" des Generals, an dem die Kirche und ihre Schul-Anstalten „einen recht Frommen und um Beförderung des Guten höchst emsig sich bestrebenden Patron verlohren".[16] Das feierliche Leichenbegängnis und die

Abb. 28 Lampertus Gedicke.

Beisetzung im Familien-Erbbegräbnis in der Gruft der Berliner Garnisonkirche am 5. Februar war auf Befehl des Königs zum gesellschaftlichen Großereignis für den Hof, für die Garnison und die Berliner Bürgerschaft geworden, obwohl der Reichsgraf eine Beisetzung in aller Stille gewünscht hatte. Eine „wohlgesetzte Standrede" wurde auch gehalten – im Trauerhaus durch den „Leutnant von Creytzen". Johann Friedrich Walther berichtet, dass diese Rede gedruckt worden ist. Vergleicht man die Biografien der Offiziere „von Creytzen", die damals in Berlin im Infanterieregiment No. 1 Dienst taten, bleibt im Raster ein Friedrich Wilhelm von Kreytz hängen, der es bis zum Generalmajor und Hofmarschall des Prinzen Ferdinand von Preußen, des jüngsten Bruders Friedrichs II., brachte, 1765 starb und ebenfalls in der Berliner Garnisonkirche beigesetzt wurde. So schließen sich manche Kreise. Jener General von Kreytz war 1720 als Gefreiterkorporal ins Regiment des Reichsgrafen eingetreten, 1731 zum Leutnant befördert worden und hatte die meisten Jahre seiner Laufbahn im Gefolge des Prinzen Ferdinand verbracht.

Zurück zum lebendigen Reichsgrafen. Der Prediger des Wartenslebenschen Garderegiments Lambertus Gedicke musste natürlich mit ins Feld ausrücken. Seine Teilnahme an des Soldatenkönigs erstem und einzigem Krieg wird in der Berlinischen Chronik Johann Christoph Müllers und Georg Gottfried Küsters so beschrieben: „Im Jahre 1715 wohnete er dem Pommerschen Feldzuge und der Belagerung Stralsunds bey, und fassete sein Gemüth in tumultando zum Studieren zusammen, erfuhr in mancher augenscheinlichen Gefahr göttliche Hülfe, und hielt diese Zeit für die angenehmste in seinem Leben."[17]

In enger Kooperation mit Freiherr von Canstein wirkte Gedicke an der Ausbreitung des pietistischen Gedankengutes im Offizierskorps und unter den Mannschaften. Von entscheidender Bedeutung war dabei die Befugnis des Feldpropstes, von den Regimentschefs kraft ihres „jus praesentandi candidatos ad examen" vorgeschlagene Kandidaten für die Feldpredigerstelle zu examinieren.

Gedicke und der Freiherr von Canstein setzten beim König durch, dass die mit ihnen befreundeten pietistischen Pröpste der beiden Berliner Hauptkirchen, Johann Porst (1668–1728) an St. Petri – ab 1713 Nachfolger Johann Philipp Speners an St. Nicolai – sowie Michael Roloff, Propst ab 1733 an St. Nikolai und Beichtvater König Friedrich Wilhelms I., zu den Prüfungen als Beisitzer hinzugezogen wurden.[18] Gedicke hat in seiner Funktion als Feldpropst und Feldprediger beim Infanterieregiment No. 1 entscheidend dazu beigetragen, dass etwa um das Jahr 1720 die pietistische Strömung in der Armee dominierend geworden war und ihr ideologischer und politischer Hauptgegner, Fürst Leopold von Anhalt-Dessau, sich sowohl mit August Hermann Francke in Halle als auch den Generalen von Natzmer und von Loeben, mit denen er in einer ideologischen Dauerfehde gestanden hatte, aussöhnen musste.

Die Dramatik dieser Fehde und vor allem das gestörte Verhältnis des Dessauer Rauhbeins Leopold zur Religion war bühnenreif. So blieb es nicht aus, dass ein ziemlich unbekannter Autor namens Carl Heyne Wallner's Theater in Berlin ein „Historisches Genrebild in 1 Akt" unter dem Titel „Feldherr und Feldprediger" anbot, das auch achtmal aufgeführt wurde, aber unter dem für die preußische Hauptstadt attraktiveren Titel „Ein Tag aus dem Leben des alten Dessauer". Leopold von Anhalt-Dessau gegen einen Kandidaten für ein Feldpredigeramt – welch ein Stoff! Leopold, leicht geläutert durch das Streitgespräch mit dem jungen Theologen, bleibt Sieger. Regieanweisung für das letzte Bild: „Die Musik beginnt den Dessauer Marsch, das Gebüsch teilt sich. Die Statue von ‚Leopold von Dessau' steht auf einem Piedestal, wie ihn das Standbild in Berlin zeigt, bengalisches Feuer." Das Militärseelsorge-Thema erklomm sogar die Operettenbühne; Carl Millöcker komponierte 1884/85 nach einem Libretto von Hugo Wittmann und Alois Wohlmuth die Operette in 3 Akten „Der Feldprediger".

---

1 Schild, Bd. 2, S. 59.
2 Schild, Bd. 1, S. 10.
3 Vgl. Rudolph, 1973, S. 20ff.
4 Hocker, Pastorale, o. J.
5 Schild, Bd. 2, S. 77f.
6 Schild, Bd.1, S. 10.
7 Hinrichs, 1971, S. 154ff.
8 Büsching, 1. Teil, S. 8.
9 Büsching, Vorrede.
10 Hinrichs, 1971, S. 385.
11 Nachdruck Berlin 1999, Original in der Stiftung Stadtmuseum Berlin.
12 Walther, 1743.
13 Ebenda, S. 104.
14 Ebenda, S. 109.
15 Müller/Küster 2.Teil, S. 613.
16 Walther, 1743, S. 104.
17 Müller/Küster 2. Teil, S. 614.
18 Hinrichs 1971, S. 157.

Barbara Kündiger
Die Pulverturmexplosion

Dass beim Bauen zuweilen Probleme auftauchen, insbesondere auch bei prominenten Bauaufgaben, war für die Berliner seit dem Ausbau der Stadt unter Friedrich III. zur königlichen Residenz keine ungewöhnliche Tatsache. So war für die Berliner das Einstürzen von Bauten zwar nichts Alltägliches, doch auch nicht ganz unbekannt. Der Gewölbeeinsturz der Parochialkirche 1698 drei Jahre nach Baubeginn gehört zu diesen Ereignissen, wie auch die mit dem Namen Schlüter verbundenen Vorfälle. Unter Baumeister Schlüter fiel nicht nur teilweise die Rückfront des Zeughauses 1699 zusammen, es gab auch das Münzturmdesaster. Der 1701 vom König in Auftrag gegebene und an der nordwestlichen Ecke des Schlosses auf einem alten Fundament errichtete Turm zeigte seit 1704 Risse und musste schließlich 1706 auf Geheiß des Königs abgetragen werden. Auch in späteren Jahren führten gewagte Konstruktionen zu Einstürzen, so 1734, als der 110 Meter hohe Turm der Petrikirche zusammenfiel oder 1781, als der im Bau befindliche Kuppelturm der Deutschen Kirche auf dem Gendarmenmarkt einbrach. Werfen all diese Bautragödien, vor allem die aus der Zeit Friedrichs III., ein Licht darauf, „wie tief das praktische Vermögen der deutschen Bauleute gesunken war"[1], so gab es auch Ereignisse, die zwar in gewaltigen Zerstörungen endeten, doch nichts mit Handwerkerpfusch, Mängeln in den statischen Berechnungen oder mit den Fähigkeiten und Fertigkeiten der Bauleute zu tun hatten. Blitzeinschlag und Brand oder Explosionen ruinierten ebenso Gebäude. Auch die Garnisonkirche blieb von solch einer Katastrophe nicht verschont.

Der unheilvolle 12. August 1720

Ganz sicherlich ist das, was sich an diesem Tag in Berlin zutrug, als schrecklichstes Ereignis jenes Jahres zu bezeichnen. Gegen Mittag gab es zerstörte Gebäude, Tote und Verletzte zu beklagen. Was war geschehen?

In der unter Friedrich I. neu angelegten Wallstraße zwischen ehemaliger alter Stadtmauer und dem zur Befestigung gehörenden Wall waren bereits Neubauten in Richtung Spree hin errichtet worden. Die etwa zur Hälfte mit Gebäuden besetzte Straße sollte nun vollends mit Häusern bebaut werden. Obwohl schon mit dem Bau der Befestigung zwischen 1658 und 1683 nach dem Plan vom Memhardt eine neue Verbindung, ein neues Spandauer Tor zur gleichnamigen Vorstadt geschaffen worden war, existierten das alte, ehemals zur Stadtmauer gehörende Spandauer Tor und der daneben stehende Pulverturm noch. Nach gestalterischen Gesichtspunkten waren diese Relikte vergangener Zeit jetzt obsolet geworden, "so ward das alte Thor und der daran stehende dicke Thurm dem Prospect der Spandauer-Strasse hinderlich, und sonst auch unnöthig hinfort erkannt"[2]. Das alte Tor, das seine Funktion verloren hatte, wurde 1718 vollständig abgerissen[3]. Im

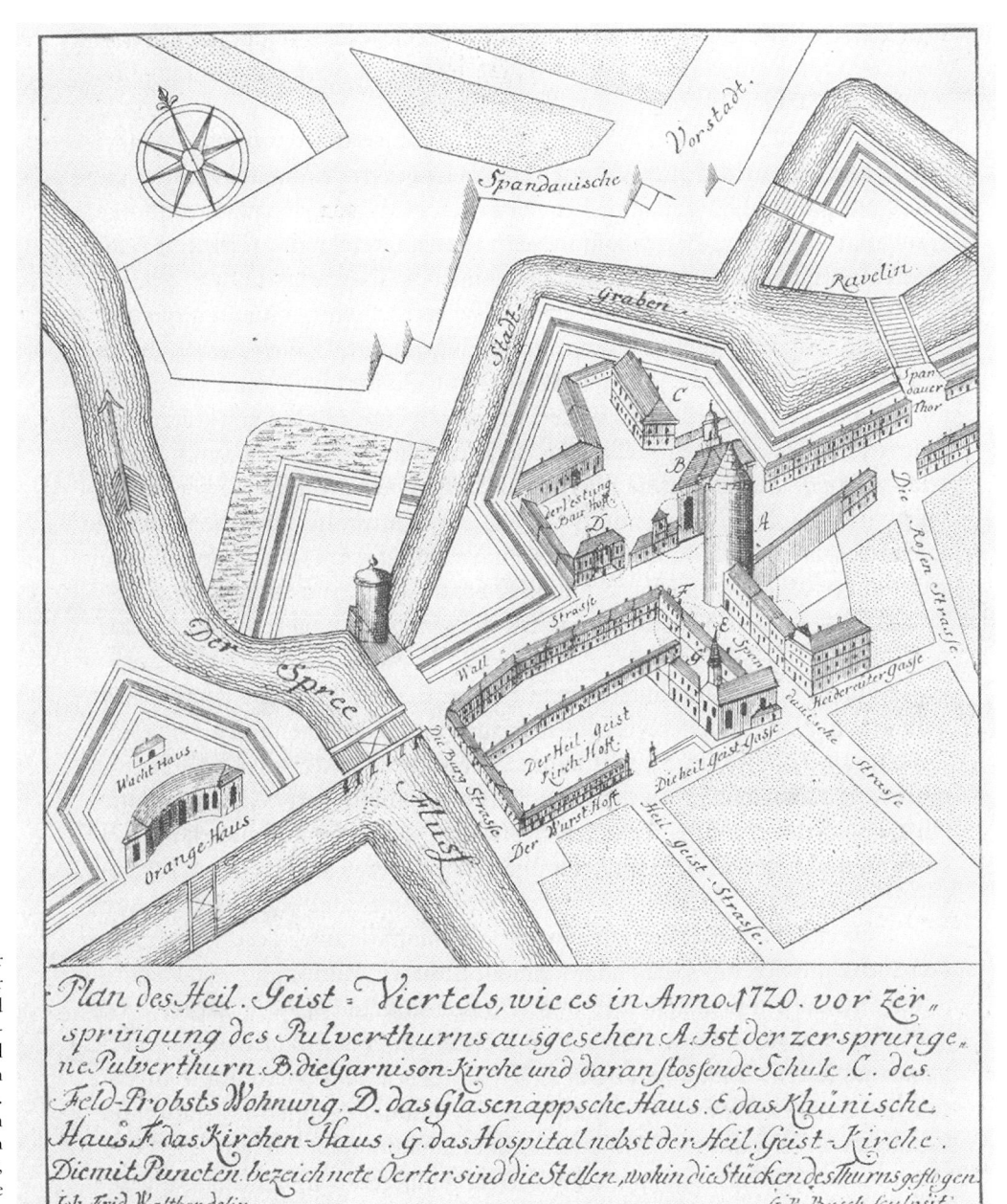

Abb. 29
Heilig-Geist-Viertel um 1720 vor der Pulverturmexplosion mit erster Kirche, Schule, Feldpropstei und dem Haus des Obristen Glasenapp. Kupferstich von Georg Paul Busch nach einer Zeichnung von Johann Friedrich Walther, 1743. In der kolorierten Zeichnung von Johann Friedrich Walther im handschriftlichen Manuskript, 1736, sind nur Pulverturm, Kirche und Schule als Gebäude im Straßenraster eingezeichnet.

Pulverturm lagerten seit 1675, der ersten Stralsundischen Campagne, etliche Kriegsmaterialien wie Pulver, Kugeln, Pechkränze und Handmörser, als man daran ging, auch ihn zu schleifen. Zuvor musste er jedoch geräumt werden. Am 5. August begannen die Arbeiten. Pulver, Kartätschen und Pechkugeln wurden in andere Pulvermagazine der Stadt gebracht. Bis zum 12. August, einem Montag, verlief alles ohne Komplikationen, dann „ein Viertel auf 11 Uhr Vormittage"[4] ereignete sich das Unglück.

Drei Augenzeugen, drei Berichte

Ganz lapidar gesagt, flog der Pulverturm durch ein Feuer während der Räumungsarbeiten in die Luft und die gewaltige Explosion zertrümmerte umstehende Gebäude, es gab Tote und Verletzte. Doch welche Bedeutung dieser Unglücksfall in Berlin hatte, wird daran deutlich, dass noch am selben Tag offenbar von einem Augenzeugen eine Nachricht darüber verfasst wurde, die schon vier Tage später gedruckt vorlag. Schrecken und Leid der Katastrophe werden in diesem Bericht „mit betrübter Feder"[5] noch ganz unter dem Eindruck des Geschehens mitgeteilt.

In einer ersten Bilanz notierte der anonym bleibende Verfasser das bislang übersehbare Ausmaß der Explosion. Der Pulverturm „sprang mit solchen entsetzlichen Knall in die Lufft, davon sind 12 Constabler, 4 Feuer-Wercker elendiglich mit aufgeschlagen, ohne die anderen Menschen, die in der Nähe gewohnet, auch auf der Strasse sind gewesen, viele Häuser um die Gegend des Thurms sind ruiniret, die Guarnison Kirche/ Pfarr- und Schul-Häuser, alle verheeret, und ist das große Unglück eins mit, weil die Soldaten-Schule nahe darbey ist und sind gleich in dieser Stunde die Kinder darinnen gewesen, da ihrer von 80 kaum 3 oder 4 heraus kommen, iedoch auch beschädiget, die anderen sind alle veschüttet worden, durch die grosse Menge der Steine von dem Thurm, einen Feuer-Wercker hat es übern Wall und Graben biß in die Vorstadt hinaus geworffen, ist aber Kopff und Beine alles entzwey, einen Mahler welcher mit der Post nach Brandenburg fahren wollte, weil gleich die Post da vorbey gefahren, schläget ihm ein Stein in Rücken, einer auf den Kopff, daß er in einer Stunde darauf verschieden, bey ihm war noch auf der Post 1 Prediger, so Gestern hier geprediget, gleichfalls getroffen und gestorben, und 2 andere Passagier so nur etwas beschädiget, den Postillion ist ein Bein entzwey geschlagen und ein Pferd getötet worden, es sind umher des Thurms alle Fenster entzwey biß aufn Neu-Marck, das Schloß nach dem Wasser alle Fenster, wie auch an dem Zeug-Hause ist alles zerschmettert, es ist der Jammer und das Elend nicht genugsam zu beschreiben, den man höret nichts als klagen und lamentiren, den einen ist der Kopff, der Arm, das Bein oder sonsten beschädiget, in Hospital sind drey alte Frauen, wie auch 2 Kinder geblieben, das

Abb. 30 Beginn der Auflistung der Toten vom Pulverturmunglück. Auszug aus dem Militärkirchenbuch vom 12. August 1720.

Jammer-Geschrey der Eltern ist nicht zu sagen, da kommt der Vater, suchet zweye, einige drey Kinder, die Mütter die sich nicht wollen trösten lassen …"[6]

Wie tief im Gedächtnis der Stadt, zumindest der Augenzeugen und Betroffenen, diese Explosion mit ihren Zerstörungen verhaftet war, lässt sich daran

Abb. 31 Blick in die Wallstraße nach der Pulverturmexplosion. Kupferstich von Georg Paul Busch nach einer Zeichnung von Johann Friedrich Walther, 1743.

ermessen, das sie nicht nur kurz nach dem tragischen Ereignis als schriftliche Nachricht verbreitet wurde und sie Jahre später ausführlich in der Chronik der Garnisonkirche geschildert wird, sondern auch daran, dass bei einem anderen ähnlich verheerenden Unglück, nämlich Pfingsten 1730 beim Blitzeinschlag in den Turm der St. Petri Kirche und dem auf Kirche, Gymnasium und 40 andere Häuser übergreifenden Brand, wiederum an die zurückliegende Katastrophe gedacht wurde.

Der ehemalige Kantor an der Garnisonkirche, Johann Woltersdorff, bei Niederschrift seiner Erinnerungen schon als Prediger in Kertzlin tätig, war selbst verschüttet in den Trümmern der Garnisonschule. Dessen Darstellung vermittelt weitaus emotionaler und detaillierter, insbesondere wenn es um das eigene Schicksal geht, das Ereignis. Typisch für die Denk- und Vorstellungswelt der Menschen damaliger Zeit ist, dass sie ungewöhnliche Vorkommnisse, gar Katastrophen oder unerwartete Glückssituationen, noch immer auf göttlichen Willen, auf Gottes Gnade, seine Güte oder seinen Unmut oder Zorn zurückführen. So kann sich der Kantor sein Überleben eben auch nicht anders als durch göttliche Fügung erklären. Rückblickend schrieb er: „Ich ... bin am Tage der Zerspringung des Pulver-Thurms in Berlin, meinem damaligen Beruffe nach, in der halb eingeschmetterten Garnison-Schule mitten unter meinen erschlagenen und verwundeten Kindern, als ein Todter, gelegen, aber bey meiner höchsten Ohnmacht durch Gottes Allmache unverletzt wunderlich errettet worden".[7] Nach seinem Bericht saß der Kantor am Tisch der Schule, seine Schüler waren im Raum versammelt, als das Gebäude einstürzte. Es fiel jedoch kein Deckenbalken auf ihn, lediglich „schlug von einer Seite der leimerne Boden, von der andern der einfallende Ofen"[8] auf ihn nieder. Seine Rettung glaubt er göttlicher Hilfe zu verdanken, die ihn, als er schon kraftlos im qualmstickigen Raum auf dem Schutt lag, „gewaltig ... durch seinen H. Engel, oder durch eigne starcke Hand plötzlich zum offenen Fenster-Fache gantz unverletzt"[9] herauszog. Einige Kinder, die sich an ihn klammerten, wurden bei der wundersamen Aktion ebenfalls gerettet. Noch unglaublicher, gar „noch wunderbarlicher"[10] schien dem frommen Mann das Überleben seines erst sechs Monate alten Sohnes zu sein, der in einer Wiege am Kachelofen lag. Nicht nur um die Wiege herum waren Kanonenkugeln niedergeprasselt, zwei schlugen sogar in sie hinein. Da er nicht glaubte, dass sein Kind noch lebte, half er erst einem anderen, sich aus den Trümmern zu befreien, bevor er sich dem eigenen zuwandte. Er „horchte zuvor, ob noch einiger Laut vom Kinde zu vernehmen, und hörte ein schwaches Winseln; Riß darauf die Last von des Kindes Nase und Munde, so gantz breit gedrückt, und die Lippen schwärtzlich waren, vom eingeschrienen Staube."[11] Den ergreifenden Moment als er sein Kind barg, schildert der Kantor mit den Worten: „Ich zog mit Furchten und Freuden mein Kind, statt Betten, aus lauter Steinen, hervor, und sagte dabey: Hat dich doch dein Gott mögen erhalten!"[12]

Ausführlicher als der anonyme erste Berichterstatter wendet sich Woltersdorff Geschehen und Folgen der Katastrophe in seinem Traktat zu. Zunächst schilderte Woltersdorff die Explosion: War am Unglückstag der „Himmel Anfangs zwar klar, angenehm und stille," so wurde aber „um den Mittag daraus ein Dampff, Sturm und Schrecken, indem bald nach 10 Uhr der Pulver-Thurm mit einem schrecklichen Blitze und doppelten Knalle zu 5 grossen Stücken von einander barste und niederschlug", wobei „dessen Untertheil 4 Ellen dick stehen blieb."[13] Als Ursache für die Explosion vermutete Woltersdorff, dass ein Bombardier einen zugereichten Pulverkasten fallen gelassen hat und sich das verstreute Pulver bei dem heißem Wetter schnell entzündet und mit dem noch vorhandenen anderen Kriegsmaterial zur Explosion geführt hat. Eine detaillierte Beschreibung, in welche Gebäude die Teile vom Turm eingeschlagen sind, wird ebenfalls gegeben: „so schlug dessen Spitze oder Dach unser gerade über stehendes Garnison-Kirchen-Haus, ... hinterwärts, und das Lazareth vorwärts in den Grund danieder. Das eine Theil, nach Mitternacht, warff in des Herrn Obristen Glasenap Wohnung das halbe Dach und die Eck-Stube; Das 2. Theil aber, (etwas Morgenwärts) unsre halbe Garnison-Schule, und die dran stehende Ecke der Garnisonkirche ein; Das 3te Stück schlug (Mittagwärts) nah am Thurm des Hof-Rath Kühns Obertheil des Hauses, auch des Wirthshauses daneben, und die Hinter-Gebäude nieder. Das 4te endlich trafft, gegen Abend, des Hospitals zum H. Geist Ecke und Spittel-Kammern zum Theil auch die H. Geist-Kirche."[14]

An Toten ermittelte Woltersdorff „73 Personen", für die Anzahl der Verletzten gab er „etliche 40"[15] an. Besonders nahe ging ihm verständlicherweise der Tod, der in der Garnisonschule eben zu diesem Zeitpunkt unterrichteten Kinder. 26 Mädchen und 9 Jungen, alle Soldatenkinder, im Alter zwischen 4 und 11 Jahren wurden unter den Trümmern begraben. Aus einem „Stein-Hauffen über 2 Ellen tieff"[16] bargen die Eltern ihre toten Kinder. Manche von ihnen waren an diesem Tag das erste Mal zur Garnisonschule gekommen. Der König, offenbar beeindruckt vom Ausmaß der Katastrophe, zeigte jenen Eltern sein Mitleid, indem er mehrere hundert Taler an sie für die Beerdigung ihrer Kinder auszahlte. Weitere sieben Kinder wurden außerhalb der Schule tödlich getroffen, darunter auch der Sohn des Rektors der Garnisonschule und der des Garnisonküsters. In der Auflistung der gestorbenen 31 Erwachsenen finden sich die schon im anonymen Bericht erwähnten zwölf Männer der Artillerie, die auf dem Turm gearbeitet hatten, der Prediger und der Maler aus Brandenburg. Unter den übrigen Toten wird auch der Garnisonküster Carl genannt, der in seiner Stube verbrannt ist und seinen Verletzungen erlag.

In seinen beiden Schlusskapiteln wendet sich Woltersdorff Situationen zu, die glimpflich ausgegangen waren, oder solchen, die bei geringer Verschiebung von räumlich-zeitlichen Koordinaten tragisch geendet wären. Hierzu zählt vor allem, dass nicht der Pulverturm, sondern der Marienkirchturm am dreiundzwanzigsten Juli 1720 vom Donnerschlag getroffen wurde, der sich dort jedoch nicht entzündet hatte und auch die Tatsache, dass die Pulverturmexplosion erst eintrat, als die meisten der entzündbaren Materialien schon ausgelagert waren. Dass Menschen von der Katastrophe verschont blieben, weil sie eine halbe Stunde vor Ausbruch der Explosion den Ort wieder verließen, wie eine Kompanie und ein Bataillon oder die Genesung von Schwerverletzten und auch die Bergung von Unversehrten aus den Trümmern wird in diesen Kapiteln akribisch ausgeführt. Natürlich sind all diese zum Guten gewendeten Ereignisse in den Augen von Woltersdorffen nicht einem Zufall zu verdanken, sondern der „Güte Gottes".[17]

Johann Friedrich Walther hat, als er sein Kapitel „Relation von Zerspringung des Pulver-Thurns" in der Chronik über Garnisonkirche und Garnisonschule formuliert, den zeitlich größten Abstand zum Ereignis. Die Chronik erscheint erstmals 1736 als Manuskript und 1737 in gedruckter Form. Walthers Ziel ist hoch gesteckt, will er doch „von der gantzen Begebenheit eine wahrhaffte und vollkommene Nachricht"[18] geben. „Denn ob zwar gleich damals, ein und anderer Bericht durch den Druck bekannt geworden, so sind doch solche Nachrichten theils unvollkommen, in einigen aber sind gar Unwahrheiten mit eingeflossen, weilen die Verfasser derselben, auf ungegründeten Erzählungen gefusset."[19] Er selbst hat das Unglück „zum theil mit Augen gesehen und bemercket"[20] und bezieht sich in seiner Darstellung auch auf Berichte anderer Augenzeugen. Woltersdorffs Darstellung wird hierbei offenbar zu der wesentlichen Quelle, denn nur gering sind die Abweichungen und Ergänzungen, die Walther vornimmt. Er entlehnt nicht nur dessen Gliederung, oft bedient er sich sogar der gleichen Diktion. Insofern bietet die Walthersche Chronik hinsichtlich der Zerspringung des Pulverturms und ihrer Folgen wenig Neues.

Walther selbst gesteht an späterer Stelle ein, dass „diese Nachricht mit jener in vielen Stücken gleich lautend"[21] sei.

Auch Walther geht chronologisch vor. Die Ähnlichkeit mit dem Bericht von Woltersdorff wird schon exemplarisch deutlich, als der Augenblick der Explosion von Walther beschrieben wird: „Vormittags eine Viertel-Stunde nach 10 Uhr, zersprunge offtgedachter Pulverthurm mit einem erschröcklichen Blitz und gedoppelten Knall in Fünf Stücke, und schlugen solche, ... mit grossem Krachen nieder."[22] Die Mutmaßung über die Unglücksursache, der Bericht über die zerstörten Häuser, die Verletzten und Toten, die Unversehrten und über die der Katastrophe zufällig Entgangenen deckt sich im Wesentlichen mit dem von Woltersdorff.[23]

Orientiert sich Walther in diesen Abschnitten hauptsächlich an seiner Vorlage, geht er im Fortgang der Darstellung über bisher Mitgeteiltes hinaus. Er berichtet, dass der König an diesem Tag in der Stadt weilte und eine Wachparade abnahm. Kaum dass die Parade vorbei marschiert war, ereignete sich der Knall. Der König wollte nun sofort die Schäden besichtigen, da die Strassen aber voller Schutt lagen, wurde er davon abgehalten. Außerdem gebot die Vorsicht, das Pulverturmterrain noch zu meiden, denn im übriggebliebenen Turmstumpf hätte noch ein Feuer glimmen können. So traf der König an der Unglücksstelle erst nachmittags gegen 14 Uhr ein. Er erließ sogleich Order, den Schutt zu beseitigen, um die verschütteten Menschen zu bergen. Dass der König den Eltern der verunglückten Soldatenkinder Geld für deren Pflege oder Beerdigung gegeben hat, erwähnte schon Woltersdorff. Die weitreichendste Folge des königlichen Besuchs am Katastrophenort war jedoch, dass zur „Erbauung einer gantz neuen Garnison-Kirche, Anstalt vorgekehret wurde."[24]

1   Hegemann, S. 71.
2   Woltersdorff, S. 96.
3   Angabe nach Woltersdorff, S. 96. Walther gibt für den Abbruch des alten Spandauer Tores das Jahr 1708 an. Vgl. Walther, 1743, S. 56.
4   Extract, o. S.
5   Ebenda, o. S.
6   Ebenda, o. S.
7   Woltersdorff, S. 95.
8   Ebenda, S.102.
9   Ebenda, S.103.
10 Ebenda.
11 Ebenda.
12 Ebenda.
13 Ebenda, S. 97.
14 Ebenda, S. 97f.
15 Ebenda, S. 98.
16 Ebenda.
17 Ebenda, S. 100.
18 Walther, 1743, S. 55.
19 Ebenda, S. 55. Obwohl Walther an späterer Stelle explizit nur die Schrift von Woltersdorff nennt, kannte er wahrscheinlich auch den Bericht von Lampertus Gedicke, den Jacob Schmidts Berlinische und Cöllnische Merk- und Denkwürdigkeiten enthalten. Vgl. Schmidt, Erste Zehende, Sechste Sammlung S. 48ff. Der wesentliche Unterschied zur Darstellung von Woltersdorff und Walther liegt bei Gedicke darin, dass er nur vier Turmstücke und ihre Zerstörungen auflistet. Im Anschluss an Gedickes Bericht ist eine weitere schriftliche Literaturquelle genannt, die die Pulverturmzersprengung schildert, und es wird auf Predigten verwiesen, die sich mit dem Thema beschäftigten. Vgl. ebenda, S. 50.
20 Walther, 1743, S. 55.
21 Ebenda, S. 68.
22 Ebenda, S. 57.
23 Im Bericht über die zerstörten Gebäude wird lediglich der Name des Wirtshauses „Ruppiner Herberge" zusätzlich erwähnt, das durch das südlich geflogene Turmstück beschädigt wurde. Walther, 1743, S. 59. An Toten gibt Walther 72 an, einen weniger als Woltersdorff. Die Differenz ergibt sich bei den aufgelisteten Kindern. Letzterer zählt zu den toten Kindern auch ein noch ungeborenes Kind, das „nach der Mutter Tode,…als der Geburth nahe, noch starck sich bewegt hat". Woltersdorff, S. 99.
24 Walther, 1743, S. 70.

Dicter Weigert
Im Namen Gottes?

Die entscheidende Begegnung Franckes mit König Friedrich Wilhelm I. ist auf den August 1719 zu datieren, als Francke anlässlich des Todes seines Freundes von Canstein in Berlin weilte, vom König nach Wusterhausen eingeladen wurde und am 14. Sonntag nach Trinitatis in der Garnisonkirche eine Predigt mit dem Titel „Die Bekehrung durch Leibliche Trübsal; Wie solche Zwar öffters scheinbar aber selten rechtschaffen sey" hielt, die er in Halle drucken ließ.

Nachdenken über Gottes Strafgerichte

Ausgangsthese der Predigt ist Franckes Klage über die Oberflächlichkeit mancher Gläubigen: „Kaum sind die Menschen aus dem Beicht-Stuhl; kaum von der Communion abgetreten, kaum haben sie dieselbe Stunden oder denselben Tag hingebracht, so kehren sie wieder zu ihren vorigen Wegen und zu ihrem sündlichen Wesen, in welchem sie zuvor gelebet".[1] Nur schwere Schicksalsschläge wie Krankheit führten die Menschen zu echter Reue und Buße, sie zerstörten die Hülle der Scheinheiligkeit. Francke wurde konkret, wandte sich an die anwesende Militärgemeinde: „Gott hat auch in unseren Zeiten solche Exempel, und zwar, damit wir desto mehr davon versichert würden, nicht an einem, sondern an vielen bewiesen, da er Leute, die vorhin in aller Sicherheit gelebet, doch durch Trübsal so weit gebracht, dass sie sich in sich geschlagen, und sich bekehret haben. Darunter rechne ich billig insonderheit eine große Anzahl von Officirern und Soldaten in unseren Tagen, welche vorhin nach ihrem nunmehrigen eignen Bekäntniß nicht als die Menschen, sondern als die Bestien gelebet; nachdem sie GOTT der HERR in einer Schlacht unterliegen, vom Feinde gefangen nehmen und darauf ins Elend vertreiben lassen, endlich durch solches Mittel zur Busse und gründlichen Bekehrung ihrer Hertzen gebracht sind, so dass auch itzt öffentliche Zeugnisse davon vor Augen ligen, und ihr Exempel der gantzen Welt vorleuchtet."[2] Franckes Sprache ist offen und drastisch, wenn er Sünden anprangert: „Da muß man aber auch, wenn einen GOTT aus der Kranckheit oder anderen leiblichen Noth errettet hat, sich nicht wieder wie die Sau nach der Schwemme im Kothe wälzen, noch wieder fressen, wie ein Hund, was man ausgespien hat".[3]

Ähnlich deutliche Worte finden sich auch in der Predigt, die Feldpropst Gedicke ein Jahr später in der Berliner Klosterkirche hält, in die er nach der Explosion des Pulverturms mit seiner Gemeinde ausweichen musste. Er wählte den Titel: „Die ernstliche Aufweckung Gottes zur Busse Bey dem Betrübten Unglücksfall Da Gott am 12. August dieses 1720. Jahres die unglückselige Zersprengung des Pulver-Thurms Am Spandauer Thor verhänget". Damit war das tragische Unglück, das die Kirchgemeinde schwer getroffen hatte, als Strafgericht Gottes präsentiert. Gedicke lehnt die Zurückführung des Unglücks auf die Verkettung böser

Zufälle ab: „Denn wir dürffen nicht gedenken, dass dergleichen nur von ohngefehr geschehe, wie sich öffters freche Epicurische Menschen einbilden, oder daß es nur diesen und jenen äusserlichen Ursachen zuzuschreiben sey, sondern es sind Straff-Gerichte Gottes, die von Gott selbst kommen, und über die Menschen verhänget werden.“[4] Er lässt die Wirkung äußerer Ursachen zu, relativiert aber sofort ihre Bedeutung: „Zwar können äusserliche Ursachen und umstände mit dazu kommen, und öfters durch Schuld, Unvorsichtigkeit und Verwahrlosung der Menschen große Unglücks-Fälle geschehen; allein Gott hat doch darunter seine Hand, und übet darunter seine Gerichte …“[5] Dem Soldatenpfarrer ist daran gelegen, seiner eigenen Gemeinde unmittelbar ins Gewissen zu reden und die Frage zu beantworten, warum es gerade eine Militärgemeinde getroffen hat: „Wenn man bedencket, wie sehr der Soldaten-Stand für allen Ständen verderbet ist, und wie die meisten ihren Soldaten-Stand leyder führen und was für Sünden, Schanden und Greuel öfters unter Hohen und Niedrigen dabey vorgehen, der darff sich nicht wundern, daß GOTT mit diesem Gerichte bey uns angefangen, und uns vornehmlich heimgesuchet, wir habens alle wohl verdienet ... Nun kommt GOTT und richtet uns unsere Guarnison-Kirche so zu, daß wir nicht einmahl darein itzo zusammen kommen können.“[6] Die Bedenken mancher Eltern, deren Kinder in der Schule bei jenem Unglück erschlagen wurden und die Gedicke mit dieser Logik zu Sündern machte, wischt er mit einem Hinweis auf die Bibel beiseite: „Dort schonete GOTT der Stadt Ninive um der Kinder willen, hier aber schonet auch GOTT der Kinder nicht, das muß ein grosser Zorn GOTTES seyn!“[7] Und er schließt die grausige Drohung und sogar eine Prophezeiung an: „Meinet ihr, daß die der Thurm erschlagen, allein schuldig gewesen für allen Menschen, die zu Berlin wohnen, ich sage nein, sondern ihr euch nicht bessert, werdet ihr alle auch also umkommen! ... Ach Berlin, Berlin, GOTT wincket und drohet dich aufs neue, drum schicke dich und begegne deinem Gott!“[8]

Die drastische Bildsprache Franckes und Gedickes wird auch in einer Predigt des Feldpredigers Wagner vom Regiment des Generals von Loeben sichtbar, die er ebenfalls anlässlich des Unglücks von 1720 gehalten hatte: „Da ist mancher Ungerechter und Unbarmherziger, der die Armen unterdrückt und seinen Nächsten

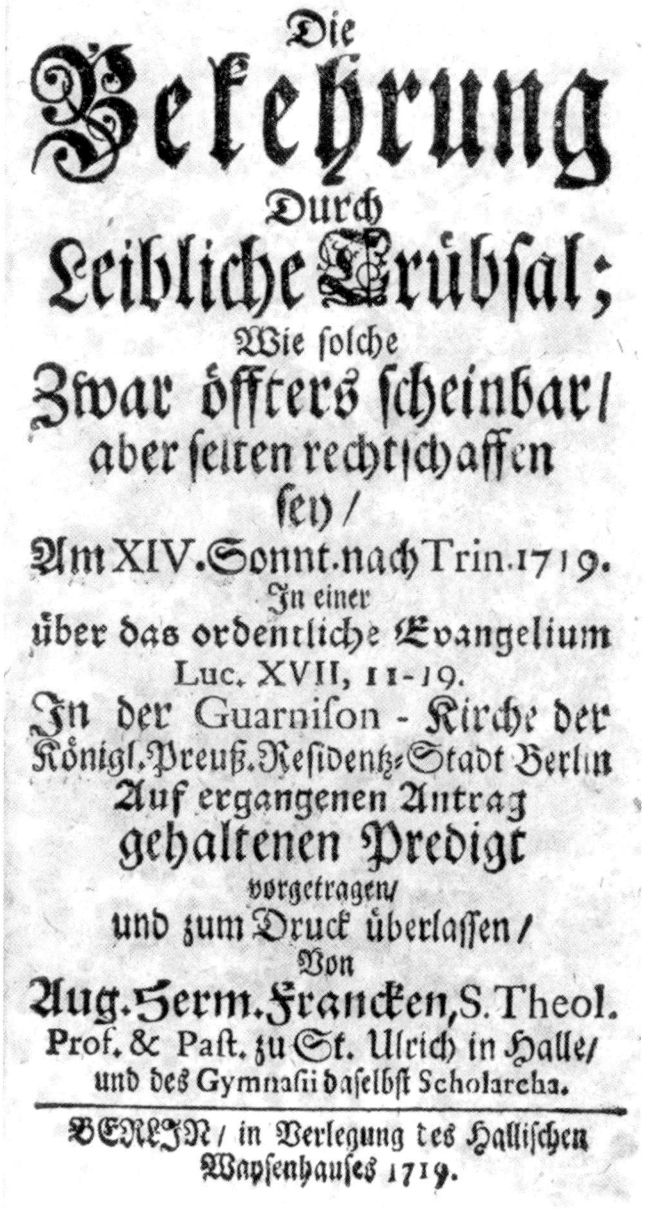

Die Bekehrung Durch Leibliche Trübsal; Wie solche Zwar öffters scheinbar/ aber selten rechtschaffen sey/ Am XIV. Sonnt. nach Trin. 1719. In einer über das ordentliche Evangelium Luc. XVII, 11-19. In der Guarnison - Kirche der Königl. Preuß. Residentz-Stadt Berlin Auf ergangenen Antrag gehaltenen Predigt vorgetragen/ und zum Druck überlassen/ Von Aug. Herm. Francken, S. Theol. Prof. & Past. zu St. Ulrich in Halle/ und des Gymnasii daselbst Scholarcha.

BERLIN/ in Verlegung des Hallischen Waysenhauses 1719.

Abb. 32 Predigt August Hermann Franckes in der Berliner Garnisonkirche.

Gewalt und Unrecht thut, der nicht auf sich dencket, sondern auf die Hurer, auf die Säuffer, auf die Flucher etc. und meinet, die wären es, die hätten es verschuldet, die hätte GOTT gemeinet“.[9] Gott aber lässt sich nicht täuschen, er hat sich noch nicht verausgabt, er wird grausam strafen: „Seine Hand ist noch nicht zu kurtz: es fehlet ihm nicht an Mitteln. Feuer, Hagel, Hunger, Tod, solches alles ist zur Rache geschaffen. Die wilden Thiere, Scorpionen, Schlangen und Schwerdt sind auch zur Rache geschaffen, zu verderben die Gottlosen".[10]

„Bellum mihi est malum malorum"[11]

Übrigens hatte auch Feldpropst Gedicke in seiner Familie einen ähnlich militanten Lutheraner, wie es sein Vorgänger Hanisius gewesen war: Großvater Simon Gedicke war seit dem Jahre 1600 kurfürstlicher Dompropst zu Berlin, bis ihn Kurfürst Johann Sigismund im Jahre 1614 wegen Unversöhnlichkeit gegenüber den Reformierten in Berlin absetzte.

Welche Widersprüchlichkeiten das Handeln der obersten Militärseelsorger des absolutistischen Preußen prägten, zeigten gerade die ideologischen Positionen von Lambertus Gedicke. In seinem Briefwechsel mit August Hermann Francke kommen erhebliche Zweifel und Bedenken am Krieg als Herrschaftsinstrument zum Ausdruck. Im Jahre 1710 formulierte er: „Ich glaube nicht, dass unter zeitlichen gerichteten Gottes eines so groß und schwer sey, wie der Krieg". Und die entscheidende Haltung im Jahre 1711: „Bellum mihi est malum malorum"[12] Das schreibt der Feldprediger des Berliner Garderegiments – Krieg ist für mich das Übel aller Übel! Es ist nicht bekannt, wie sich diese privat geäußerte Haltung Gedickes in seinem politischen Amt niederschlug, welches innere Ringen den späteren Feldpropst der preußischen Armee im Umgang mit dem Hof, der Generalität und seinen Amtsbrüdern quälte.

In diesem geistigen Kontext und der engen freundschaftlichen Beziehungen zwischen Gedicke, Natzmer und Canstein erklärt sich auch ein für seine Zeit überraschendes Konzept des Freiherrn von Canstein, der selbst Offizier war, für eine Volksmiliz im Königreich Preußen von etwa 1707. Das Konzept selbst ist verschollen, es fanden sich aber eigenhändige Notizen Cansteins,[13] aus denen sich ein umfassendes Bild einer Armee rekonstruieren lässt, wie sie den Reformern nach 1806 vorschwebte. Manche Historiker vermuten sogar eine Beteiligung Natzmers an diesem Konzept, zumindest wird er es gekannt und gebilligt haben.[14] Die Hauptsorge der Verfasser des Konzepts gilt der materiellen Versorgung der Soldaten nach Ableistung des auf sechs Jahre befristeten Wehrdienstes, der engen Verbindung des stehenden Heeres zu der „landt militz" und der humanen Behandlung der Soldaten (u. a. Abschaffung der Prügelstrafe). Die Rekrutierung der Bauern- und Handwerkersöhne sollte durch einen für beide Seiten verbindlichen, schriftlichen Vertrag erfolgen, der als „Schein der Versicherung" sowohl beim Soldaten als auch bei der zuständigen Kommune hinterlegt wird.

Für die enge freundschaftliche Beziehung zwischen den führenden Vertretern des Hallenser und Berliner Pietismus spricht auch, dass August Hermann Francke es sich nicht nehmen ließ, die Leichenpredigt des 1724 verstorbenen ehemaligen Garnisonpredigers Christoph Naumann zu halten.[15] Erwähnenswert für den Chronisten ist ebenfalls die fruchtbringende Wechselwirkung zwischen den zivilen und Militärpfarrern in der Residenz Berlin selbst, auf Roloff, Porst und Gedicke ist schon hingewiesen worden. Michael Roloff hat übrigens die Leichenpredigt zu Ehren des verstorbenen Lambertus Gedicke im Jahre 1736 gehalten.[16]

Der mehrfach erwähnte, dem Pietismus zugeneigte Generalleutnant David Gottlob von Gersdorff (1658–1732, beigesetzt am 21. Juli in der Berliner Garnisonkirche), tritt 1681 in die brandenburgische Garde ein, wird 1683 Leutnant, (Feldzug gegen die Türken, Feldzug gegen Frankreich), 1705 Oberst. 1709 übernimmt er nach dem Tode Daniel von Tettaus in der Schlacht von Malplaquet dessen Regiment, die Grenadiergarde (Infanterieregiment 18), wird 1711 Amthauptmann Kloster Zinna, 1719 Generalleutnant, Gouverneur von Spandau, erhält 1728 den Schwarzen Adler-Orden.

„Amos kam ja auch vom Dorfe her"[17] – Die Radikalen

Wenn sich auch Geschichte nicht wiederholt, so sind doch oft Ereignisse zu beobachten, über die einige Jahrzehnte oder gar Jahrhunderte vorher in ähnlicher Weise berichtet wurde. So weckt das Auftreten radikaler Prediger innerhalb der pietistischen Bewegung des 18. Jahrhunderts Erinnerungen an den Gegensatz Martin Luther – Thomas Müntzer im 16. Jahrhundert. Diesmal heißt der Anführer der „linken" Rebellion Victor Christoph Tuchtfeld, Pfarrer aus Dössel im Magdeburgischen, Anhänger Franckes und doch sein schärfster interner Kritiker.[18] Urkommunistische Theorien von Gleichheit und Gerechtigkeit in den Predigten, Aufruf zum Widerstand gegen Zwangswerbungen, scharfe öffentliche Kritik an Franckes Geschäften unter dem Mantel von Waisen- und Armenfürsorge – damit überschritt er aus Sicht der pietistischen Führer die Grenzen des Erlaubten. Insbesondere Tuchtfelds versuchte Einflussnahme auf Soldaten und junge Offiziere beunruhigen Francke, die mit ihm verbündeten Generale und sogar den König. Wenn Tuchtfeld in Halle, Potsdam und anderen preußischen Garnisonstädten in seinen Predigten blutige dynastische Kriege, den Bau militärischer Festungen und die Zwangswerbung zum Kennzeichen einer gottlosen Obrigkeit erklärt, verstehen das die preußischen Obrigkeiten als religiöse Rechtfertigung von Desertion, Aufruhr, Meuterei. Tuchtfeld wird observiert, seine Kontakte zu Soldaten des „Königsregiments" der Riesen-Grenadiere in Potsdam bleiben nicht ohne Folgen, vor allem nicht die theologischen Gespräche in kleinen Gruppen, die so genannten Konventikel – eine durch Francke verbreitete Methode der Seelsorge. Der Feldprediger dieses Regiments musste seinerseits wöchentliche „Erbauungsstündchen" veranstalten, um dem Einfluss der „Tuchtfeldianer" entgegenzuwirken. Auch der aktenkundig gewordene Fall des rebellierenden und öffentlich zur Buße aufrufenden Leutnants von Blanckensee im Regiment des pietistischen Generals Georg Abraham von Arnim in der Garnison Magdeburg im Jahre 1727 geht auf das Wirken Tuchtfelds und seiner Mitstreiter Tennhard und Gichtel zurück.[19]

Zwischen 1718 und 1730 ist daher Tuchtfelds Name verbunden mit königlichen Abmahnungen, mit Amtsenthebung, Verbannungen, Arretierungen, Einweisungen in Irrenhäuser. Aber der König strafte nicht nur ihn, interessierte als gewissenhaften und sorgfältigen Realpolitiker die theologische Grundlage der Rebellion der Radikalen. Es kam zu Gesprächen mit Tuchtfeld, Gutachten wurden angefertigt, zum Teil von pietistischen Generalen unterschlagen. Im Gutachten des Berliner Hofpredigers Schmidt finden sich u. a. Passagen, die Tuchtfelds Position verteidigen, die sich gegen die Zwangswerbungen des Generals Leopold von Anhalt-Dessau richten und die den Einwand zurückweisen, ein Dorfprediger dürfe den Fürsten nicht öffentlich kritisieren. Schmidt argumentierte: Tuchtfeld sei die Stimme des schweigenden Volkes, ein Dorfprediger sei in Preußen nicht minder ein Prophet als ein Hof- oder Stadtprediger, „und solches soviel mehr, so diese schweigen und mit einer erkannten Wahrheit zurückhalten. Amos kam ja auch vom Dorfe her ..."[20]

Vielseitig und unentdeckt – Johann Friedrich Walther

Von ihm gibt es kein Porträt, obwohl er sein Leben lang zeichnete und mit Zeichnern und Kupferstechern Umgang hatte: Johann Friedrich Walther teilt das Schicksal vieler seiner Zeitgenossen. Er ist heute nahezu unbekannt oder es kennen nur die Spezialisten des jeweiligen Fachgebietes – Musik-, Kartographie-, Kunstgeschichte – seinen Namen. Aber sie kennen immer nur den einen Walther, nicht das Universelle in ihm.

Gerade Walther hat unser Bild vom Berlin des 18. Jahrhunderts mitgeprägt. Er war es nämlich, der zahlreiche Zeichnungen und Pläne lieferte, die den führenden Kupferstechern seiner Zeit als Vorlagen dienten. Da er bescheiden war, schreibt er in der Vorrede zur Erstausgabe seiner Geschichte der Berliner Garnisonkirche von 1737: Ich „habe diese Nachrichten mit einigen Zeichnungen erläutert. Und ob dieselben nicht in allen Stücken, so wie ichs gewünschet, gerathen seyn mögten, so wird doch ein jeder, der Sachen Verständiger, mich leicht entschuldigen, allermaßen ich von der Zeichen-Kunst nicht Profession mache, dennoch aber meinen guten Willen nach Vermögen auch hierin zeigen" will. Seine Biografie hat sich bei Georg Gottfried Küster, „Chronik Des Alten und Neuen Berlin Vierte Abtheilung", im Abschnitt „Von den Rathsherrn hiesiger Residenzien", Berlin 1769, S. 478 erhalten.

Küster nennt zwei Publikationen aus Walthers Feder: die Beschreibung der Orgel der Berliner Garnisonkirche und die Beschreibung der Berliner Garnisonkirche sowie drei hinterlassene handschriftliche Manuskripte: die Kirche in der Cöllnischen Vorstadt nebst drei Zeichnungen, die „Historische Nachricht vom Ursprung und Fortgang der Berlinischen Armen-Anstalten bis auf itzige zeit" mit 22 Zeichnungen und 1 Lieder-Konkordant des Porstschen Gesangbuches. Bekannt sind Walthers Zeichnungen der Bauten Martin Grünbergs und anderer Architekten Berlins. Er zeichnete vor allem Gebäude und Stadtpläne, die dann von Johann David Schleuen oder Georg Paul Busch in Kupfer gestochen wurden und heute eine Vorstellung vom Aussehen der Stadt in der ersten Hälfte des 18. Jahrhunderts vermitteln.

Über das Leben Johann Friedrich Walthers wissen wir trotz der Beschreibung Küsters nur wenig: Er war Jahrgang 1695, zunächst Schüler der Garnisonschule und von 1716 bis 1747 „Informator" (d. h. Lehrer) der Schule und Organist der Garnisonkirche. Wir wissen nichts über ein Studium, aber wir wissen, dass sein bei Küster erwähnter Vater Andreas Walther Lehrer und „collega ordinarius", also Direktor an der Garnisonschule war und schon im Jahre 1702 verstorben ist, was Walther in der „Historischen Nachricht …" als Fakt notiert, ohne die Verwandtschaftsbeziehung zu nennen.[21] (Abb.33 S. 48) Küster erwähnt die Mutter, eine geborene Zimmermannin. Neben seiner Unterrichtstätigkeit hat Walther Bücher geschrieben und diese auch mit eigenen Zeichnungen versehen. Die erste, äußerst umfangreiche Geschichte der Garnisonkirche stammt von ihm und wurde 1737 herausgegeben. Sie erschien in einer zweiten, erweiterten und mit Kupferstichen versehenen Auflage im Jahre 1743.

Das von Küster erwähnte handschriftliche Manuskript des Buches aus dem Jahre 1736 enthält kolorierte Zeichnungen, die als Vorlagen für den Kupferstecher Georg Paul Busch in der Publikation von 1743 dienten und die wiederum Georg Goens für seine „Geschichte der Königlichen Berlinischen Garnisonkirche" von 1897 verwendete. Im Jahre 1757 ist Walther nochmals schriftstellerisch tätig – er verfasst die „Kurzgefaßte Historische Nachricht von Fundirung und Zweymaliger Erbauung der so genannten Sebastians-Kirche in der Cöllnischen Vorstadt bey der Königlichen Residentz Berlin Aus sichern Quellen zusammen getragen, auch mit einer Vorrede vom Ursprung, Form und Gebrauch der Christlichen Kirchen begleitet von J. F. Walther, Hofrath und Stadtkämmerer MDCCLVII".[22] Diese Schrift mit wertvollen kolorierten Zeichnungen des Grünbergschen Kirchenbaus ist nur im Manuskript überliefert.

Im Künstlerlexikon von Thieme und Becker ist J. F. Walther eingetragen – als Berliner Architektur- und

Abb. 34 Johann Friedrich Walthers Publikation über die Orgel von 1727.

Planzeichner, ohne Bezug zu seiner zweiten, nicht minder bedeutenden Tätigkeit, der als Organist an der Garnisonkirche und ohne Hinweis auf seine Publikationen. Diese Stelle als Organist und dritter Lehrer an der Garnisonschule tritt J. F. Walther mit 21 Jahren in der Nachfolge von Johann Martin Weiß am 16. November 1716 an. In den ersten Jahren wohnt er als Lehrer in einer Dienstwohnung in der Garnisonschule. Der Eintrag für ihn im Adresskalender der Stadt Berlin des Jahres 1723 lautet auf Seite 66: H. Johann Friedrich Walter. Organist und Schul-Collega „log. Auf der Schule"[23]. Walther muss sehr glücklich gewesen sein, als ihm auch nach dem Neubau der Kirche von 1722 die Orgel der Garnisonkirche anvertraut wurde – Weihnachten 1724 spielt er erstmals auf dem Hauptmanual des neugebauten Instruments Joachim Wagners, ein Jahr später in Anwesenheit des Königs auf der kompletten Orgel. Walthers Ruf als Organist und Kenner der Orgelbauten der Residenz war in jenen Jahren schon so bedeutend, dass man ihn 1723 zur Beurtei-

Abb. 35 Eintrag über den Tod Johann Friedrich Walthers im Kirchenbuch der Sebastiangemeinde.

lung der Qualität des Meisterstücks des Orgelbauers Joachim Wagner in der Marienkirche herangezogen hatte. In diesen Jahren war Walther das erste Mal verheiratet – mit „Louysa Tugendreich Kühnelein, des damaligen Adjutanten Samuel Kühnels Tochter … In der ersten Ehe ward ein Sohn, Gotthilf Friedrich, erzeuget, welcher jung gestorben."[24] 1747 wechselt Walther in die Stadtverwaltung, wird Kämmerer. Im Adresskalender von 1748 ändert sich die Wohnungsanschrift: Seite 137: „Herr Johann Friedrich Walther, Cämmerer, wohnet im Kühnschen Hause, an der Garnisonkirche". Die Wohnung liegt also im Hause des Vaters der zweiten Ehefrau Dorothea Catharina, des Hofrats Kühn, Ecke Neue Friedrichstraße/Spandauer Straße.

Man muss davon ausgehen, dass er mit dem Ausscheiden aus dem Schuldienst und dem Auszug aus der Schulwohnung auch die Stelle als Organist aufgibt. 1749 heißt es im Kalender „Cämmerer und Rathmann", 1756 „Hof-Rath und Mitglied des Armen-Directorii, auch Cämmerer und Rathmann". Küster fügte in seiner Biographie von 1769 hinzu: „Mitglied des Königl. Armen-Directorii und der publiquen Gebäude"[25]

Carl von Ledebur wiederum nennt ihn 1861 in seinem Lexikon der Tonkünstler, nimmt aber keinen Bezug zum „anderen" Walther, den Zeichner, Lehrer an der Schule, erwähnt von den Publikationen nur das Heft von 1727 mit der Beschreibung der Orgel in der Garnisonkirche. Auch die Tätigkeit nach 1747 wird genannt, ohne weitere Details.

Gestorben ist Johann Friedrich Walther am 27. Juli 1776 im Alter von 82 Jahren[26], beigesetzt wurde er ansdchließend in der Gruft unter der Sebastianskirche[27]. Der letzte Eintrag im Kalender von 1777 lautet unverändert: „Herr Johann Friedrich Walther, Hof-Rath und Mitglied des Armen-Directorii, auch Cämmerer und Rathmann, wohnet im Kühnschen Hause, an der Garnisonkirche".

---

[1] Francke, S. 7f.
[2] Ebenda, S. 62f.
[3] Ebenda, S. 66.
[4] Berlinisches Denckmahl Des Am 12. Aug. des 1720. Jahrs durch Zersprengung Eine Pulver-Thurms von GOTT verhängten Unglücks In Zwoen bey der Garnison-Gemeinde daselbst gehaltnen Buß-Predigten und einer kurtzen Historischen Nachricht, Berlin 1720, S.13.
[5] Ebenda.
[6] Ebenda, S. 26f.
[7] Ebenda, S. 27.
[8] Ebenda, S. 30ff.
[9] Das christliche Verhalten Bey schweren Gerichten Gottes und Unglücks-Fällen, Predigt des Feldpredigers Wagner, in: Ebenda, S. 38f.
[10] Ebenda, S. 41.
[11] Schicketantz, S. 70.
[12] Ebenda.
[13] Hinrichs, 1971, S. 129ff., Schicketantz, S. 70ff.
[14] Schicketantz, S. 74.
[15] Einzusehen in der Herzog August Bibliothek Wolfenbüttel (Signatur 17270).
[16] Herzog August Bibliothek Wolfenbüttel (Signatur 10293).
[17] Hinrichs, 1971, S. 141.
[18] Hinrichs, 1971, S. 137ff.
[19] Hinrichs, 1971, S. 145.
[20] Hinrichs, 1971, S. 141.
[21] Walther, 1757, S. 45.
[22] Handschriftenabteilung der Staatsbibliothek Preußischer Kulturbesitz.
[23] Adresskalender der Stadt Berlin des Jahres 1723, S. 66.
[24] Küster, S. 478.
[25] Ebenda.
[26] Vgl. Zeitungsbericht. Diesen Hinweis verdanken wir Herrn Andreas Kitschke, Potsdam
[27] Siehe: Die deutsche Illustrierte, 8. Dezember 1936. Für das Auffinden dieser Quelle sind die Autoren Frau Gisela und Herrn Heinz Berg, Berlin, dankbar.

Barbara Kündiger
Die neue Kirche

Die Pulverturmkatastrophe hatte die Bewohner der Stadt nicht unberührt gelassen, Furcht und Mitleid, Klage und Trauer durchzog die Gemüter. Die Pfarrer ihrerseits ergriffen die Chance, von der Kanzel den Vorfall als Warnung Gottes zu interpretieren, den Gläubigen ins Gewissen zu reden sowie Sünder zur Buße aufzufordern. Bis der Kirchenneubau eingeweiht war, versammelte sich die unbehauste Garnisongemeinde in der Klosterkirche.

Von der Zwischenlösung bis zum zweiten Bau

Die Aufräumungsarbeiten an der Unglücksstelle gingen zügig voran. Schutt und Trümmer wurden beseitigt, der Bauplatz für den Neubau vorbereitet. Den Entwurf für die neue Garnisonkirche hatte auf königlichen Befehl der Ober-Baudirektor Gerlach gezeichnet. Die Bauarbeiten begannen im September 1720. Zuerst wurde die alte Kirche einschließlich des Fundaments abgebrochen und ausgegraben. Bereits im Juli 1721 konnte mit dem Bau des hölzernen Dachstuhls begonnen werden. Da das Baugelände sumpfig war, musste das Fundament nachgebessert werden. Um die Weihnachtszeit des Jahres war das Dach gesetzt, sodass im neuen Jahr die Zimmerleute mit dem Innenausbau anfangen konnten. Während sie Chöre, Gestühl und Kanzel errichteten, putzten Maurer den Bau, setzten Glaser die Fenster ein und Schmiede fertigten die Schlösser an. Ende Mai 1722 waren die Arbeiten soweit abgeschlossen, dass die Kirche geweiht werden konnte.

Das Fest der Heiligen Dreieinigkeit, der 31. Mai 1722, wurde als Einweihungsdatum festgelegt und alles, was Rang und Namen hatte, weilte der Zeremonie bei: der König, der Kronprinz, die Markgrafen, die Generale der Garnison und etwa zehntausend Mann aus den Regimentern.[1] Bereits früh morgens um acht Uhr ging der König mit seinem Gefolge vom Schloss zu Fuß zur Garnisonkirche, wo alle Regimenter sich versammelt hatten und in die Kirche einmarschierten. Als die Kirche gefüllt war, kam der König mitsamt Gefolge und setzte sich in die Loge gegenüber der Kanzel. Der Gottesdienst begann. Zum Programm gehörten Gesang, Gebet, Festepistel, Predigt, Kommunion, drei Kindstaufen und drei Eheschließungen. Das Te Deum und zweihundert Kanonenschüsse beendeten den Festakt.

In seiner Predigt erinnerte der Probst Lampertus Gedicke an die Umstände, die den Neubau ausgelöst hatten, dankte der Güte Gottes, dass während der Arbeiten kein Todesfall zu beklagen war und pries natürlich den König für seine landesväterliche Fürsorge, die er Garnisonkirche und -schule angedeihen lassen hatte.

Eine Tafel schmückte später einen Pfeiler neben der Kanzel und erinnerte an die Kircheinweihung mit allen wichtigen Personen.

Der Baumeister, die zweite Kirche und ihr Inventar

Auf Johann Philipp Gerlach fiel die Wahl, den Entwurf für das neue Kirchengebäude vorzulegen. Der 1679 in Spandau geborene Sohn eines Artillerieoffiziers hatte seine Ausbildung bei Jean Baptist Broebes an der Akademie der Künste in Berlin bekommen und seine Laufbahn als Kondukteur unter Eosander und de Bodt begonnen. Ab 1707 war er der Nachfolger Grünbergs im Amt des Baudirektors und ab 1720 Oberdirektor der königlichen Residenzen. Seit 1721 stand er der Baukommission vor, die wesentlich für die Erweiterung der Residenz, insbesondere für den Ausbau der Friedrichstadt und ab 1732 auch für den der Dorotheenstadt zuständig war. 1737 nahm er seinen Abschied, 1748 starb er.

Bevor Gerlach mit dem Entwurf der Garnisonkirche beauftragt wurde, hatte er sich bereits an verschiedenen Bauten beteiligt. Die Werke jedoch, mit denen er vor allem im Gedächtnis der Nachwelt verhaftet ist – die Potsdamer Garnisonkirche, das Kronprinzenpalais Unter den Linden oder das ehemalige Kammergericht in Berlin Kreuzberg, heute Teil des Jüdischen Museums – fielen nicht in diese Schaffenszeit. Vor dem Auftrag für die Berliner Garnisonkirche lagen vielmehr Projekte, für die er Entwürfe zeichnete oder die er zum Bauabschluss führte. So übernahm er ab 1707 bis zur Vollendung 1727 den Weiterbau am Großen Friedrichshospital mit der Waisenhauskirche, einen Bau, den Martin Grünberg begonnen hatte. Für die 1712 unter Martin Heinrich Böhme begonnene Parochialkirche in Charlottenburg lieferte Gerlach den Vorentwurf. Zwischen 1713 und 1714 realisierte er wiederum den Entwurf eines anderen: diesmal führte er den Turmentwurf für die Parochialkirche von Jean de Bodt aus. Üppige Erfahrungen auf dem Gebiet des Kirchenbaus waren es also gerade nicht, die Gerlach vorzuweisen hatte, als er die Aufgabe für die neue Garnisonkirche (Abb. 36 S. 49) übernahm. Doch nach diesem Bau hatte er Gunst und Wohlwollen des Königs auf seiner Seite, der ihn in Potsdam und Berlin mit attraktiven Aufgaben betraute.

Vor der Planung der neuen Garnisonkirche war klar, dass die ursprüngliche Kirche nicht wieder aufgebaut, deren Standort aber für eine neue größere und geräumigere Kirche mit genutzt werden sollte. So sah der Entwurf einen rechteckigen Bau vor, der die Maße der alten Kirche einschloss, den Platz des ehemaligen Schulgebäudes und einen Teil des Festungsbauhofes zusätzlich mit einnahm. Die Zeichnung von Walther macht die Grundrissüberlagerungen deutlich und verzeichnet die Stellen am Fundament, wo zusätzlich wegen des sumpfigen Geländes Pfähle von 24 bis 30 Fuß eingerammt werden mussten. Hatte die kreuzförmige Vorgängerkirche nur 100 Fuß Seitenlänge, also 31,4 Meter, wartete der Neubau mit weit imposanteren Maßen auf. Der querrechteckige Bau maß 185 Fuß Länge zu 100 Fuß Breite bei 54 Fuß innerer Raumhöhe.[2]

Die äußere Gestalt des Baues gliederte sich horizontal in zwei Geschosse. Auf einem vollen Sockelgeschoss saß ein oberes Geschoss mit hohen Rundbogenfenstern auf, (Abb. 37 S. 49) bedeckt von einem mächtigen Walmdach. Die Mitte jeder Front hob ein Risalit hervor, der an den Längsseiten außerdem übergiebelt war. Ecklisenen akzentuierten den Bau. Die Längsseiten waren in elf, die Breitseiten in fünf Fensterachsen gegliedert. Acht große Türen hatte der Bau, je drei an den Längs- und je eine an den Breitseiten. Über den Türen befand sich jeweils ein Medaillon. Nur diese Medaillons, in denen ein zur Sonne auffliegender Adler mit Blitz und Donnerkeil in den Krallen und das königliche Motto „Non soli cedit" zu sehen waren, und die Kartusche unter dem Giebel der Südfront mit königlicher Krone, allerlei Kriegsgerät und den verschlungenen Initialen Friedrich Wilhelm I. schmückten das Äußere der Kirche, die auch keinen Turm trug. Direkt auf die Funktion des Gebäudes verwies nur die Bezeichnung „Garnisonkirche" und die Jahreszahl der Einweihung „1722" über der mittleren Eingangstür der Südseite.

Im Inneren der Kirche erstreckte sich ein großzügiger quer gelegter rechteckiger Saal. Die 32 großen Rundbogenfenster und die 24 kleineren sorgten für ausreichende Helligkeit im weiß getünchten Raum. Zwei Reihen von je fünf Stützpfeilern unterteilten den Raum in drei Schiffe und trugen eine flache Holzdecke. Zwischen die Stützpfeiler waren die umlaufenden Emporen eingezogen, die zusätzlich von schlanken Eichenholzsäulen getragen wurden.[3]

Im Ergebnis war ein sehr schlichtes, klar gegliedertes und völlig unprätentiöses Gebäude entstanden. Die Ausstattung des Innenraums beschränkte sich entsprechend den Gepflogenheiten beim lutherischen Gottesdienst auf wenige Gegenstände. Der Taufstein, der vormals in der alten Kirche gestanden hatte, wurde übernommen. Neu waren nur Kanzel und Altartisch und die später eingebaute Orgel von Joachim Wagner.

Die aus Eichenholz[4] gefertigte und mit weißer Ölfarbe gestrichene Kanzel stand frei im Raum zwischen zwei Pfeilern in der Mitte der Nordwand und wurde links und rechts von einem Predigerstuhl flankiert. Den Kanzelfuß zierte ein Harnisch, Visier und Helmbusch leiteten zum Kanzelkorb über. Auf fünf plastisch ausgearbeiteten Feldern waren hier Szenen aus der biblischen Geschichte zu sehen: aus dem Alten Testament der den Riesen Goliath besiegende David, der von Judith enthauptete Holofernes und Simson, der einen Löwen zerreißt; aus dem Neuen Testament das Gespräch von Nicodemus und Christus in der Nacht und die Verklärung von Christus auf dem Berge Tabor. Der Schalldeckel, ebenfalls reich an Schnitzwerk, trug mittig eine Kartusche mit der Krone und den Initialen des Königs. Dahinter türmte sich ein Wolkenhaufen auf, über dem eine Sonne leuchtete, durch deren Strahlen sich ein Schriftband mit der Devise „Non soli cedit" zog. Ein schwarzer Adler schwang sich dem Motto entsprechend aus den Wolken zur vergoldeten Sonne auf.[5]

Überraschenderweise hat sich mit dem Wiederentdecken des Manuskripts von Johann Friedrich Walther über die Geschichte der Garnisonkirche aus dem Jahr 1736 auch die Frage geklärt, wer die Kanzel entworfen hat. Walther gibt dazu einen Hinweis unter seiner Handzeichnung. Er notierte: „Inven. Philip Gerlach. Archit."[6] Folgt man dieser Angabe, waren Kirchengebäude, Emporeneinbauten und Kanzel von einer Hand entworfen.

Mit der Stellung der Kanzel zwischen dem zweiten und dritten Nordpfeiler von Osten gezählt, dem zugeordneten einfachen Altartisch davor und dem etwa in der Raummitte aufgestellten Taufstein wird in dem breit gelagerten rechteckigen Saal die Querachse als liturgische Achse bestimmt. Am Ende dieser Achse, auf der gegenüberliegenden Seite der Kanzel, befand sich auf der Südempore die königliche Loge. Ihre Gestaltung wich kaum von den anderen Emporenteilen ab. Sie ragte lediglich etwa zwei Fuß weiter als die anderen mit ihrer Brüstung in den Raum hinein. Als einziger Ausstattungsgegenstand der Empore ist ein simpler

Abb. 38 Kanzel in der zweiten Berliner Garnisonkirche. Kolorierte Zeichnung von Johann Friedrich Walther, 1736. Entwurf Philipp Gerlach.

Holzstuhl verbürgt. Der König, nicht nur erster Mann, auch erster Asket im Staat, ließ sich auf diesem spartanischen Möbel ohne Sitzkissen und Armlehnen nieder, um dem Gottesdienst zu folgen.

Eine neue Orgel, die auf der Westseite über der umlaufenden Empore auf einer eigenen Orgelempore platziert wurde, erhielt die Kirchgemeinde erst zwei

Jahre nach ihrer Einweihung. Die Orgel erklang erstmals beim Gottesdienst Weihnachten 1724. Im reich ornamentierten und mit beweglichem Figurenschmuck versehenen Prospekt prangte die königliche Devise „Non soli cedit", ins Bild gesetzt mit zur Sonne aufstrebenden Adlern. Nicht nur durch diese Elemente, auch durch die geharnischten Atlanten, die die Orgel tragen, wird ein Bezug zur Gestaltung der Kanzel sichtbar.

Plausibel wird, dass das Kirchengebäude und die neuen Hauptinventarstücke durch ein ikonographisches Programm verbunden waren, das auf die Repräsentation der Kirche als königlich preußische Militärkirche abzielte. Die wenigen, doch immer wieder aufgenommenen Elemente, königliche Initialen, Schriftband mit königlichem Wahlspruch, Sonne, Adler und Trophäen und andere militärische Attribute verwiesen bildhaft auf das preußische Königtum, den königlichen Stifter und Kirchenpatron und auf die Funktion, Kirche für das Militär zu sein. In geradezu formelhaft wiederholten Bildformen wurde diese Botschaft dem Betrachter vermittelt. Auch in das Siegel der Garnisonkirche wurden Sonne, Adler und das königliche Motto aufgenommen.

Außer dem genannten Inventar war noch ein Relikt aus der zerstörten Kirche geborgen worden. Bevor es jedoch im Neubau 1722 wieder präsentiert wurde, hatte es der Hofmaler Antoine Pesne erneuert: das Epitaph zum Andenken an General von Tettau, an der Südseite hinter der Königsempore am Mauerwerk zwischen zwei Fenstern angebracht. Walther beschrieb es so: „Es stellet solches vor eine Pyramide, auf welcher oben eine Vase, unter derselben aber das Brust-Bild gedachten Hn. Generals von zweyen Engeln gehalten wird. Auf der Rechten Seiten ist die Zeit mit der Sense abgebildet, auf der Linken Seiten der Mars welcher mit einem Knie die Pyramide unterstützet, an deren Postiment aber, das Tettauische Wappen gemahlet zu sehen."[7] Auf dem Epitaph war die Gedächtnisinschrift mit goldenen Buchstaben auf blauem Grund zu lesen. Auch andere Epitaphe, bereits in der alten Kirche vorhanden, doch kaum von solch künstlerischem Wert, noch an besonders prominente Persönlichkeiten erinnernd, waren wieder in die Kirchenmauer eingefügt worden.[8]

Die zwei Altarleuchter, die Tettau 1708 der Kirche gestiftet hatte, ließ der dem reformierten Bekenntnis anhängende König vom Altar entfernen. Er duldete beim Gottesdienst keine an den Katholizismus erinnern-

Abb. 39 Blick von Ost nach West in der zweiten Garnisonkirche. Zeichnung von Johann Friedrich Walther, 1736. Der Innenraum zeigt alle wichtigen Ausstattungstücke: Kanzel, Altartisch, Taufstein, Orgel und das Epitaph für General Tettau. Das pyramidenförmige Epitaph ist nur schwach auf der Südseite am Fenstermauerwerk über der Empore zu erkennen.

de Requisiten und verwies auf den Vorbildcharakter der in der Potsdamer Garnisonkirche abgehaltenen Liturgie für Lutheraner und Reformierte. Die Leuchter wurden dem Prediger Gedicke geschenkt, der sie nicht für sich selbst nahm, sondern sie zusammen mit der alten Altarkanne einschmelzen und eine neue Kanne, zwei Kelche und eine Oblatendose anfertigen ließ.

Im Jahr nach der Einweihung wurde eine Gruft unter einem Teil der Kirche angelegt und Generale, Offiziere

Abb. 40 Detail des Prospekts der Orgel von Joachim Wagner mit zur Sonne aufstrebenden Adlern und königlichem Motto in der zweiten Garnisonkirche. Zeichnung von Johann Friedrich Walther, 1736.

Abb. 41 Siegel der Garnisonkirche.

und deren Familienmitglieder hier beigesetzt. Je nach Rang des teuren Toten zahlten die Angehörigen ein beträchtliches Sümmchen in die Kirchenkasse. Waren für einen Feldmarschall üppige dreihundert Taler zu berappen, mussten für einen Fähnrich nur sechzehn Taler hingezählt werden. Wenn es eng wurde in der Gruft, neuer Raum gebraucht wurde, erweiterte man sie. Zum ersten Mal geschah das 1740, ein zweites Mal kurz nach Ende des Siebenjährigen Krieges 1768. Als die Gruft 1830 geschlossen wurde, zog sie sich als Gang unter der Kirche an der Innenseite der Außenmauer entlang und beherbergte etwa 815 Särge, darunter von fünfzehn Generalfeldmarschällen und sechsundfünfzig Generalen. Die Namen der hier ehemals Ruhenden lesen sich wie das Who is Who der preußischen Militärgeschichte des 18. und 19. Jahrhunderts. Doch so bedeutend diese Gruft auch war, mit der Gruft der Potsdamer Garnisonkirche konnte sie sich nicht messen. Es mangelte schlicht an einem königlichen Haupt.

Exkurs: Berliner Askese und Potsdamer Pracht – zwei ungleiche Schwestern

Innerhalb der Kirchenbauprojekte Friedrich Wilhelms I. nahm die Garnisonkirche gewiss eine wichtige Stellung ein, doch ihre Präsenz in der Berliner Stadtlandschaft war verglichen mit anderen Kirchen eher gering. Ihr Kubus besetzte zwar einen großen Raum, doch war sie als turmlose Kirche in der Stadt nicht auszumachen. Dass Kirchtürme jedoch für Berlin und auch für Potsdam eine erhebliche Rolle spielen sollten, zeigt ein Blick auf die späteren Kirchenbauten unter dem Soldatenkönig. In Berlin waren die Erfahrungen mit Turmbauten nicht besonders glücklich. Erinnert sei an das Münzturmdebakel unter Schlüter noch zur Regierungszeit Friedrichs I. Als Friedrich Wilhelm I. die Königswürde übernahm, strebten lediglich die mittelalterlichen Kirchen mit ihren Türmen in die Höhe, fungierten als Höhendominanten und markierten ihr Terrain. Die Kirchenbauten seines Vorgängers zierte oft nur ein kleiner Dachreiter oder Turmbauvorhaben waren stecken geblieben, so dass die wenigen geplanten Türme nur als Stümpfe in die Luft ragten, wie bei der Friedrichwerderschen Kirche, der Parochialkirche oder der Neu-

Abb. 42 Prospekt von Potsdam (ohne Titel), nach 1720. Kupferstich von Georg Paul Busch. Die erste Potsdamer Garnisonkirche ist mit Nr. 3 markiert.

en Kirche. Führte Friedrich Wilhelm I. gleich zu Beginn seiner Regierungszeit mit dem Weiterbau des Kirchturms der Parochialkirche zwischen 1713 und 1715 in der Ausführung durch Philipp Gerlach diesen Bau zu seinem Abschluss, lag darin bereits ein Hinweis auf seine zukünftigen Kirchenbaubestrebungen. Im zweiten Jahrzehnt seiner Regierung brachte der König in Berlin und Potsdam mehrere Kirchenbauten auf den Weg oder ließ an bestehenden Veränderungen vornehmen, die wesentlich durch ein Kriterium gekennzeichnet waren: hohe, im Stadtbild sichtbare Türme. In Berlin sind zu nennen: der Weiterbau am Turm der St. Petrikirche, nach deren Vernichtung durch Blitzschlag 1730 deren Neubau, der Bau der Jerusalemer Kirche, die Vollendung des Turms der Waisenhauskirche im Friedrichshospital, der Turmbau an der Sophienkirche in der Spandauer Vorstadt, die Umgestaltung der Gertraudenkirche. In Potsdam prägten das Stadtbild die Türme der Nikolaikirche, der Heiliggeistkirche und der Garnisonkirche.

Ein Blick auf diese Liste macht stutzig. Die Berliner Garnisonkirche ein spartanischer Kubus, die Potsdamer prächtig und im Höhenwettstreit mit den anderen Türmen in der Stadt? Werden Berliner und Potsdamer Garnisonkirche erinnernd miteinander verknüpft, sind es immer Bilder, Berichte und Kommentare, die sich auf die letzten Bauten beziehen, die noch bis in die Sechzigerjahre des zwanzigsten Jahrhunderts als Ruine standen. Doch dieser Vergleich hinkt, zumindest ein wenig, lässt er doch aus, dass zeitgleich zum Berliner Neubau Potsdam eine erste eigene Kirche für die Garnison bekam, offiziell als Garnison- und reformierte Stadtkirche bezeichnet. König Friedrich Wilhelm I. hatte festgelegt, dass in dieser Kirche sowohl die Gottesdienste für die reformierte Hofgemeinde, einschließlich der Königsfamilie, als auch für das zum großen Teil lutherisch orientierte Militär abgehalten werden sollten.

Der am 1. Januar 1722 geweihte Fachwerkbau, der dem Baumeister Pierre de Gayette zugeschrieben wird, erhob sich über rechteckigem Grundriss und war von einem allseitig abgewalmten Dach, das mittig einen Turmaufsatz mit einer obeliskartigen Spitze trug, gedeckt. Im Turm hing ein Glockenspiel, das vom gleichen Glockengießer stammte, dem Holländer de Garve, der auch das Carillon für die Berliner Parochialkirche geschaffen hatte. Im Kircheninnern befanden sich zweigeschossige Emporen. Auf einer davon stand eine von Joachim Wagner gebaute Orgel, allerdings mit nur 25 Registern und einem Prospekt ohne Figurenschmuck. Über die weitere Ausstattung der Kirche, von der anzunehmen ist, dass sie sehr einfach gehalten war, ist wenig bekannt. Erst als die Kirche baufällig wurde, sie Risse bekam und daraufhin im Herbst 1730 abgetragen wurde, löste der König einen neuen Bauauftrag aus.

Die daraufhin errichtete Kirche ist jene, an welcher die Erinnerung haftet, in deren Gruft die Könige lagen, die Schauplatz politisch demonstrativer Ereignisse wurde, die als die preußische Militärkirche schlechthin

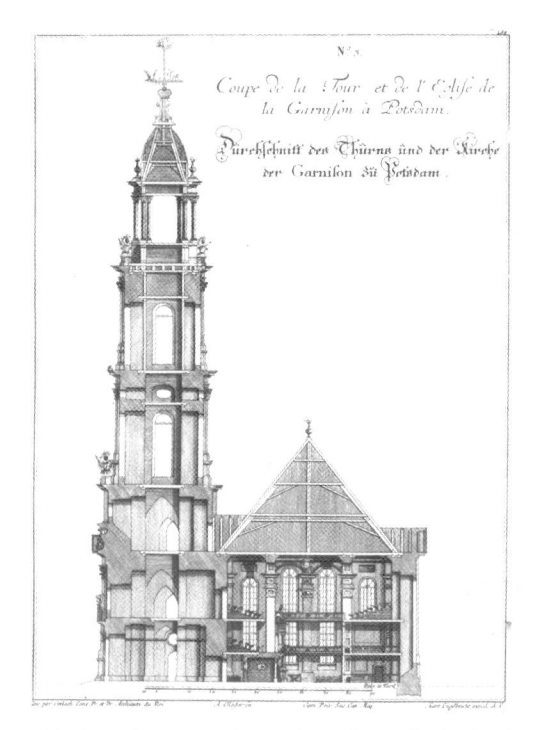

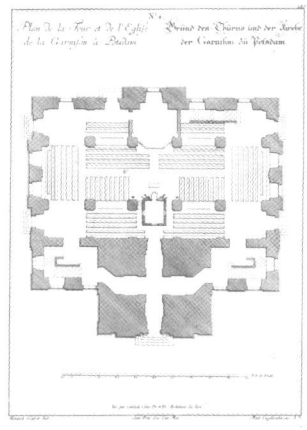

Abb. 43 Schnitt, Grundriss und Vorderansicht der Potsdamer Garnisonkirche von Philipp Gerlach. Kupferstich von Alexander Gäßler.

galt und bei der sich noch heute die Urteile über ihre Bedeutung in Pro und Contra spalten. Doch zurück zu den Fakten:

Die neue Potsdamer Garnisonkirche wurde am 17. August 1732 eingeweiht. Entworfen hatte sie Philipp Gerlach, der sich mit Kirchenbauten mittlerweile verdient gemacht hatte, nicht nur weil die Berliner Garnisonkirche zur Zufriedenheit des Königs ausgefallen war, sondern weil er ab Mitte der Zwanzigerjahre für Berlin und Potsdam mehrere Kirchen entworfen hatte, nunmehr alle mit dem begehrten Turmmotiv. Die Potsdamer Garnisonkirche war als rechteckiger Baukörper angelegt, auf dessen Südseite mittig ein mehrgeschossiger Turm in die Höhe führte, der im offenen letzten Geschoss ein Glockenspiel trug. Die anderen Seiten betonte jeweils ein Risalit. Gedeckt war die Kirche mit einem Walmdach aus Schiefer. Im Inneren besetzte der Turm mit seinen Treppenhäusern, die zu den beiden Emporengeschossen führten, die gesamte Südseite. Der verbleibende als Quersaal ausgebildete Raum war durch zweimal vier korinthische Pfeiler in drei Schiffe geteilt. Bauschmuck und Bauornamente zierten die Kirche maßvoll. An der Fassade prangten über den Risaliten Kartuschen in den Giebelfeldern. Turm und Turmportal zierten Kartuschen mit königlicher Krone und Initialen, Trophäen, Flammenvasen und Fahnen. Auf der Turmspitze zeigte die Wetterfahne Adler und Sonne, die symbolische Bildform für das Motto „Non soli cedit", und die Initialen Friedrich Wilhelm I. sowie als Gewichtsausgleich eine Kanonenkugel. Im Inneren waren an der flachen Raumdecke preußische Adler und an den Zwickeln zwischen den Pfeilern jeweils Harnische mit Helm zu sehen. Auf der zweiten Südempore hatte die Orgel ihren Platz erhalten, ein Instrument mit 42 Registern und einem Prospekt, der über bewegliche Figuren verfügte, behelmte Pauken- und Trompetenengel sowie flügelschwingende schwarze Adler, ähnlich dem in der Berliner Garnisonkirche. Die Kanzel war ebenfalls auf der Südseite postiert, der König hatte seinen Platz gegenüber auf der Nordseite in der ersten Empore. Ein Tischaltar stand etwa in der Raummitte.

Aus der inneren und äußeren Gestalt der Kirche und dem vorhandenen Inventar im Einweihungsjahr lässt sich das hohe Ansehen nicht hinlänglich erklären. Hier genügt es auch nicht, auf den 1735 vollendeten Turm, sein Glockenspiel, seine städtische Wirksamkeit als Höhendominante und seinen Anteil am legendären Dreikirchenblick[9] zu verweisen. Ebenso liegt in der Tatsache, dass der Gottesdienst in dieser Simultankirche per königlicher Kabinettsorder von 1736 beispielgebend für die lutherischen Kirchen werden sollte, nicht der ausschlaggebende Grund. Steigerten all diese Aspekte gewiss die Bedeutung der Potsdamer Garnisonkirche, brachte Friedrich Wilhelms Plan, sich ein Grabmonument in der Potsdamer Garnisonkirche bauen zu lassen, diesbezüglich einen wirklichen Schub.

Das vom König 1734 genehmigte Projekt des Baukondukteurs Christian Friedrich Feldmann sah vor, Kanzel und Gruft zu kombinieren und es als architektonische Einheit zu gestalten. In einer preußischen Militärkirche, die sowohl Lutheranern als auch Reformierten zum Gottesdienst offen stand, war der aus verschiedenfarbigem Marmor ausgeführte Kanzelbau mit barockem Schwung in Linienführung und räumlicher Präsenz, mit seinem figürlichen Schmuck und seiner Farbigkeit ein wahrhaft opulentes Gebilde, dessen künstlerische Qualität an die der Kanzel von Schlüter in der Marienkirche zu Berlin anknüpfte.[10]

Entstanden war ein in den Kirchenraum ragendes architektonisches Monument. Vier auf hohen Postamenten stehende rötlichbraune Säulen mit korinthischen Kapitellen umstanden seitlich die Kanzel aus hellem Carraramarmor und trugen den Schalldeckel. Unter der Kanzel verschloss eine zweiflüglige vergoldete Gittertür den Eingang zur ebenerdigen Gruft, die nur ein äußerst schlicht gehaltener Raum war.[11] Zwei Figuren, Mars und Minerva, flankierten die Seiten. Einige der verwendeten Bildmotive waren als Bildformeln bereits am Kirchenbau und am Orgelprospekt verwendet worden, wie der zur Sonne aufsteigende Adler im Relief des Kanzelkorbs, die Trophäen auf dem Schalldeckel – hier sitzend als zwei Figuren mit Helm – und die Kartusche mit den Initialen des Königs in dessen Mitte, Fahnen- und Trophäenschmuck über dem Grufteingang. Andere Motive erweitern das Zeichenrepertoire: die beiden die Flügel spreizenden Adler mit Krone, Zepter und Reichsapfel auf dem Schalldeckel, die über allem glänzende Strahlengloriole

Abb. 44 Kanzel-Gruft-Monument, nach dem Entwurf von Christian Friedrich Feldmann 1734. Photographie um 1890.

mit dem Auge Gottes und die beiden Kriegsgötter, der tatendurstige Mars und die besonnene Minerva[12] seitlich vom Eingang der Gruft. Wurde mit letzteren die militärische Funktion der Kirche betont, verwiesen die mit den Herrschaftsattributen ausgezeichneten Adler auf die Bestimmung als Hofkirche. Die Blickrichtung der Adler auf das Symbol der Allgegenwart Gottes, die Strahlenglorie mit dem Auge, damit zum Allerhöchsten, verdeutlicht wiederum das Verhältnis von Irdischem und Göttlichem.

Friedrich Wilhelm wurde in der Gruft in einem schwarzen Marmorsarg beigesetzt. Der Platz neben ihm, für seine Gemahlin reserviert, blieb zunächst frei, da sie im Berliner Dom ihre letzte Ruhestätte haben wollte. Als sein Sohn, Friedrich II., 1786 starb, wurde dessen Sarg neben dem von Friedrich Wilhelm I. aufgestellt.

Eine unter Friedrich II. festgelegte Maßnahme wertete die Kirche zusätzlich institutionell auf. Im Jahr 1742 wurde das bisher an die Berliner Garnisonkirche gebundene Amt des Feldpropstes, der oberster geistlicher Vorgesetzter aller Militärgeistlichen war, an die Garnisonkirche Potsdam verlegt.

Die Tatsache, dass die Potsdamer Garnisonkirche Hof- und Militärkirche und die Grabstätte zweier Könige, die Berliner Garnisonkirche dagegen reine Militärkirche war, die in ihrer Gruft zwar eine Vielzahl adliger Häupter versammelte, aber eben mit keinem königlichen Sarg aufwarten konnte, machte ihren Rangunterschied aus und bestimmte ihr späteres Schicksal. Funktion, Bestimmung und das angelagerte Amt des Feldpropstes machten die Potsdamer Kirche zur ersten, zur bedeutendsten Garnisonkirche Preußens.

Die weitere Geschichte der Potsdamer Garnisonkirche ist mehrfach beschrieben worden[13] und jüngste Diskussionen um ihren Wiederaufbau erweiterten und differenzierten die Kenntnisse über ihren Platz und den der mit ihr verbundenen Akteure in der Vergangenheit in den vielseitig miteinander verflochtenen Gebieten von Kirchengeschichte, Militärwesen, Politik, Kunst und Architektur.

Profanbauten mit Privileg

Die Pulverturmexplosion hatte nicht nur die Berliner Garnisonkirche, sondern auch das in der Straßenflucht stehende Schulgebäude zerstört. Neben der alten zerstörten Schule befand sich ein aus königlichen Geldern 1705 erbautes, nur wenig beschädigtes Haus, in dem Obrist Glasenapp wohnte. Dieses Gebäude wurde repariert und zur neuen Garnisonschule umgewidmet. 1720 fand hier der Unterricht wieder statt. Die Lehrerwohnungen lagen im Souterrain, im Obergeschoss Klassenzimmer und Kantorwohnung. Zu betreten war die Schule über eine mittig angelegte zweiläufige Freitreppe, darunter befand sich der Eingang zu den Wohnungen. Die Bezeichnung Garnison-Schule 1722 prang-

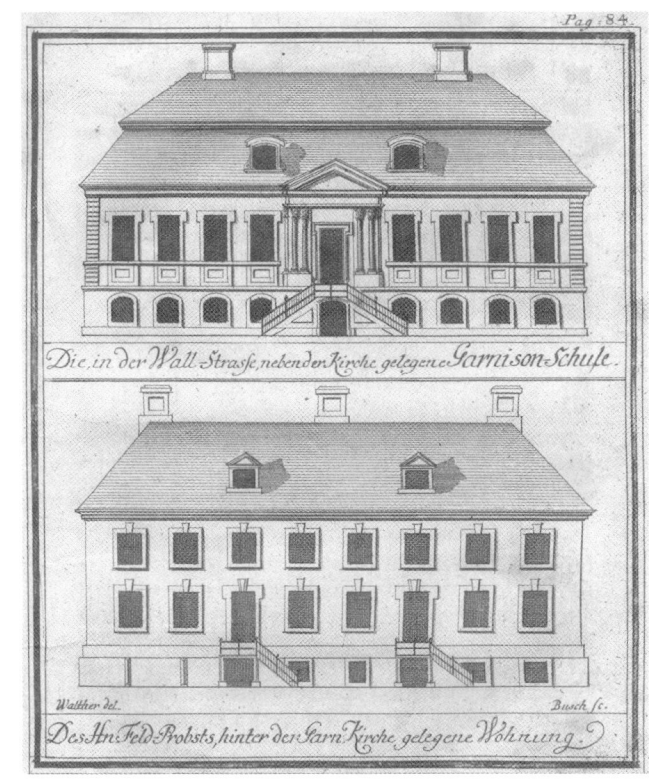

Abb. 45 Ansicht der zweiten Schule der Garnisonkirche, ehemaliges Haus des Obristen Glasenapp, und der Feldpropstei. Kupferstich von Georg Paul Busch nach einer Zeichnung von Johann Friedrich Walther, 1743.

gte in goldenen Buchstaben über der Schultür. Ein Anbau von zwei Klassenzimmern zur Gartenseite erfolgte nach 1739. Die Gelder stammten aus einer Hinterlassenschaft, die der Kirche nach dem Tod von Generalfeldmarschall von Natzmer zufielen. Ende der Achtzigerjahre, noch unter Friedrich II., wurde das Gebäude um ein Geschoss aufgestockt und 1825 nochmals um eine Etage erweitert. Die obere Etage diente fortan dem Garnisonpfarrer als Wohnung. Nachdem die Garnisonschule 1849 aufgehoben wurde, nutzte man das Gebäude als Garnisonkirchenhaus. Es war als einziges von all den Gebäuden, die Friedrich Wilhelm der Garnisongemeinde geschenkt hatte, im Laufe der Jahre nicht veräußert worden und ist noch heute im umgebauten Zustand zu sehen.

1722 wurde ein weiteres Gebäude erworben, das, als Garnison-Prediger-Witwenhaus genutzt, mit goldenen Buchstaben seine Funktion in der Gebäudefront anzeigte. Im Straßenzug bildeten die zur Garnisonkirche gehörenden Bauten ein Ensemble, wobei der Kirchenbau von der Schule westlich und vom Witwenhaus östlich flankiert wurde. 1719 waren aus Kirchenmitteln die Predigerhäuser hinter der Kirche gekauft und darin für den Garnisonpfarrer und zwei Feldprediger Wohnungen eingerichtet worden.

Friedrich Wilhelm zeigte sich 1722 großzügig, indem er über Schule, Prediger-Witwen-Haus und die beiden Predigerhäuser ein Privileg verhängte, dass diese Gebäude „von nun an und zu ewigen Zeiten, als Häuser, zu mehrgedachter Garnison-Kirche gehörig, consideriret und geachtet, von derselben in keinerley Weise noch unter was praetext es immer wolle abgerissen, weniger zu andern Behufe, als wozu sie destiniret, gebraucht, im übrigen auch von allen und jeder, jetzigen und zukünftigen, so wohl als Real- als Personal-Lasten und Beschwerden, gäntzlich eximiret und befreyt, auch dazu niemalen gezogen werden sollen. Allermassen Wir solches ... also setzen und ordnen, auch wollen, daß über dieses Privilegium von nun an und wie vor gemeldet, zu ewigen Zeiten, steif, vest, und unverbrüchlich gehalten, und keine Contraventiones im geringsten, dawider vorgenommen, noch gestattet werden sollen."[14]

Eine weitere königliche Gabe folgte. 1728 schenkte Friedrich Wilhelm der Kirche ein der Garnisonschule gegenüberliegendes Gebäude in der Wallstraße, das bislang zum Festungsbau gehört hatte: das so genannte Kirchenhaus. Ausdrücklich stand es zur beliebigen Benutzung zur Verfügung, konnte auch verkauft werden. Nachdem es zunächst beliehen worden war, um Schulden zu begleichen, wurde es später an Kirchenbeamte, deren Witwen oder Feldprediger vermietet.

Angesichts der Tatsache, dass die Garnisonkirche als Institution weder über Grundstücke, noch über andere kapitalträchtige Pfründe verfügte, waren Privileg und Donation eine willkommene Gnade, denn die Kircheneinkommen waren nicht eben üppig. Einzig der monatliche Klingelbeutel, die Spendenbüchse am Spandauer Tor und die Bestattungen in der Gruft und ab und an ein Legat eines Adligen brachten Bares. Insofern war der Erwerb der Predigerhäuser für 2.000 beziehungsweise 1.500 Taler als beträchtliche Ausgabe anzusehen. Für die wirklich großen Ausgaben jedoch – zum Beispiel den Bau der Kirche und die Instandsetzung der anderen Gebäude, eine Summe die sich auf etwa 30.000 Taler belief – waren Spenden notwendig. Die kamen wie üblich bei solchen Größenordnungen aus mehreren Quellen. Der König und die königliche Familie bestritten einen Teilbetrag, bei den königlichen Behörden wurde gesammelt, ebenso bei den Regimentern, ein Teil wurde mit den Kircheneinnahmen beglichen und ein anderer mit der Kirchenkollekte eingebracht.

Diese Gebäudedonationen sollen nun keineswegs den Eindruck erwecken, Friedrich Wilhelm hätte in Sachen Garnisonkirche das Kalkulieren vergessen. Nein, gewiss nicht. Viel eher galt sein Trachten dem Schaffen zweckmäßiger Strukturen. So griff er nach seinem Regierungsantritt mit ordnender Hand in das sozial-caritative Gefüge der Garnisonkirche ein und gliederte die sozialen Funktionen aus, die durch andere Institutionen übernommen werden konnten. Die Invaliden und Witwen wurden der öffentlichen Armenpflege überantwortet, die Waisen in das Große Friedrichs-Waisenhaus übergeben, das Waisenhaus dem Lazarett zugeschlagen, dem die kirchliche Verwaltung entzogen wurde. Einzig die Schule blieb der Garnisonkirche erhalten, denn „zu den Hauptzielen der Kirchenpolitik Friedrich Wilhelms I. zählte zweifellos die Verbesserung der christlichen Bildung seiner Untertanen, von der er sich nicht nur eine Hebung der individuellen Fähigkeiten, sondern vor allem auch eine Stärkung gemeinschaftlicher Organisationsformen versprach."[15]

Der Kirchensaal als Traditionsort, der Kirchenboden als Kleiderkammer

Von 1740 bis 1786 war Friedrich II. Patron der Berliner Garnisonkirche, doch war sein Engagement eher gering. Berlin war nie sein Lebensmittelpunkt gewesen und die Berliner Garnisonkirche stand nicht im Zentrum seiner Aufmerksamkeit; anders als bei seinem Vater wurden während seiner Regierungszeit Religion und Konfessionen durch den Filter der Aufklärung und Toleranz gesehen.

Die Geschehnisse, die während der Regierungszeit Friedrichs II. die Garnisonkirche betrafen, waren durchaus zwiespältiger Natur. Zu seinem Regierungsantritt hatte er der Kirche zwei Silberkelche und dazugehörige Patenen geschenkt. Ein zweites Mal wurde die

Kirche durch ihn bedacht, als sie mit Trophäen aus den Schlesischen Kriegen geschmückt wurde. Bei einem feierlichen Akt am 11. November 1745 brachte das Regiment Garde du Corps 79 Fahnen und 8 Standarten in die Kirche, Trophäen, die in den Schlachten bei Hohenfriedberg und Soor erobert worden waren und am 6. Januar 1746 noch einmal 13 Fahnen und 4 Standarten aus der Schlacht bei Kesselsdorf. Adoph Menzel hat den Einzug der Fahnen für Franz Kuglers Band „Geschichte Friedrichs des Großen" gezeichnet.[16] Schließlich kamen Anfang der Sechzigerjahre Epitaphien aus der Hand von Bernhard Rode, den Offizieren des Siebenjährigen Krieges Schwerin, Keith, Winterfeld, Kleist gewidmet, ein weiteres für Zieten nach 1786, in die Kirche.

Kriegszeiten sind Zeiten knapper Kassen, Zuwendungen werden rar und die Suche nach Einkünften treibt manchmal merkwürdige Blüten. Doch die Ebbe in der ohnehin nie prall gefüllten Kirchenkasse hatte schon früher eingesetzt, da Friedrich Wilhelm in seinem letzten Lebensjahr den Torzoll am Spandauer Tor der Kirche entzogen hatte und auch die monatliche Gabe von zehn Talern aus der Tasche von Graf von Wartensleben nach dessen Tod 1734 bereits weggefallen war. Misslungene Geldgeschäfte sorgten für ein Übriges. So stand es in pekuniären Fragen also keinesfalls rosig. Als findig erwies sich Kommandant Graf von Hacke, der im Jahr 1751 mit königlicher Genehmigung die Kirche aufforderte, auf dem Kirchenboden zwölf Montierungskammern für sein Infanterie-Regiment einzurichten, wohlgemerkt auf Kirchenkosten. Die dafür eingesetzten gut sechshundert Taler sollten mit sechs Prozent verzinst werden. Der Zinsgewinn war die eine Seite des Geschäfts, die andere ständige Poltergeister in der Kirche, denn diskret lief der täglich stattfindende Kleidertausch keineswegs ab. Die Soldaten nutzten die allgemeinen Zugänge und stiegen über die erste Empore und über die Orgelempore hinauf zum Kleiderboden, um ihre Sachen zu klopfen, zu bürsten und zu wechseln. Fünfundsechzig Jahre lang begleiteten fortan nicht nur Orgelklänge die Gottesdienste, Trauungen und Taufen, sondern auch ein Mix rauerer Töne aus Stiefelgetrampel, Wortwechseln und Uniformklopfen.

Unter Friedrich II. wurden auch Gebäude veräußert, die einst Friedrich Wilhelm der Kirche für immer in ihren Bestand gegeben hatte. 1752 gingen die Garnison-Prediger-Häuser an einen Kattunfabrikanten über, 1755 das Prediger-Witwenhaus an einen Lederfabrikanten und 1786 das Garnisonkirchenhaus an einen Kommissionsrat. Aus dem Gewinn der ersten beiden Verkäufe wurde das zweite Obergeschoss der Garnisonschule errichtet und nach dem Ende des Siebenjährigen Krieges das Gruftgewölbe erweitert und die gesamte Kirche neu verputzt.

---

1. Diese Zahl ergibt sich dadurch, dass die Garnison mit ihren Regimentern zur Revue in der Stadt weilte. So ist anzunehmen, dass der Großteil der Soldaten das Zeremoniell außerhalb der Kirche verbrachte. Vgl. Walther, 1743, S. 73.
2. Das entspricht einem Flächenmaß von 58 mal 31,4 Metern bei einer lichten Raumhöhe von 17 Metern.
3. Mehrfach ist in Publikationen auf die ungenaue Beschreibung zu treffen, dass es sich bei den Stützpfeilern um Eichenholzstützen handelte. Vgl. dazu Borrmann, S.175, auch Berlin und seine Bauten, 1896, II, S. 154. Eine genaue Betrachtung von Grundriss und Schnitt in der Darstellung von Walther zeigt eindeutig, dass es sich um gemauerte Pfeiler handelte. Der Kupferstich der Kanzel führt die Emporen mit ihrem Stützsystem zwischen den Steinpfeilern und den schlanken Holzpfeilern vor Augen, die allerdings im Prospekt des Kircheninneren von Walther nicht zu erkennen sind. Vgl. auch Bekmann, S. 164.
4. In den Ausführungen von Schmidt wird als Material der Kanzel Marmor angegeben. Vgl. Schmidt, Zweyten Zehenden, VIIIte Sammlung, S. 67.
5. Vgl. Walther, 1743, S. 74/75, Bekmann, S. 164, Müller/Küster, S. 607.
6. Vgl. Walther, 1736, Zeichnung n. S. 100.
7. Walther, 1743, S. 81/82. Auf S. 34 gibt Walther an, dass die Figuren Mars und Chronos in der ursprünglichen Fassung von dem Direktor der Berliner Maler-Akademie Gericke gemalt worden sind. Jacob Schmidt erwähnt, dass das Bildnis erst bei der neuen Aufstellung hinzu gekommen sei. Vgl. Schmidt, Zweyten Zehenden, VIIIte Sammlung, S. 68.
8. Das Epitaph für Margaretha Elisabeth Veinen, die Ehefrau des Feldtrompeters Butzloff und das für Salome Catharina Niemeyer, Ehefrau von Leutnant Lautherien. Angaben vgl. Schmidt, Zweyten Zehenden, VIIIte Sammlung, S. 66/67.
9. Gemeint ist ein Blick, der die Silhouette der Stadt erfasst, in der die Türme der Nikolaikirche, der Heiliggeistkirche und der Garnisonkirche, alle fast neunzig Meter hoch, emporragten.
10. Gleichzeitig hatten Johann Christian Angermann, Johann Christian Koch und Johann Georg Glume an dem Kanzel-Gruft-Monument gearbeitet.
11. Die Gruft wurde ebenerdig angelegt, da die Fundamentstärke ein Einlassen in die Erde nicht möglich machte. Sie war ein etwa drei Meter im Quadrat einnehmender Raum mit einem Kreuzgewölbe und einem Fußboden aus blauen und weißen Fliesen.
12. Das Figurenpaar wurde auch als Mars und Bellona bezeichnet. Bellona, eine Kriegsgöttin, wurde in der Antike als Schwester des Mars verehrt, die ihm Wagen und Pferde zurichtete, wenn er in den Krieg zog.
13. Vgl. Kitschke, 1991 und Schwipps ,1991.
14. Zit. n. Brecht, S. 26/27.
15. Klingenbiel, S. 318.
16. Abbildung vor dem zwanzigsten Kapitel.

Dieter Weigert

Garnisongemeinde und Garnisonschule

Johann Caspar Carstedt (1684–1752) trat 1736 die Nachfolge des verstorbenen Lambertus Gedicke als Berliner Garnisonpfarrer und Feldpropst an. Er war Sohn eines Ratsherrn aus Bismarck in der Altmark, hatte Schulen in Neuruppin und Berlin besucht, u. a. das Friedrichswerdersche Gymnasium. Die pietistische Ausrichtung der Lehrerschaft dieses Gymnasiums vermittelte ihn 1708 an Franckes Theologische Fakultät nach Halle/ Saale. 1709 arbeitet er am Halleschen Paedagogicum, 1715 wird er Rector der Salderschen Schule in Brandenburg/Havel. Von dort beruft ihn der König – wahrscheinlich vermittelt durch Franke – zum Garnisonprediger in Brandenburg/Havel. Den Schritt in Richtung Machtzentrum vollzieht Carstedt im Jahre 1732, als er die Ernennung zum Prediger beim Leibregiment des Königs in Potsdam annimmt. Von dort ist die Nachfolge Gedickes als Feldpropst in Berlin 1736 nur konsequent.

Eine Titelauswahl seiner Predigten „Das schändliche und schädliche Laster der Völlerey und Trunkenheit" (1732), „Die Stützen und Seulen, worauf gläubige Beter sich steifen und lehnen, daß sie nicht ermüden" (1740) demonstriert die pietistische Tradition. Aus gesundheitlichen Gründen muss er schon 1742 das Feldpropstamt niederlegen. Friedrich II. nimmt diesen personellen Wechsel im Amt zum Anlass, es fortan an die Potsdamer Garnisonkirche zu binden. Nachfolger wurde der Garnisonprediger Decker, auch er Absolvent und Magister der Theologischen Fakultät der Universität Halle/Saale, auch er in der Tradition Franckes.

Indem ich nicht gewillt bin, aus schlechten Menschen Pröbste zu machen ... Friederich"[1]

Mit dem Dienstantritt Carstedts war die Phase der Herausbildung und strukturellen Verfestigung des Militärkirchenwesens in Preußen beendet. Es war die Zeit für militärische Handbücher und Dienstvorschriften gekommen, anwendungsbereit und nicht mehr diskutabel. Als Beispiel möge das „Feldprediger Magazin" dienen, das zwar erst fünfzig Jahre später im Druck erschien, dessen Geist und Texte aber die Handschrift des späten Gedicke und des frühen Carstedt verraten. Der volle Titel des dreibändigen Werkes lautet: „Feldprediger Magazin für die, welche jetzt Feldprediger sind, ehemals waren und künftig werden wollen; auch für jenen edlen Mann, dem Beförderung des Guten in Kriegszeiten wichtig ist. Von einer Gesellschaft älterer und jüngerer Feldprediger angelegt."[2] Der Verfasser (Carl David Küster, ehemaliger Feldprediger im Bevernschen Regiment in Stettin um 1755[3]) verweist in der Zueignung auf die lange Tradition des preußischen Feldpredigeramtes: „Die nachstehenden Bogen enthalten einen Theil der edlen religiösen Grundsätze, durch welche Preussische Heldenheere seit 130 Jahren befeuert worden, die ausgezeichnet großen Thaten zu thun, welche ihren Namen in der Geschichte verewigen."

Das Ideal des „nutzreichen Feldpredigers"[4], wie es dem Autoren Küster vorschwebt, ist vorwiegend pädagogisch angelegt. Er sollte Lehrer der jungen Offiziere in den Feldern Philosophie, Geschichte und der militärischen Moral sein, er sollte auch packend reden können von der Kanzel, im Felde vor einer aus Trommeln hergerichteten Behelfskanzel, bei Huldigung neuer Fahnen, bei Zeremonien wie Trauungen, Begräbnissen. Küster verwendet für die Redeweise des Predigers die Bezeichnung „edelpopulair" und versteht darunter „d. h. so daß Officiere und Gemeine, Viel- und Wenigwissende das verstehen, was für sie gehöret, und es für sich interessant finden."⁵

Der Feldprediger soll weiterhin Unterweiser, Erwecker und Tröster am Krankenbette, Gesprächspartner in allen Lebenslagen sein – „Mit gesunden Officieren und Gemeinen, in Garnison und Kriege; mit Guten; – Bösen, – Verbrechern; – Glücklichen und Unglücklichen; – spricht als Freund, Lehrer, Geschichtskundiger, Menschenkenner, Philosoph und hellsehender, redlicher Christ." Zum Aufgabenbereich gehört auch die „vaterländische Kriegesgeschichte", die Führung des Tagebuchs des Regiments, die „Biographien vortrefflicher Helden". Auch Theatralik wird verlangt – er muss deklamieren, er sollte reimen können. „Je geschickter er ist, die Gegenstände seiner Rede durch den Gang und Beugung der Töne seines Mundes zu schildern; – seine Empfindungen so durch Töne auszudrücken, daß seine Gefühle in Empfindungen der Zuhörer übergehen; – durch mehr oder weniger geschwinde oder langsame Aussprache und angemessene Pausen; – durch steigende oder sinkende, schwächere oder stärkere Töne, die Aufmerksamkeit, das Vergnügen und den Nutzen der Hörer zu befördern; – desto leichter wird er sich dem erhabenen Ziele seines geistlichen Rednergeschäftes nähern: Gottesverehrung, Tugend und Muth bey seinen Kriegesmännern zu vergrößern."⁶ Aber Vorsicht: „Er hat soviel sorgfältiger das Commödienartige und läppisch Uebertriebene in der Miene und Sprache zu vermeiden; damit er nicht ein Gegenstand der Satyre übelgesinnter Officiere werde."⁷

Mit dem Wechsel des Feldpropst-Amtes in die Nähe des Königs nach Potsdam und durch die Erfahrungen der ersten schlesischen Kriege war für Friedrich II. das Bedürfnis nach einer modernen Uniformierung der Feldprediger akut geworden.

Höchstpersönlich legte der König 1742 fest, wie ein Feldprediger auszusehen habe: „Ein dreikrempiger Hut. Eigene Haare oder eine kurze allezeit wohl accomodirte Peruque, ein blauer Kragen mit einem schmalen weißen Rande, unter demselben eine schwarze samtne Binde, ein seidner schwarzer Mantel, der aber nur über die Waden ging, kleine Manschetten, schwarze seidene Strümpfe und runde Schuhe." – „Wie ein französischer Abbé", berichtet Erwin Schild.⁸ Der unmittelbare Anlass ist Schlesien – der König war verärgert –, seine Feldprediger wurden von den Katholiken Schlesiens wegen ihres einfachen blauen Rocks missachtet. Also: „Sehen die Herren auf die Kleidung, so will ich meine protestantischen Feldprediger bald in den Augen dieser Schwachköpfe schätzungswerth machen. Ich will ihnen den Anzug eines distinguirten katholischen Geistlichen geben."⁹ Wie aus der Zeichnung zu ersehen ist, war die Farbe der Röcke und Mäntel schwarz, Feldprediger und Feldpropst unterschieden sich durch die blaue bzw. violette Farbe der Bäffchen. (Abb.46 S. 50)

Die Anordnung der Haartracht erklärt sich aus Friedrichs Abneigung gegen Perücken. Feldpropst Decker schreibt in seinen Erinnerungen, über König Friedrichs Weisung an die Universität Halle, ihm für die Stelle des verstorbenen Carstedt Kandidaten zu schicken „die von gutem Ansehen wären, gute Studia hätten, und womöglich eigene Haare trügen".¹⁰

König Friedrich II. zog Potsdam Berlin vor, daher sind seine Bezüge zur Berliner Garnisonkirche spärlich. Zum Feldpropst wurde der Potsdamer Garnisonprediger, also der Prediger des Garderegiments (Infanterieregiment No. 15) ernannt, die Missbräuche bei der Rekrutierung und Versorgung der Feldprediger hat er schärfstens bekämpft. So ist ein Schreiben aus dem ersten Jahr seiner Regierungszeit überliefert, in dem er den Berliner Propst Reinbeck ermahnt: „Würdiger, lieber Getreuer! Da der Generalmajor von Jeetz in des zu Anclam verstorbenen Praepositi Platz den Feldprediger seines unterhabenen Regimentes, Namens Schaukirch, in Vorschlag bringet. So sollt Ihr Mir melden, ob dieser Mensch gut ist und die zu diesem Amt erforderliche Fähigkeit besitzet, indem ich nicht gewillt bin, aus schlechten Leuten Pröbste zu machen. Ich bin euer wohlaffectionirter König Friederich."¹¹

„Gelehrt" oder „nur vernünftig" – Soldatenkinder im Unterricht

Die Kirchgemeinde hatte vielfältige Aufgaben wahrzunehmen: sie war für die Ausbildung der Soldatenkinder zuständig, hatte Schulgebäude, Lehrerwohnungen, Predigerwitwenhäuser, zeitweise ein Lazarett und ein Waisenhaus sowie die Friedhöfe an der Linienstraße zu unterhalten. Es ist schwer, sich gegenwärtig vom Ausmaß der Aufgaben der Militärseelsorger des 18. und 19. Jahrhunderts ein Bild zu machen, überschreitet doch allein die Zahl der Frauen und Kinder der Militärs in einer Garnisonstadt wie Berlin das heutige Vorstellungsvermögen: im Jahre 1776 wurden im damaligen Berlin bei einer Gesamtstärke der Garnison von 18.052 Köpfen allein 5.526 Ehefrauen und 6.662 Kinder gezählt.[12] Das bedeutet, dass mehr als zwei Drittel der zur Garnisongemeinde zählenden Personen keine aktiven Militärs waren.

Wenn sich auch der König und die Regimenter an den Sozialkosten beteiligten und so manche Spende und Sondereinnahme der Gemeinde zufloss, war doch die finanzielle Last riesig. Es verwundert nicht, dass das Lazarett für die Kranken und Invaliden und auch das Militärwaisenhaus schon durch den Soldatenkönig wieder geschlossen wurden.

Die bereits 1692 gegründete Schule blieb jedoch erhalten. Sie war ursprünglich für den unentgeltlichen Unterricht von 50 „armen Soldatenkindern" eingerichtet worden, die im Lesen, Schreiben, Rechnen und im Katechismus unterwiesen wurden. Zunehmend vermehrte sich die Schülerzahl, neue Lehrer wurden eingestellt und die Lehrinhalte erweitert. Die Garnisonschule unterrichtete die Kinder in fünf Klassen. In den drei Jungenklassen wurden wöchentlich 16 Stunden, in den beiden Mädchenklassen 10 Stunden erteilt. Im Sinne der Aufklärung wuchs die Bedeutung der Garnisonschule. Sie entwickelte sich zu einer höheren Bürgerschule und einer anerkannten Vorschule für den Offiziersnachwuchs aus dem Bürgerstande. Für die Bedeutung der Schule spricht auch die Qualität der Lehrerschaft und vor allem der Rektoren.

Als Beispiel kann nicht nur der schon mehrfach erwähnte „collega" Johann Friedrich Walther dienen, sondern vor allem Wilhelm Jakob Wippel, Rektor ab 1784, der 1792 als „Professor für die Schönen Wissen-

Abb. 47
Rektor Wilhelm Jakob Wippel.
Scherenschnitt.

schaften" in den Lehrkörper der Berliner Kadettenanstalt wechselte – in der Nachfolge des bekannteren Karl Friedrich Ramler.[13]

Wippel war bei Übernahme des Rektorenamtes gerade 23 Jahre alt; neben dem Reformeifer des jugendlichen Pädagogen und Wissenschaftlers war es wahrscheinlich auch der Ruf des Vaters, der zur Ernennung zum Rektor auf Empfehlung des Kadettenpfarrers Scheffer beitrug. Vater Johann Jakob Wippel (1714–1765), einer der führenden Pädagogen der Stadt Berlin, war Conrektor des Friedrichsstädtischen, danach des Cöllnischen Gymnasiums gewesen. 1743 wurde er Prorektor und im Jahre 1759 schließlich Rektor des Gymnasiums zum Grauen Kloster, einer der besten Bildungseinrichtungen Berlins. Von Wippel senior stammen zahlreiche Publikationen, u. a. eine 216 Seiten umfassende Lobpreisung Friedrichs II. unter dem vielversprechenden Titel „Gelehrte Geschichte des Weltweisen zu Sans-Souci" aus dem Jahre 1763.

Wippel junior war selbst ein Absolvent des Gymnasiums zum Grauen Kloster und hatte an der theologischen Fakultät der Universität Halle studiert, bevor ihn der Ruf an die Garnisonschule Berlin erreichte.

Folgt man der Logik des konservativen Garnisonpfarrers Georg Goens, dargelegt in dessen „Geschichte der Königlichen Berlinischen Garnisonkirche" von 1897, so war Wippel ein Störer des heiligen Friedens zwischen Kirche und Schule gewesen, hatte er doch die Fackel der Aufklärung in das Schulgebäude geworfen.[14] Was hatte der neue Rektor getan? Er hatte versucht, den Einfluss der Pfarrer auf die Unterrichtsgestaltung zu beschränken, Menschlichkeit in der Behandlung der Kinder wirksam werden zu lassen, den Stundenplan um wissenschaftliche Fächer zu erweitern (auch für die Mädchen), selbst den Religionsunterricht auf eine moderne Grundlage zu stellen. 1785 hatte er die Neuerungen in den „Gesetzen zur Verbesserung des Unterrichts" zusammengefasst und zum Erstaunen – teils zum Entsetzen – der Garnisonpfarrer öffentliche Prüfungen für die Schülerinnen und Schüler eingeführt.

In einer feierlichen Rede von der Kanzel der Garnisonkirche anlässlich seiner Amtseinführung als Rektor am 22. Juni 1785 sprach er zwar von einer „pädagogischen Revolution"[15], verwies auch auf den Reformer Eberhard von Rochow, bewegte sich aber in den Bahnen der friderizianischen Aufklärungspädagogik. Was jedoch die konservativen Theologen zur Abwehr reizte, war die Ausdehnung dieser in den bürgerlichen Schulen der Stadt Berlin anerkannten Prinzipien auf den Unterricht von Soldatenkindern. Natürlich musste Wippel Kompromisse im Lehrplan eingehen, um wenigstens einen Teil seines Programms durchzusetzen – so im Fach Geschichte, wo anstelle einer systematischen Weltgeschichte „vaterländische Geschichte"[16] gelehrt wird, ergänzt durch die Heldenbiographien der „alten Geschichte", damit der künftige Soldat Vorbilder habe. Aber in den naturwissenschaftlichen Fächern bleibt der neue Rektor konsequent – auch in seiner Zielsetzung: „Ich werde also die Zöglinge dieser Anstalt, mit den natürlichen Beschaffenheiten und Wirkungen der Dinge bekannt machen, ihnen zeigen, wie unerklärbar-scheinende Begebenheiten zusammenhängen, wie sie da nicht ihre Zuflucht zu übernatürlichen Dingen, am wenigsten zu bösen Geistern, nehmen müssen; und wie alles von einer weisen Einrichtung des gütigen Gottes herrühre."[17] Und die Feldprediger ahnen Unheil, wenn Wippel den Unterricht im Fach Religion anspricht: „Vor gedankenlos auswendig gelernten unverständlichen Sätzen, welche Kinder mit eben so viel Gedankenlosigkeit herbeten, werde ich meine Zöglinge zu verwahren und meinen Religionsunterricht ihrem Verstande faßlich, und dadurch ihren Herzen rührend und wichtig zu machen suchen."[18]

Georg Goens beruhigt seine Leser ein Jahrhundert später, dass dem Reform-Spuk sehr schnell ein Ende bereitet wurde – wahrscheinlich auf Druck Friedrich Wilhelms II. – „Es ist geradezu herzerquickend", schreibt Goens, „wie es nun mit dem Dünkel des Herrn Rektors – der übrigens akademisch gebildet, Theologe, war – aufgeräumt wird".[19] Es gibt eine zeitgenössische Quelle, die uns beschreibt, wie wir uns das Aufräumen vorzustellen haben: die Darstellung der Anfangsjahre der Garnisonschule in Frankfurt an der Oder durch den dortigen Feldprediger C. G. Krüger aus dem Jahre 1800. Krüger ist wie einhundert Jahre später Goens von konservativer Gesinnung, königstreu und modernen gesellschaftlichen und pädagogischen Ideen abhold. Für ihn ist die 1799 verfügte „Circularverordnung Sr. Königlichen Majestät, den Unterricht in den Garnisonschulen betreffend" eine lang erwartete und bedeutende politische Richtschnur des Unterrichts in den preußischen Garnisonschulen. Der Begriff der Aufklärung wird auf preußisches Untertanenmaß zurechtgestutzt: „Wahre Aufklärung, so viel zu seinem eigenen und zum allgemeinen Besten erfordert wird, besitzt unstreitig derjenige, der in den Kreisen, worin ihn das Schicksal versetzt hat, seine Verhältnisse und Pflichten genau kennt, und die Fähigkeiten hat, ihnen zu genügen. Auf diesen Zweck sollte daher der Unterricht in allen Volksschulen eingeschränkt werden."[20] Der König habe durch diese Verordnung Schluss gemacht mit den Reformgelüsten, „so manche Faselei" sei nun beendet, die überzogenen Lehrplanideen mancher Lehrer fanden ihre Grenzen: „Man muß über diejenigen lächeln, die in Garnisonschulen, neben den Elementarwissenschaften, auch noch mathematische Geographie, Weltgeschichte, Statistik u.s.w. treiben".[21] Feldprediger Krüger zitiert seinen König: „Zur geistigen Ausbildung eines Soldaten fordre ich, dass derselbe seine Pflichten als Mensch, als Unterthan und als Soldat genau kenne"[22] und bekräftigt die königliche Argumentation, dass wissenschaftliche Bildung für die Soldatenkinder nicht nur überflüssig, sondern gefährlich sei, da sie den Geist des Aufruhrs nähre: „Der Geist der Zeit hat schon ohnedies unter allen Menschenklassen ein unaufhörliches Bestreben rege gemacht, sich über ihren Stand zu erheben … Das Uebel liegt aber tiefer, und es muß demselben mit Ernst entgegen gearbeitet werden, wenn nicht zuletzt alle Verhältnisse zerstört werden sollen."²³ Nur wenige Jahre zuvor hatte Carl David Küster (1727–1804, ehemals preußischer Stabsfeldprediger) im dritten Teil seines Feldpredigermagazin beschrieben, mit welcher Sorgfalt sich die preußischen Könige um die Soldatenschulen kümmerten. Er zitiert Friedrichs II. Bildungsziel für die Kinder der gemeinen Soldaten und der Stadtbürger und des Königs Sinn fürs Praktische: „Denn die Bürger- und Soldatenkinder sollen nicht gelehrte, sondern nur vernünftige Christen werden, welche dem höchsten Wesen, und ihren Landesherren gehorchten; einen guten Wandel führten, welcher Gott und Menschen wohlgefiele. Dazu aber werde nur ein einfacher und auf den Charakter der Menschen wirksamer Unterricht erfordert."²⁴

Auf dieses Ziel abgestimmt war der ebenfalls im dritten Teil des Magazins abgedruckte „Allgemeine christliche Soldaten-Catechismus", er war leicht fasslich und überzeugend geschrieben. Küster bringt ihn 1797 als Vorschlag für ein allgemeines Lehrmittel im Religionsunterricht der Soldatenschulen ein und hofft, dass König Friedrich Wilhelm II. dieses Vorhaben genehmigt und den Druck autorisiert. Der Entwurf ist insofern auch von kirchenpolitischem Interesse, da Küster reformierter Konfession ist und seine Texte gleichermaßen den lutherischen und katholischen Predigern unbedenklich für die Verwendung im Unterricht empfohlen wird.

Für die Berliner Garnisonprediger war 1717 nicht nur ein bedeutsames Jahr wegen der Einrichtung des Amtes eines Feldpropstes gewesen, sie waren jetzt auch mitverantwortlich für die neugegründete Kadettenanstalt.²⁵ Das Kadettenkorps hatte zwar ab 1717 einen eigenen Prediger und auch einen eigenen Betsaal, die Gottesdienste und geistlichen Amtshandlungen für das Korps fanden aber auch in der Garnisonkirche statt. Die enge Zusammenarbeit von militärischer Leitung und Militärseelsorge, beispielhaft in der Anfangsperiode der Anstalt zwischen Oberstleutnant Ernst Friedrich Finck von Finckenstein und Feldpropst Lambertus Gedicke, war dem König ein sehr persönliches Anliegen, daher rührt wahrscheinlich auch die Besetzung des Kommandeurspostens mit dem für seine pietistischen Neigungen und pädagogischen Fähigkeiten bekannten Oberstleutnant.

Die Alten Garnisonkirchhöfe

Zu Beginn des 18. Jahrhundert entstanden zwischen 1701 und 1706 die Alten Berliner Garnisonkirchhöfe im Rahmen der 1699 begonnenen planmäßigen Anlage der Spandauer Vorstadt nördlich der Spree außerhalb der alten Stadtbefestigung. Von Anfang an wurde das Friedhofsgelände von der Laufgasse (heute Gormannstraße) durchzogen. Auf dem östlichen, größeren Teil erfolgte die Beisetzung der Gemeinen und auf dem westlichen, kleineren Teil die der Offiziere und ihrer Angehörigen.

Die nördliche Grenze der Kirchhöfe entstand im Jahre 1705. Vom Alten Spandauer Heerweg, heute Oranienburger Straße, wurde in östlicher Richtung bis zur Großen Frankfurter Straße eine Circumvalationslinie abgesteckt, hinter der bald die neue Stadtmauer wuchs. Der damit entstandene Straßenzug trug gleich den Namen „Linie", er ist seit 1821 offiziell die Linienstraße. Deshalb sprach man zunächst auch von dem Kirchhof an der Linienstraße. Das äußere Bild beider Kirchhöfe verdeutlichte auch die unterschiedliche Belegung. Während es auf dem Gemeinenkirchhof nur Reihengräber gab und Zeitzeugen von einem „Belegungschaos" sprachen, bestanden auf dem Offizierskirchhof fast ausschließlich Erbbegräbnisplätze.

Die kunsthistorische Bedeutung des Offizierskirchhofes liegt im Vorhandensein sepulkraler Kunst aus dem Frühklassizismus, der Romantik und des Neubarock bis hin zu Werken der Reformkunst. Eine Besonderheit bildet der in dieser Geschlossenheit für Berlins Begräbnisplätze einmalige reiche Bestand an gusseisernen Grabzeichen aus dem 19. und dem frühen 20. Jahrhundert. (Abb.49 S. 51)

Architekten wie Karl Friedrich Schinkel und August Soller, Bildhauer aus der Berliner Schule wie Ludwig Wichmann, Friedrich Tieck, August Kiss, Hermann Schievelbein und Adolf Jahn, namhafte ausführende Firmen wie die Kgl. Eisengießerei Berlin, die Berliner Zinkgussfirma Moritz & Johann Conrad Geiss und nicht zuletzt die Kgl. Gartenbauanstalt Potsdam, haben für diesen Friedhof gewirkt und dazu beigetragen, ein Gesamtkunstwerk von hoher kultur- und kunstgeschichtlicher Bedeutung zu schaffen.

Auf dem Alten Garnisonkirchhof finden sich wie auch auf dem 1748 in Berlin angelegten Invalidenfriedhof

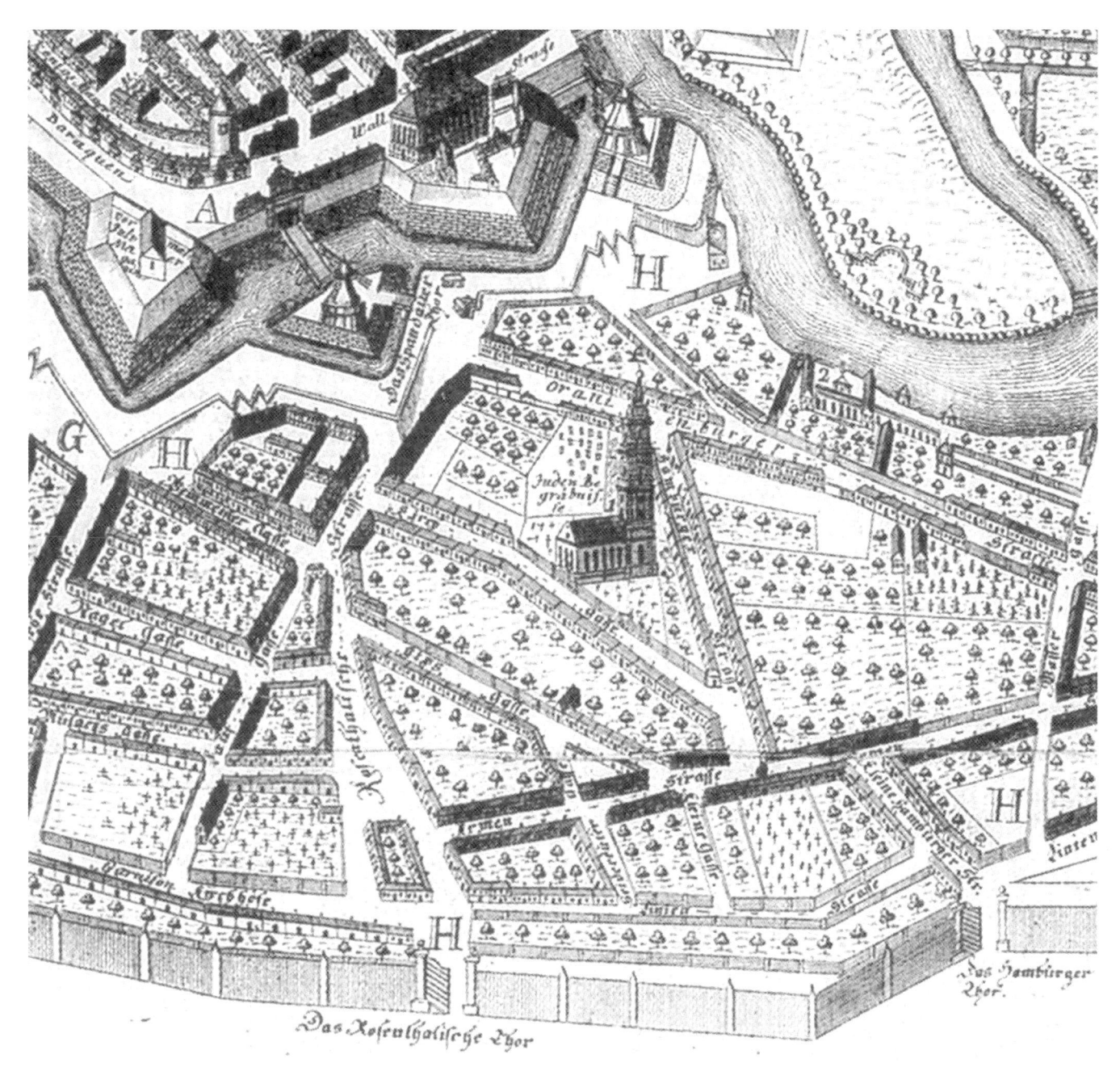

Abb. 48 Die Garnisonfriedhöfe am „Rosenthalischen Tor" auf der Karte Johann Friedrich Walthers aus dem Jahre 1737 (unten links). Zu erkennen sind die Garnisonkirche und die Sophienkirche.

zahlreiche Beispiele der künstlerischen Selbstdarstellung der ehemals in Preußen führenden, militärisch geprägten Gesellschaftsschicht.

Trauerfeiern für große und kleine Helden

Über das kirchliche Leben der Berliner evangelischen Garnisongemeinde wissen wir wenig. Die Chronisten berichten von ständigen Geldsorgen, von der Schwierigkeit, die sozialen Aufgaben der Gemeinde wahrzunehmen. Andere Alltäglichkeiten waren der Aufzeichnung nicht wert. Und wie so oft finden sich Nachrichten von den „großen" Ereignissen. Ein solches hat zu Beginn des Jahrhunderts, am 17. Oktober 1709 stattgefunden, als der Generalmajor Daniel von Tettau in der Garnisonkirche beerdigt wurde: Der Sarg wurde „durch die damalige Königl. Grenadier-Guarde, unter Begleitung vieler 6-, 4- und 2-spännigen Königl. und anderen Carossen, bey dem Geläute aller Glocken in hiesigen Residentzien, Abends um 8 Uhr abgeholet, und nach der Garnison-Kirche gebracht Gegen 10 Uhr langte die Procession bey der Garnison-Kirche an; Die Leiche wurde durch 16 Unter-Officiers in die Kirche, welche mit mehr denn 1000 weissen und gelben Wachs-Lichtern schön illuminiert war, getragen, und vor dem, mit schwarzen Tuch behangenen Altar niedergesetzt". Nach einem Gesang wurde „der Sarg wieder zur Kirchen heraus und nach dem Eingang des Gewölbes gebracht, da denn unter währendem Beysetzen, aus neun Canonen gefeuert, auch von der, vor der Kirche postireten Grenadier-Guarde eine dreyfache Salve gegeben, und also damit dieses Leichen-Begräbniß beschlossen worden" ist.[26] Die Leichenpredigt in der Kirche hielt Garnisonpfarrer Christoph Naumann.[27]

Daniel von Tettau war Sohn des Kanzlers des Herzogtums Preußen, Kommandeur der brandenburgisch-preußischen Grenadiergarde, hatte an 16 Schlachten teilgenommen und in der blutigen Schlacht bei Malplaquet den Tod gefunden. Vertreter der weitverzweigten Familie Tettau hatten im ostpreußischen Königsberg bedeutende Positionen im Gerichtswesen, in der Verwaltung und im Militär inne, einige sind in Gedichten des Königsberger Poeten Simon Dach (1602–1659) besungen worden. Tettau hatte sich noch als Oberst bei der von ihm kommandierten Besetzung

Abb. 50   Daniel von Tettau.

der Stadt Nordhausen im Frühjahr 1703 als fähiger Taktiker und Verhandlungsführer ausgezeichnet.[28]

Durch das gesamte 18. Jahrhundert zieht sich die Tradition von feierlichen Beisetzungen in den Grüften der Berliner Garnisonkirche. Die Generalfeldmarschälle und Gouverneure der Residenz Berlin wurden im Tode mit dieser Auszeichnung geehrt, die Zeitungen berichteten über solche hochpolitischen Ereignisse. Wenn die Särge der verstorbenen Hofbeamten, Chefs und Kommandeure der in Berlin stationierten Regimenter und Feldprediger in den Grüften beigesetzt wurden, waren Offiziere, Kollegen, Familienangehörige, manchmal Vertreter des Hofes anwesend, es fand in der Kirche ein Gottesdienst statt – für den Historiker findet sich heute nur noch eine kurze Nachricht in den Kirchenbüchern. So im Falle des „Kgl. Bau-Adjutanten" Carl Friedrich Richter[29], über den es heute kaum biographische Nachrichten gibt. Selbst die Vorstellung eines historischen Stichs von Johann Georg Rosenberg[30], (Abb.51 S. 52) der zwei seiner bedeutendsten Bauten in Berlin zeigt, begnügt sich mit dem kurzen Hinweis auf „C. F. Richter" und die Jahre 1736/39 für das Palais Schulenburg, lässt aber die Tätigkeit Richters am so genannten Ordenspalais unbeachtet. Friedrich Nicolai nennt in seiner „Beschreibung der königlichen Residenzstadt Berlin" C. F. Richter zweifach, als Ausführenden der Bauten des Palais Schulenburg und des Ordenspalastes, jeweils in der Funktion des Bauadjutanten.[31] Aber auch Nicolai, dem alle zeitgenössischen Quellen zugänglich waren, kann nur die Initialen, nicht aber die vollständigen Vornamen liefern.

Wir können eine sichere Quelle für Richters Spuren in der königlichen Residenz Berlin benennen: Friedrich Carl Gottlob Hirschings „Historisch-literarisches Handbuch", Bd. 9, 1807. Unter dem Schlagwort „Richter, C. F., Bauadjutant in Berlin" werden zwei Gebäude genannt, die unter seiner Bauleitung geschaffen wurden – das „Gräflich-Schulenburgische Haus in der Wilhelmstraße, nach einem italienischen Riß" und den „Johanniterordens-Palast, nach Bodts Rissen".

Probleme mit der Königlichen Baukasse

Für den zweiten der königlichen Bauadjutanten in den Reihen der Berliner Garnisongemeinde hätte es doch mehr Gründe als für seinen Kollegen gegeben, in der Kirche beigesetzt zu werden – angesichts seiner Verdienste um den Ausbau der Garnisonschule im Jahre 1785. Aber sein und seiner Söhne Grab befindet sich auf dem Offiziersfriedhof. Unter einer nach antikem Vorbild gestalteten sandsteinernen Urne waren zwar Lebensdaten, nicht aber Namen eingemeißelt, so dass man von einem „anonymen Urnenhügel" sprach.

Während das Geheimnis um Friedels Ende – warum seine Grabstätte sich nicht in der Kirche befand – wahrscheinlich niemals zu lüften sein wird, konnte die Frage nach der Gestalt des Grabmals auf dem Offiziersfriedhof kürzlich durch Recherchen im Geheimen Staatsarchiv Preußischer Kulturbesitz (GStAPK) beantwortet werden. Die Lebensdaten auf dem Sockel der Urne sind drei Personen zuzuordnen. Die aufschlussreichsten Daten – „geb. im Mai 1722, gest. 23. September 1793" – gehören zu Johann Friedrich Friedel.[32] Der Text lautet im Kirchenbuch: „Herr Johann Friedrich Friedel, Königlicher Gouvernements Bau Adjutant und Rendant der Bau Kasse, alt 71 Jahre und 4 Monate, gebürtig in Berlin, Lutherischer Religion, hinterläßt im Augenblick 1 Frau 2 Söhne und 3 Töchter, wovon 4 Majorenn und 1 Minorenn ist, Wohnhaft hinter der Garnison Kirche in der Bastion, an der Entkräftung gestorben 23. September, soeben 26. September auf unseren Garnisonkirchhof beerdigt worden." Zwei weitere Datengruppen sind die der beiden Söhne Friedels, Carl Friedrich (17. Oktober 1753–12. August 1787) und Johann Friedrich Julius Wilhelm (1766–26. August 1787). Für das dritte Kind (1791–22. Mai

Abb. 52 Grabanlage des Kgl. Bauadjutanten Johann Friedrich Friedel und seiner Söhne auf dem Offizierskirchhof, zwischen 1787 und 1794.

1794) konnte noch kein Eintrag im MKB gefunden werden. Über den Lebenslauf, über das Schicksal der Frau und der anderen Kinder wissen wir nahezu nichts.

Ein Detail jedoch ist bei Recherchen zur Geschichte der Berliner Garnisonkirche bekannt geworden: Friedel war um 1784/85 verantwortlich für den Um- und Ausbau des Schulhauses der Garnisongemeinde. In einer Akte des GStAPK[33] wird Friedels Name mehrfach im Zusammenhang mit finanziellen Differenzen zwischen Bauvoranschlag und endgültigen Kosten sowie mit einem sich über zwei Jahre hinziehenden Revisionsverfahren des Ober-Bau-Departements genannt.

[1] Schild Bd. 2, S. 151.
[2] Feldprediger Magazin.
[3] Feldprediger Magazin Erster Theil, S. 2.
[4] Ebenda, S. 1.
[5] Ebenda, S. 3.
[6] Ebenda, S. 4f.
[7] Ebenda, S. 5.
[8] Schild, Bd. 1, S. 38.
[9] Ebenda.
[10] Ebenda, S. 30.
[11] Schild, Bd. 2, S. 151.
[12] Ebenda, S. 198.
[13] In dieser Eigenschaft publizierte er u.a. ein umfangreiches historisches Verzeichnis der Ritterorden (1817) sowie „Uebungen der Andacht für christliche Soldaten im Felde", eine Sammlung von Gebeten und Liedern.
[14] Goens, S. 50f.
[15] Reden bey der Einweihung der erweiterten und verbesserten Berlinischen Garnison-Schule und der Einführung ihres Rektors am 22.Juni 1785, Berlin 1785.
[16] Ebenda, S. 25.
[17] Ebenda, S. 24.
[18] Ebenda, S. 23.
[19] Goens, S. 50.
[20] Krüger, S. 100f.
[21] Ebenda, S. 104.
[22] Ebenda, S. 110f.
[23] Ebenda, S. 122f.
[24] Feldprediger Magazin, Dritter Theil, S. XVIf.
[25] Schild, Bd.2, S. 59.
[26] Walther, 1737.
[27] Ein in Berlin gedrucktes Exemplar der Predigt liegt in der Herzog August Bibliothek Wolfenbüttel (Signatur 21986).
[28] Vgl. Bohne.
[29] GStAPK, HA VIII, MKB, Fiche 916/610/555.
[30] Abb.51 in: J.G. Rosenberg, Blatt XV, S.40f.
[31] Nicolai, 1987, S. 190ff. Weitere Details zur Biografie siehe Heckmann, S. 325ff. Heckmann erwähnt Tätigkeiten zwischen 1730 und 1766 in Rheinsberg unter Knobelsdorff, in Zerbst, Potsdam und Berlin, S. 399ff.
[32] GStAPK, HA VIII, Militärkirchenbuch der Berliner Garnisongemeinde (MKB), Mikrofiche 935, Seite 1138, Nr. 456; MKB 934/432/455; Mkb 934/435/478.
[33] GStAPK, HA II, Generaldirektorium, Ober-Bau-Departement Nr. 217.

Abb. 78 Grabanlage auf dem Stahnsdorfer Südwest-Friedhof.

Abb. 70 Kelch, den die Kirchgemeinde Altlußheim 1852 Emil Frommel am Ende des Vikariats schenkte.

Abb. 67 Daniel Friedrich Gottlob Teichert.

Abb. 76 Die im Zweiten Weltkrieg zerstörte grüne Oase in der Großstadt: Garnisonkirche (Nr. 211) und Feldpropstei in den Zwanzigerjahren, Pfarrhaus (210) und S-Bahnhof Börse (209).

Abb. 86
Fanny und Sebastian. Wilhelm Hensel, Ölstudie zu dem Bild „Christus vor Pilatus".

Abb. 105
Porträt des Hof- und Divisionspredigers Emil Frommel. Gemälde von Anton von Werner 1883.

Abb. 106
Christian Ludwig von der Hagen, kopiert 1907 durch Elise von der Hagen nach einem Gemälde von Antoine Pesne.

Abb. 108　Uniform der Leibkarabiniers in Rathenow zur Zeit des Regimentskommandos von Bismarck.

Abb. 109　Karl Ludwig Reichsgraf Truchsess von Waldburg.

Abb. 110　Georg Abraham von Arnim.

Abb. 114
Bodenreform-Urkunde für Helene von Stülpnagel.

Abb. 117 Wappen des Ritters des Schwarzen Adlerordens, Joachim Bernhard von Prittwitz und Gaffron.

Abb. 121 Albrecht Konrad Finck von Finckenstein.

Dieter Weigert

1792–1794 – „Der ganze Krieg ist ein politischer Rechnungs Fehler"[1]

Am Ende des Jahrhunderts ziehen die Preußen nach 30 Jahren Frieden wieder in den Krieg. Unter den Offizieren, die in der Garnisonkirche oder auf dem Kirchhof an der Linienstraße beigesetzt wurden, sind auch Persönlichkeiten, die an den Feldzügen des nachfriderizianischen Preußen gegen das revolutionäre Frankreich 1792–1794 und gegen die polnischen Aufständischen 1794 teilnahmen und in ihren Lebenserinnerungen, ihren Briefen oder ihren militärhistorischen Analysen eindrucksvolle Schilderungen der Feldzüge, der politischen Entwicklungen und vieler persönlichen Details ihres Offiziersdaseins hinterlassen haben.

Valmy

Auch die Militärpfarrer sind beim Feldzug gegen das revolutionäre Frankreich dabei – die bekanntesten waren August Heinrich Julius Lafontaine und Christian Friedrich Wehrhahn. Lafontaine (1758–1831), Feldprediger im Infanterieregiment No. 3 (ehemals Regiment des „Alten Dessauers"), stammte aus Braunschweig, war ein vielschreibender und zu seiner Zeit vielgelesener „Romanpfarrer". Herkunft und Studium hatten ihn nicht gerade für eine Feldpredigerkarriere in Preußen prädestiniert – Sohn eines Künstlers, Absolvent der herzoglich-braunschweigischen Universität Helmstedt (nicht wie gewohnt Halle/Saale), Lehrer am berühmten „Carolinum" in Braunschweig, mit 26 Jahren Hauslehrer in einer preußischen Familie. Aber gerade diese Stelle führte ihn ins Feld – die Familie war die des Obersten, ab 1788 des Generals Johann Leopold von Thadden (1735–1817), Chef jenes Infanterieregiments No. 3, dem der belesene und weltgewandte Theologieabsolvent gefiel und der ihn kurz entschlossen zu seinem Feldprediger machte. Lafontaine war auch darin eigen, dass er nach Beendigung des Dienstes als Feldprediger keine der ihm angebotenen gutdotierten Stellen als Stadtpfarrer annahm, sondern das Risiko eines freien Autors dem Staatsdienst vorzog.

Wehrhahn wiederum war Feldprediger im Infanterieregiment No. 49. Das Tagebuch seiner Teilnahme an den Feldzügen von 1792–1795 blieb erhalten, sodass das Leiden dieser Jahre aus der Sicht eines Theologen anschaulich wird: der noch von Belastungen freie Marsch aus der Garnison in Schlesien bis Koblenz, der Vormarsch auf französischem Territorium, dann das Erlebnis der Kanonade von Valmy und der schreckliche Rückzug der von Krankheit geplagten, demoralisierten Truppen zum Rhein. Erschütternd in Wehrhahns Tagebuch die Erfahrung der Tage von Valmy: „Am folgenden Tage begann eine gewaltige Kanonade … In unserer Wagenburg entstand nun das Gerücht, wir seien durch die Franzosen von unseren Truppen abgeschnitten und hätten für die Nacht einen feindlichen Angriff zu gewärtigen … Zum Überfluß begann es den Nachmittag wieder zu regnen und zu stürmen, und eine pechschwarze Nacht umhüllte uns darauf. Ewig werde ich dieser abscheulichen Nacht gedenken. Ich war krank. Ein bösartiger Durchfall … mattete mich ab, und trieb mich jede Viertelstunde aus der Wagenburg hinaus."[2] Der Feldprediger muss die Toten und Kranken versorgen, kann kaum Trost zusprechen, da bricht auch während des Rückzuges sein Feindbild zusammen: „Unser Regiment stand auf einem hohen Hügel auf der linken Flanke, von welchem man, wie von einem Thurme, hinab in das weite Thal schaute, das uns vom französischen Lager trennte. Es überraschte mich nicht wenig, dies feindliche Lager so wohl etablirt zu sehen, da ich bis dahin den allgemeinen Glauben getheilt hatte, wonach man das französische Heer für einen Haufen eilig zusammengeraffter, an Kriegs- und Lagergeräthen Mangel leidender Leute gehalten hatte."[3] Während Lafontaine seine Kriegserlebnisse literarisch in Form von didaktischen Erzählungen und Theaterstücken verarbeitete, bleiben Wehrhahns Tagbuchnotizen unreflektiert. Kritische Einsichten werden bei keinem der beiden Autoren offen ausgesprochen. Eine politische Analyse findet sich in dem schon mehrfach erwähnten Feldprediger-Magazin Küsters. In Band 2, erschienen 1794, setzt er sich mit der Situation im französischen Heer auseinander, beklagt das Fehlen der Religiosität und die Zustände von Anarchie.[4] Als Motiv des starken Kampfeswillens und der Siege der französischen Revolutionsarmee bleibt nur eine Erklärung: die blinde, irrationale Wut. Küster kommt nicht umhin, sich als Theologe der ideologischen Ausstrahlung der Revolution zu stellen. Er fragt: „Ist es ratsam, daß ein Feldprediger über Menschenrechte, Gleichheit und Freiheit katechisiret und predigt?"[5] Und er antwortet – nein, fordert die Auseinandersetzung mit dem „Missbrauch" der Begriffe durch die Franzosen, man müsse den Begriffen ihre „wahre Bedeutung wiedergeben … Wie wichtig ist also die Nothwendigkeit, welche dem deutschen Feldprediger die Verpflichtung auflegt, mit hellem Auge und unermüdetem Geiste, der Irreligion und dem Aberglauben, bey den ihm anvertrauten Heldensöhnen und ihren Vätern, klüglich entgegen zu arbeiten. Dieß muß eine der erheblichen und wohlthätigen Belehrungen seyn, welche er aus dem Hinblicke auf den französischen Revolutionskrieg schöpfet."[6]

Von den gegen das revolutionäre Frankreich ziehenden Offizieren der Berliner Garnisongemeinde war der interessanteste der damalige Leutnant Karl Friedrich von dem Knesebeck (1768–1848). Nach 1814 hatte Knesebeck seinen Wohnsitz in Berlin und gemeinsam mit seiner Gemahlin wird er zu einem aktiven Mitglied der evangelischen Garnisongemeinde. In der Kirche traut ihn 1815 Pfarrer Ziehe, seine Kinder werden dort getauft und 1848 findet dort die offizielle Trauerfeier der Garnison statt, bevor der Generalfeldmarschall auf dem Alten Offiziersfriedhof beigesetzt wird.

Doch zurück ins Jahr 1792. Einer der Schnittpunkte der Geschichte der preußischen Armee und der Biografien ihrer Offiziere war die Kanonade von Valmy am 20. September 1792, die durch Goethes bekannten Satz „Von hier und heute geht eine neue Epoche der Weltgeschichte aus, und ihr könnt sagen, ihr seid dabei gewesen", Berühmtheit erlangte.

Der Poet, Offizier, Diplomat Karl Friedrich von dem Knesebeck trat 1782 in das Infanterieregiment von Kalckstein (No. 25) in Magdeburg ein, 1787 wird er zum Regiment Herzog von Braunschweig (Infanterieregiment No. 21) nach Halberstadt versetzt, ein Glücksfall für den literarisch Interessierten, war doch das Harzstädtchen Halberstadt das Zentrum einer literarischen Gesellschaft, in deren Mittelpunkt der Domsekretär Johann Wilhelm Ludwig Gleim (1719–1803) stand. Bekannt ist dessen Freundschaft mit dem Dichter Ewald von Kleist, der im Siebenjährigen Krieg als Major in der Schlacht von Kunersdorf tödlich verwundet wurde und an den Folgen der Verwundung starb.

Karl Friedrich von dem Knesebeck gab sich gern den Musen hin und kultivierte jenes spielerische Ästhetentum, das eigentlich mit altpreußischer Art unvereinbar war.[7] Seine freimütigen Anschauungen und sein selbstständiges, kritisches Denken zeigen vor allem den Einfluss der Aufklärung. Gleichzeitig verehrte er in schwärmerischer Zuneigung Friedrich den Großen. Der Faszination zumindest der Anfangsphase der Französischen Revolution hat er sich nie ganz zu entziehen vermocht, gestand er doch selbst einmal ein, dass er begeistert einem Volk anhing, das auf dem Wege war, sich eine gute Verfassung zu geben, und dass er mit Freunden in Entzücken geriet, als alle Stände ihre Vorrechte freiwillig niederlegten.

Ab 1788 schreibt Knesebeck in den „Gemeinnützigen Blättern" Halberstadts Aufsätze und hält Vorträge. Die Gemeinschaft in Halberstadt inspirierte

Knesebecks Schreibversuche und vermittelte Kontakte zu anderen schreibenden Militärs wie de la Motte Fouqué und Heinrich von Kleist.[8]

Über den Militär von dem Knesebeck und seine Verdienste bei der Reorganisation der preußischen Armee vor und nach 1806 ist viel geschrieben worden. Hermann von Boyen („Denkwürdigkeiten und Erinnerungen") charakterisiert ihn als „einen von Natur gutmütigen Menschen", hebt besonders seine „Art von poetischer Natur" hervor. Interessant seine politische Einschätzung: „in den Feldzügen 1793 und 1794 am Rhein hielt man ihn allgemein für einen Jakobiner, späterhin war er aber der totale Gegensatz davon geworden."

Für die Einschätzung der literarischen Arbeiten des Offiziers von dem Knesebeck müssen seine Briefe aus den Feldzügen gegen Frankreich 1792/1795 herangezogen werden. Die meisten dieser Briefe wurden schon im 19. Jahrhundert publiziert[9], vorrangig diejenigen in fast monatlichen Abständen an „Väterchen" Gleim. Die ersten Briefe im Sommer 1792 sind anschauliche Beispiele für „militärische Reiseliteratur". Es sind detaillierte Schilderungen der Landschaft, der Orte, der Menschen, schrittweise auch der politischen Ziele und der militärischen Taktik. Noch kann er sich kein klares Bild von den Prozessen in Frankreich machen, auf den ersten Blick sind die Revolutionäre für ihn „unruhige Tollhäusler", denen nach dem preußisch-österreichischen Marsch nach Paris die Köpfe wieder zurechtgesetzt werden sollten. Knesebeck demonstriert anschaulich, wie kompliziert sich der Prozess der Meinungsbildung bei denen, die sich mit den turbulenten Ereignissen der Revolutionsjahre konfrontiert sahen, gestaltete. Die Briefe charakterisieren den jungen Leutnant als einen sehr informationshungrigen, lernwilligen Mann, der offen und kritisch ist, der sich auf dem Laufenden hält und auch bereit ist, das eigene Urteil zu modifizieren, ja zu revidieren.

Knesebeck beschreibt seine Erwartungshaltung gegenüber Frankreich als den Mittelweg zwischen der alten Despotie und der gegenwärtigen Anarchie. Das einen Monat vor der Kanonade von Valmy, die für die Offiziere seiner Generation einen tiefen Einschnitt in ihr Weltbild bedeutete. War schon in einem Brief aus Verdun vom 3. September sichtbar geworden, dass ein baldiger Einzug in Paris eine Illusion sei, so klingt im Brief aus Koblenz vom 3. Dezember 1792, also nach den Erlebnissen des chaotischen Rückzugs, die Verzweiflung durch – alle Illusionen sind verflogen, kein Sieg in absehbarer Zeit. Erstmals wird im Feldzug die Frage nach Literatur flehentlich nach Halberstadt, nach Neuigkeiten aus der literarischen Gesellschaft geschickt. Die Briefe des Jahres 1792 enden mit der Erkenntnis am 20. Dezember: wären sie doch zu Hause geblieben, hätte man diesen Krieg doch nicht begonnen.

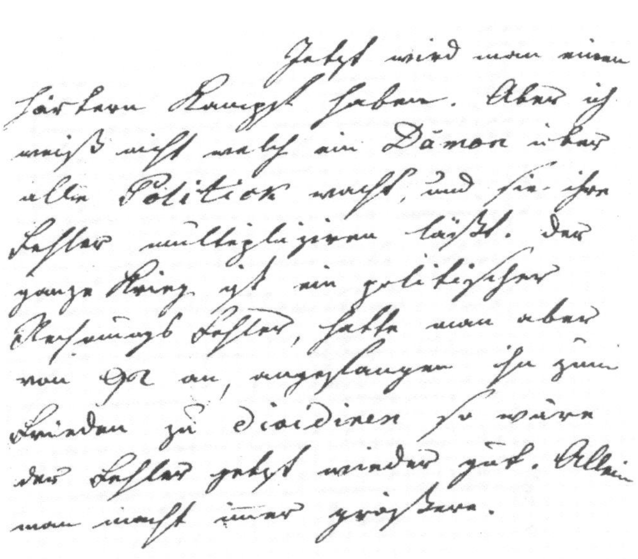

Die Jahre 1793 und 1794 sehen neue Anläufe in der Auseinandersetzung mit der Republik Frankreich, die Briefe nach Hause fast bedrohlich: Was wollen wir hier? Am 8. März 1794 konstatiert Knesebeck aus Mainz den Wunsch nach Frieden auf beiden Seiten, auch Deutschland stehe vor einer Revolution, wenn der Krieg sich in die Länge ziehe. Dann aus dem Hauptquartier Kreuznach am 1. September 1794: die Generale wollen Frieden, die subalternen Politiker aber betreiben weiter das Kriegsgeschäft. „Sonderbares Schicksal in diesem Kriege, daß die größten Feldherren ihn satt werden, und nur die subalternen Köpfe sich träumen, Lorbeeren in ihm zu erwerben, daß die ersten nur den Frieden wünschen, und in ihm Rettung für

Abb. 53 Brief des Leutnants Karl Friedrich von dem Knesebeck an Johann Wilhelm Ludwig Gleim in Halberstadt aus dem Lager Kelkheim „ohnweit Koenigstein" vom 5. November 1794 (Auszug): „Der ganze Krieg ist ein politischer Rechnungs Fehler, hätte man von 92 an angefangen ihn zum Frieden zu dividiren, so wäre der Fehler jetzt wieder gut.

Europas Ruhe sehen, während die letzten immer Alles zum Kriege entflammen."[10] Schließlich jene kritischen Worte aus dem Lager Kelkheim „ohnweit Koenigstein" vom 5. November 1794: „Der ganze Krieg ist ein politischer Rechnungs Fehler, hätte man von 92 an angefangen ihn zum Frieden zu dividiren, so wäre der Fehler jetzt wieder gut. Allein man macht immer größere."[11]

Augenzeugenberichte und in Journalen veröffentlichte Briefe entstehen spontan, sind aus dem unmittelbaren Erlebnis heraus verfasste Aufzeichnungen. Sie gewinnen da an Ausdruckskraft und Farbe, wo sich Autoren nicht auf eine bloße Beschreibung der militärischen Vorfälle beschränken, sondern uns Einblicke gewähren in die Stimmungs- und Bewusstseinslage der Truppen, in die Vorstellungs- und Gedankenwelt von Offizieren und Mannschaften. Knesebecks Briefe offenbaren, wie sehr er psychisch gelitten hat unter der Eintönigkeit des Felddienstes und der auf längere Zeit unterbrochenen Kommunikation mit den Freunden: Sind wir einst wieder in Ruhe, so entfernt mich nichts von den Musen, die Welt ist nirgends schöner, als wie diese sie zeigen. Jetzt aber, ach, wo sind die Musen! Wo ist der Feind, ist die Frage! heißt es voll Wehmut.[12]

Knesebeck wurde 1799 Hauptmann und Inspektions-Adjutant, nach Potsdam versetzt, 1802 zum Major im Generalstab befördert. Als Generalstabsoffizier ist er von 1802–1805 Mitglied der „Militärischen Gesellschaft zu Berlin" unter der Leitung des Reformers Scharnhorst. Politisch bedeutsam ist die 1803 erarbeitete Studie „über eine formidable Landmiliz für den preußischen Staat auf den Fall der Not". Knesebeck entwickelt darin die Idee einer Volksmiliz, einer Landwehr, scheitert aber an der konservativen Militärführung Preußens.

Während der Verhandlungen des Wiener Kongresses heiratet er am 7. Mai 1815 in der Garnisonkirche von Berlin – ebenfalls eine Literatin, Adolphine von Werdeck, geb. von Klitzing. Adolphine war geschieden, Jugendfreundin Heinrich von Kleists. 1817 wurde Karl Friedrich von dem Knesebeck Mitglied des preußischen Staatsrates, 1825 erhielt er seine Ernennung zum General der Infanterie, 1847 zum Generalfeldmarschall. Am 12. Januar 1848 starb der Militär, Diplomat, Künstler und Ehrenbürger Berlins. Bei dreitägiger Armeetrauer wurde er auf dem Alten Garnisonfriedhof mit militärischen Ehren beigesetzt, in einer Grabanlage neben seiner dort bereits 1844 beigesetzten Ehefrau.

Abb. 54   Grabmal des Generals von Holtzendorff auf dem Berliner Offizierskirchhof, Detail.

In den Beisetzungslisten des Kirchhofes finden sich die Namen derer, die mit Knesebeck in den preußischen Regimentern die Erlebnisse vor und nach Valmy teilten: Heinrich von Minutoli (1772–1846), Carl Andreas von Boguslawski (1758–1817), Georg Friedrich Ludwig von Tempelhoff (1737–1807), Johann Eberhard Ernst Herwarth von Bittenfeld (1753–1833), Friedrich Adolf Ludwig von Bismarck (1766–1830), Johann Carl Ludwig Braun (1771–1835), Johann Wilhelm von Krauseneck (1774–1850), Ludwig Mathias Nathaniel Gottlieb von Brauchitsch (1757–1827), Peter von Colomb (1775–1854), Karl Ludwig von Oppeln-Bronikowski (1766–1842), Karl Leopold Heinrich Ludwig von Borstell (1774–1844). Von denen, die in den Grüften der Garnisonkirche beigesetzt wurden, hatten Friedrich Heinrich Ferdinand Graf Kleist von Nollendorf (1772–1823), Karl Ludwig Bogislaw von Goetze (1743–1806), Karl Franz Freiherr von der Goltz (1740–1804), Anton Wilhelm von L'Estocq (1738–1815), Friedrich Adolf Graf von Kalckreuth (1737–1818) an diesen Feldzügen teilgenommen.

Eine wichtige Quelle für das Verständnis der Tage um die Kanonade von Valmy sind ebenfalls die Schriften des Generals Heinrich von Minutoli: „Der Feldzug der Verbündeten in Frankreich im Jahre 1792" (Berlin 1847) und „Militairische Erinnerungen aus dem Tagebuche des Generallieutnants von Minutoli" (Berlin 1845). Minutolis Bericht über den Feldzug von 1792 ist authentisch, er beruht auf den Dokumenten des Großen Generalstabs der preußischen Armee, er ist weder zur Rechtfertigung eigener Entscheidungen, noch zur Abwehr kritischer Meinungen anderer geschrieben. Heinrich von Minutoli war auch einer der Begründer der ägyptischen Sammlungen Berlins, Ehrenmitglied der Preußischen Akademie der Wissenschaften und Erzieher des Prinzen Carl von Preußen.

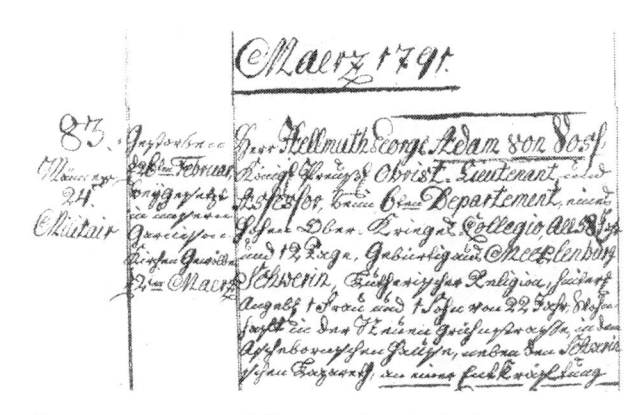

Abb. 55 Eintrag zum Tod des Vaters des Schriftstellers Julius von Voss, George Adam von Voß, in den Militärkirchenbüchern der Berliner Garnisonkirche.

Warschau und Thorn

Nur wenige Schritte entfernt von der Grabanlage der Familie von dem Knesebeck und dem Gedenkstein für Heinrich von Minutoli steht auf dem Offizierskirchhof das Grabmal des Generals von Holtzendorff. Es gehört zu den künstlerisch wertvollsten Grabplastiken aus der Schinkel-Schule. Das Flachrelief aus Bronze zeigt die auf einem Kanonenrohr sitzende Siegesgöttin Victoria, die als erste Ruhmestat des Verstorbenen den Namen Warschau in das Buch der Geschichte schreibt. Warschau war der Ort, bei dessen Belagerung im Juli/August 1794 der Sekondeleutnant Friedrich Karl von Holtzendorff vom Feldartilleriekorps am 29. August 1794 den Orden pour le Mérite erhielt. Julius von Voß, ehemaliger preußischer Infanterie-Hauptmann, dessen Grabmal auf dem Kirchhof nicht mehr erhalten ist, war am 14. Oktober 1794 ebenfalls mit dem Orden geehrt worden – für seine Verdienste bei der Verteidigung der Stadt Thorn gegen die Aufständischen.

Beide preußische Offiziere haben wahrscheinlich nichts voneinander gewusst. Aber beiden war nach dem Erlebnis im Jahre 1794 bewusst geworden, dass die preußische Armee wie schon im September 1792 gegen die französische Revolution im Kampf gegen eine hochmotivierte patriotische Armee zwar Gefechte, nicht aber den Krieg gewinnen kann.

Für das Ansehen beider Offiziersfamilien spricht, dass die Väter von Holtzendorff und von Voß in den Grüften der Garnisonkirche beigesetzt waren – von Holtzendorff als Artillerie-General, George Adam von Voß (1733–1791) als Oberstleutnant und Assessor im Kriegskollegium. Und der Ehre der Familie von Voß wird auch eineinhalb Jahrhunderte später jener Oberstleutnant Hans-Alexander von Voß (1907–1944), Sohn eines königlich-preußischen und kaiserlich-deutschen Generalleutnants gerecht, der als Mitglied der Gruppe der Verschwörer des 20. Juli 1944 in den Tod geht.

---

1 Karl Friedrich von dem Knesebeck, Brief an Gleim aus Kelkheim vom 5. November 1794, Gleimhaus Halberstadt, Hausarchiv Nr. 2279, S. 2.
2 Schild, Bd. 1, S. 186f.
3 Ebenda, S. 189.
4 Feldprediger Magazin, Zweiter Teil.
5 Ebenda, Bd.3, S. 109ff.
6 Ebenda, S. 134, zitiert im Abschnitt „Der Einfluß der Religionsverderbnisse auf die Verderbnisse französischer Kriegsheere in den Jahren 1791-1795", S. 126ff.
7 Zur literarischen Leistung Knesebecks siehe: Dieter Weigert, Preußens schreibende Offiziere, in: Berliner LeseZeichen, 6/7/2000, S. 63ff.
8 Siehe auch Ursula Waetzold, Preußische Offiziere im geistigen Leben des 18. Jahrhunderts, Dissertation, Göttingen 1936.
9 Vgl. Pröhle.
10 Karl Friedrich von dem Knesebeck, Brief an Gleim aus Kreuznach vom 1. September 1794, Gleimhaus Halberstadt, Hausarchiv, Nr. 2277.
11 Karl Friedrich von dem Knesebeck, Brief an Gleim aus Kelkheim vom 5. November 1794, Gleimhaus Halberstadt, Hausarchiv, Nr. 2279, S. 2.
12 Karl Friedrich von dem Knesebeck, Brief an Gleim aus Kreuznach vom 1. September 1794, Gleimhaus Halberstadt, Hausarchiv, Nr. 2277.

Barbara Kündiger
Umbauten, Zerstörungen und Abriss

In der Folgezeit ging es in der Kirche ruhig zu. Das änderte sich wieder nach der Schlacht von Jena und Auerstedt im Oktober 1806 und nach Napoleons Einzug in Berlin am Ende des Monats. Um die Trophäen der Berliner Garnisonkirche davor zu bewahren, wie die der Potsdamer Garnisonkirche als Beute nach Paris verfrachtet zu werden, versteckte man sie – und die Bilder – vor dem Zugriff der französischen Truppen. Bei der Suche nach Beutegut verwüsteten die Truppen die Kirche, zerschlugen das Bildwerk an der Kanzel, zerstörten das Gestühl, rissen das Ziegelsteinpflaster heraus, erbrachen die Särge in den Grüften, plünderten bei den Toten. Fahnen und Bilder wurden jedoch nicht gefunden. Doch damit nicht genug. Die Kirche wurde kurzerhand umfunktioniert: der Saal wurde zum Heuschober, der Altarraum zum Branntweinmagazin. Erst im Februar 1808 fand die Rückübergabe des Gebäudes an die Garnisonkirchgemeinde statt.[1]

Nutzen konnte man die Kirche jedoch noch immer nicht, da das Bauwerk marode war. Von Wasser durchtränkt, drohte die Decke mittlerweile einzustürzen. Verursacht hatte die Schäden ein Kirchendiener, der die auf dem Boden zum Schutz vor Feuer deponierten Wasserbehälter regelmäßig hatte auslaufen lassen.

Umfangreiche Reparaturen standen also an, die aus der Kirchenkasse hätten bestritten werden müssen. Wahrscheinlich ließen um 1809/10 ein Blick aufs kirchliche Guthaben, die Scheu vor der großen Aufgabe, Resignation und der Sinn fürs Praktikable Gedanken aufkommen, die das Aus der Garnisonkirche bedeutet hätten. Da die Regimenter an den Gottesdiensten der umgebenden Kirchen teilnahmen, erwog man den Vorschlag von Generalleutnant von Tauentzien, den Zustand so zu belassen und die Kirche an die wohlhabende St. Petrigemeinde zu verschenken.

General von L'Estocq hat sich offenbar gerade noch rechtzeitig seiner Funktion als Vizepatron der Kirche besonnen und das Ansinnen von Tauentzien abgebogen. Auch Friedrich Wilhelm III. griff nun in die Geschicke der Kirche ein. Er setzte mit Friedrich Wilhelm Schliepstein per königlicher Kabinettsorder vom 14. März 1809 wieder einen Garnisonpfarrer ein. Dieses Amt war unter Friedrich II. nach dem Tod von Johann Caspar Carstedt 1752 nicht wieder besetzt worden. Auch das Gotteshaus wurde behelfsmäßig wieder hergerichtet.[2]

Der 1816 nachfolgende Garnisonpfarrer, Gottlieb Friedrich Ziehe, war ein Mann, der sich mit Provisorien nicht lange aufhielt. Zuerst wandte er sich an den König, um vor allem die nur notdürftig geflickten Fenster von Handwerkern ersetzen zu lassen. In einem Schreiben vom 23. Juli 1816 bewilligte der König die dringlichsten Reparaturen.[3] Als dies getan war, bat er den König, eine gründliche Renovierung der Kirche zu befehlen. Friedrich Wilhelm III. stellte die Gelder bereit und wies am 8. Mai 1817 an, die Kirche für den notwendigen Innenausbau zu räumen.[4]

Vom Provisorium
zur klassizistischen Umgestaltung

Die Umgestaltung des Kircheninneren unter der Leitung von Martin Friedrich Rabe war gravierend. Zwei Veränderungen prägten den Charakter des Innenraums neu. Die mit dickem Gips ummantelten und zu Säulen geformten Pfeiler sorgten wesentlich für den klassizistischen Raumeindruck und der Standort des Altars im Ostteil der Kirche richtete den Raum neu aus.[5]

Die Umbauten allein vor dem Hintergrund der notwendigen Sanierung zu sehen, wäre einseitig. Auch das dreihundertjährige Jubiläum der Reformation, das mit der Neueinweihung der Kirche gefeiert wurde und die gleichzeitige Einführung der unierten Kirche, klären die Umgestaltung nicht hinreichend. Vielmehr diente die Gestaltung veränderten liturgischen Richtlinien, die im Hinblick auf die Kirchenunion erprobt und letztlich in einer Agenda 1817 manifest wurden. Eigenhändig hatte der König im Februar 1816 für den sonntäglichen Gottesdienst eine Liturgie entworfen, die er in der unierten Potsdamer Hof- und Garnisonkirche und in der Berliner Garnisonkirche einführte. Möglich war das durch die Immediatstellung beider Kirchen, die der König, trotz kritischer Stimmen wie der von Schleiermacher, nutzte, um seine Unionsbestrebungen wesentlich als liturgische Reform zu betreiben und dabei im Gegensatz zu kirchlichen Reformern stand, die das Ziel der Union über eine Reform der Kirchenverfassung unter Einführung synodaler Elemente anvisierten.[6] In der neuen Gottesdienstordnung wurden Predigt und Liturgie tendenziell getrennt. Die Predigt geriet dabei nur noch zur Randsache, der Kirchengesang wurde stark beschränkt, die Responsorien so gut wie abgeschafft. Diese Gottesdienstordnung brachte Kritik hervor, wurde ein wenig verändert und sollte nun per Anordnung auch an der Berliner Hof- und Domkirche eingeführt werden.[7] Ein weiteres Studium historischer Agenden aus anderen Regionen und Ländern führte wiederum zu Korrekturen, dabei auch zur Aufnahme von älteren lutherischen und altchristlichen Ritualen, bis aus des Königs Feder die „Kirchen-Agende für die Königlich Preußische Armee, Weihnachten 1821" floss.[8]

Die Notwendigkeit der gründlichen Kirchenrenovierung fiel somit in eine Zeit, als die königlichen Pläne zur Veränderung der Liturgie reiften. Es lag nahe, die

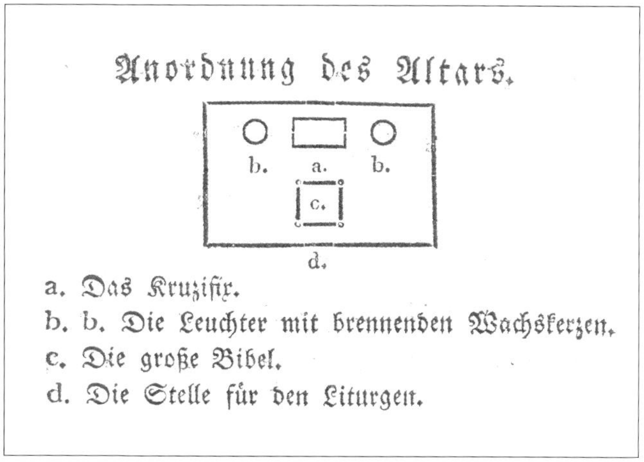

Abb. 56 Altaranordnung aus der Kirchen-Agende für die Königlich preußische Armee, Weihnachten 1821.

Garnisonkirche nicht nur in den alten Stand zu setzen, sondern sie so umzugestalten, dass sie den Anforderungen der neuen Gottesdienstordnung entsprach. Das Anpassen der räumlich-gegenständlichen Struktur an die veränderte Liturgie war die Folge. Die Kanzel als Ort der Predigt stand nicht mehr im Mittelpunkt der Liturgie, der Altar hatte seine zentrale Stellung wieder zurückbekommen. Nach altchristlicher Tradition wurde er im Ostteil der Kirche aufgestellt. Der Altarbereich, um zwei Stufen vom allgemeinen Bodenniveau erhöht, wurde als besonderer kenntlich. Der Altar, geschmückt mit Bibel, Kruzifix und zwei Leuchtern als Zeichen der Union, wurde zum Focus der liturgischen Achse. Damit erfuhr der Innenraum der Garnisonkirche eine grundlegende Neuorientierung. War in ihrem ursprünglichen Zustand der Saalcharakter, wesentlich auch durch die quer verlaufende Liturgieachse mit Kanzel, Altartisch und Taufstein, kennzeichnend, erfuhr der Raum jetzt eine Längsorientierung entsprechend der liturgischen Achse mit dem Altar am Ostende des Mittelschiffes und dem vor den Stufen platzierten Taufstein. Der Innenraum nahm den Charakter eines Hallenbaus an.

Die Frage nach der Gestaltung des Altares bei der Einweihung der restaurierten Kirche am 29. Oktober 1817 in Anwesenheit des Königs ist nicht eindeutig zu klären. Denn die auf dem Altartisch stehenden Leuchter, das Kruzifix und zwei den Altar flankierende Kandelaber waren erst als Neujahrsgeschenke des Königs am 30. Dezember 1820 an die Kirche gekommen, zuvor waren sie „als Kunstprodukte bei der ... Kunstausstellung"[9] im gleichen Jahr präsentiert worden. So lässt die Bemerkung von Adolph Strauß: „Der Altar konnte wegen unzureichender Mittel nicht mehr in so glänzender Weise hergestellt werden, als der König es beabsichtigte"[10] offen, ob der bisherige Tischaltar aus Eichenholz oder ein neuer und bereits zusätzlich ein Retabel mit Altarblatt zur Einweihung vorhanden war.

Folgt man der Annahme, dass das neue liturgische Zentrum, der Altar, nicht ohne Altarblatt zur Einweihung gezeigt wurde, ist es sicher, dass es sich nicht um das Gemälde „Christus am Ölberg" von Karl Begas d. Ä. handelte. Der König hatte es gerade 1817 in Auftrag gegeben und erst ab 1819 war es in der Kirche zu sehen. Möglich ist dagegen, dass das Gemälde „Christus am Kreuz" von Karl Wilhelm Wach den Altar zierte. Es ist wahrscheinlich, dass der König bei seinem Parisaufenthalt 1817 nicht nur die Arbeiten von Begas, sondern auch die von Wach kennen lernte und das Bild für die Garnisonkirche erwarb.

Nach der Neugestaltung schmückten Gedächtnistafeln für die Gefallenen der Kriege von 1813–1815 die Kirchenwände. Derartige Tafeln wurden auch in anderen preußischen Kirchen aufgestellt und basierten auf einem einheitlichen Grundmodell. Bereits im Januar 1816 erfolgte eine Korrespondenz zwischen dem Königlichen Geheimen Kabinettsrat Albrecht und dem Geheimen Oberbaurat Schinkel über deren Gestaltung. Der erste Entwurf für die Gedenktafeln stammte von Friedrich Wilhelm III. Die königliche Skizze[11] zeigt eine ungerahmte rechteckige Tafel, die unter einer angedeuteten Schriftzeile zwei Spalten für die Namenseinträge vorsah und über dem Schriftzug mittig mit einem Eisernen Kreuz und seitlich je mit einem Feston verziert war. Schinkel, beauftragt die königliche Skizze zu beurteilen, antwortete: „Als ich diese hatte auszeichnen lassen fand ich, daß sich das Ganze etwas kahl mache und besonders neben dem Kreuz zu beiden Seiten eine unangenehme Leere entstand, auch gab das Randlose dem Ganzen zu sehr den Effecten der Nichtvollendung und eines rohen Bretts."[12] Er schlug seinerseits Entwürfe vor. Als der König sich entschieden hatte – letztlich für den eigenen Entwurf mit den von Schinkel vorgeschlagenen ergänzenden Umfassungsleisten und

Abb. 57 Entwurf der Gedächtnistafeln für die Gefallenen der Kriege 1813–1815 von Friedrich Wilhelm III. 1816.

einem schmalen Gesims – wurde die Vorlage als Holzschnitt vervielfältigt, dem König vorgelegt und zirka siebentausend Tafeln für die preußischen Kirchen angefertigt.

Dachkreuze mit Blitzableiter

Am 31. Mai 1822 fand die Feier für das hundertjährige Bestehen des neuen Kirchengebäudes statt. Die Gelegenheit bot Anlass darüber nachzudenken, wie der zwar große doch anspruchslose Kirchenbau im Stadtbild hervorgehoben und als Kirche kenntlich gemacht werden könnte. Ein Turmbau wurde erwogen. Grundsätzlich stand der königliche Patron einer Aufwertung des Kirchengebäudes nicht abgeneigt gegenüber, doch ordnete er eine Sparvariante an. Kein teurer Turm sollte die Kirche zieren, sondern zwei vergoldete Eisenkreuze auf jeder Giebelspitze des Daches würden genügen, um sie von anderen öffentlichen und profanen Gebäuden zu unterscheiden. Für diese Lösung entschied sich der König Ende Oktober 1822.[13] Er erteilte seine Anordnungen, die über das Kriegsministerium an

Schinkel gingen. Garnisonpfarrer Ziehe, der von den Giebelkreuzplänen erfuhr, geriet darüber in Sorge, die Kreuze würden zu klein oder die Kirche ihr Aussehen in ein Magazin verwandeln und wandte sich an Schinkel mit Vorschlägen und der Bitte, die Kreuze auf Sockel zu stellen und in ein angemessenes Verhältnis zur Kirche zu bringen. Unterdessen lag Schinkel eine Skizze von königlicher Hand vor, die zum Vorbild zu nehmen war. Am 12. November ließ Schinkel ein hölzernes Probekreuz mit Knopf und Untersatz auf dem Dach errichten und prüfte die Nah- und Fernwirkung. Nach dem Test zeichnete Schinkel die endgültige Form, legte die Maße fest, gab die Kreuze in Auftrag. Im Schreiben an den Kriegsminister vom 14. November über den Stand der Dinge riet er dazu, wegen der aufragenden Metallkörper die Kirche nunmehr mit Blitzableitern zu versehen. Die Blitzableiter sollten die Kreuze miteinander verbinden und an jeweils einer Seite in die Erde geleitet werden. Die Kreuze waren im Dezember schon positioniert. Im Februar 1823 mahnt Schinkel das vollständige Anbringen der Blitzableiter nochmals an. Als im April für das Aufstellen der Kreuze 2.100 Taler bezahlt werden sollten, schien die Summe ungebührlich hoch. Schinkel wurde konsultiert, verwies auf die während der Arbeiten aufgekommene große Kälte, die eine schnelle Ablösung der Arbeiter, guten Lohn und heiße Getränke notwendig machte.[14]

Da die Umbauarbeiten von 1817 sehr schnell vonstatten gehen mussten, führte man sie nicht mit aller Sorgfalt aus. Bereits am 31. März 1830 meldete ein Schreiben aus dem Kriegsministerium an die Oberbaudeputation Mängel am Putz und den Gesimsen.[15] Am 27. April untersuchten Schinkel, Baurat Hampel und der Geheime Regierungsrat Triest die Garnisonkirche und legten eine umfangreiche Bestandsaufnahme vor. Die Kirche befand sich in einem höchst bedenklichen Zustand: die Balken verrottet, zum Teil mit Wurmfraß, dazu Regenwasserschäden, Schwamm, verfallene Fenster, herabbröckelnder Putz. Vorschläge für die notwendigen Instandsetzungsarbeiten schlossen sich dem Protokoll an.[16] Jedoch reparierte man die Schäden erst 1833. In der neu hergerichteten Kirche bekam 1835 das vom König erworbene Bild „Christus vor Pilatus" von Wilhelm Hensel einen Platz auf der Ostseite über dem Altar.

Erst 1854 erhielt die Kirche wieder ein neues Ausstattungsstück von Bedeutung. Friedrich Wilhelm IV. hatte vollendet, was seinem Vater nicht gelungen war, und der Kirche 1853 einen neuen Altar gestiftet. In Auftrag gegeben wurde der Altar beim Architekten des Königs, Friedrich August Stüler. Der entwarf einen marmornen Ziborium-Altar, in den das Bild von Begas „Christus am Ölberg" eingesetzt wurde. Mit dem Aufstellen des Altars war die Umgestaltung der Ostseite im Sinne Friedrich Wilhelms III. nach den Gestaltvorstellungen Friedrich Wilhelms IV. fertig gestellt.

Von der Rekonstruktion zur neobarocken Gestalt

Im Auftrag des neuen Kirchenpatrons Wilhelm I., König seit 1861, wurde die Kirche 1863 ein weiteres Mal rekonstruiert. Die Arbeiten leitete Ferdinand Fleischinger, der die Restaurierung nach Friedrich August Stülers Angaben durchführte. In die hohen Rundbogenfenster wurden gelbgebrannte Terracottapfosten mit antikisierendem Kapitell eingesetzt und die ursprünglichen durch Holzsprossen zusammengesetzten Scheiben durch bleiverglaste ersetzt. Das eingefügte Pfosten- und Gebälkwerk stammte „mit ziemlicher Sicherheit aus der Marchschen Tonwarenfabrik in Charlottenburg, welche die Entwürfe Stülers für diese und andere Architekturkeramik in enger Zusammenarbeit mit dem Architekten ausführten."[17] Der Innnenraum erhielt eine polychrome Farbfassung. Bibelsprüche und Sinnbilder verwiesen auf die Besonderheit, ein Gotteshaus für das Militär zu sein. Die Kirchenbänke bekamen einen eichenholzfarbenen Anstrich, die Vorbauten, die die Orgel verdeckten, wurden entfernt, die Offizierslöge vergrößert. Die Kanzel[18] erhielt eine Farbfassung, die dem Marmor des Altars angeglichen war und einen größeren Schalldeckel. Der Fliesenfußboden wurde mit Asphalt versiegelt, das Dach ausgebessert. Die größte Annehmlichkeit, die in der Kirche installiert wurde, war die Luftheizung. Außerdem betrieb eine neu eingerichtete Gasbeleuchtungsanlage fünf Kronleuchter. Das Äußere veränderte frischer Putz. Statt der barocken Bänderung war nun ein gleichmäßiger Quaderputz zu sehen. Am auffälligsten war sicherlich im äußeren Erscheinungsbild das über dem südlichen, straßenseitigen Giebel aufgerichtete Kreuz. Ursprünglich war vorgesehen, den Giebel zusätzlich mit einer aus Sandstein gemeißelten biblischen Figurengruppe zu versehen, doch wie so oft, auch diesmal war das Budget zu knapp. Am 8. November wurde die Kirche im Beisein des Königs und des Kronprinzen wiedereröffnet.

Blieb der klassizistische Charakter des Innenraumes bei dieser Wiederherstellung wenig berührt, veränderte die Umgestaltung zwischen 1899 und 1900 diesen völlig. Höfische Architektur, unter Kaiser Wilhelm II. gebaut, präsentierte sich pompös, mit herrschaftlichem Impetus, wobei durchaus auf verschiedene Stile der Vergangenheit zurückgegriffen wurde. Im Fall der Garnisonkirche fiel die Wahl auf einen neobarocken Formenkanon. Die Bauräte Wieczorek und Wutsdorff leiteten die Arbeiten. Die Flachdecke verwandelte man mit Hilfe von Rabitzelementen in ein Gewölbe. Die 1893 vor dem Abbruch des Doms in die Kirche gebrachte und von Schinkel entworfene Kanzel wurde ausgetauscht. Offenbar kam nun wieder die alte Kanzel von Gerlach zu Ehren.[19] Da der Ziborium-Altar von Stüler in seinen antikisierenden Formen mit dem neobarocken Grundgestus der Ausstattung nicht mehr harmonisierte, wurde er in einem oberen Nebenraum der Kirche abgestellt und der Altarrahmen der Kanzel angepasst. Die Wand hinter dem Altar erhielt eine Holzvertäfelung und das vormals über dem Altar hängende Bild „Christus vor Pilatus" einen Platz an der Ostwand des südlichen Seitenschiffes. Die Sitzplätze wurden erneuert, die Brüstungen der Emporen mit Bibelsprüchen in vergoldeten Buchstaben verziert und die Königsloge ebenerdig an die Seite des Altars verlegt. Fahnen aus dem Zeughaus, ein Geschenk des Kaisers an die Gemeinde, schmückten die Säulen. Wiederum erhielt die Kirche neue Fenster, diesmal aus farbigem Glas. Nach der Umgestaltung war die Kirche auch im Stadtraum sichtbar und hörbar. Ein offener quadratischer Dachreiter mit Haube und Laterne, mittig platziert, trug zwei Glocken.[20]

Als am 23. Dezember 1900 die Wiedereinweihung stattfand, war es ein Ereignis, an dem die Berliner Gesellschaft teilnahm. Nicht nur die kaiserliche Familie, Vertreter des Hofstaats, Minister und Kirchenvertreter, Abordnungen der Regimenter, auch der Rektor der Universität, die Berliner Bürgermeister hatten sich versammelt. Der Kaiser, offenbar hoch zufrieden, formulierte nach der Zeremonie seinen Gefallen über den erneuerten Bau.[21]

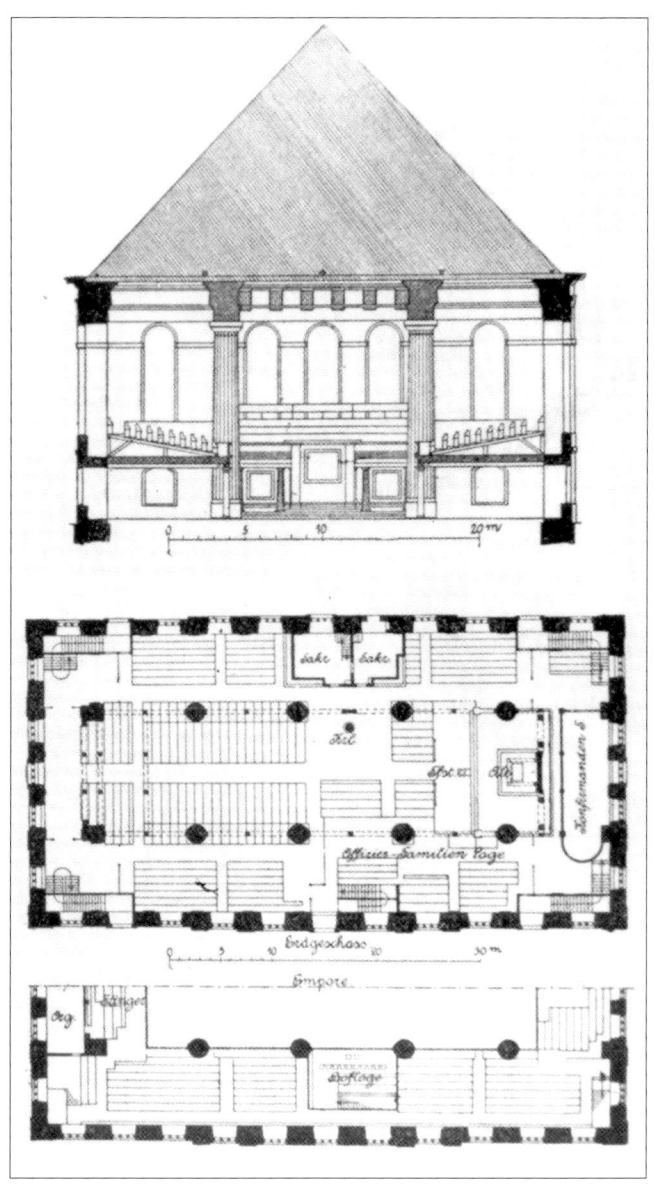

Abb. 58 Querschnitt, Erdgeschossgrundriss und halber Emporengrundriss, 1896. Die dorischen Säulen sind erst beim Umbau 1817 durch Gipsummantelung der Pfeiler entstanden. Bei der Rekonstruktion 1863 sind sie nicht verändert worden. Erst 1899/1900 erhalten sie glatte Schäfte und korinthisierende Kapitelle.

Exkurs: Neue Kirchen für die Garnison

Wie schon anhand der Umbauten und Renovierungen der Garnisonkirche deutlich wurde, war das 19. Jahrhundert geprägt von der Suche nach dem zeitgemäßen Stil. Bereits 1828 formulierte Heinrich Hübsch die Frage „In welchem Style sollen wir bauen"[22] und schnitt damit die zentrale Themenstellung an. Die Sakralarchitektur war in diese Fragestellung nicht nur einbezogen, sie war auch die Architekturgattung, über die am heftigsten diskutiert wurde. Im Laufe der Kontroversen, an der Architekten und Theologen beteiligt waren, gab es mehrere Versuche, diese Debatten zu kanalisieren und verbindliche Richtlinien aufzustellen. So mündete das Ringen um die ideale Gestalt evangelischer Kirchen nach mehreren Zwischenstufen im so genannten Eisenacher Regulativ 1861, in dem Grundrissformen, Altar- und Turmstellung und die Orientierung an mittelalterlichen Stilen empfohlen wurde. [23] Für Preußen trat es allerdings modifiziert in Kraft. In Reaktion darauf formierte sich bereits in den Achtzigerjahren eine Gegenbewegung, die sich 1894 zusammenfand und die Thesen des Eisenacher Regulativ debattierte. Für die Kirchenbauten auf preußischem Gebiet lieferte Konsistorialpräsident Schmidt den entscheidenden Beitrag. Er formulierte, dass das „seinerzeit in Eisenach erarbeitete Regulativ zu keinem Zeitpunkt von der preußischen Kirchenregierung irgend einer Baubehörde zur Auflage gemacht wurde und daher keinerlei Gesetz oder Reglement für den evangelischen Kirchenbau in Preußen existiere."[24] So waren die preußischen Kirchenbauten zwar im Umkreis dieser Debatten, aber ohne eine einschränkende institutionelle Aufsicht entstanden. Für den katholischen Kirchenbau sind in dieser Zeit keine so grundsätzlichen Diskussionen zu verzeichnen. Der nach dem Tridentinischen Konzil wesentlich gleich gebliebene Messritus behinderte die Aufnahme der traditionellen Bautypologie nicht. Ein häufiger angesprochenes Problem war eher, eine typologische Unterscheidbarkeit zu den evangelischen Gotteshäusern zu bewahren. Doch bereits bei der Michaelskirche wären Grundriss und Formenkanon auch für eine evangelische Kirche anwendbar gewesen. „Für das Gotteshaus des fortgeschrittenen 19. Jahrhunderts gilt, dass sich beide Konfessionen gewöhnlich nur noch in von Kundigen wahrgenommenen Nuancen voneinander unterscheiden."[25] Die in Berlin gebauten drei neuen Garnisonkirchen reihen sich ein in den Prozess des Suchens nach einer zeitgemäßen Gestaltung.

Abb. 59 Innenansicht der Garnisonkirche nach dem Umbau 1899/1900 mit Blick auf den Altar mit neobarockem Retabel und dem Bild von Karl Begas „Christus am Ölberg", „Christus vor Pilatus" von Wilhelm Hensel über der Empore rechts.

Als Friedrich Wilhelm IV. 1844 eine zweite katholische Kirche – die Grundsteinlegung für die Hedwigskirche im Forum Friderizianum war knapp hundert Jahre früher erfolgt – in Berlin bewilligte, war daran die Bedingung geknüpft, dass diese Kirche auch dem Bedürfnis nach einer katholischen Garnisonkirche gerecht werden sollte. August Soller, selbst Katholik und im Ressort Kirchenbau der Oberbaudeputation tätig, erhielt den Auftrag. Das Grundstück in bester städtebaulicher Lage am Engelbecken stiftete der König. Das Kirchengebäude sollte helfen, die noch wenig besiedelten Luisenstadt mit einer Dominante zu strukturieren und überdies am Engelbecken einen attraktiven Abschluss des Luisenstädtischen Kanals zu setzen. Mit dem Bau wurde allerdings erst 1850 begonnen; er zog sich dann bis 1856 hin und war nach einer Baupause erst 1861 vollendet. Entwürfe zeichnete Soller bereits 1845, wandelte die erste Idee einer dreischiffigen Basilika dann aber ab, fasste einen Zentralbau ins Auge, kehrte zurück zum Modell der Basilika, um sich letzt-

Abb. 59a Michealskirche von August Soller im Jahr 1859. Historische Postkarte nach einem Stich von L. Deder.

lich für einen Kuppelbau zu entscheiden. Im Ergebnis entstand eine klar gegliederte dreischiffige Hallenkirche mit Querschiff und dreiapsidialem Chor, Vierungskuppel und betonter Eingangsfassade. Über dem beherrschenden Eingangsmotiv, der großen Bogennische, ragte ein Glockengiebel auf, der die von August Kiss geschaffene Statue des Heiligen Michael – Namenspatron der Kirche und Schutzpatron der christlichen Heere – trug. Im Innenraum wurde Soller vom König auf das Vorbild San Salvatore in Venedig von Sansovino verpflichtet, erkennbar an den vier hintereinander gereihten Kuppelräumen. So wie die Bauelemente in einem ausgewogenen Verhältnis zueinander standen, befanden sich die stilistischen Motive im Einklang. Der mit gelb- und orangebraunen Ziegeln bandartig verblendete Mauerwerksbau im Rundbogenstil wies darüber hinaus Merkmale oberitalienischer Renaissancebauten auf, zeigte Strebepfeiler als Reminiszenz mittelalterlicher Formen und Anklänge antiker Formenelemente. Als besonderer Reiz der Lage erwies sich das Wasserbecken, das nicht nur die Eingangsfront spiegelt, sondern auch eine Distanz zum Gebäude schuf, es damit gleichsam hervorhob. Von der 1944/45 stark zerstörten Kirche wurde zwischen 1952 und 1974 das Querschiff und der Chor wiederhergestellt, 1980 erfolgte die Reparatur der Kuppel.

Im letzten Jahrzehnt des Jahrhunderts erhielt Berlin noch zwei Garnisonkirchen, eine evangelische und eine katholische. Die Kirchen wurden in der Nähe des Tempelhofer Feldes gebaut, da hier ein Teil der Garnison stationiert war. Die Einweihungsfeierlichkeiten beider Garnisonkirchen mit militärischem Zeremoniell und der Anwesenheit des Kaiserpaares fanden am 8. Mai 1897 statt.

Baubeginn der Evangelischen Garnisonkirche auf dem Südstern in Kreuzberg war 1893, drei Jahre später waren die Bauarbeiten abgeschlossen. Nach dem Entwurf von Arwed Roßteuscher wurde die dreischiffige Hallenkirche, mit Querschiff und polygonalem Chor über kreuzförmigem Grundriss in neogotischem Stil errichtet. Ein Turm von neunzig Metern ragt an der Westseite in die Höhe. Die Kirche beherrscht den Platz als Baukörper und Höhendominante. Der mit Sandstein verblendete Mauerwerksbau erlitt keine Kriegsschäden. Der Bau dieser zweiten evangelischen Garnisonkirche führte dazu, dass die Kirche von 1722 nun oftmals als die „alte Garnisonkirche" bezeichnet wurde.

In der Hasenheide, in der Nähe vom Südstern, begann ein Jahr später der Bau der zweiten katholischen Garnisonkirche, der heutigen St. Johannes-Basilika in Neukölln. Die Fertigstellung der Kirche nach dem Entwurf von August Menken dauerte bis 1897. Neoromanische Formen charakterisieren das Äußere der kreuzförmigen Basilika, deren Eingangsseite eine westwerkartige Turmfront beherrscht. Im Innenraum dagegen erinnert das die Vierung überspannende Sterngewölbe an Formen der Spätgotik. In den letzten Tagen des Zweiten Weltkrieges wurde die Kirche beschädigt, konnte aber weiterhin genutzt werden. Bei Reparaturen und Umgestaltungsarbeiten wurde die Kirche erneuert und war 1978 wiederhergestellt.

Der Brand 1908

Wer in den Abendstunden des 13. April 1908 in die Nähe der Garnisonkirche kam, dem stieg beißender Qualm in die Nase, der sah Flammen aus den Kirchenfenstern schlagen und konnte das Krachen einstürzender Wände hören. Die Garnisonkirche stand in Flammen, in den Nachtstunden war sie nur noch eine Ruine.

Ein Schwelbrand hatte sich vermutlich über längere Zeit unbemerkt ausdehnen können. Als die Feuermeldung um 19 Uhr 48 auf der Wache in der Keibelstraße eintraf, rückte kurze Zeit später der erste Löschzug aus, weitere aus anderen Feuerwachen folgten. Der Brandherd lag offensichtlich im westlichen Teil der Kirche, auf der Orgelempore. Starke Rauchschwaden behinderten die Löscharbeiten und erschwerten die Orientierung. Als der Branddirektor kurz nach 20 Uhr eintraf, blieb ihm nur festzustellen, dass die Kirche verloren sei, da er davon ausgehen musste, das sich das Feuer über das Scheingewölbe aus Rabitzdecken zur Balkenanlage des Dachstuhls durchgefressen hatte,

Abb. 60 Feuerwehreinsatz beim Brand der Garnisonkirche am 13. April 1908. Historische Postkarte.

Putzteile bereits herunterfielen. Er gab den Befehl, die Räume unter den Emporen zu halten und das Hauptschiff wegen der Einsturzgefahr nicht mehr zu betreten. Nachdem die Kronleuchter heruntergerauscht waren, bleckte die Glut durch die Decke. Der Branddirektor konzentrierte sich nun darauf, mit seiner Mannschaft den östlichen Kirchenteil vor dem völligen Ruin zu retten, standen hier doch die wichtigsten liturgischen Utensilien. Gegen 21 Uhr war das Feuer zum Glockenturm durchgebrochen, der bald darauf einer brennenden Fackel glich. Die Hitze wurde unerträglich, das Feuer drohte auf die umstehenden Häuser überzu-

Abb. 61 Innenraum der brandzerstörten Garnisonkirche mit herabgestürzten Trümmern, Kanzel und Altar. Historische Postkarte.

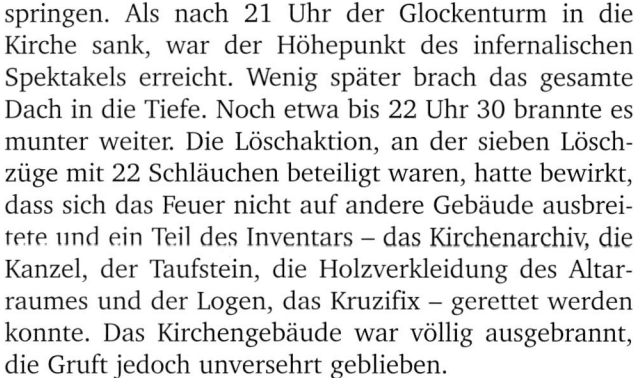

Abb. 62 Kartusche über der Kaiserloge nach dem Wiederaufbau der Kirche 1908/09. Otto Richter.

springen. Als nach 21 Uhr der Glockenturm in die Kirche sank, war der Höhepunkt des infernalischen Spektakels erreicht. Wenig später brach das gesamte Dach in die Tiefe. Noch etwa bis 22 Uhr 30 brannte es munter weiter. Die Löschaktion, an der sieben Löschzüge mit 22 Schläuchen beteiligt waren, hatte bewirkt, dass sich das Feuer nicht auf andere Gebäude ausbreitete und ein Teil des Inventars – das Kirchenarchiv, die Kanzel, der Taufstein, die Holzverkleidung des Altarraumes und der Logen, das Kruzifix – gerettet werden konnte. Das Kirchengebäude war völlig ausgebrannt, die Gruft jedoch unversehrt geblieben.

Der Brand war ein – wenn auch trauriges – Ereignis in der Stadt. Weithin leuchtete das Feuer, das nach und nach eine Menschenmenge angelockt hatte, die vor den Absperrungen der Polizisten Halt machen musste. Auch der Kronprinz und seine Frau kamen zum Brandort, zeigten damit Betroffenheit und Teilnahme. Als der Kaiser, zu diesem Zeitpunkt auf Korfu, dort von der Nachricht erfuhr, ordnete er den Wiederaufbau der Kirche an. Doch bevor es ans Werk ging, waren Überlegungen angestellt worden, um vor solcher Feuersbrunst künftig besser gefeit zu sein. Der Branddirektor hatte Vorschläge für den Wiederaufbau der Kirche gemacht. Darin plädierte er unter anderem für eine feuersichere Deckenkonstruktion, die Anlage eines Ziegel gedeckten Mansardendaches mit eiserner Konstruktion, Treppenkonstruktionen bis zum Dach,

Ventilationsöffnungen, Dacheinstiegsluken für die Feuerwehr, eine glutsichere Ummantelung von Eisenkonstruktionsteilen an Decken, Gewölben und Turm, einen zweiten Zugang zur Gruft und für Gefahren mindernde Maßnahmen im Orgelbereich.[26]

Nach den Aufräumungsarbeiten ging der Aufbau der Kirche rasch voran. Schon im Mai 1908 erhielten die Bauräte Wutsdorff und Gestenberg Bewerbungsschreiben von Firmen um Aufträge.[27] Als am 29. August 1909 die Kirche wiedereingeweiht wurde, hatte sich ihr Äußeres bis auf die Dachform – statt des Walmdachs trug sie ein Mansardendach – nicht geändert. Doch der Innenraum zeigte Neues. Ein Tonnengewölbe überspannte nun das Schiff, getragen von Säulen aus Friedersdorfer und Kapitellen aus Warthauer Sandstein. Ein bemerkenswertes Detail wird aus den Akten ersichtlich. Nach dem Brand hat man nicht etwa tabula rasa gemacht, sondern aus der Ruine verwertbares Material zum Wiederaufbau herangezogen. So belegt eine von Gerstenberg mit „anerkannt" und seiner Unterschrift versehene Zeichnung, eingereicht von Steinmetz Carl Schilling, dass die neuen Säulen eine Kombination aus noch vorhandenen Trommeln und neu gefertigten waren.[28] Auch die beim Brand unbeschädigt gebliebenen farbigen Glasfenster hinter dem Altar wurden wieder eingesetzt, die anderen erneuert. An die Stelle des verbrannten Altarbilds von Karl Begas kam das Bild „Christus" von Anton von Werner. Andere figürliche und

Abb. 63   Ruine der Garnisonkirche nach 1945. Die Straße ist bereits vom Schutt geräumt und erste Sicherungsmaßnahmen an der Kirche, wie das Zumauern von Türen und Fenstern, sind schon erfolgt.

ornamentale Plastik stammte vom Berliner Bildhauer Otto Richter. Die neue Orgel war ein Werk der Firma Sauer aus Frankfurt/ Oder. Ein Prospekt, dem historischen der Wagner-Orgel nachgebildet – auch in den beweglichen Details –, zierte das Instrument.

Brandbomben und Zentrumsplanung

Dieser Wiederaufbau der Garnisonkirche 1908/09 war die letzte unfassende Baumaßnahme an dem Gotteshaus.[29] Als am 23. November 1943 Brand- und Sprengbomben die Garnisonkirche trafen, brannte sie völlig aus. Im Oktober 1949 wurden die noch erhaltenen Särge aus der Gruft auf den Stahnsdorfer Südwest-Friedhof überführt.

Die Kirchenruine stand noch, als in Berlin der „Ideenwettbewerb zur sozialistischen Umgestaltung der Hauptstadt der DDR, Berlin" vom 7. Oktober 1958 bis zum 15. April 1959 lief[30], der sich auf den Kern des Stadtzentrums vom Brandenburger Tor bis zum Alexanderplatz bezog und im Bereich zwischen Alexanderplatz und Marx-Engel-Platz – heute Schlossplatz – sowie zwischen Karl-Liebknecht-Straße und Rathaus-

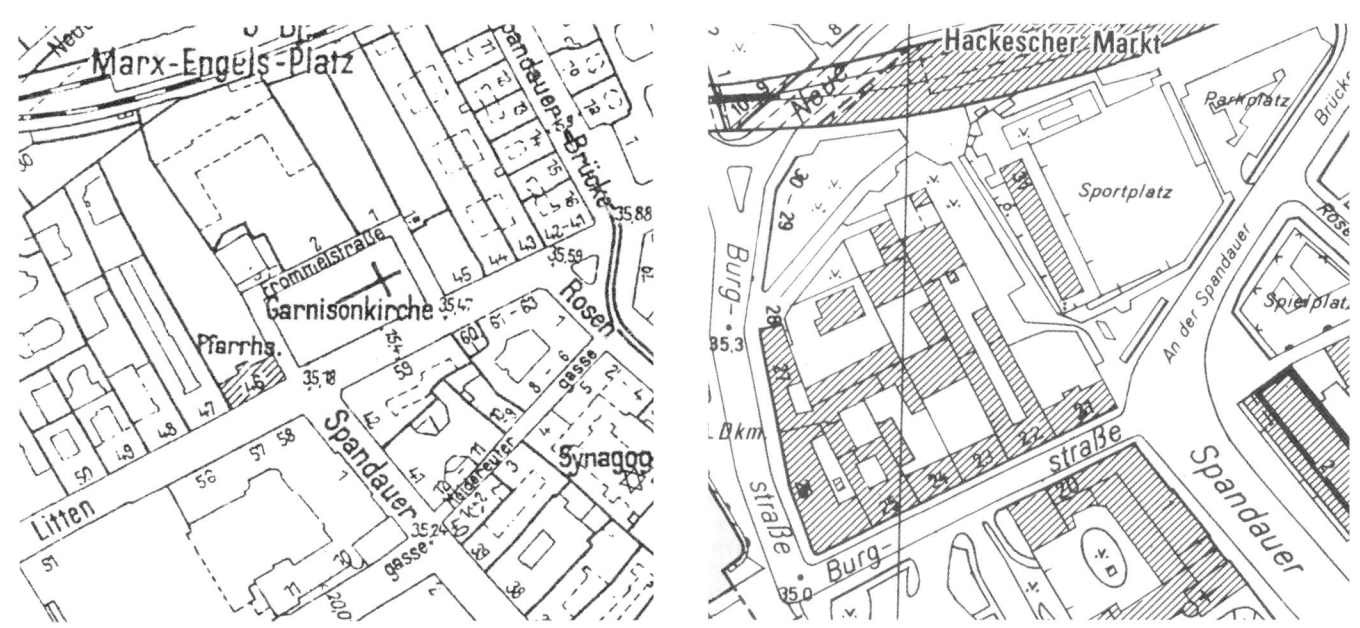

Abb. 64 Ausschnitt der Straßenpläne von 1955 und 1996. Während das Garnisonpfarrhaus Littenstraße 46 bzw. Burgstraße 21 auch nach der Realisierung der Zentrumsbebauung erhalten bleibt, fallen die ehemaligen Predigerhäuser, Frommelstraße 1, einem Sportplatz und die Garnisonkirche der Straßenverbreiterung zum Opfer.

straße einen Raum städtischer Öffentlichkeit vorsah. Bereits in den ersten Wettbewerbsentwürfen war das Areal der Kirche durch Neuplanungen überformt worden.[31] Die zweite Stufe des Wettbewerbs 1959/60 basierte auf einem neu strukturierten innerstädtischen Verkehrsnetz, das vier Ost-West- und vier Nord-Süd-Verbindungen vorsah, die das Zentrum erschließen sollten. Mit Blick auf die Zentrumsgestaltung lag die Garnisonkirche am Rand dieses Gebietes, allerdings unmittelbar angrenzend an die neu geplante Nord-Süd-Verbindung von der Holzmarktstraße – Stralauer Straße – Spandauer Straße – Durchbruch zur Rosenthaler Straße. Der Planung zugrunde lag eine Karte mit dem eingezeichneten geplanten Straßennetz und der bestehenden Gebäudesubstanz. Daraus wird ersichtlich, dass die neue breitere Straßenführung der Spandauer Straße und deren Verlängerung zur Rosenthaler Straße an der Garnisonkirche vorbeiläuft.[32]

Bis zum April 1961 war das Gebiet noch nicht endgültig definiert. So schreibt der damalige Stadtbaudirektor Gißke noch im November 1960 dem Bezirksamt Mitte, dass er nicht davon überzeugt sei, dass „die Ruine der Garnisonkirche abgerissen werden muß." Und argumentierte: „Es handelt sich dabei um eine der

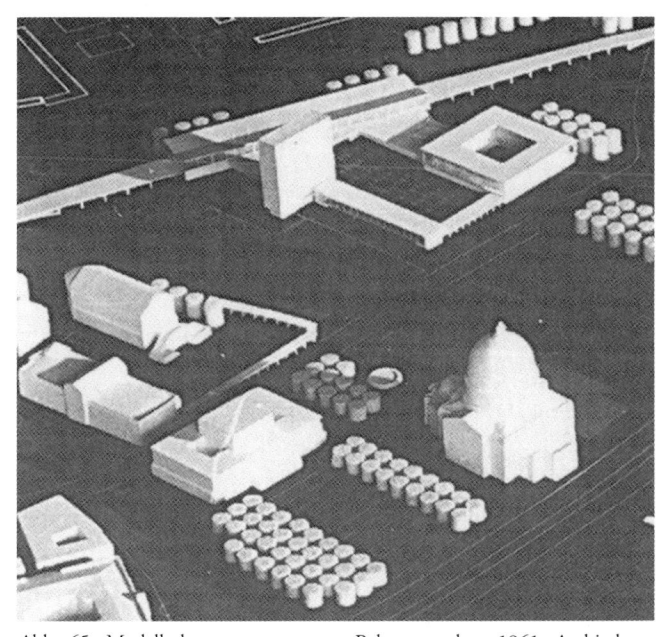

Abb. 65 Modell des angenommenen Bebauungsplans 1961, Architekten Peter Schweizer, Dorothea Tscheschner, Hubert Martinetz, Hans Gericke. Der Ausschnitt zeigt: Altes Museum, Lustgarten, Dom, S-Bahnring mit der Station Marx-Engels-Platz (Hackescher Markt), nicht erhalten sind: Garnisonkirche und Pfarrhaus.

wenigen Bauten aus der 1. Hälfte des 18. Jahrhunderts, die wir noch besitzen."[33] Doch als am 20. April 1961 die Berliner Stadtverordnetenversammlung über den Zentrumsaufbau abstimmte und den Bebauungsplan[34] annahm, fehlte die Garnisonkirche.

Ohne weitere Fürsprecher wurde die Ruine der Garnisonkirche 1961 abgerissen und aus dem Stadtgrundriss zugunsten einer Straßenverbreiterung und flüssigeren Verkehrsführung getilgt. Das Straßendreieck Spandauer Straße, An der Spandauer Brücke und Burgstraße, heute Anna-Louisa-Karsch-Straße, nimmt seit der Realisierung des Straßenumbaus einen Teil des Kirchengrundstücks ein.

---

[1] Vgl. Goens, S. 55/56.

[2] Die kaputten Fenster wurden zugestopft, die Bänke von den Emporen in den Saal gestellt, neue Schlösser angebracht und entwendete Orgelpfeifen wieder eingesammelt, die in der Friedrichstraße zum Gaudi geblasen wurden. Vgl. auch EZA 14/7493, darin: Rechnungsschreiben vom 20. Januar 1811 des Schlossermeisters J. G. Sebastian über ausgeführte Arbeiten vom 1. November 1810, Rechnung über die Transportarbeiten von 20 Bänken von je 20 Fuß Länge aus den Emporen ins Parterre vom 12. November 1810, Rechnung des Glasermeisters L. Lesemann über die Glaserarbeit vom 17. August 1811, Rechnung des Tischlermeisters August Zabel vom 26. März 1812.

[3] EZA 14/7493 Abschrift des kgl. Schreibens vom 23. Juli 1816 an die Ministerien der Finanzen, des Innern und des Krieges. Hierin genehmigte der König die Reparatur der Fenster, des Pflasters, des Bretterbodens unter den Bänken und der beschädigten Bänke.

[4] GStAPK X. HA Reg. 40 Nr. 424, n. f. Bereits auf den 1. März 1817 datiert Goens den Beginn der Räumungsarbeiten. Goens, S. 65.

[5] In einer Beschreibung wird der damalige Raumeindruck plastisch: „Die Säulen stehen auf einem 4eckigen Sockel, von der Höhe der Kirchensitze und sind mit demselben 42 Fuß hoch. Auf denselben liegt ein hohes Gebälke, aus Unterbalken und Fries und einigen darüber liegenden Gliedern bestehend; den Fries im Mittelschiffe zieren Triglyphen. Die scheitrechte Decke ist über dem Mittel- und Nebenschiffe in große Füllungen untertheilt. Das Chor wird von kleineren, gegen die größeren Säulen sich anlehnenden Pilastern getragen und durch Dorische Säulen unterstützt. Der Altar steht am Ende des Mittelschiffes, auf zwei Stufen erhöht, und erhielt einen rothseidenen Behang, welcher vorn mit dem Eisernen Kreuze geschmückt war." Brecht, S. 14.

[6] Rudolph, 1993, S. 5.

[7] Vgl. Loock, S. 397ff.

[8] Die Korrekturen in der Agende betrafen das Verhältnis von Liturgie und Predigt in den Hauptgottesdiensten an Sonn- und Festtagen. Der Gottesdienst sollte nicht länger als eine Stunde dauern und zu gleichen Teilen auf Liturgie und Predigt verteilt sein. Vor und nach der Liturgie sang die Gemeinde und sollte von der Orgel und Regimentsmusik begleitet werden. Die Chöre sangen die Kirchensänger der Regimenter ohne Orgelbegleitung. Außerdem wurde die Anordnung des Altars festgelegt. Vgl. Kirchen-Agende, S. VII/VIII.

[9] Zit. n. Goens, S. 67.

[10] Strauß, S. 12.

[11] GStAPK HA I, Rep. 89, Nr. 23515, Bl.2.

[12] Ebenda, Bl.1.

[13] Zu diesem Zeitpunkt hielt sich der König zu einem Kongress in Verona auf.

[14] Vgl. Karl Friedrich Schinkel. Lebenswerk, S. 368/369.

[15] Vgl. GStAPK HA I, Rep. 93 B, Nr. 2511, Bl. 36

[16] Vgl. ebenda, Bl. 37-39

[17] Lange/Nehls, S. 13; auch Lange, S. 203.

[18] Hier handelt es sich nicht mehr um die von Gerlach entworfene Kanzel, sondern um die alte Kanzel aus dem Dom.

[19] Schinkel hatte diese im Zusammenhang mit dem Umbau des Domes 1816-1821 entworfen. Als die neue Schinkelkanzel im Dom aufgestellt wurde, erhielt die Garnisonkirche im Zuge ihrer Umgestaltung die alte barocke Domkanzel und ihre alte hölzerne Kanzel nach Gerlachs Entwurf musste weichen. Dieser ehemaligen alten Domkanzel konnte Pfarrer Ziehe, zwischen 1815 und 1858 im Amt, offenbar nicht viel abgewinnen, so dass er sie despektierlich als „gebackener Tafelaufsatz" bezeichnete. Wie zum Trotz deponierte er die alte Kanzel hinter dem Altar. Goens, S. 65.

[20] 1890 hatte bereits eine Dacheindeckung den äußeren Eindruck verändert. Dachziegel wurden dabei durch Schieferschindeln ersetzt.

[21] Norddeutsche Allgemeine Zeitung, zit. n. Schwipps, 1964, S. 32.

[22] Vgl. Hübsch.

[23] Der normative Katalog umfasste sechzehn Punkte, in denen unter anderem die Ostorientierung des Altarraums, die Gebäudegrundform als Rechteck mit Querarmen oder der Zentralbau als Achteck, der gotische oder romanische Baustil, die Lage des Haupteingangs im Westen, die freie Position des Altars im Chorraum, die Lage der Kanzel an der Nahtstelle zwischen Chor und Schiff, die Position der Sängerempore über dem Eingang und die des Taufsteins festgelegt sind. Vgl. auch Zeitschrift für Bauwesen 12, 1862, S. 477-480.

[24] Lemburg/Schulte, S. 104.

[25] Ebenda, S. 121.

[26] Vgl. Abgedruckt in Weinitz, 1908, S.15.

[27] EZA 14/7556 Akte über die Bewerbung für Deckenbauten an der Garnisonkirche.

[28] EZA 14/7560 Akte über die Steinmetzarbeiten von Carl Schilling. Darin Schreiben an Gerstenberg vom 25. Mai 1908 mit Zeichnung für 6 Säulen.

[29] In den Zwanzigerjahren wurden lediglich kleinere Reparaturarbeiten ausgeführt. Vgl. EZA Personalakte Feldpropst Schlegel 7/P1230.

[30] Angemerkt sei, dass das Gebäude der Garnisonkirche im von der Bundesregierung und dem Senat von Berlin (West) ausgeschriebenen Wettbewerb „Hauptstadt Berlin" 1957/58 unter der provokanten Einbeziehung des Ostberliner Territoriums als erhaltenswertes Gebäude eingetragen war. Markiert als Festpunkt „S" (Gebäude soll erhalten werden) auf der Karte „Geplantes Verkehrsnetz und Festpunkte im Wettbewerbsgebiet 1957".

[31] Beispielsweise in den Entwürfen von A. Naumov u. a., von Gerhard Kröber u. a.

[32] Abgebildet in Tscheschner, S. 28.

[33] Archiv Förderverein Alter Berliner Garnisonfriedhof e. V. Kopie des Schreibens vom 21. November 1960 vom Magistrat von Gross-Berlin an Stadtbezirksbauamt Mitte. Eine Nutzung für das Gebäude sollte vom Stadtbezirksbauamt bald erwogen werden, da die Humboldt-Universität schon ihr Interesse am Gebäude signalisiert hatte.

[34] Planung der Architekten Peter Schweizer, Dorothea Tscheschner, Hubert Martinetz, Hans Gericke.

Dieter Weigert
Pfarrer und Bürger

Das 19. Jahrhundert begann mit Krieg und es begann mit der für Preußen verheerenden Niederlage bei Jena und Auerstedt 1806. Nach Napoleons Einzug in Berlin Ende Oktober 1806 wurde die Kirche zweckentfremdet, in der Gruft wurden auf der Suche nach Trophäen die Särge aufgebrochen und geplündert. Ein Jahr nach dem Sieg über Napoleon fand in der Kirche eine besondere Hochzeit statt, ausgerichtet von General von Borstell und in Anwesenheit des Königs. Die Ehren galten der Braut, Unteroffizier Friederike Krüger, Trägerin des Eisernen Kreuzes. Unter anfänglicher Täuschung über ihr Geschlecht hatte sie an 15 Schlachten gegen Napoleon teilgenommen, war bei Dennewitz schwer verwundet worden und hatte sich nach ihrer Genesung durch besondere Tapferkeit ausgezeichnet.

Kirchlicher Alltag und Revolution

Mehr als vier Jahrzehnte lenkte Garnisonpfarrer Gottlieb Friedrich Ziehe jetzt die Geschicke der Gemeinde. Gleich zu Beginn seiner Amtszeit sorgte er dafür, dass die Kirchenbücher trotz der Wirren napoleonischer Besetzung keine Lücken aufwiesen.

Ziehes Gründlichkeit und Pflichtbewusstsein stießen aber nicht nur auf Anerkennung. Während einer im September 1816 gehaltenen Predigt äußerte er Kritik an seiner Gemeinde, was ihm eine Anzeige beim Ministerium des Innern einbrachte. Ein namentlich nicht genannter Informant hatte wörtliche Passagen der „Straf-Predigt" vorgelegt und diese als „vorzüglich beleidigend gefunden". Nicht nur einmal soll er seinen Rücktritt erwogen haben. Als Ziehe 1860 starb, fand er auf dem Garnisonfriedhof seine letzte Ruhestätte.

Die Barrikadenkämpfe des 18. März 1848 gingen an der Gemeinde nicht spurlos vorüber, in der Nähe fielen Schüsse, das Schloss Monbijou wurde belagert, die Kirche war am 3. Mai Versammlungshalle für die Wahlmänner Berlins. Unmittelbar nach den Kämpfen wurden auf dem Kirchhof zwei im Kampf gefallene Offiziere beigesetzt. Auf dem Invalidenfriedhof leitete der königstreue Garnisonpfarrer Ziehe die Trauerfeierlichkeiten für die in den Barrikadenkämpfen gefallenen Soldaten, seine Rede ließ er drucken.

Ein politischer Gegner Ziehes war der progressive Pfarrer Adolph Sydow (1800–1862), der im Namen der evangelischen Berliner Gemeinden bei der Beisetzungsfeier für die zivilen Opfer der Kämpfe im Friedrichshain die Trauerrede hielt, er war während seiner Tätigkeit an der Berliner Kadettenanstalt Mitglied der Gemeinde gewesen.

Auf dem Kirchhof findet sich das Grab des Abgeordneten der Frankfurter Nationalversammlung, des Artilleriemajors Teichert (1796–1853). (Abb.67 S. 93) Auch Offiziere, die 1849 an der Niederschlagung der revolutionären Bewegungen in Baden und in der Pfalz teilgenommen hatten, fanden später ihre Grabstätte auf dem Kirchhof.

Teichert entstammte einer bürgerlichen Familie, sein Vater war der Berliner Essigbrauer Johann Gottlob Benjamin Teichert. Er begann seine militärische Karriere 1813 als Freiwilliger in der Preußischen Armee, nahm an den Schlachten bei Großgörschen, Bautzen, Leipzig und Reims teil, erhielt das Eiserne Kreuz und wurde Artillerieoffizier. Seine Offizierskarriere wurde gefördert durch seinen Schwiegervater und Lehrer, den Professor für Mathematik und Physik an der Königlichen Artillerie-Akademie und an der Berliner Bauakademie, Johann Philipp Hobert (1758– 1826), einem Zögling des preußischen Generals von Tempelhoff.

Die umfassende Bildung und die hohen pädagogischen Fähigkeiten führten den Artillerieoffizier Teichert nach Truppenkommandos u. a. in Breslau, Posen, Kosel, Wittenberge im Jahre 1846 als Lehrer an die Vereinigte Artillerie- und Ingenieurschule in Berlin. Verbunden damit war die Mitgliedschaft in der Königlichen Artillerieprüfungskommission. Die demokratischen Familientraditionen und die Kontakte zu Kreisen liberaler Militärs waren die Grundlage für die Entscheidung, im März 1848 als preußischer Major für die Nationalversammlung in Frankfurt im Wahlkreis 2 der Provinz Brandenburg (Berlin-Luisenstadt) zu kandidieren. In die Nationalversammlung gewählt, leistete Major Teichert als Mitglied in den Ausschüssen für die Marine und für Volksbewaffnung und Heerwesen eine intensive parlamentarische Arbeit, wurde durch die Nationalversammlung im Oktober 1848 zum Reichskommissar für die Übernahme der Hamburger Flottille durch die Reichsexekutive und für den Aufbau einer Reichskriegsflotte gewählt. Ab November 1848 nahm er an den Arbeiten der Technischen Marinekommission der Nationalversammlung teil. Im Frühjahr 1849 kehrte Teichert nach Aufforderung durch den preußischen König in den Militärdienst zurück. Er wurde zum Vortragenden Rat im Preußischen Kriegsministerium ernannt und zum Oberstleutnant befördert. Im September 1853 starb er mit seiner gesamten Familie an den Folgen einer Cholerainfektion. Ein gusseisernes Grabdenkmal in Gestalt eines neugotischen Tabernakels aus der Schinkelschule erinnert an ihn und seine Angehörigen auf dem Alten Berliner Garnisonfriedhof.

Durch Kontakte zu Nachkommen der Familie konnte der Förderverein im Jahre 1997 ein bisher nicht bekanntes Foto des Oberstleutnants Teichert sowie das

Abb. 66   Gottlieb Friedrich Ziehe.

Familienalbum „Denkmale der Freundschaft" erwerben, das schriftliche Eintragungen, Widmungen, Scherenschnitte, Texte und Noten von Liedern sowie Aquarelle von Familienangehörigen, Kollegen des Schwiegervaters und der Offizierskameraden Teicherts zwischen 1779 und 1853 enthält.

Adolph Sydow – zum Wehrdienstverweigerer geboren

Der Sohn des Charlottenburger Bürgermeisters Otto Ferdinand Sydow und dessen Ehefrau Karoline Sophie Henriette geb. Müncheberg wurde am 23. November 1800 geboren und in der Berliner Nikolaikirche getauft. Als Geburtsort ist nicht Charlottenburg, sondern Berlin angegeben, weil die Mutter – obwohl sehr königstreu und voller Verehrung für Königin Luise – ihre fünf Knaben in Berlin bei ihren Eltern zur Welt brachte, um sie wegen der „Kantonfreiheit" der

Residenz Berlin dem preußischen Militärdienst zu entziehen. Schon als Kind kam Sydow in enge Berührung zum preußischen Offizierskorps, wurden doch seine Schwestern gemeinsam mit der Tochter des preußischen Stadtkommandanten, General von L´Estocq, erzogen. Durch Privatlehrer gut vorbereitet, konnte Sydow ab 1812 das bekannte „Gymnasium zum Grauen Kloster" in Berlin besuchen. Ein Stipendium versetzte ihn in die Lage, an der Berliner Universität bei Friedrich Daniel Ernst Schleiermacher Theologie zu studieren. Wegen der Teilnahme an burschenschaftlichen Aktivitäten wurde er 1819 verhört, durfte aber das Studium fortsetzen.

Schon während des dritten Studienjahres war der Chef des Berliner Kadettenkorps, General von Brause, auf Sydow aufmerksam geworden und hatte ihm auf Empfehlung der Lehrer vom Gymnasium zum Grauen Kloster das Angebot einer Repetentenstelle, eine Art Hilfsprediger, an der Kadettenanstalt gemacht. General von Brause gehörte zum engeren Kreis der Offiziere um Scharnhorst und Boyen, die sich nach 1806 energisch um die Reformierung der preußischen Armee, um die Qualifizierung des Offizierskorps bemühten. Es ist daher nicht zufällig, dass er den durch beste Studienleistungen aufgefallenen Sydow für die Tätigkeit im reformierten Kadettenkorps[1] ausgewählt hatte.

Mit 21 Jahren trat Sydow damit in den Staatsdienst, studierte nachts und legte seine Abschlussprüfungen an der Universität erst im Jahre 1827 ab – mit vorzüglichem Erfolg, was ihm die zweite theologische Prüfung ersparte. Diese Zeit an der Kadettenanstalt brachte ihn in engen Kontakt zu jungen Offizieren, die später bekannte Generale der preußischen Armee wurden – von Roon und von Scheliha. Die ausgezeichneten Prüfungsergebnisse und die Protektion durch General von Brause bewogen das Konsistorium, dem jungen Sydow schon 1828 eine reguläre Predigerstelle an der Kadettenanstalt zu übertragen. Bis 1837 hatte er diese Stelle ausgefüllt, geschätzt von den Kollegen, beliebt bei den Militärschülern und stets im Blickfeld des Königs. König Friedrich Wilhelm III. hatte 1836 beim Besuch einer seiner Predigten in der Berliner Garnisonkirche den Entschluss gefasst, ihn an die Garnisonkirche von Potsdam zu versetzen – eine Rangerhöhung im militärischen Sinn und eine Auszeichnung auch unter kirchenpolitischen Gesichtspunkten. Seine Probepredigt hielt

Abb. 68 Adolph Sydow.

er am 6. November 1836 in der Berliner Garnisonkirche. Sie fiel positiv aus, und der anwesende Prinz Wilhelm schrieb die positive Beurteilung als Kommandeur der Gardedivision an das Königliche Konsistorium. Er bezeichnete die Anstellung Sydows als „einen wahren Gewinn für die Militärgemeinde".[2]

Sydow war der Abschied von Berlin nicht leicht gefallen, musste er doch einen Freundeskreis und eine in den Jahren gewachsene Personalgemeinde zurücklassen.

In Potsdam gelang es Sydow relativ schnell, enge Kontakte zu führenden zivilen und militärischen Persönlichkeiten aufzubauen, aber auch seelsorgerische Aufgaben in den unteren Schichten der Gesellschaft zu erfüllen. 1840/41 erreicht er durch eine öffentliche Vortragsreihe zu theologischen und kulturellen Themen einen breiten Kreis von literarisch und philosophisch Interessierten.

Dem Regierungsantritt König Friedrich Wilhelms IV. sah Sydow wie viele seiner Zeitgenossen hoffnungsvoll entgegen, die ersten Kontakte und Diskussionen mit dem König bestätigten seine Erwartungen. Sydow erhielt in diesen Jahren den Auftrag, die anglikanischen Kirchenverhältnisse in England zu studieren, um den König in der Frage zu beraten, inwieweit Möglichkeiten der Übertragung dieser Verhältnisse auf Preußen bestünden. Der ablehnende Bericht Sydows 1844 nach eineinhalb Jahren Vor-Ort-Untersuchung enttäuschte den König ebenso wie Sydows kritisches Auftreten in der Provinzialsynode von 1846, das wesentlich dazu beitrug, Friedrich Wilhelms IV. Projekt einer konservativen Kirchenreform in Preußen zu Fall zu bringen.

1846 wird Sydow Pfarrer an der Neuen Kirche in Berlin, dabei in die kirchenpolitischen Auseinandersetzungen des Vormärz hineingerissen – und entwickelt sich zu einem ihrer führenden Akteure.

Doch gehen wir zurück in das Frühjahr 1840, Friedrich Wilhelm, der preußische Kronprinz, verfasste ein Konzept für die Erneuerung der Kirche – eine apostolische Kirche sollte es sein, vom patriarchalischen Verständnis über Staat und Gesellschaft ausgehend, ohne Rationalismus und Pantheismus. Gott sei nicht rational erklärbar, Gott sei nicht nach menschlichen Vorstellungen messbar.

Es ging dem späteren König Friedrich Wilhelm IV. um die Wiederherstellung der reinen Verfassung der primitiven Kirche, angepasst an die Zustände des christlichen Staates des 19. Jahrhunderts. So wie die Apostel neue Kirchen gestiftet hatten, sollte nun in Preußen eine neue apostolische Kirche gestiftet werden. An der Spitze des kirchlichen Systems sollte ein König von Gottes Gnaden stehen, ihm untergeben ein Erzbischof nach dem Vorbild der anglikanischen Kirche in England – eine katholische Struktur mit evangelischen Lehren. Der König ist 45 Jahre, das Konzept ist das eines poetischen Charakters, illusionär, romantisch – aber es schließt Toleranz gegenüber anderen Strömungen ein – aber außerhalb der Kirche. Die Kirche soll rein bleiben.

1845/46 trägt der nunmehrige König seine Vorstellungen einer Kirchenreform in zwei Aufsätzen nochmals vor – mit Änderungen in der Struktur der Kirchenleitung. Eine letzte Niederschrift stammt von der Jahreswende 1847/48, schon pessimistisch gehalten, das Scheitern dieser Ideen war offensichtlich.

Der Ablauf der auf Weisung des Königs seit 1840 einberufenen Synoden zeigte, dass sich die evangelischen Pfarrer Preußens mit den Ideen Friedrich Wilhelms IV. nicht anfreunden konnten und wollten. Die liberalen, weltoffenen Pfarrer hatten besonders in der Provinz Brandenburg die Mehrheit. Auf der Brandenburgischen Provinzialsynode vom 8. November 1844 wurde eine vom Staat unabhängige Kirchenverfassung gefordert. Der Bericht der Verfassungskommission verwarf explizit alle Ideen einer Ordination oder Weihe der Pfarrer im Sinne einer ununterbrochenen Abfolge seit den Aposteln, also genau der Lieblingsidee des Königs. Als führender Kopf der liberalen Mehrheit trat in Berlin der Pfarrer an der Nikolaikirche, Ludwig Jonas (1797–1859), Anhänger und später Herausgeber des Nachlasses Schleiermachers, hervor. Seit 1845 hatte er gemeinsam mit Sydow die „Zeitschrift für die unirte evangelische Kirche" herausgegeben, das publizistische Zentrum der evangelischen Linken. Jonas war 1844 Mitbegründer des großen Berliner Handwerkervereins, wurde 1848 in die Verfassungsgebende Preußische Versammlung gewählt, gehörte ihr bis November 1848 an, war 1858/59 Mitglied des Preußischen Abgeordnetenhauses.

Auf der konservativen Seite heißen die Führer Otto von Gerlach, Pfarrer mit großem sozialen Engagement, ab 1833 im Berliner Vogtland (Elisabethkirche in der Invalidenstraße) und Ernst Wilhelm Hengstenberg, Theologie-Professor an der Berliner Universität, der ab 1827 die Evangelische Kirchenzeitung herausgab.

Scheitelpunkt der Auseinandersetzungen war die vom König einberufene Pfingstsynode der evangelischen Kirche Preußens, die so genannte Generalsynode von 1846. Sie setzte sich aus geistlichen und weltlichen Würdenträgern zusammen, Vorsitzender war der Kultusminister Johann Albrecht Friedrich Eichhorn, Stellvertreter der von der Synode gewählte Bischof Daniel Amadeus Neander.

Auch in dieser Versammlung dominierten die Liberalen der Schleiermacher-Richtung (59 von 75 Mitgliedern), der führende Kopf der Linken innerhalb der Liberalen war Adolph Sydow. Obwohl die Synode in einem Gesamtkompromiss bezüglich der Kirchenverfassung endete, war sie doch eine Niederlage für den König und die Konservativen. Sie wurde am 29. August 1846 vertagt und nicht wieder einberufen.

Die wichtigste Erkenntnis: Die Synode hatte gezeigt, dass die Kirche ebenso wie die gesamte Gesellschaft im Vormärz politisiert und polarisiert war. In diese explosive Situation fliegen die Funken des März 1848.

Am Nachmittag, Abend und in der Nacht des 18. März (Samstag) liegt die Garnisonkirche unmittelbar im Frontbereich. Sie wird zwar noch vom Militär verteidigt, ist aber ringsum von Demokraten belagert; Barrikaden stehen an der Herkulesbrücke, der Spandauer Brücke, in der nördlichen Burgstraße zwischen Herkulesbrücke und Neuer Friedrichstraße.

Weiterhin haben die Aufständischen Barrikaden am Hackeschen Markt, an den Zugängen zum Schloss Monbijou, innerhalb der Neuen Friedrichstraße an der Kreuzung Klosterstraße errichtet. Das Militär in Bataillonsstärke hat Posten gefasst in der Nähe der Marienkirche und in der Klosterstraße, an der Kreuzung Königstraße.

Garnisonpfarrer Ziehe ist einer der Verteidiger der Kirche, wie uns Georg Goens berichtet: „Und in der That, einen königstreuen Mann hat's wohl gegeben. Als die Flut revolutionärer Gedanken und Thaten im Jahre 1848 auch durch Berlin rauschten, da stand der alte Ziehe mit dem Volke in Waffen, wie eine Säule zu dem ‚Königthum von Gottes Gnaden'. In unmittelbarer Nähe der Garnisonkirche, an der Ecke der Spandauer Straße, hatten die Aufrührer eine Barrikade gebaut, und da Droschken und Fässer nicht mehr zur Stelle waren, machte man sich daran, die Kirche zu erbrechen, um mit den Bänken die Lücken auszufüllen. Da eilte der Pfarrer mit seinem Töchterchen hinab auf die Straße und deckte mit seinem Leibe die Kirchenthür, und das Bild des hünenhaften, greisen Geistlichen und neben ihm das des tapferen jungen Mädchens machte auf den Pöbel einen solchen Eindruck, daß sie die Kirche beschämt verließen."³

Das Militär wird zurückgezogen, auf beiden Seiten wird die Bilanz aufgemacht und es werden die Toten bestattet – mit und ohne militärischen Ehren, aber mit religiöser Feier.

Die Aufbahrung der Toten erfolgt in Sydows Neuer Kirche. Nach einem feierlichen Marsch durch die Stadt erfolgt die Beisetzung der 183 Barrikadenkämpfer am 22. März 1848 im Friedrichshain, an der auf Befehl des Königs die gesamte Berliner Geistlichkeit im Ornat teilzunehmen hatte!⁴ Die Leichenpredigt an den Gräbern hält Adolph Sydow für die Evangelischen. Der Eindruck

Abb. 69 Adolph Menzel, Hofprediger Adolph Sydow, anlässlich der Grundsteinlegung des Schiller-Denkmals auf dem Gendarmenmarkt predigend, Kreide, 1859.

der Rede ist so gewaltig, dass Sydow zur Kandidatur für die Wahlen zur Preußischen Verfassungsgebenden Versammlung gedrängt und im Mai 1848 für den 5. Berliner Bezirk im ersten Wahlgang zum Mitglied gewählt wird. Adolph Sydow ist einer von den 50 Geistlichen, die eines der 395 Abgeordnetenmandate erringen.⁵

In den parlamentarischen Sitzungen zeigte sich bald, dass Sydow kein Revolutionär war. In wichtigen Fragen stimmte der königstreue Prediger mit den Konservativen, so dass er auf dem Platz vor dem Parlament im „Kastanienwäldchen" am 9. Juni 1848 durch aufgebrachte Demonstranten aus Enttäuschung und Wut vor der Tür der Tagungsstätte beschimpft, bedroht und tätlich angegriffen wurde.

Die konservative Haltung Sydows zeigte sich auch im Juni 1848 während des Zeughaussturms und im November 1848, als er und Jonas der Aufforderung des Königs folgen, nach Verkündung des Ausnahmezustandes nach Brandenburg zu ziehen, während die revolutionäre Minderheit des Parlaments dem König die Stirn bietet und in Berlin bleibt. Das Kapitel Revolution ist abgeschlossen. Sydows parlamentarisches Mandat war erloschen, um ein neues hat er sich – trotz mehrfacher Aufforderung – nicht beworben.

Noch zweimal gerät er in politische Turbulenzen. Im Jahre 1859 begeht Berlin den 100. Geburtstag Friedrich Schillers. Der Magistrat beauftragt Sydow mit einer Gedenkrede zur Grundsteinlegung eines Denkmals auf dem Gendarmenmarkt. Die konservative Hofpartei und persönlich Wilhelm I., Prinzregent, später preußischer König und deutscher Kaiser, haben das Denkmal zu Ehren des Dichters der „Räuber" nicht verhindern können, nun aber wollen sie wenigstens die Feierlichkeiten in ihrer Wirkung begrenzen. Wenn schon der populäre Sydow Redner sein soll, dann aber in „Zivil", nicht im Talar eines Pfarrers der Landeskirche, an deren Spitze eben der Regent stand. Sydow antwortet auf die Provokation mit den Worten: „Sagen Sie Sr. Königlichen Hoheit, der Talar sei meine Uniform, und er würde doch keinem Offizier eine Handlung zu vollziehen gestatten, zu der er genöthigt sei, seines Königs Rock vorher auszuziehen."[6]

Wie Menzels Zeichnung dokumentiert, hat Sydow seine Rede im Talar gehalten. Wilhelm, der Prinzregent, zog es vor, in Abänderung des vereinbarten Programms, sich nicht öffentlich zu zeigen. Hinter den Gardinen eines Gebäudes mit Sicht auf den Gendarmenmarkt (Preußische Seehandlung) hat er die Zeremonie beobachtet.[7]

Der zweite Anlass, der ihn in Widerspruch zu den Behörden bringt, ist ein öffentlicher Vortrag am 12. Januar 1872 zum Thema „Die wunderbare Geburt Jesu" in einer Veranstaltungsreihe des Berliner Unionsvereins. Sydow weist nach, dass die jüdische Vorstellung der Gottessohnschaft oder Messianität eine andere gewesen sei als die später aufgekommene christliche Lehre. Er lässt die Quellen des Neuen Testaments sprechen, die Jesus als den Sohn Josephs bezeichnen.[8] Der Vortrag erregte Aufsehen, die Zeitungen berichteten darüber – das Königliche Konsistorium der Provinz Brandenburg forderte Sydow zur Stellungnahme auf – es habe Proteste gegeben. Angesichts des öffentlichen Interesses der Debatte in den Berliner Zeitungen und der starken Unterstützung für Sydow in der Stadt bis zum Magistrat und zur Stadtverordnetenversammlung statuierte die Kirchenleitung auf Druck des Hofes ein Exempel: Sydow wurde des Amtes enthoben. Als der Druck der Öffentlichkeit zunahm, wandelte das Konsistorium die Strafe in einen scharfen Verweis um.

Schließlich ergeht es Adolph Sydow wie Johann Friedrich Walther und anderen historischen Gestalten – sie sind entweder vergessen oder nur den Experten mit einer Seite ihres Wirkens bekannt. Im Biographisch-Bibliographischen Kirchenlexikon von 1996[9] ist er zwar als Theologe mit einer Doppelspalte vertreten – aber ohne Bezug zu seinen politischen Aktivitäten 1848.

Dankgottesdienste und Kirchenkonzerte

Seit der Mitte des 19. Jahrhunderts war die Berliner Garnisonkirche wieder stärker in das öffentliche Leben der Stadt und des Staates getreten. Garnisonprediger Friedrich Adolph Strauß, von 1858 bis 1869 im Amt, konnte in der Kirche wiederholt Mitglieder der königlichen Familie begrüßen. Den Dankgottesdiensten nach den Kriegen Preußens gegen Dänemark und Österreich wohnte Wilhelm I. persönlich bei.

Mehrfach fanden sich aber vor allem die Damen des Hofes in der Kirche ein, wenn ein Konzert gegeben wurde. Beginnend in den Dreißigerjahren, erwies sich die Berliner Garnisonkirche wegen ihrer Orgel und der Akustik als begehrte Bühne für Musiker aus Berlin und anderen deutschen Städten. Theodor Fontane erwähnt in seinen biographischen Erinnerungen „Von Zwanzig bis Dreißig", dass er in der nahe gelegenen Rosenstraße Karten für Konzerte in der Garnisonkirche verkauft hatte. Zu jedem einzelnen dieser Konzerte hatte der Garnisonpfarrer immer wieder die schriftliche Zustimmung des Kirchenpatrons, des Königs bzw. Kaisers, einzuholen.

Vor 170 Jahren hatte kein geringerer als Otto Nicolai (1810–1849) schon in seinen frühen Jahren zum Ruhm der Berliner Garnisonkirche beigetragen. Bevor er als Opernkomponist bekannt wurde, hatte er Kirchenmusik in Berlin studiert und u. a. eine Weihnachtsouvertüre für Chor und großes Orchester über den Choral „Vom Himmel hoch, da komm ich her" komponiert. Sie wurde von der Königlichen Hofkapelle im Mai 1833 in der Garnisonkirche zu Ehren seines Lehrers Bernhard Klein aufgeführt.

Emil Frommel – von Karlsruhe zum Kaiser

Emil Frommels (1828–1896) Wurzeln lagen nicht im Militär, auch entsprang er nicht einer Prediger-Traditionslinie – er war Sohn eines Künstlers, des Direktors der großherzoglich-badischen Galerie in Karlsruhe Carl Frommel. Carl Ludwig Frommel (1789–1863) stammte aus dem Hunsrück, wurde nach der Ausbildung bei den Karlsruhern Philipp Jakob Becker und Christian Haldenwang Kupferstecher und Maler, gründete den Kunst- und Industrieverein für das Großherzogtum Baden, eine Pioniertat für Deutschland. Nach einem mehrjährigen Englandaufenthalt schuf er ein Atelier für Stahlstecher, gegründet auf den dort entwickelten Methoden des Stahlstichs. Aus der Werkstatt Carl Frommels stammen auch Stiche auf der Grundlage von Zeichnungen märkischer Kirchen und Schlösser, u. a. von Carl Blechen.

Als Student der evangelischen Theologie an den pietistischen Fakultäten der Universitäten Halle, Erlangen und Heidelberg nimmt Frommel anfänglich an den revolutionären Ereignissen 1848 als Burschenschafter teil, distanziert sich dann von der demokratischen Bewegung.

Erschöpft und schwerkrank kehrt er im März 1849 nach Karlsruhe zurück und erlebt die Kämpfe des Jahres 1849 mit Distanz und Entsetzen. Seine ersten Stationen als Pfarrer sind 1851 das Vikariat im badischen Altlußheim bei Schwetzingen, 1853 ein weiteres Vikariat in Spöck bei Karlsruhe, im selben Jahr wieder in Altlußheim als ordentlicher Pfarrer und ab 1854 in Karlsruhe als Hof- und Stadtvikar mit dem offiziellen Titel „Diakonus". (Abb.70 S. 93)

Obwohl kurz, war die Tätigkeit in Spöck bedeutungsvoll für die geistige Entwicklung Frommels – sie brachte ihn in persönliche Berührung zu einem der Pfarroriginale des süddeutschen Raumes, dem „Prediger der Gerechtigkeit", dem derben Bauernpfarrer Aloysius Henhöfer (1789–1862), der sich vom katholischen Priester zum pietistischen Erweckungsprediger gewandelt hatte. Durch ihn wurde Frommel angeregt, eine tiefe Frömmigkeit zu verbinden mit einer umfassenden Kenntnis der Schriften und des schöpferischen Umgangs mit der Sprache Luthers, der Neigung zur missionarischen Bibelarbeit im kleinen Kreis. Henhöfer wurde zum großen Vorbild für Frommel, bis in die Jahre an der Berliner Garnisonkirche und in die Erzählungen des „Volksschriftstellers" Emil Frommel reichten die Wirkungen jener Monate in Spöck.

Nach der Tätigkeit in der großherzoglich-badischen Residenz erreichte Frommel 1864 der Ruf aus dem pietistischen Zentrum Deutschlands, dem Wuppertal. Dort hatte man Frommel gedruckt, war er als Redner gern gesehen, dort war er Wunschkandidat für die vakant gewordene Stelle des Pastors der Barmer Gemeinde. Die später im Auftrag der Familie durch den Sohn Otto verfasste Biographie Emil Frommels beschreibt die Beweggründe für die Annahme des Angebots. „Nach kurzem, ernstem Kampf wurde es auch ihm zur Gewissheit. Du musst, du darfst gehen. Das Gefühl, das er schon bei der Gastpredigt gehabt, daß Barmen an ihn und er an Barmen eine Mission habe, die Einstimmigkeit der Wahl, in der er einen deutlichen Wink seines Gottes sah, half ihm die mancherlei Bedenken zu überwinden, die gerade gegen die Annahme dieses Amtes sprachen."[10]

Frommel erfüllte voll und ganz die Erwartungen. Er fuhr „langsam wie eine Lokomotive aus dem Bahnhof"[11], sammelte einen kleinen Kreis von Kirchenmännern und Laien eng um sich und erreichte durch seine lebendigen Predigten einen neuen Aufschwung der Verbindung von Kirche und Volksmassen. „Bibelkränzchen" mit den Honoratioren der Gemeinde, intensive Arbeit an den Bildungseinrichtungen, Bemühungen um einen verstärkten Einsatz der Musik im Gottesdienst, der bildenden Kunst im Kirchenraum, Ausweitung der kirchlichen Tätigkeit in den Arbeiterbezirken kennzeichneten seinen Beitrag für die Entwicklung des Gemeindelebens.

Auf Empfehlung eines Freundes am Hofe wird Emil Frommel als Prediger der Gardedivision nach Berlin geholt. Feldpropst Thielen hatte eine Rede Frommels zum Gedächtnis an ein Gefecht gelesen und sofort gespürt, dass dieser Barmer Prediger der richtige Mann für sein Garderegiment und die Garnisongemeinde in Berlin sei: „Wer in so korrekter Weise die Vaterlandsreligion zu predigen weiß, wer als Badenser so an die preußischen Gedankenreihen sich zu akklimatisieren versteht, der ist wie geschaffen zu einem Königlichen Garnisonpfarrer und Divisionsprediger der I. Garde-Infanterie-Division! Wir wüssten nicht, wie man eine glücklichere Wahl hätte treffen können."[12]

Aber Frommel hat seine Bedenken. Nicht, dass er etwas gegen das Militär hätte oder das Militärische ihm fremd sei – „Doch arbeite ich schnell und leicht, glaube auch, für meine Soldaten die Kanonen ohne Mühe in die richtige Schusslinie richten zu können."[13] Bedenken hat er, ob er Staatsdiener, Verwaltungsbeamter sein könne, ob er seine Unabhängigkeit und Freiheit der preußischen Disziplin unterordnen solle. Aber schließlich akzeptierte er den „Salto mortale ins Militärpfarramt". [14] Die Barmer Gemeinde lief gegen den Weggang Sturm, intervenierte sogar beim König. Doch im Februar 1870 bezieht Emil Frommel das Garnisonpfarrhaus in der Neuen Friedrichstraße.

Schon warf der Krieg gegen Frankreich seinen Schatten voraus. Ende Juli gingen die beiden Gardedivisionen ins Feld. Nach dem Sieg bei Wörth drängte auch Frommel seine Vorgesetzten, ihn an die Front zu schicken. Emil Frommel wird Soldat, geht an die Front ins geliebte Elsaß.

Seine politische Haltung zum Krieg formulierte er am 28. Juli vor den zum Abmarsch bereiten Truppen in der Berliner Garnisonkirche: „So sind wir denn noch einmal hier im stillen Gotteshause, noch einmal hier im Frieden versammelt, ehe wir hinausziehen in die Ferne, und das Kriegswetter uns umtobt; noch einmal wollen wir die Hände falten, damit sie gereinigt zu den Waffen greifen; wollen durch die Schärfe des Schwertes des Geistes, welches ist das Wort Gottes, unser Kriegsschwert uns schärfen und heiligen lassen."[15]

Nach der Kapitulation Straßburgs hält er auf allerhöchsten Befehl den Gedenkgottesdienst in der dortigen Thomaskirche. Am 16. Juni 1871 zieht das Gardekorps durch das Brandenburger Tor in Berlin ein. Emil Frommel, geschmückt mit dem Eisernen Kreuz, hielt die Predigt beim Dankgottesdienst in Anwesenheit des Kaisers in der Garnisonkirche.

Wilhelm I. hatte seinen Hofprediger Frommel gemocht, viele Jahre war Frommel sein Begleiter. Im Oktober 1871 ist Kirchentag in der Garnisonkirche. Frommel kam auf besonderen Wunsch des Kaisers zu Wort – Thema: „Was haben wir zu thun, damit unserem Volke ein geistiges Erbe aus den großen Jahren 1870 und 1871 verbleibe?"[16] Fazit: alles zu tun gegen die Verweichlichung in Friedenszeiten, für die preußische Erziehung in den Familien, gegen die „Entsittlichung der Massen", gegen die Frivolität und den „Schmutz der Pariser Lüderlichkeit", gegen den „gähnenden Vulkan des Sozialismus".

Und so konsequent wie ungeheuerlich die Forderung an die deutsche Mutter: „Ja, eine deutsche und vornehmlich eine preußische Mutter (die es schon von länger her wusste), die ihre Kinder mit dem Blicke erzieht, sie einst hinzugeben in den Tod, sie senkt ins junge Herz jenen edlen, idealen Trieb, dem wir mit das Aufstehen des ganzen Volkes zu danken hatten ... Unter gottesfürchtigen, Freiheit und Zucht pflegenden Müttern wächst allein ein rechtes Geschlecht herauf."[17]

Mit Frommel erlebt die Garnisonkirche einen Besucherzuwachs, besonders von Seiten der Offiziersfamilien. Auch zu Wilhelm II. sind die Beziehungen des Garnisonpredigers Frommel eng und geprägt von ideologischen Gemeinsamkeiten.

Als „Volksschriftsteller" wird Emil Frommel berühmt, seine Themen sind die Kriegserlebnisse und das einfache, bescheidene Leben, die Abkehr von Utopien, das Sich-Abfinden mit den Bedingungen des Alltags.

---

1 General von Brause war u. a. der Initiator der Veränderung des Namens des Korps im Jahre 1819: aus dem „Königlich Adeligen Kadetten-Korps" wurde das „Königliche Kadetten-Korps", da „die Anstalt überhaupt zum Zweck hat, Söhne von Offizieren, ohne Unterschied des Standes, zu erziehen". Zitiert in: Brand/ Eckert, S. 95.
2 Sydow, S. 50.
3 Goens, S. 79.
4 Vgl. die Schilderung in: Schubert, S. 6f.
5 Hachtmann, S. 301, Tabelle 6.
6 Sydow, S. 133.
7 Ebenda, S. 134.
8 Ebenda, S. 144.
9 Biographisch-Bibliographisches Kirchenlexikon, Bd. 11, S. 320.
10 Frommel, Otto, S.290.
11 Ebenda, S.16.
12 Ebenda, S. 64.
13 Ebenda, S. 67.
14 Ebenda, S. 75.
15 Frommel, Emil, S. 78.
16 Ebenda, S. 113.
17 Ebenda, S. 125.

Dieter Weigert
Nach dem Krieg ist vor dem Krieg – Prediger an die Front

Georg Goens, der Nachfolger Emil Frommels im Amt des Garnisonpfarrers, hatte 1897 eine umfangreiche illustrierte Publikation zur Geschichte der Garnisonkirche vorgelegt.[1] Er musste den Brand in der Kirche von 1908 erleben, den Beginn des Ersten Weltkriegs, er starb am 26. Juli 1918, bevor die Revolution den Krieg beendete und den Kaiser hinwegfegte.

Hatte die kaiserliche Familie noch nach dem Brand in der Kirche von 1908 sich für den Wiederaufbau engagiert, so war zehn Jahre später Abschied vom Patronat angesagt. Das Ende des Kaiserreiches 1918 blieb für die Garnisonkirche nicht ohne Folgen. Die Berliner Garnison war auf ein Minimum reduziert und damit wohl auch deren Gemeinde, obwohl die Militärseelsorge als Institution ungeschmälert in der Weimarer Republik und im NS-Regime überlebte. Status und Rechtsverhältnisse der Berliner Garnisongemeinde als vormalige königliche Stiftung erwiesen sich im republikanischen System als äußerst kompliziert.[2]

Feldpropst Schlegel

Unter der Obhut des Reichswehrministeriums wurde die Kirche vom Garnison-Kirchen-Kollegium verwaltet. Von 1919 bis 1934 gehörte diesem der Evangelische Feldpropst der Armee und der Marine, Friedrich Gottlob Erich Schlegel[3] (1866–1938) an, Nachfolger des am 1. Oktober 1918 in den Ruhestand versetzten kaiserlichen Feldpropstes Max Wölfing (1847–1928).[4]

Die Militärkirchenordnung von 1902 wurde an die republikanischen Bedingungen angepasst und 1929 auf eine neue Grundlage, die Evangelische Militärische Dienstordnung, gestellt. Bis Ende des Jahres 1920 waren durch den Chef der Heeresleitung, General Hans von Seeckt, Reichswehrminister Otto Geßler und Minister Gustav Stresemann in Zusammenarbeit mit Feldpropst Schlegel die wichtigsten Regelungen für ein ungebrochenes Weiterbestehen der Militärseelsorge getroffen worden.[5]

Nach 1919, als in der Kirche Kinovorführungen und Kulturveranstaltungen stattgefunden hatten, stand sie vor allem Traditionsverbänden der Reichswehr zur Verfügung. In die Amtszeit Schlegels fällt 1928/29 die Umbenennung der Straße „Hinter der Garnisonkirche" in „Frommelstraße".[6] Die Postadresse der Feldpropstei ist damit Frommelstraße 1 in Berlin C 2.

Schlegels Amtszeit war 1931 abgelaufen, er ging nicht in Pension, sondern blieb noch weiter tätig. Die Entscheidung fiel im September 1933, Schlegel erhielt noch bis Ende des Jahres die vollen Bezüge. Mit dem Ausscheiden Schlegels aus dem Amt war durch eine Weisung des Reichspräsidenten von Anfang Dezember 1933 auch eine neuerliche Namensänderung verbunden – aus den evangelischen und katholischen Feldpröpsten waren nun „Feldbischöfe der Wehrmacht" geworden.[7]

Abb. 71 Grabstein für Garnisonprediger Georg Goens auf dem Offizierskirchhof.

Abb. 72 Feldpropst Friedrich Gottlob Erich Schlegel.

Es ist einer der Zufälle der deutschen Geschichte, dass im letzten Amtsjahr Feldpropst Schlegel fast symbolisch für das Ende der Weimarer Republik und den Beginn der NS-Diktatur eine Haustaufe in der Familie des prominentesten Bürgers Deutschlands vollzog – beim Reichspräsidenten Paul von Hindenburg. Die Feier fand am 1. April 1933 statt, Paten der Enkelin Margarethe v. Beneckendorff und von Hindenburg, der Tochter des Obersten und Adjutanten des Reichspräsidenten, Oskar von Hindenburg, waren u. a. der Reichspräsident selbst, Franz von Papen sowie General Werner Freiherr von Fritsch.[8] In die Häuser von Beamten, Offizieren, Diplomaten wird Schlegel unmittelbar vor und nach seiner Pensionierung zu Hochzeiten und Kindstaufen eingeladen; im Dezember 1934 vollzieht der nunmehrige Feldbischof a. D. eine Taufe in der Familie des SA-Sturmbannführers Heinz-Günther Hinze in Berlin-Wilmersdorf.[9] Bekannte Namen, die in den letzten Monaten des Wirkens Schlegels in der Berliner Garnisongemeinde aufleuchten – von Hellenthin[10], von Baumbach (Kapitänleutnant an der Deutschen Botschaft in Moskau),[11] Reichskommissar Arno Kriegsheim[12], Generalleutnant Paul Göldner.

Feldbischof Dohrmann

Nachfolger Schlegels wurde im April 1934 durch Erlass des Reichspräsidenten von Hindenburg der Gutsbesitzersohn, national-konservative Konsistorialrat und Wehrkreispfarrer in Stettin, Dr. Franz Dohrmann (1881–1969)[13], vorgeschlagen durch den Reichswehrminister von Blomberg.

Die zivilen Kirchenstellen hatten bei dieser Personalentscheidung kein Mitspracherecht.[14] Franz Dohrmann war nach seiner Ordination am 22. Mai 1908[15] bis 1909 Hilfsgeistlicher an der Heilig-Geist-Kirche in Potsdam gewesen. Vom 1. Oktober 1909 bis zum 18. Dezember 1910 wirkte er als „Militärhilfsgeistlicher" an der Berliner Garnisonkirche, zugeordnet der 2. Gardedivision, bevor man ihn als Divisonspfarrer nach Bromberg versetzte. Im Ersten Weltkrieg mit dem Eisernen Kreuz II. Klasse ausgezeichnet, erhält er das EK I 1924. Für wenige Monate hatte er zwischen September 1919 und April 1920 Gelegenheit, seine spätere Wirkungsstätte, die Büroräume der Berliner Feldpropstei, als so genannter „Büropfarrer" kennen zu lernen. Während seiner Tätigkeit in Stettin promovierte er 1925 zum Doktor der Theologie.

Das Schreiben des Präsidiums des Evangelischen Konsistoriums der Provinz Pommern vom 8. Juni 1934 über die im April 1934 erfolgte Berufung Dohrmanns zum Feldbischof an die Kanzlei der Deutschen Evangelischen Kirche in Berlin[16] beklagte, dass die Stettiner Kirchenbehörde nicht amtlich informiert wurde. Die Rückseite des Schreibens enthält interessante Notizen (19. Juni 1934) über die Hintergründe der Berufung: der durch die NS-Führung eingesetzte „Reichsbischof" Ludwig Müller war konsultiert worden und hatte der Entscheidung zugestimmt; das neue Amt führte zum Reichs-Beamtenstatus des bisher als Konsistorialrat nur kirchlich beamteten Dohrmann.

Dohrmann führte sich bei den NS-Führern unliebsam ein – seine Trauerrede für den verstorbenen von Hindenburg am Tannenbergdenkmal war für Alfred Rosenberg Anlass zu ironischen Tagebuchnotizen: „Der Mann glaubte uns so schön zusammen u. überschüttete uns mit Bibelzitaten, behauptete, der alte Soldatenspruch lautete ‚Bete u. arbeite', u. hupfte wie ein Floh von einem armen Gedanken zum anderen ohne jeden Zusammenhang. In unseren Reihen allgemeines Kopf-

Abb. 73 Hindenburg und die Generalität der Reichswehr in der Garnisonkirche.

schütteln, aber auch alle anderen waren entsetzt ... Die Kirche hat wieder gezeigt, daß sie in deutschen Worten eine chinesische Sprache spricht. Die Nation will dieses Kauderwelsch aus Psalmen, ‚Propheten' usw. nicht mehr hören."[17]

Die Rede erregte Aufsehen, man munkelte von Repressalien. Die Leitung der evangelischen Kirche in Berlin musste sogar Gerüchte von einem Gefängnisaufenthalt Dohrmanns dementieren. So ist ein handschriftlicher Zettel einer Frau Luise Schönermark in Niesky/Oberlausitz vom 5. September 1934 im Evangelischen Zentralarchiv Berlin erhalten, in dem gebeten wird, jenem „infamen Gerücht entgegenzutreten". Im ebenfalls erhaltenen Entwurf der Antwort der Kirchenkanzlei der Deutschen Evangelische Kirche vom 18.

Abb.73a Militärpfarrer der Wehrmacht bei einer Vereidigung in Ruhleben, 7. November 1935. (Nachlass von Standortpfarrer Radtke, Spandau, EZA Akte 704/18.

Abb.73b Eine Kompanie der Wehrmacht beim Abmarsch nach Gottesdienst aus der evangelischen Waldkirche von Döberitz, 1937. (Nachlass von Standortpfarrer Radtke, Spandau, EZA Akte 704/18.)

September 1934 an Frau Schönermark wird versichert: „das Gerücht, dass der Feldbischof D. Dohrmann aufgrund seiner bei der Beisetzungsfeier in Tannenberg gehaltenen Predigt vom Führer selbst oder auf persönliche Anordnung des Führers ins Gefängnis gesetzt worden sei, beruht auf Unwahrhaftigkeit".[18]

Dohrmann blieb im Amt, die Bedeutung des Mannes und seiner Dienststelle war für die NS-Führung gering. „Seine Gegnerschaft gegenüber dem nationalsozialistischen Staat und dessen Politik war nicht so auffällig, daß sie größere Aufmerksamkeit in der Wehrmachtsführung oder in der politischen Führung erregt hätte. Dohrmann hat seine Gegnerschaft nicht öffentlich gemacht, sondern versuchte, indirekt und durch sein Beispiel zu wirken."[19]

Albrecht Goes, ein Kollege Dohrmanns, beschreibt nach dem Zweiten Weltkrieg das informelle Wirken der Militärseelsorger im NS-System: „Die starke Isolierung gehörte mit in das Amt. Man war vergleichsweise einsam." [20] Es wurde nicht über den Krieg und das NS-System diskutiert: „Das war ein Tabu. Ich könnte sagen, das sei ein Stück Feigheit gewesen, daß das nicht vorkam. Das war kein Diskussionsgegenstand."[21]

Inwieweit sich Dohrmann um die Berliner Garnisonkirche gesorgt hat, ist nicht bekannt. Aufschluss über Dohrmanns erste Amtshandlungen in der Berliner Garnisongemeinde geben Einträge in den Kirchenbüchern. Danach vollzog Dohrmann seine erste Trauung[22] in der Garnisonkirche am 6. September 1934: Der Ministerialrat im Reichswehrministerium Friedrich Karl Schmidt, geb. am 1. 9. 1879, ehelicht Alma Margarethe Reinhardt, geb. 28. 2. 1888, Tochter eines Reichsbahningenieurs. Seine erste Taufe[23] als neuernannter Feldbischof hatte Franz Dohrmann im Hause des Kindesvaters, des Gerichtsassessors Hans-Dietrich Naumann am 7. Juni 1934 in Berlin vollzogen. Manche dieser Amtshandlungen heben sich im historischen Rückblick aus dem Alltag heraus – so das Politikum einer Taufe in Potsdam am 16. August 1934.[24] Der Vater des Täuflings Kurt Gustav ist 1926–1934 Leutnant bzw. Oberleutnant im renommierten Infanterieregiment Nr. 9, wurde Ende des Zweiten Weltkriegs Oberst im Generalstab und erreichte nach 1945 in der Bundesrepublik eine bedeutende Karriere als Militärhistoriker und Publizist – sein Name ist Hermann Teske, ab 1957 Chefredakteur der Zeitschrift „Wehrkunde", ab 1960 Leiter des Militärarchivs im Bundesarchiv.

Die politischen und ideologischen Auseinandersetzungen in der NS-Zeit werden sich innerhalb der evangelischen Kirche Preußens auch in den Berliner und Potsdamer Militärgemeinden widergespiegelt haben, nicht öffentlich und ohne wesentliche Konsequenzen für den tragischen Verlauf der deutschen Geschichte bis 1945.

Die Biographen Dohrmanns und Militärhistoriker gehen davon aus, dass die Personalpolitik des Feldbischofs tendenziell auf eine Bevorzugung von Pfarrern der gemäßigten Bekennenden Kirche im Heer hinauslief,[25] während in der Marine die Anhänger der so genannten „Glaubensbewegung Deutscher Christen", der „SA der Kirche",[26] angeführt durch den Marinedekan Friedrich Ronneberger und Wehrmachtsdekan Heinz Lonicer dominierten.[27] Aus unseren Recherchen in den relevanten Archiven kann zweierlei bestätigt werden: Erstens gab es nachweisbar Zurückweisungen von politisch aktiven NS-Geistlichen durch Dohrmann bei deren Bewerbungen um Stellen in der Militärseelsorge – so sind die Fälle der Pastoren Kirste (NSDAP-Mitglied) aus Pommern und Hellweg (SA-Mann) aus Westfalen aktenkundig.[28] Kirstes Schreiben an Reichsbischof Müller vom 14. Juni 1934 spricht für sich: „Mein Reichsbischof! Nachdem ich seit 5 Jahren in der NSDAP Pommern führend gewesen bin, besonders auch an der Begründung der D. Ch. („Deutsche Christen" – d. V.) in Berlin und Pommern beteiligt bin, möchte ich möglichst bald in eine rein kirchliche Tätigkeit zurückkehren ... Da mir alles daran liegen muss, die mir lebensnotwendig gewordne soldatische Haltung auch in meiner öffentlichen Wirksamkeit beizubehalten, habe ich den Wunsch in die Militärseelsorge überzugehen."

Das Schreiben wurde an Dohrmann weitergeleitet, es enthält eine Randnotiz vom 14. Juli 1934 aus dem Büro Dohrmann: „Mündlich hat Feldbischof erklärt, dass z. Zt. Verwendung nicht in Frage kommt". Kirste erhielt ein lapidares Schreiben der Kirchenkanzlei aus Berlin-Charlottenburg vom 18. Juli 1934: „Nach mündlicher Fühlungnahme mit dem Herrn Evangelischen Feldbischof der Wehrmacht teile ich Ihnen mit, dass Ihre Verwendung in der Militärseelsorge z. Zt. nicht in Frage kommt".[29] Ähnlich ist Dohrmann mit Hellweg verfahren, der sich „Mit deutsch-christlichen Heilgrüssen" empfohlen hatte.

Zweitens zeigt die Aktenlage zumindest eine wissentliche Duldung, wenn nicht sogar eine aktive Bevorzugung von Gegnern des NS-Regimes bei der Übernahme von Zivilpfarrern als Militärgeistliche in die Wehrmacht. Hatten sich Kirste und Hellweg über die Behinderungstaktik der Kirchenleitungen Pommerns und Westfalens bei ihren Bewerbungen beschwert, so lässt eine Auswertung der Akten den Schluss zu, dass sich Dohrmann bei Einstellungen aus diesen beiden Kirchenprovinzen auf die politischen Empfehlungen jener Kirchenbehörden verlassen konnte. Das belegen

Abb. 74 Franz Dohrmann.

besonders die Fälle der Übernahmen der westfälischen Pfarrer Friedrich Wilhelm Effey, Gronemeyer, Johannes Horstmann, Hans Clemen und Dr. Hölzer in den Jahren 1934–1939. Die Aktenlage lässt die Vermutung zu, dass Dohrmann im Dezember 1934 einen Vertrauten in eine Schlüsselposition in Westfalen lanciert hatte – den ehemaligen Potsdamer Standortpfarrer Kurt Koblanck, den er zuvor zum Heeresoberpfarrer befördern ließ.[30] Dass sich Dohrmann der politischen Brisanz seines Handelns bewusst war, zeigt ein Schreiben aus seinem Büro,[31] in dem sich die westfälische Kirchenleitung über die Zusammenarbeit von Militärbehörden und Gestapo bei der Ablehnung von vorgeschlagenen Pfarrern für die Übernahme die Militärseelsorge beklagt. Eine Abstimmung mit Dohrmann war erforderlich, sie erfolgte wahrscheinlich mündlich bei Gesprächen in Münster, wie Dohrmanns Bemerkungen auf dem Schreiben vermuten lassen.

Über das öffentliche Wirken Dohrmanns oder der Pfarrer an der Berliner Garnisonkirche ist wenig bekannt. Die NS-Führung hatte diesem Wirken schon 1933 enge Grenzen gesetzt. Das OKW sah sich im Frühjahr 1941 dann veranlasst, durch eine schriftliche Anordnung das öffentliche Auftreten der Militärgeistlichen noch weiter einzuschränken. So heißt es in einem von Keitel persönlich unterzeichneten Schreiben vom 15. März 1941 u. a.: Es „wird darauf hingewiesen, daß die einzige Aufgabe der Wehrmachtspfarrer die seelsorgerische Betreuung der Wehrmachtsangehörigen ihres Bekenntnisses ist ... Es entspricht daher nicht der Aufgabe der Wehrmachtspfarrer, wenn sie, sei es bei Feiern, sei es bei anderen Gelegenheiten, zu Vorträgen oder zur Abhaltung von Lehrgängen z. B. Wochenendlehrgängen herangezogen werden, die außerhalb des religiösen Gebiets liegen."[32]

Historisch belegt ist dennoch ein Vortrag, den Dohrmann 1943/44 im Potsdamer Kasino des Infanterieregiments Nr. 9 im Rahmen einer Diskussionsreihe zu politischen und weltanschaulichen Themen hielt. Wahrscheinlich gehörte dieser Gästeabend mit Dohrmann auch zur Methode des „politischen Abtastens"[33] durch die Regimentsführung vor dem 20. Juli 1944, was ein interessantes Licht auf Erwartungen hinsichtlich der Person des Feldbischofs vonseiten der Verschwörer um den Grafen Fritz-Dietloff von der Schulenburg und Henning von Tresckow wirft.

Das Gemeindeleben der Berliner Garnison ist bis Ende 1944 nachweisbar. Einen anschaulichen Querschnitt gibt uns die zweite Hälfte des Jahres 1939. In den Unterlagen der Gemeinde findet sich die letzte Trauung eines Offiziers in der Garnisonkirche durch Feldbischof Dr. Dohrmann am 26. September 1939. Der Eintrag im Kirchenbuch ist knapp[34]: Ernst-Günter Lobach, geb. am 14. 09. 1911, Leutnant IR 69 z. Z. im Felde, Braut: Cramer, Ursula, geb. am 18. 03. 1917. Nichts Sensationelles, Kriegsalltag. Selten sind auch vorher schon Trauungen in der Kirche, da die Eltern der Braut die Feier ausrichten und da lässt man sich in der zivilen Gemeindekirche trauen oder im Hause der Eltern – es ist ja Krieg, da ist großes öffentliches Feiern in Kirchen für Militärs nicht opportun. Die Liste der Trauungs- und Taufzeremonien Feldbischof Franz Dohrmanns spricht für seinen breiten Kontaktkreis – Stabsoffiziere, Ärzte, Juristen, hohe Beamte. So finden

Abb. 75 Der Taufstein der Garnisonkirche in einer Aufnahme von 1936.

sich die Namen Dr. med. Ulrich Karl Rudolf Miske[35], Ulrich Gustav Eschenbach, Hauptmann im Generalstab des Heeres[36], Dr. jur. Ernst-Günther Hermann Wirth, Regierungsassessor im Reichsluftfahrtministerium,[37] Dr. jur. Münchmeyer,[38] Carl-Ernst, RA, Franz Max Bernhard von Oppeln-Bronikowski, Major im OKH.[39] In den Kirchenbüchern finden sich auch die Namen der Generale Kurt Liese[40] und Gerlach-Hans Hemmerich[41] als Trauzeugen oder Familienangehörige.

Dohrmann traute auch hochrangige Generale der Wehrmacht: am 7. Oktober 1939 den General der Flieger und Chef des Ausbildungswesens der Luftwaffe Bernhard Oskar Robert Kühl,[42] geboren am 25. Mai 1886. Kühl war schon in den Zwanzigerjahren als Stratege im Reichswehrministerium aufgefallen. Er hatte die Bildung eigener starker Luftstreitkräfte in einem Umfang von 11.400 Kampfflugzeugen vorgeschlagen, war von Göring 1937 zum Chef des Luftwaffen-Führungsstabes und 1938 zum Generalinspekteur der

Luftwaffe ernannt worden. Die Braut des Generals ist Susanna Alice Maria, geschiedene Harzbecker, geborene Küster, Jahrgang 1894. General Kühl gehörte ab 1943 zur Führerreserve des Oberkommandos der Luftwaffe, geriet 1945 in sowjetische Kriegsgefangenschaft und starb am 22. Februar 1946 im Lager Sachsenhausen.

Auch die Trauungszeremonie seiner eigenen Tochter Ursula Ella Martha Maria, geboren am 14. Juli 1912, nahm Dr. Dohrmann in der Berliner Garnisonkirche vor[43], Tag der Trauung war der 29. April 1939. Dr. med. Harald Bergfried, Oberarzt in der Sanitätsabteilung 23 in Potsdam, geb. 24. April 1912, ist der künftige Schwiegersohn, Sohn eines evangelischen Pfarrers im Ruhestand. Die wahrscheinlich letzte Trauung eines Zivilisten in der alten Berliner Garnisonkirche vollzog Feldbischof Dr. Dohrmann am 30. September 1939.[44]

Mitten im Kriege gehörte die Taufe vom 30. Dezember 1942 zu einer der letzten Amtshandlungen in der Kirche;[45] der Name des Täuflings: Christian Friedrich Kamps, sein Vater war der Leutnant der Reserve im Grenadierregiment 533 Reinhard Kamps, Großvater war Senatspräsident Friedrich Kamps, Berlin-Zehlendorf.

Das Ende

Der Krieg hatte die Hauptstadt erreicht. Dohrmanns Dienstgebäude, die alte „Feldpropstei“ hinter der Kirche, in dem auch seine Wohnung lag, wurde bei einem Bombenangriff am 23. November 1943 vollständig zerstört. (Abb.76 S. 94)

Dohrmann spürt inmitten der Bombenangriffe das kommende Ende des NS-Regimes. Überliefert ist ein Schreiben des Feldbischofs vom 21. April 1944 an den Vizepräsidenten des Evangelischen Oberkirchenrats in Berlin, D. Friedrich Hymmen, in dem er sich rechtfertigt für die Mängel in der Personalpolitik und indem er um Verständnis bittet für den Fall einer späteren Überprüfung seiner Amtsführung: „Sie wissen selbst, welchen Einschränkungen die Auswahl der Feldgeistlichen unterlag, und dass es mir nicht möglich war, eine Feldseelsorge mit meinen eigenen Maßstäben der Eignung und der Auswahl der Kriegspfarrer aufzustellen … Nach Qualität und Quantität der einzustellenden Geistlichen waren mir Grenzen gesetzt, die oft sehr schmerzlich waren … Es ist für Sie als den geistlichen Vizepräsidenten des Ev. Oberkirchenrats gewiß von Wichtigkeit, von diesem Sachverhalt zu wissen, damit man etwaigen Angriffen und Vorwürfen wegen Unzulänglichkeit der Feldseelsorge entgegentreten kann.“[46] Ist das schon Dohrmanns diplomatisch formulierte Bitte um einen „Persilschein“, ein Jahr vor Ende der NS-Diktatur?

Der ehemalige Kriegspfarrer Hans-Dietrich Wendland erinnert sich in diesem Zusammenhang auch an eine Predigt Dohrmanns in der Garnisonkirche Potsdam zu Weihnachten 1944: „Diese Predigt war eindeutig in ihrem Hinweis auf die kommende und schon im Gang befindliche Katastrophe.“[47]

Das Ende 1945: Im Trümmerfeld Berlin war die zerstörte Garnisonkirche nur eine Ruine unter Tausenden. So wurde es still um die Kirche – bis zum Jahre 1947. Im Herbst dieses Jahres berichteten mehrere Zeitungen über Plünderungen in den Grüften der Kirche. Man sei

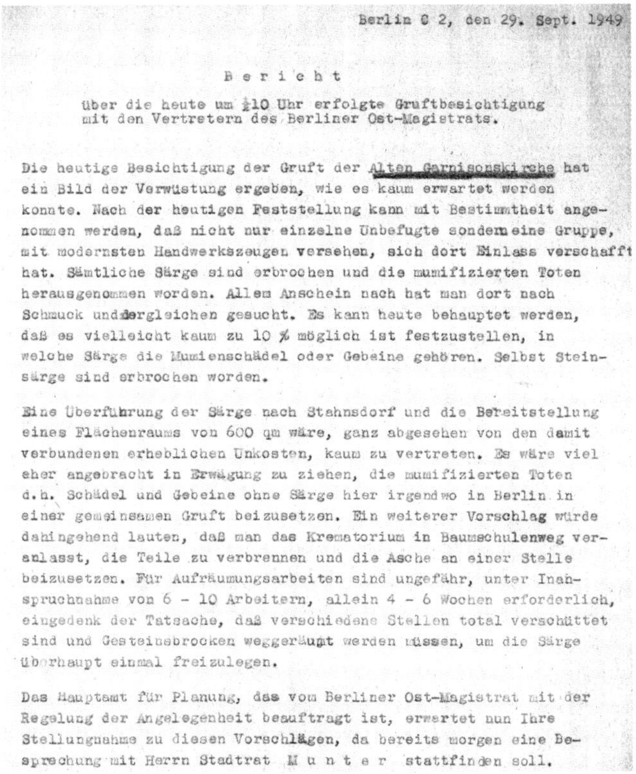

Berlin C 2, den 29. Sept. 1949

B e r i c h t

über die heute um ½10 Uhr erfolgte Gruftbesichtigung mit den Vertretern des Berliner Ost-Magistrats.

Die heutige Besichtigung der Gruft der Alten Garnisonskirche hat ein Bild der Verwüstung ergeben, wie es kaum erwartet werden konnte. Nach der heutigen Feststellung kann mit Bestimmtheit angenommen werden, daß nicht nur einzelne Unbefugte sondern eine Gruppe, mit modernsten Handwerkszeugen versehen, sich dort Einlass verschafft hat. Sämtliche Särge sind erbrochen und die mumifizierten Toten herausgenommen worden. Allem Anschein nach hat man dort nach Schmuck und dergleichen gesucht. Es kann heute behauptet werden, daß es vielleicht kaum zu 10 % möglich ist festzustellen, in welche Särge die Mumienschädel oder Gebeine gehören. Selbst Steinsärge sind erbrochen worden.

Eine Überführung der Särge nach Stahnsdorf und die Bereitstellung eines Flächenraums von 600 qm wäre, ganz abgesehen von den damit verbundenen erheblichen Unkosten, kaum zu vertreten. Es wäre viel eher angebracht in Erwägung zu ziehen, die mumifizierten Toten d.h. Schädel und Gebeine ohne Särge hier irgendwo in Berlin in einer gemeinsamen Gruft beizusetzen. Ein weiterer Vorschlag würde dahingehend lauten, daß man das Krematorium in Baumschulenweg veranlasst, die Teile zu verbrennen und die Asche an einer Stelle beizusetzen. Für Aufräumungsarbeiten sind ungefähr, unter Inanspruchnahme von 6 - 10 Arbeitern, allein 4 - 6 Wochen erforderlich, eingedenk der Tatsache, daß verschiedene Stellen total verschüttet sind und Gesteinsbrocken weggeräumt werden müssen, um die Särge überhaupt einmal freizulegen.

Das Hauptamt für Planung, das vom Berliner Ost-Magistrat mit der Regelung der Angelegenheit beauftragt ist, erwartet nun Ihre Stellungnahme zu diesen Vorschlägen, da bereits morgen eine Besprechung mit Herrn Stadtrat M u n t e r stattfinden soll.

Abb. 77 Bericht über eine Gruftbesichtigung durch Vertreter des Berliner Magistrats und der evangelischen Kirche im September 1949.

in die Gewölbe eingestiegen, habe nach Wertsachen gesucht, sich am Holz der Särge bedient, die Sohlen der Militärstiefel abgetrennt.

Nachdem die Kirchen- und Grufteingänge daraufhin verschlossen wurden, 1949 sich aber ähnliche Vorgänge wiederholt hatten, entschlossen sich Magistrat und Synodalverband, eine Umbettung der Toten vorzunehmen. 199 Särge wurden zu diesem Zeitpunkt in der Kirche gezählt. Die Reste der Toten, die zum Teil verstreut herumlagen, wurden in wenigen Särgen zum Stadtsynodal-Friedhof in Stahnsdorf überführt und dort in würdiger Weise bestattet. (Abb.78 S. 93)

---

1 Siehe Goens.
2 Evangelisches Zentralarchiv Berlin (EZA), Akte 7/11439 betr.Die Kirchen- und Pfarr-Angelegenheiten der Garnison-Kirche in Berlin, Schreiben des OKH vom 1.September 1936 über die Entwicklung der Rechtsverhältnisse der Berliner Garnisonkirche nach 1918.
3 Lebensdaten und dienstliche Laufbahn Schlegels siehe Personalakte (Nr.7/P1230) im EZA.
4 Wölfings Personalakte (Nr.7/P1531) im EZA.
5 Beese, S. 29.
6 Siehe Personalakte Schlegel im EZA, Schriftwechsel zwischen November 1928 und Juni 1929.
7 Beese, S. 65f.
8 GStAPK, HA VIII, Militärkirchenbücher 637/177-178/012.
9 Ebenda, Militärkirchenbücher 899/088/099.
10 Ebenda, Militärkirchenbücher 637/215-216/007.
11 Ebenda, Militärkirchenbücher 637/237-238/035.
12 Ebenda.
13 Zur Biographie Dohrmanns siehe: Kunst.
14 Zur innerkirchlichen Entwicklung im zivilen Bereich in Berlin und Brandenburg siehe: Besier, S. 703ff.
15 Die Daten zum Lebenslauf aus Akte D. Dohrmann, Stettin (Nr. 7/P 269) im EZA.
16 Ebenda, Schreiben ohne Paginierung.
17 Das politische Tagebuch Alfred Rosenbergs, S. 42.
18 EZA, Akte Nr. 7/4267.
19 Beese, S. 145.
20 Ebenda, S. 207.
21 Ebenda, S. 213.
22 Ebenda, Militärkirchenbücher 898/079/072.
23 Ebenda, Militärkirchenbücher 637/241-242/042.
24 Ebenda, Militärkirchenbücher 637/261-262/074.
25 Siehe Beese, S. 194.
26 Völkischer Beobachter, 22. Juli 1933.
27 Siehe Beese, S. 165ff.
28 Beide Vorgänge in: EZA, Akte 7/4240.
29 Ebenda.
30 Ebenda, Akte 7/4239, die Versetzung Koblancks nach Münster in den Schreiben vom 15. 12. 1934 und vom 29. 12. 1934. Koblanck war seit 1925 in Potsdam tätig gewesen, nach der Stelle in Münster war er am 1.08.1938 nach Salzburg versetzt worden.(EZA, Akte 704/21)
31 Ebenda, Akte 7/4240, Bl. 54. Schreiben des Evangelischen Konsistoriums der Kirchenprovinz Westfalen an den Evangelischen Oberkirchenrat in Berlin vom 18. Juli 1936 mit handschriftlichen Notizen Dohrmanns sowie Schreiben des Heeresoberpfarrers Koblacnk in seiner Eigenschaft als Wehrkreispfarrer VI vom 15. Juli 1936, ebenda Bl. 55.
32 OKW, Az. 31 v J (Ia), 15. 3. 1941, in: EZA, Akte 1/A2/499.
33 Paul, S. 547.
34 GStAPK, HA VIII Militärkirchenbücher 905/113/397.
35 Ebenda, Militärkirchenbücher 905/096/333.
36 Ebenda.
37 Ebenda, Militärkirchenbücher 904/019/055.
38 Ebenda, Militärkirchenbücher 904/008/025.
39 Ebenda, Militärkirchenbücher 904/026/083.
40 Ebenda, Militärkirchenbücher 904/003/006. Kurt Liese war 1929/30 Offizier im Infanterieregiment 9
41 Ebenda, Militärkirchenbücher 904/008/025.
42 Ebenda, Militärkirchenbücher 905/081/277.
43 Ebenda, Militärkirchenbücher 904/019/055.
44 Ebenda, Militärkirchenbücher 905/113/397.
45 Ebenda, Militärkirchenbücher 649/157/377.
46 EZA, Akte 7/4267.
47 Beese, S. 243.

Barbara Kündiger
Bildwelten und Klangbilder

Aus dem Kircheninventar: Malerei und Plastik

Das einzige katastrophenresistente Objekt der Garnisonkirche ist deren Taufstein. Er überstand nicht nur die Zerstörung der ersten Kirche durch die Pulverturmexplosion, den Brand nach dem Kurzschluss in der Stromversorgung der Orgel in der zweiten Kirche 1908 und deren Bombentreffer 1943, sondern auch den später erfolgten Abriss der Kirche 1961. Geborgen, doch im Depot verstaut, erblickte er erst gut dreißig Jahre später wieder das Licht der Öffentlichkeit.

Unverwüstlich –
der Taufstein von Andreas Schlüter

Der Taufstein, schon bei Johann Friedrich Walther in seiner Grundrisszeichnung für die Grünbergsche Kirche eingetragen, ist das einzige erhalten gebliebene Inventar aus der ersten Garnisonkirche. Es ist ein geschichtliches Relikt, dessen Nutzung bis in die Vierzigerjahre des 20. Jahrhunderts nachweislich ist. Dieses, sicherlich von Schlüter stammende, plastische Werk wurde von mehreren Chronisten aufgeführt und ist nach seiner Aufstellung in der Nikolaikirche 1995 erstmals ausführlicher gewürdigt worden.[1] Dass das etwa dreihundertjährige Stück eine wechselvolle Geschichte hinter sich hat, zeigen nicht nur seine Brandspuren[2], sondern auch die Schäden an den vorkragenden Teilen und das Fehlen der Schale für das Taufwasser.

Vertikal gliedert sich der Taufstein in drei Zonen: Eine Plinthe und zwei übereinander gesetzte Sandsteinblöcke. Das aus dem Sandstein geschlagene Bildwerk unterstützt die Tektonik des sich nach oben verjüngenden und wieder ausweitenden Schaftes, verleiht dem Werk Spannung und Dynamik. So betonen die am unteren Teil des Schaftes ausschwingenden Voluten das Lagern des Steins und die vier vorkragenden Engelsköpfchen die Ecken der Kesselzone. Rosengirlanden vermitteln vom stilisierten, kräftigen Laub der Voluten zu den pausbäckigen Engelsköpfchen mit dicken Locken und plustrigem Gefieder, deren Flügel die Ecken bis zur Mitte der Seitenflächen umfassen. Hier treffen sie auf mit Kordeln zusammengebundene Tücher, deren Säume gefranst sind und reliefartige Bilder zeigen. Diese Tücher verzieren die Seitenflächen der oberen, dreizipflige Schabracken jeweils die Flächen der unteren Schafthälfte. Von den vier Bildreliefs zeigt eines die Taufe Christi im Jordan durch Johannes, auf den anderen wird „die Liebe des Heylandes vorgestellet".[3] Eines dieser Bilder gibt die Situation wieder, als Jesus ein Kind in die Mitte der Jünger stellt und damit auf die Voraussetzungen hinweist, um ins Himmelreich zu kommen. Ein weiteres zeigt Jesus, der die von den Jüngern abgewiesenen Kinder zu sich ruft, sie umarmt und segnet und die Jünger über die Unvoreingenommenheit der Kinder belehrt. Das vierte Bild bezieht sich auf die Heilung eines vom unreinen Geist besessenen Jungen durch Jesus vor einer sie umstehenden Schar von Leuten. „Gerichtet ist das Bildprogramm somit auf die Taufe und die Gotteskindschaft, auf die heilsame Wirkung des Sakramentes und die Erlangung der künftigen Herrlichkeit des himmlischen Reiches."[4]

Es scheint durchaus folgerichtig, den Taufstein dem Œuvre Schlüters zuzuschreiben. Schlüters gestalterische Handschrift wird besonders an den Engelsköpfchen deutlich, deren pralle Plastizität einen Vergleich mit denen an der Kanzel der Berliner Marienkirche erlauben. Auch die gestalterische Durchbildung des Taufsteins „mit allen struktiven und dekorativen Elementen zu einem Organismus von bestechender Geschlossenheit und schwellender Kraft"[5] lässt auf Schlüter schließen. Dennoch wird nicht jedes Detail von Schlüters Hand stammen. Die Mitarbeit von Gehilfen ist anzunehmen, insbesondere bei der Ausführung der Reliefs. Im Gegensatz zu der raumbildenden, delikaten Opulenz der Voluten und Engelsköpfchen sind die Formen hier weniger fließend und härter.

Schlüter war ab 1694 Hofbildhauer und für alle plastischen Arbeiten zuständig. Da die Garnisonkirche im Auftrag König Friedrichs I. errichtet wurde, ist anzunehmen, dass er für diese Kirche auch den Taufstein bestellte. Die Vermutung, dass der Taufstein 1702 entstand[6], ist jedoch strittig. Von Walther ist aus seiner Chronik über das Entstehungsdatum des Taufsteins nur zu erfahren, dass er für die Grünbergsche Garnisonkirche „ein paar Jahr vor dem Unglück erst neu angefertigt war"[7]. Diese ungefähre Angabe bezeugt, dass der Taufstein schon vor 1720, dem Jahr des Pulverturmunglücks, zum Kircheninventar gehörte. Walther formulierte nicht explizit, dass der Taufstein bereits mit der Kirchweihe vorhanden war. So scheint eine frühe Datierung des Taufsteins auf 1702 trotz stilistischer Nähe zur ebenfalls von Schlüter stammenden Kanzel der Berliner Marienkirche von 1703 und zum Jahr der Kirchweihe 1703 fraglich, zumal auch Pitzler 1704 in seiner Skizze keinen Taufstein einzeichnet.

Die Datierung des Taufsteins auf 1702 setzt außerdem die Hypothese voraus, dass die Kirche bereits zur Einweihung mit allem notwendigen Inventar versehen war. Dem steht die Möglichkeit gegenüber, dass die Kirche erst nach und nach ihr vollständiges Inventar erhielt, oder dieses ausgetauscht und ersetzt worden ist. Unterstützt wird diese Annahme und damit auch die eines späteren Entstehungsdatums des Taufsteins

Abb. 79 Engelsköpfchen des Taufsteins. Andreas Schlüter zugeschrieben, nach 1704, Detail.

durch eine Notiz, die Georg Goens in seinem Werk nach Sichtung der Kirchenrechnungen macht. Er berichtet, dass von der ersten Jahreseinnahme der Sonntagskollekte „für zwei ganze Thaler ein zinnernes Taufbecken gekauft"[8] werden sollte, was dafür spricht, dass der Schlüter zugeschriebene Taufstein sicherlich nicht vor 1704 in Auftrag gegeben und in der Kirche aufgestellt wurde. Für den Taufstein ergäbe sich dann ein Datierungszeitraum zwischen 1704 und 1713, dem Jahr, in welchem Schlüter von Berlin nach Petersburg ging und in welchem auch König Friedrich I., der erste Patron der Kirche, starb.

Heldenverehrung – Gedächtnisbilder für Offiziere des Siebenjährigen Krieges von Christian Bernhard Rode

Obwohl gefeiert und als Künstler zumindest zu Lebzeiten geschätzt, fällt auf Rode im Urteil der Kunstgeschichte knapp ein halbes Jahrhundert nach seinem Tod kein allzu gutes Licht: „Er malte ungemein rasch, und fast alle seine Werke sind im Grunde nichts als Skizzen und Entwürfe. Seine grossen Radirungen, deren wohl hundert vorhanden sind, geben von dem Streben dieses Künstlers und von dem Geschmack seiner Zeit den besten Begriff: meiner Ansicht nach, machen sie ihm wenig Ehre. Seine Leichtigkeit im arbeiten war so gross, dass man von ihm sagt: wenn er auf der Ausstellung an der Wand einen leeren Platz erblickte, ging er nach Hause, machte sich sogleich an die Arbeit, und nach Verlauf einiger Stunden war die Lücke ausgefüllt. Nur in einem so kunstarmen Jahrhundert konnte er zu einem grossen Rufe gelangen".[9]

Christian Bernhard Rode, über dessen zeichnerische Schnelligkeit nicht nur diese spöttische Anekdote kolportiert wurde[10], war Maler und Radierer zur Zeit Friedrichs II. 1725 geboren, ausgebildet bei Pesne, mit Studienaufenthalten in Paris, Rom und Venedig, wurde er als viel beschäftigter „hyperproduktive[r]"[11] Künstler zunächst Mitglied der Berliner Akademie, später ihr Direktor. Rode starb 1797 in Berlin. Seine Gebeine wurden 1826 vom alten Schützenfriedhof auf den Alten Friedhof der St. Marien- und St. Nikolaigemeinde umgebettet, wo die Akademie der Künste ihm 1852 ein Erinnerungsmal errichtete. Die Gemälde Rodes sind heute vor allem in den Sammlungen von Berlin und Potsdam zu finden, Altarblätter in den Kirchen von Berlin und im Land Brandenburg. Genannt seien hier nur stellvertretend Arbeiten in der Marienkirche zu Berlin, der Dominikanerkirche zu Neuruppin und der Dorfkirche in Genshagen, Deckenmalereien in der ehemaligen Anatomie in Berlin und im Schloss Meseberg, Altargemälde in St. Marien und Andreas in Rathenow und in der Pfarrkirche St. Peter und Paul in Wusterhausen/Dosse.

Viele seiner Bilder und Bildzyklen schuf Rode ganz im Sinne der Aufklärung. Auch die ehemals in der Garnisonkirche befindlichen Gedächtnisbilder, die er zum Andenken an die im Siebenjährigen Krieg gefallenen oder ihren Wunden erlegenen Offiziere Schwerin, Winterfeld, Keith und Kleist malte[12], sind ohne den Hintergrund der Berliner Aufklärung nicht zu erfassen.

Berlin war Rodes Lebens- und Arbeitsmittelpunkt, hier hatte er Kontakt zu Vertretern der Aufklärung, war mit einigen von ihnen befreundet. Insbesondere der Austausch mit seinem engen Freund Karl Wilhelm Ramler[13] ließ Rode an den Themen und Debatten aus dem Kreis der Berliner Aufklärer teilhaben und vermittelte ihm ästhetische und philosophische Positionen. Der Erziehungsgedanke als Grundlage der Emanzipation des Individuums, der Stellenwert der Geschichte als ein Teil der Empirie, um zur Menschenkenntnis zu gelangen und die Aufwertung der Empfindung, des Gefühls waren Rode vertraute Ansichten.

Als Maler und Radierer war er besonders für die sich aus diesen Anschauungen ergebenden Aufgaben der Kunst empfänglich. Da die Kunst erziehen sollte, wurde die Themenwahl, der Inhalt wichtig. „Die erzieherische Aufgabe, die die Kunst ihrer Bestimmung nach erfüllen musste, konnte durch keinen Zweig der bildenden Kunst so wirkungsvoll übernommen werden wie durch die Historienmalerei".[14] Der damals einflussreiche Kunsttheoretiker und Philosoph Johann Georg Sulzer, Mitglied im Berliner ‚Montagsclub', betrachtete jedes Gemälde als Historienbild, dessen Personen den Hauptinhalt ausmachten. Einen besonderen Stellenwert wies er der Geschichtsmalerei bei der Nationalerziehung zu. Das Andenken großer Männer, deren Taten zum Nacheifern anregen sollten, wollte er öffentlich machen. Grundsätzlich sollte die Kunst einen Beitrag zur Erziehung zum Patriotismus leisten.

Rode, beeinflusst von solchen Gedanken, nahm sich in seinen Bildern bevorzugt historischen Themen an. Standen am Anfang seiner Tätigkeit noch Altarbilder für Kirchen in Berlin und Brandenburg, versuchte er später in Zyklen zu Themen aus der brandenburgisch-preußischen Geschichte, aus antiker Geschichte und Mythologie, aus Altem und Neuem Testament seinen Auffassungen gerecht zu werden. Vielfach erhielt er Aufträge, in Adelspalästen und Gutshäusern historische Themen zu gestalten. Doch hatte die Kunst an diesen Orten nur eine begrenzte öffentliche Wirkung. Rode sah in der Technik der Radierung, die mit der Möglichkeit zur Vervielfältigung die Chance bot, ein breiteres Publikum zu erreichen, ein Mittel, seine Wirksamkeit zu erhöhen. Doch trotz seiner immensen Bildproduktion in verschiedenen Techniken und der Übereinstimmung mit dem Geschichtsverständnis seiner Zeit hatte Rode keine nachhaltige Wirkung, war ihm kein lang andauernder Erfolg beschieden. Gründe dafür liegen in der Überwindung der Aufklärungsästhetik durch die deutsche Klassik, im Verhaftetsein seines Stil im Skizzenhaften, im dekorativen malerischen Vortrag im Gegensatz zu der mittlerweile den Publikumsgeschmack prägenden klassizistischen Malerei mit ihrem klareren Duktus, ihrer kühler und strenger formulierenden Malweise und nicht zuletzt in der offensichtlichen Diskrepanz zwischen Dargestelltem und Rodes Art der Darstellung, die dem Dargestellten nicht weit genug in ihrer Historisierung entgegenkam.[15]

Auf die Ölgemälde mit einer Größe von zweieinhalb mal eineinhalb Metern, die einst in der Garnisonkirche hingen, kann heute nur noch über die Radierungen von Rode und Rosenberg, Inventarverzeichnisse und Beschreibungen geschlossen werden. In einer Abhandlung über die Bau- und Kunstdenkmäler Berlins aus dem Jahr 1893 wurden die Werke Rodes als „Arbeiten im Stile der beziehungsreichen aber ideenarmen Allegorien jener Zeit, die das heroische im römischen Costüm, abstrakte Begriffe und Charaktereigenschaften durch schwerfällige Frauenbilder verkörpern"[16] zusammenfassend charakterisiert. Der Kunsthistoriker Weinitz, der die Bilder ebenfalls noch vor Augen gehabt hatte und ihre Geschichte wiedergab, schrieb 1912 aus der Erinnerung über ihren Zustand, „daß sie nicht besonders gut erhalten waren und die Farben sehr nachgedunkelt hatten. Für die Gewandung der Figuren war das übliche Blau, Rot, Weiß zur Anwendung gekommen, für das Gestein eine bräunliche Färbung gewählt worden." Urteilend ergänzte er: „Den Wert der Bilder so hoch einzuschätzen, wie es die Zeitgenossen des Künstlers taten, ist heutigen Tages unmöglich; das akademische überwiegt in ihnen doch zu sehr."[17]

Tatsächlich, das Urteil der Zeitgenossen Rodes war durch keine Kritik getrübt. So erinnerte noch Anton Balthasar König in seiner Berlin-Geschichte an diese Bilder aus der „Meisterhand" vom „hiesigen berühmten Maler B. Rode".[18]

Wer die vier Votivbilder für Hans Carl von Winterfeld, Kurt Christoph Graf von Schwerin, James von Keith und Ewald von Kleist in Auftrag gab, die Rode noch während des Siebenjährigen Krieges malte, ist nicht genau zu klären. Die überlieferten Hinweise sind nicht eindeutig. 1763 wurde im Künstlerlexikon von Johann Rudolf Füßli angegeben, dass drei Epitaphe für Schwerin, Winterfeld und Kleist von Rode auf königlichen Befehl gemalt worden seien.[19] Aus Königs Bemerkung hingegen kann man ableiten, dass Rode die Bilder der Garnisonkirche stiftete.[20] Nach C. Becker gab Gleim, der Mittelpunkt des Halberstädter Dichterkreises, die Epitaphe für Schwerin und Winterfeld bei Rode in Auftrag.[21] Anna Rosenthal nahm an, dass Rode drei Gemälde der Kirche stiftete und folgerte aus Briefen Rodes an Gleim, dass das Gedächtnisbild für Ewald von Kleist Gleim malen ließ, der nicht nur ein enger

Abb. 80 Schwerin wird sterbend von der Siegesgöttin bekränzt. Christian Bernhard Rode, Radierung um 1765.

Freund Kleists, sondern auch Ramlers und Rodes war.[22] Auch die neuere Forschung geht davon aus, dass das Gemälde für Kleist in der Garnisonkirche von Gleim in Auftrag gegeben wurde, nachdem das Vorhaben seiner Freunde, ihm ein Denkmal zu setzen, an Geldmangel gescheitert war.[23]

Die Gemälde hatten den Charakter von Gedächtnisbildern, die – wie andere Bilder dieser Art auch – bekannten und verehrungswürdigen Personen gewidmet waren. In der Kirche aufgehängt, hatten sie zwei Funktionen: Sie erinnerten als Epitaphe an die Verstorbenen, sollten aber auch die ehemals Lebenden mit ihren Verdiensten ins Gedächtnis rufen. Damit waren Grabmäler, Epitaphe und Gedenkblätter im Sinne der Aufklärungsästhetik in den erzieherischen Aufgabenkanon der Kunst einbezogen. Bei den

Abb. 81 Vor der Büste Winterfelds schreibt die Muse der Geschichte dessen Heldentaten nieder. Christian Bernhard Rode, Radierung 1774.

Abb. 82 Die Urne Keiths wird von der Göttin des Ruhms mit Lorbeer umwunden. Christian Bernhard Rode, Radierung 1774.

Gemälden in der Garnisonkirche für die Gefallenen des Siebenjährigen Krieges und den nachfolgend radierten Gedenkblättern war die christlich-religiöse Traueraussage weitgehend einer allgemeinen Todessymbolik gewichen und durch allegorische Figuren und Attribute ein Bildinhalt entwickelt, der an die ruhmvollen Taten der Toten erinnerte.

Die von Rode nach den Gemälden gefertigten Radierungen existieren in verschiedenen Fassungen, von denen jeweils eine zur Beschreibung herangezogen wird.[24] Exemplarisch werden allein die für Kleist radierten drei Blätter vergleichend vorgestellt. Gestalterisch bilden die Gedenkblätter von Keith, Kleist und Winterfeld eine Gruppe, Bildkomposition und Bildelemente sind ähnlich. Innerhalb dieser Gruppe zeigen die Blätter für Keith und Kleist die meisten Parallelen. Von den Persönlichkeiten war Kleist sicherlich der beliebteste, vielfach eingebunden in Freundschaftsbeziehungen, selbst Dichter und in der Literatur geehrt. Das Gedenkblatt für Schwerin fällt hingegen aus dem gewählten Gestaltungskanon heraus, was wohl den Umständen seines Todes geschuldet sein mag.

Generalfeldmarschall Schwerin fiel 1757 in der Schlacht bei Prag, nachdem er sich in einer Situation, da Preußen militärisch zurückgeworfen war, noch einmal Fahnen schwingend an die Spitze seiner Truppen stellte und sie zum Angriff in die Schlacht führte. Mit 73 Jahren war er schon ein „alter" Held. Auf Rodes Gedenkblatt[25] liegt der sterbende Schwerin, jedoch als junger Offizier dargestellt, vor einem Baum, bedeckt mit der Fahne seines Regiments. Die Siegesgöttin, die er im Augenblick seines Todes umarmt, setzt ihm den Lorbeerkranz aufs Haupt. Auf seinen Soldatenberuf verweisen nur seine antikische Rüstung – Brust-

Abb. 83 Am Grabmal Kleists trauert die Göttin der Freundschaft. Christian Bernhard Rode, Radierung 1774, NV Nr. 156, Variante C.

Abb. 84 Am Grabmal Kleists trauert die Göttin der Freundschaft. Christian Bernhard Rode, Radierung um 1762/63, NV Nr. 156, Variante B.

harnisch und Helm sind an den Baum gelehnt – und die Regimentsfahne. Rode interpretiert in diesem Blatt Schwerins Tod nicht als gewöhnlichen Tod in einer Schlacht, sondern als Opfer fürs Vaterland, dem er selbstlos diente, seine Tat als die eines Helden.

Generalleutnant Winterfeld starb am 8. September 1757 an der Wunde, die er im Treffen von Moys erhalten hatte. Das Winterfeld gewidmete Gedenkblatt[26] zeigt vor einer Pyramide die Büste des verehrten Offiziers auf einem Denkmalsockel. Der Sockel trägt einen Kranz, der den Namen Winterfeld umgibt. Vor der Büste sitzt rechts die Muse der Geschichte, Clio, mit einem weiten, antikisch anmutenden Gewand und Sandalen bekleidet. In den Händen hält sie Feder und Buch, zum Notat bereit. Zu Füßen Clios und vor dem Denkmalsockel liegen Buch, Schild, Helm und Fanfare. Rodes eigenhändiger Titel lenkt die Interpretation ganz im Sinne der Aufklärung: „Winterfelds Brustbild auf einem Denkmahle erhöht, vor demselben sitzt die Heldenmuse und schreibt seine Thaten in ein Buch". Die Heldentaten des Offiziers ins Buch der Geschichte einzuschreiben, hieß, sie dem Vergessen zu entreißen und damit für die Nachwelt zu bewahren.

Das Gedenkblatt für Generalfeldmarschall Keith[27], der am 14. Oktober 1758 in der Schlacht bei Hochkirch durch eine Kugel fiel, zeigt in einer steinernen Konche auf einer mit einer Girlande geschmückten Tumba eine Urne, auf der sich ein Medaillon mit dem Profilbild Keiths und dessen Name befinden. Auf dem Grabmal sitzt die geflügelte Ruhmesgöttin mit einer Fanfare im Schoß und umwindet die Urne mit einem Lorbeerkranz. Das Porträt des Feldmarschalls und die Ruhmesgöttin sind einander zugewandt, so dass die Heldenehrung in einer Art Dialogsituation vorgenommen wird.

Auch auf der Radierung für Major Ewald von Kleist[28] aus dem Jahr 1774 befindet sich der Sarkophag vor einer steinernen Konche. Auf dem Grabmal steht eine Urne mit einem Bildnismedaillon Kleists und dessen Namen. Um die Urne ist ein Lorbeerkranz drapiert. Die Personifikation der Freundschaft sitzt auf dem Sarkophag, lehnt sich an die Urne und neigt sich trauernd und Tränen trocknend zum Bildnis, das ihr zugewandt ist. Ein kommunikativer Akt zwischen Trauernder und Verstorbenen entsteht. Eine Reiterschlacht dekoriert die Ansichtsseite des Sarkophags. Die Aktion der Szene verläuft von rechts nach links. Die Kämpfenden tragen antike Gewänder. Vor dem Grabmal liegen Leier und Schwert.

In zwei wesentlichen Punkten weichen die beiden früheren für Kleist radierten Blätter[29] von diesem ab: in der dargestellten Beziehung zwischen trauender Frauenfigur und Bildnismedaillon und in der Schauseite des Sarkophags. Die direkte Ansprache der Personifikation der Freundschaft zum Bildnismedaillon ist in beiden Blättern schwächer ausgebildet, da trauernde Frauenfigur und Bildnis nicht einander zugewandt sind. Verschieden sind die Ansichtsseiten des Sarkophags gestaltet. Auf dem einen Blatt (Abb.4 S.18) ist der Name des Verehrten, „Christian Ewald von Kleist", eingeschrieben, auf dem anderen eine Schlachtenszene abgebildet. Die Reiterschlacht verläuft hier von links nach rechts. Auf der mit besonders flüchtigem Strich wiedergegebenen Szene fallen die historischen Gewänder der Uniformierten auf, insbesondere die Dreispitze der linken angreifenden Personen. Somit hat Rode die Szene in die Zeit des Siebenjährigen Krieges versetzt und evoziert mit der zeittypisch kostümierten Personage die Erinnerung an die tödliche Verwundung Kleists. Mit einer Textzeile unter dem Gedächtnisbild wird die Huldigung an den Toten nochmals bekräftigt: „Er starb fürs Vaterland, er starb mit Heldenmuth, Ihr Winde wehet sanft, die heilige Asche ruht".

Allen Blättern für die vier Offiziere gemein ist die allegorische Heldenverehrung, gepaart mit dem Wunsch nach patriotischer Unterweisung des Betrachters. Allein bei Kleist findet sich die Trauergeste der Beweinung. Diese Geste scheint zumindest ungewöhnlich bei einem Erinnerungsbild für einen Krieger. Sein langsames Sterben an Wunden, die er am 12. August 1759 in der Schlacht bei Kunersdorf erhielt, war sicherlich kein so einzigartiges Vorkommnis in diesem Krieg, auch wenn später in der Legende Kleists patriotischer Einsatz nicht nur gepriesen, sondern auch überhöht wird.[30] Kleist, der nicht nur Soldat, sondern auch Dichter war und bei seinen dichterischen Versuchen unter anderem die Unterstützung von Gleim und Bodmer erhalten hatte, mit ihnen und Sulzer, Ramler, Lessing und Uz, insbesondere jedoch mit Gleim in enger Freundschaftsbeziehung stand, hinterließ in dem Kreis eine empfindsame Lücke. Sein Tod wurde beklagt, beweint und mehrfach wurden ihm Zeichen der Erinnerung gesetzt.[31] Vor diesem Hintergrund wird es verständlich, dass die Personifikation der Freundschaft in trauernder Haltung Kleists Porträt zugesellt wurde. Einen Hinweis auf eine andere Freundschaftsbeziehung gab Anna Louisa Karschin, die in der weiblichen Gestalt eine Kleist verehrende Freundin erblickte.[32]

Rode verwies mit den Gedenkblättern auf die beiden die Zeit überdauernden Lebensleistungen Kleists: sein Dasein als Soldat und Dichter. Er deutete die Persönlichkeit Kleists „in der Verbindung von Geist und Soldatentum als Sinnbild des friderizianischen Preußen".[33] Die Personifikation der Freundschaft, die den Heldenkranz auf die Urne über das Bildnismedaillon gelegt hat, Schwert und Leier und die Verbindung mit dem Relief, führen das Heldentum allegorisch vor Augen. Insbesondere die klassisch gewandeten Krieger auf dem Blatt von 1774 ermöglichen es, die Vorstellung vom klassischen bis zum preußischen Heldentum zu spannen.

Auch für Zieten malte Rode ein Gedächtnisbild für die Garnisonkirche. Fontane, der das Bild in seinen Wanderungen beschreibt, lässt dabei an Rode kaum ein gutes Haar: „Von Bernhard Rode rührt auch das große, zur Verherrlichung des alten Husarengenerals gemalte Ölbild, das sich, neben den Bildern der anderen Helden des Siebenjährigen Krieges … in der Garnisonkirche befindet. Die Komposition auch dieses Bildes ist Dutzendarbeit und trotz der Prätention, geistvoll sein zu wollen, eigentlich ohne Geist. Auch hier ein bequemes Operieren mit traditionellen Mittelchen und Arrangements. Eine Urne mit dem Reliefbilde Zietens in Front derselben, am Boden ein Löwe, der ziemlich friedlich in einer Zietenschen Husarentigerdecke drin steckt wie ein Kater in einem Damenmuff; außerdem eine hohe Frauengestalt, die einen Sternenkranz auf die Urne drückt – das ist alles. Das Reliefporträt ist schlecht, nicht einmal ähnlich, aber die Urania oder Polyhymnia, die ihm den Sternenkranz bringt, ist in Zeichnung und Farbe um ein wesentliches besser, als gemeinhin Rodesche Figuren (er war ein Meister im Verzeichnen) zu sein pflegen."[34]

General Zieten fiel nicht im Siebenjährigen Krieg. Das Gemälde zu seinem Andenken malte Rode erst nach dessen Tode 1786, fertigte allerdings keine Grafik danach an. Eine Radierung ist jedoch von Rosenberg überliefert. In der Kirche von Wustrau am Ruppiner See befindet sich ein plastisches Denkmal des Berliner Bildhauers Wilhelm Christian Meyer, in dem der Bildaufbau des Gemäldes übernommen wurde. Wer das Gemälde in Auftrag gab, kann nicht mehr eindeutig festgestellt werden. Möglicherweise waren es die Offiziere des Zietenschen Husarenregiments, deren Widmung auf der Radierung zu lesen ist. Oder aber Rode hat es aus eigenem Antrieb der Kirche gestiftet. Die Rosenbergsche Radierung zeigt die schon bei Fontane beschriebenen Bildelemente: Vor einem Pyramidenstumpf den mit einem Feston geschmückten Sarkophag, darauf ein Helm und eine Urne, die mit Zietens Porträt geschmückt ist. Ein freundlicher Löwe unter der Tigerdecke liegt vor dem Sarkophag. Eine Frauengestalt, die Personifikation der Standhaftigkeit[35], setzt den Sternenkranz, das Zeichen der Ewigkeit, auf die Urne.

Rode hielt nach über zwanzig Jahren an den einmal gefundenen Bildelementen fest: Steinarchitektur, Personifikation einer Tugend, Urne mit Porträt auf einem Grabmal. Auch bei diesem Erinnerungswerk ging es nicht vordergründig um Trauer, sondern um die Verehrung eines preußischen Patrioten .

Die vier ersten Gedächtnisbilder für Schwerin, Winterfeld, Keith 1761 und für Kleist 1762 gemalt, prangten an der Nordwand der Garnisonkirche. Das 1786 für Zieten geschaffene Bild bekam seinen Platz ebenfalls dort. Als 1806 die französischen Truppen vor der Tür standen, versteckte man Teile des Inventars, so auch die Gemälde. Die Witwe Rodes verbarg die Bilder in einer Kammer der benachbarten Garnisonschule, dem späteren Garnisonpfarrhaus, denn sie hielt es für ihre Pflicht, „diese Denkmäler der Kunst dem Verderben zu entziehen".[36] Anders als die Fahnen, die

Abb. 85 Personifikation der Standhaftigkeit krönt Urne von Zieten. Johann Karl Wilhelm (?) Rosenberg, Radierung.

vom Küster versteckt wurden, fand man die Bilder auch wieder. Als sich die Turbulenzen gelegt hatten, bekamen sie ihren alten Platz über der Empore an der Nordwand der Kirche. Dies geschah jedoch nicht vor 1809, wie ein Brief der Witwe erkennen lässt, in dem sie sich um die Gemälde sorgt und den schlechten Zustand der Kirche beklagt. Sie schlägt daher vor, die Gemälde bis zur Wiederherstellung der Garnisonkirche „in der hiesigen Marienkirche aufzustellen."[37] Nach dem Umbau der Kirche um die Jahrhundertwende wurden die Bilder an einen neuen Ort gehängt. Die vier älteren Gemälde wurden je paarweise zur Linken und Rechten der Orgel angebracht. Den Vorraum der königlichen Loge zierte fortan das Gedächtnisbild von Zieten. Der Kirchenbrand 1908 vernichtete die Gemälde, sie schienen für immer verloren. Doch da man sich der Radierungen entsann, erwog man, Kopien anfertigen zu lassen. Das Garnisonkirchenkollegium stimmte dem Vorhaben zu. Der Maler Robert Hahn aus Berlin arbeitete Farbskizzen aus, die dem Kaiser vorgelegt wurden. Der war einverstanden, stellte jedoch die Bedingung, dass die Gemälde nur in „einfarbigem, grau-bräunlichem Tone"[38] ausgeführt werden sollten. Die Kopien erhielten 1909, nachdem die Kirche wieder eröffnet war, ihren Platz an der Stelle der früheren Originale, wobei darauf verzichtet worden war, auch das Zieten gewidmete Bild neu anzufertigen.[39] Als die Kirche 1943 ausbrannte, wurden auch die Kopien vernichtet.

Ein ungeklärter Fall: „Christus am Kreuz" von Karl Wilhelm Wach

Der 1797 in Berlin geborene Karl Wilhelm Wach gehörte zu den Malern, die mit ihrer Lehrtätigkeit sowohl einen großen Schülerkreis als auch durch ihre Mitgliedschaft in der Akademie der Künste die Berliner Malerei ab 1819 maßgeblich beeinflussten. Wach, der als Adjutant des Generals Tauentzien an den Freiheitskriegen teilnahm, blieb 1815 bis 1817 in Paris, studierte in den Ateliers von David und Gros und ging darauf für zwei Jahre als königlicher Stipendiat nach Rom. Hier beschäftigte er sich vor allem mit der Malerei Rafaels. Ab 1819 lebte er wieder in Berlin, unterhielt eine Malschule und widmete sich vor allem der Bildnismalerei, historischen und biblischen Stoffen und allegorischen Darstellungen. Seit 1824 Professor und Mitglied an der Akademie der Künste, wurde er 1827 zum Hofmaler ernannt und fungierte seit 1840 als Vizedirektor der Akademie der Künste, bis er 1845 in Berlin starb.

Zur Zeit seines Pariser Studienaufenthaltes schuf Wach zwei Bilder eigener Komposition, „Christus am Kreuz" und „Johannes in der Wüste". Das zwischen 1815 und 1817 entstandene Ölgemälde „Christus am Kreuz" wurde vermutlich als Altargemälde in der Berliner Garnisonkirche aufgestellt, in der es wahrscheinlich 1908 verbrannte. Eine Beschreibung oder eine bildliche Überlieferung des Gemäldes ist bis jetzt nicht gefunden worden.

Es ist anzunehmen, dass der König als Kirchenpatron das Gemälde für die Garnisonkirche erwarb. Die Renovierungsarbeiten der Kirche 1817 und die im selben Jahr eingeführte Agende, die auf die Vereinheitlichung der Liturgie von reformierter und lutherischer Konfession abzielte und das Zeremoniell am Altar wieder als wichtigsten Teil im Gottesdienst einsetzte, können hierfür ausschlaggebend gewesen sein. Ob dieses Gemälde tatsächlich in der Kirche platziert wurde, ist jedoch heute ungewiss, da es im Gegensatz zu den Werken von Begas und Hensel in keiner einschlägigen Beschreibung der Garnisonkirche vermerkt ist.[40] Dagegen wird es in Abhandlungen zur Berliner Kunstgeschichte und in biographischen Lexika als Hauptwerk von Wach mit dem Standortvermerk Garnisonkirche erwähnt.[41]

Ein königlicher Auftrag: „Christus am Ölberg" von Karl Begas

Der Name Begas ist in Berlin geläufig. Im Allgemeinen bringt man ihn mit dem Neptunbrunnen nahe der Marienkirche in Verbindung, dessen Schöpfer jedoch nicht Karl Begas, sondern dessen Sohn Reinhold war. Karl Begas[42], aus Heinsberg bei Aachen stammend, war Vater mehrerer kunstlerisch begabter Söhne und einer Tochter, die wie er selbst auch in Berlin tätig waren. Eine Ausbildung erhielt er ab 1813 in Paris im Atelier von Jean Antoine Gros, Studien, die durch den Krieg 1813–1815 unterbrochen wurden, die er jedoch auf eigene Faust fortsetzte. Als Maler erfuhr Begas seine erste Anerkennung von offizieller Seite 1814, als Friedrich Wilhelm III. in Paris zwei kleinere Werke von ihm kaufte. Nachdem das preußische Königshaus auf Begas aufmerksam geworden war, unterstützte es ihn durch Aufträge für Kopien und Altarbilder, eine Förderung, die unter anderem auch die in Paris lebenden Künstler Karl Wilhelm Wach und Wilhelm Hensel erfuhren. 1817 weilte der König wieder in Paris, kaufte ein weiteres Gemälde von Begas, gewährte ihm ein dreijähriges Stipendium und gab ein Bild in Auftrag. Begas schrieb darüber in der bei Raczynski wiedergegebenen Selbstbiographie: „Ich blieb in Paris, und malte sogleich nachher ein Altarbild: Christus am Ölberge. Ich wurde veranlasst, dies Bild während des

Congresses in Aachen, im Jahre 1818, dort auszustellen. Auch dieses wurde von des Königs Majestät gekauft, und ich erhielt zugleich die Bestellung zu einem anderen Altargemälde: die Ausgiessung des heiligen Geistes (jetzt im Dom zu Berlin)."[43] Ab 1821 weilte Begas wieder in Berlin, bevor er 1822 nach Italien ging, sich mit der Malerei des 14. und 15. Jahrhunderts beschäftigte und den Nazarenern zuwandte. In Rom malte er 1823 eines seiner wichtigsten Bilder dieser Schaffensphase, das für die Potsdamer Garnisonkirche geschaffene Altarblatt „Taufe Christi". Die Vorbildlichkeit der Nazarener bei Gemälden mit religiösen Themen blieb für ihn bis 1840 verbindlich, erst danach wandte er sich der realistischeren Berliner Malweise zu.

Ab 1824 in Berlin endgültig sesshaft, wurde er 1826 Professor an der Akademie der Künste, 1829 Mitglied des akademischen Senats. Begas war für seine große Schülerschar ein prägender Lehrer. Neben den religiösen Bildern für Kirchen in Berlin und Preußen schuf er zahlreiche Bildnisse. Als ausgezeichneter Porträtist beförderte er damit den aufstrebenden Platz der Bildnismalerei unter den Gattungen der Malerei in Berlin. Zahlreiche private Aufträge ließen sich hier aufzählen, verwiesen werden soll nur auf einen von höchster Stelle. Friedrich Wilhelm IV. übertrug Begas die Aufgabe, Porträts von den Persönlichkeiten zu malen, die zu Rittern der Friedensklasse des Pour le Mérite ernannt worden oder dafür vorgesehen waren. Ähnlich der Galerie in der Walhalla, doch weniger anspruchsvoll, wollte Preußen dadurch seiner bedeutenden Männer gedenken. 1854 starb Begas in Berlin.

Dass der König 1817 Begas mit dem Altarbild „Christus am Ölberg" für die Berliner Garnisonkirche beauftragte, mag mehrere Gründe haben. Ein ganz pragmatischer lag in den Instandsetzungsarbeiten und der klassizistischen Umgestaltung der Garnisonkirche, die im gleichen Jahr unter Leitung von Baumeister Martin Friedrich Rabe erfolgten. Ein maßgeblicher Grund ist – nach dem Einsetzen der Agende 1817 – die veränderte Liturgie: die Ablösung der Kanzel in der zentralen Funktion des Gottesdienstes durch den Altar, dessen neue Position nach altchristlichem Brauch im Ostteil der Kirche lag und die damit verbundene Umorientierung der liturgischen Achse von der Querrichtung zur Längsrichtung. In dem Zusammenhang war auch die Ergänzung des Tischaltars mit einem Aufsatz beabsichtigt, was aber für lange Zeit nicht verwirklicht wurde. So bleibt unklar, wie das ab Ende Januar 1819[44] in der Garnisonkirche zu sehende Bild präsentiert wurde. Ab 1854 befand sich das Bild im Ziborium-Altar hinter dem Altartisch. Eine Abbildung, die das Gemälde ohne den von Stüler geschaffenen Altar gut erkennbar wiedergibt, ist bisher nicht gefunden worden. Die Lithographie, die Carl Mittag 1846 gefertigt hat[45], ist noch nicht wieder entdeckt worden. Zeitnahe Beschreibungen sind jedoch überliefert. „An dem Abhange des Hügels, gegenüber dem geheimnisvollen Kelche, wird Christus, erliegend im Blutschweiße, von einem Engel unterstützt; himmliche Chöre beten den Herrn der Schöpfung in seinem Schweren Kampfe an, während die drey Jünger, die Freunde des Heilands, an dem Gartenthore eingeschlummert sind."[46] In einer anderen Beschreibung wird noch konkreter auf die Malerei eingegangen. „Christus ist dargestellt sich mit der Hand aufstützend, das Haupt auf die Schulter senkend, voll Leid und Betrübniß; aber es umschweben ihn drei Engel von hoher Anmuth und mit zarter Empfindung ausgeführt. Die ruhenden Jünger sind von sehr natürlichem Ausdruck."[47] Für die Garnisonpfarrer verband sich das Bild mit den Jesusworten: „Mein Vater, ist's nicht möglich, dass dieser Kelch an mir vorübergehe, ich trinke ihn denn, so geschehe dein Wille!"[48], die er bei seinem Gebet in Getsemane sprach.

Kritiker erblickten „in dem Ganzen des Gemäldes eine schöne Erinnerung an die römische Schule"[49], erkannten an dem Bild „deutlich die Raphaelstudien des Malers bis in den Typus der Köpfe und das Arrangement der Gewänder hinein"[50] und hoben den zeichnerischen Vortrag „in etwas französischer Manier" hervor. Kritisiert wurde jedoch die Aufstellung und die damit verbundene unzureichende Beleuchtung des Bildes.[51]

Auch für die Potsdamer Garnisonkirche gab König Friedrich Wilhelm III. bei Begas ein Altarblatt in Auftrag. Die während des Romstipendiums gemalte „Taufe Christi" zählt zu den wichtigsten Werken dieser Schaffensphase. Der starke Einfluss der Nazarener und die damit verbundene andersartige künstlerische Auffassung im Vergleich zu den vorherigen Bildern im Dom und der Garnisonkirche brachten dem Künstler nur geringen Beifall für dieses Werk. Das Gemälde „Die Ausgießung des hl. Geistes" befindet sich heute in der

Tauf- und Traukapelle des Berliner Doms, die „Taufe Christi" in der Stiftung Schlösser und Gärten, Potsdam-Sanssouci als Dauerleihgabe der Heiligkreuzgemeinde Potsdam. Vernichtet jedoch wurde das Altarblatt der Berliner Garnisonkirche, als diese 1908 in Flammen aufging.

Von der Akademie empfohlen: „Christus vor Pilatus" von Wilhelm Hensel

Fontane charakterisierte Wilhelm Hensel als „ganz zu jener Gruppe märkischer Männer" gehörig, „an deren Spitze, als ausgeprägteste Type, der alte Schadow stand. Naturen, die man als doppellebig, als eine Verquickung von Derbheit und Schönheit, von Gamaschentum und Faltenwurf, von preußischem Militarismus und klassischem Idealismus ansehen kann. Die Seele griechisch, der Geist altenfritzisch, der Charakter märkisch. Dem Charakter entsprach dann meist auch die äußere Erscheinung. Das Eigentümliche dieser mehr und mehr aussterbenden Schadowtypen war, daß sich die Züge und Gegensätze ihres Charakters nebeneinander in Gleichkraft erhielten, während beispielsweise bei Schinkel und Winckelmann das Griechische über das Märkische beinah vollständig siegte. Bei Hensel blieb alles in Balance; keines dieser heterogenen Elemente drückte oder beherrschte das andere und die Neuuniformierung eines Garderegiments oder ein Witzwort des Professor Gans interessierten ihn ebenso lebhaft wie der Ankauf eines Raphael."[52]

Welchen künstlerischen Weg ging Wilhelm Hensel, über dessen „Christus vor Pilatus" Fontane berichtete, dass es „als seine beste Arbeit angesehen zu werden" pflegt und es „in der Tat, in Stil und Komposition, von keinem andern seiner Bilder übertroffen"[53] wird?

Wilhelm Hensel, 1794 in Trebbin geboren, fand mit 16 Jahren Aufnahme als Schüler in die Königliche Akademie der Künste in Berlin. Eifrig und begabt, konnte er bereits auf der ersten Kunstausstellung in Berlin ausstellen. Die künstlerische Laufbahn wurde unterbrochen durch Hensels Teilnahme an den Feldzügen der Freiheitskriege 1813/14/15. Wieder in Berlin, spielte er seine Doppelbegabung aus, malte und zeichnete Porträts, illustrierte Taschenbücher und versuchte sich als Dichter. Interessanterweise erwärmte sich Friedrich de la Motte Fouqué für ihn, der Hensel für die Illustration seines „Frauentaschenbuches" seinem Nürnberger Verleger vorgeschlagen hatte. Größere Aufträge bekam Hensel bei der Ausgestaltung des neuen Schauspielhauses für Wand- und Deckengemälde und bei der Mitarbeit beim Hoffest „Lalla Rookh" 1821. Hofgesellschaft und Gäste waren entzückt vom Reigen orientalischer Kostüme und deren Anordnung zu lebenden Bildern. Hensel, verantwortlich für die Bilder, fand allerhöchste Anerkennung; der König zeigte sich spendabel und gewährte Hensel ein fünfjähriges Stipendium in Rom. Bevor er 1823 königlicher Stipendiat in Rom wurde, malte er noch im königlichen Auftrag das Bild „Aline – Königin von Golkonda" und beteiligte sich am Hochzeitsalbum für Kronprinz Friedrich Wilhelm (IV.) und Elisabeth, Prinzessin von Bayern. Die wesentlichen Resultate seines Romaufenthaltes waren die Kopie der „Transfiguration" nach Raphael und das Gemälde „Christus und die Samariterin". Nachdem Hensel im Oktober 1828 nach Berlin zurückgekehrt war, wurden diese Gemälde ausgestellt und vom König angekauft. Seine Ernennung zum Hofmaler erfolgte noch im gleichen Jahr. Hensels Privatleben änderte sich 1829 durch die Heirat mit Fanny Mendelssohn, der Schwester des Komponisten. 1831 wurde er zum Professor für Historienmalerei an der Berliner Akademie der Künste ernannt. Regelmäßig beschickte er die zweijährlich stattfindenden Ausstellungen der Akademie der Künste mit mehreren Bildern. 1832 waren bereits Ölstudien für ein größeres Projekt dabei, das 1834 unter der Nummer 280 im Ausstellungsverzeichnis aufgelistet wurde: „Christus vor Pilatus".[54] In den folgenden Jahren reiste Hensel mehrfach zu Aufenthalten nach England und Italien und schuf einige großformatige Ölgemälde. Ein einschneidender Verlust war für Hensel der Tod seiner Frau 1847, der seine künstlerische Kraft lähmte. Dennoch zog er sich nicht aus der Berliner Gesellschaft zurück, blieb insbesondere dem Königshaus treu verbunden. 1861 starb Hensel nach einem tödlichen Unfall. Von weit höherem Rang als die Gemälde mit religiösen oder historischen Stoffen sind in Hensels Œuvre die Porträtzeichnungen. In weit über 1.000 Bleistiftzeichnungen gab er bedeutende Persönlichkeiten wieder. Diese Zeichnungen zeigen Hensels eigentliches Talent und sind heute eine einmalige Fundgrube.

Abb. 87   Fünf Skizzen zur Gruppe Frau mit ausgestrecktem Arm und Kind. Wilhelm Hensel, Bleistiftskizze.

Das Gemälde „Christus vor Pilatus" ist nicht mehr vorhanden. Es fiel 1908 den Flammen beim großen Kirchenbrand zum Opfer. Allerdings sind Bleistift- und Ölskizzen, ebenso ein Kupferstich, der nach dem Gemälde gefertigt wurde, überliefert. Nach Letzterem ist eine Vorstellung von dem Gemälde zu gewinnen. In der Verhandlungsszene vor dem Richthaus ist Christus die zentrale Figur der Darstellung. Die Christusfigur ist in den Bildmittelpunkt, in den Schnittpunkt aller Kompositionsachsen gestellt, wird durch keine Staffage oder Person verdeckt, im Gegenteil, sie wird aus der Menge durch die Position auf einer um einige Stufen erhöhten Ebene hervorgehoben. Mit gebundenen Händen, barfuß und in langem Gewand, steht Christus ein wenig in die Richtung von Pilatus gedreht, der, auf einem erhöhten steinernen Podest vor dem Richthaus sitzend, von römischen Soldaten umstanden wird, die zum Teil Waffen, Feldzeichen und Standarten tragen. Über Pilatus' Kopf verweist ein Schild mit den Buchstaben S.P.Q.R.[55] auf dessen Bedeutung als Senator. Links im Bildvordergrund, mit dem Rücken zur Szene und den Kopf in Richtung Jesus geneigt, sitzt der Lieblingsjünger Johannes. Die im Halbkreis gruppierten Figuren auf der rechten Bildhälfte, Frauen, einige mit ihren Kindern, und Männer, ein Römer mit Schild, Helm und Lanze, einer der Hohenpriester, gestikulieren, zeigen Erschrecken, aber auch Eifer, deuten auf Pilatus und Christus, erwarten offenbar den Urteilsspruch. Ein Schild wird hochgehalten, auf dem das Bündnis zwischen Römern und Juden gefordert wird.[56] Ein Mann dreht sich zu dem Römer im Waffenrock, zeigt auf ein Schriftstück, das er in Händen hält. Christus, in seiner geschlossenen Haltung, seiner Unbewegtheit, bildet den ruhigen Pol im Bild, sich offenbar seiner Rolle im Geschehen gewiss. Im rechten Bildhintergrund ist ein runder Gefängnisbau zu sehen, aus dessen vergittertem Fenster ein Häftling die Szene verfolgt: Aufrührer und Mörder Barabbas, der letztlich am Ende der Verhandlung freigegeben werden wird. Der römische Statthalter Pilatus sitzt, die Beine über-

Abb. 88 „Christus vor Pilatus", Kupferstich 1841.

geschlagen, linke Schulter und Kopf leicht vorgeneigt, einen Arm auf die Rückenlehne seines Sitzes gestützt, den anderen im Schoß liegend, und hört den Worten der Menge und den Antworten von Jesus zu. Ein Urteil hat er noch nicht gesprochen. Die Figuren von Pilatus, Christus und Johannis strahlen in Haltung und Gesichtsausdruck im Gegensatz zu der bewegten Menge der Umstehenden Ruhe aus. Diese Gemeinsamkeit wird unterstrichen durch das kompositorische Dreieck, das diese Gruppe im Bildaufbau bildet. Verbunden wird diese Figuration mit der rechten Bildseite durch die Frau im Vordergrund, die auf gleicher Bildebene wie Johannis dargestellt ist und mit ausgestrecktem Arm nach links zeigt. Sie ist wiederum Teil einer Frauengruppe – drei Frauen mit Kindern – ebenfalls in Dreieckskomposition. Von der stehenden Frau dieser Gruppe, die ihr Kind auf dem Arm hält und an sich drückt, ist eine Ölstudie erhalten, für die Hensels Frau Fanny und ihr gemeinsamer Sohn Sebastian Modell standen. (Abb.86 S. 95)

Das Bild machte noch im gleichen Jahr Furore, wurde in der Presse besprochen. In den Berlinischen

Nachrichten vom 2. Oktober 1834 wurden Hensel und sein Werk gleichermaßen gelobt: „Kein Künstler der neueren Zeit ist so sehr seinen eigenen und eigenthümlichen Weg gegangen, keiner hat seine Meisterschaft durch so kolossale Studien vorbereitet, keiner ist so vielfach und verschieden beurtheilt worden, und keiner hat sich über alles dieß so glänzend und ehrenvoll gerechtfertigt, als eben Hensel, und zwar durch das … großartige und merkwürdige Bild". Hensels Bild wurde gepriesen als eine Arbeit, die „an die großen Tafeln der berühmten venetianischen Maler sich nicht unwürdig anschließt und ein Werk ist, welches deutscher Kunst und deutschem Fleiße Ehre macht".[57]

Auch der Majestät gefiel das Werk, doch bevor sich der König zum Ankauf entschloss, versicherte er sich des Urteils der Meister aus der Akademie der Künste. Kultusminister Altenstein wurde aufgefordert, sich um den Vorgang zu kümmern. Am 23. Februar 1835 formulierte Altenstein in einem Schreiben an den König ein Resümee des auf königlichen Befehl erfolgten Gutachtens der Akademie der Künste über die Qualität des Werks und gab dabei auch die Antwort von Oberbaudirektor Schinkel auf die Frage nach dem geeigneten Standort für das Bild wieder.

Altenstein referierte Kritik und Lob der Akademie am Gemälde. Zunächst bescheinigte die Akademie dem „Kunstwerke die Großartigkeit des Unternehmens selbst und deßen rein historische Durchführung zuerst und um so mehr eine volle Anerkennung, da die Genre-Manier sich selbst in die Gefühls-Malerei einschleiche. Die Akademie findet die Anordnung in Betracht der umfassenden Aufgabe und deren Komplication sehr wohl überdacht, und dabei, dass die Haupt-Figuren die Handlung klar ausdrücken und daß das Emblematische, wodurch die Folgen des großen Vorganges zugleich mit bezeichnet werden, manche Besonderheit rechtfertigt, wie dann auf das Ganze durch Größe, Menge der Figuren und dramatisches Leben imponire. Die Akademie findet ferner, dass die Zeichnung eine historische Großartigkeit hat, wenn auch nicht zu leugnen, daß die Zeichnung der Nakten schwankend ist und die Kenntnis der Formen nicht immer der Aufgabe gewachsen scheint. Über die Haupt-Figur des Heilandes wird bemerkt, daß solche am wenigsten befriedigt. Die eine Mutter mit dem Kinde auf dem Arm im Vorgrunde wird als besonders gelungen, und die Mannig-

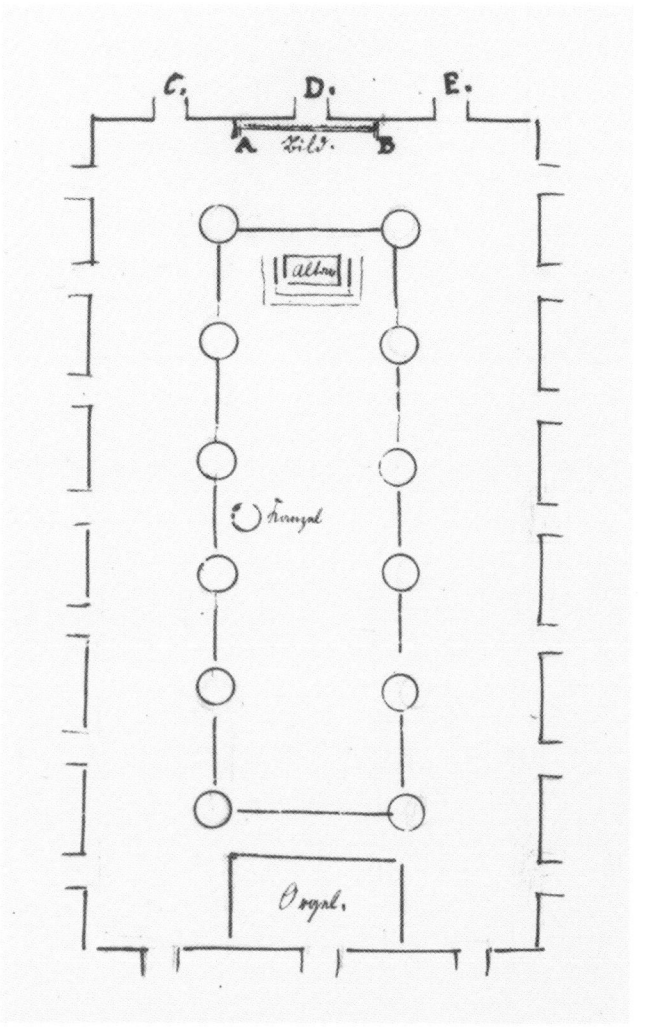

Abb. 89 Skizze zur Platzierung des Bildes „Christus vor Pilatus" aus dem Schreiben des preußischen Kultusministers Altenstein an den König vom 23. Februar 1835.

faltigkeit und Kraft des Ausdrucks in den zahlreichen Köpfen als Beweis von gewandter, unmittelbarer Naturauffassung und Charakteristik bezeichnet. Die Gewandung, wird erklärt, könnte correkter sein und oft mehr Relief haben, doch wären auch hier die mittleren Figuren am vorzüglichsten behandelt; der Effect der Farben verdiene in seinem Total-Eindruck viel Lob, obwohl im Einzelnen neben manchem Ausgezeichneten vieles unklar und trübe sei. Bei diesen tadelnden Bemerkungen wünscht die Akademie, es möge nicht übersehen werden, dass jedes Kunstwerk Mängel hat und daß die Schwierigkeit mit der Größe der Dimensionen zunimmt, wobei dem Künstler die Sicherheit nicht zu Gebote gestanden, welche die Lösung einer solchen Aufgabe verlangt. Mit Berücksichtigung des Vorstehenden und in Betracht, daß der Künstler drei Jahre an diesem Werke gearbeitet, welches ansehnliche Ausgaben nöthig gemacht hat, hält die Akademie die Summe von 6.000 Thln. für dieses großartige Kunstwerk, welches einer Kirche, wenn auch nicht als Altarbild, doch als Schmuck einer Hauptwand zur Auszeichnung gereichen würde, für einen angemessenen Preis." [58]

Das Ölgemälde war damit zum Ankauf empfohlen. Es blieb nur noch dessen Platzierung zu regeln, was nicht so einfach war. Immerhin handelte es sich um ein ungewöhnlich großes Teil, das mit 13´ Höhe und einer Breite von 17 1/2´ platzheischende Maße mitbrachte. Offenbar war es die Absicht des Königs gewesen, das Bild in der Potsdamer Nikolaikirche unterzubringen. Schinkel als Oberbaudirektor, mit der Suche nach einer geeigneten Hängung beauftragt, meldete zurück, dass in „der Nikolai-Kirche in Potsdam nirgends ein Platz sein werde, der auch nur die Hälfte von der Größe des Bildes hätte"[59] und schlug seinerseits die Garnisonkirche in Berlin vor. Dort sollte es auf der östlichen Empore hinter dem Altar angebracht werden, in einer Höhe, „dass die Köpfe der Musiker auf dem Amphitheater bei aufzuführenden Musiken den Rand des Bildes nicht erreichen, und dasselbe aus dem Kirchenschiff vollständig würde gesehen werden können".[60] Dafür sollten die drei hinter dem Bild liegenden Fenster zugemauert werden, was nach Schinkels Meinung zu keiner Beeinträchtigung der Helligkeit in der Kirche geführt hätte. Ein Vorschlag, der dem König missfiel. Gemauert werden durfte auf königliche Order hin nicht, nur das mittlere Fenster sollte mit einer Holzwand verkleidet werden, die beiden äußeren hatten offen zu bleiben. Eine Skizze gibt die Situation wieder.

Über die Bedeutung des Bildes für die Garnisonkirche gab 1896 der amtierende Garnisonpfarrer Auskunft. Die Szene Christus vor Pilatus wird in allen vier Evangelien wiedergegeben, jedoch unterschiedlich detailliert. Die Botschaft der Bildaussage kann folglich mit verschiedenen Textpassagen korreliert werden. Garnisonpfarrer Georg Goens bezog seine Interpretation des Werkes auf die Darstellung im Johannisevangelium. Dort wird in der Verhörszene auf die Frage von Pilatus, ob Jesus König der Juden sei und was er getan habe, von diesem geantwortet: „Mein Reich ist nicht von dieser Welt".[61] Für Goens war in der Soldatenkirche die Verbindung von genau diesem Evangelientext mit dem Bild die maßgebliche Botschaft, „welche dem Volke in Waffen unentwegt"[62] gepredigt werden sollte.

„Marmor-Altar unter glänzendem Dache"[63] – der Altar von Friedrich August Stüler

In den Jahrzehnten nach Schinkels Tod genoss Stüler[64], der seit 1842 den Titel „Architekt des König" trug, das besondere Vertrauen Friedrich Wilhelms IV., den er in Bauangelegenheiten beriet.[65] Eine ausgedehnte Reisetätigkeit hatte ihn in die wichtigsten europäischen Länder geführt. Die dort gesammelten Eindrücke der verschiedenen Kunstepochen beeinflussten sein umfangreiches Werk nachhaltig, zu dem Kirchen, öffentliche Gebäude, Schlösser und Landhäuser in ganz Preußen und im europäischen Raum sowie Altäre, Kanzeln und andere Ausstattungsstücke gehörten.

Lange Zeit war der Altar – von Friedrich Wilhelm IV. in Auftrag gegeben, aus dessen Schatulle mit 1.700 Talern bezahlt[66], von August Stüler entworfen und 1854 in der Garnisonkirche aufgestellt – nur durch ein Bild aus der „Geschichte der Königlichen Berlinischen Garnisonkirche" von Georg Goens bekannt.[67] Seiner Funktion beraubt, stand der Altar nach dem Umbau 1899/00 in einem Nebenraum der Kirche, wo ihn Paul Ortwin Rave – wie er 1941 formulierte – „noch heute"[68] vorfand. Erst mit der Kirchenzerstörung 1943 muss er beschädigt und in die nordwestliche Ecke der Gruft gestürzt sein. Hier befand sich der nach dem Brand von 1908 gebaute zweite Eingang zur Gruft.[69] Teile des Altars – Mensa und Rückwand – wurden 1998 wieder entdeckt und geborgen.[70]

Der „Marmor-Altar unter glänzendem Dache"[71], am 9. Juli 1854 eingeweiht, war dem Typus nach ein Ziborium-Altar. Unter einem antikisierenden Baldachin, dessen zwei korinthische Säulen vorn und zwei entsprechende Pfeiler hinten Architrav und Giebeldach trugen, stand der Altartisch, gestützt von kleineren Säulen mit ebenfalls korinthischen Kapitellen. Die Decke des

Abb. 90 Ziborium-Altar in der Garnisonkirche Berlin. Friedrich August Stüler, Entwurf 1853/54. Bei dem eingehängten Bild handelt es sich um „Christus am Ölberg", von Karl Begas.

Ziboriums war kassettiert. Auf dem Giebeldach befand sich das „Kreuzes-Zeichen des Kaisers Constantin ... in den verschlungenen griechischen Anfangsbuchstaben des Namens Christi (Ch. R.) ..."[72] Die historische Abbildung von 1897 zeigt den Altartisch geschmückt mit einer Altardecke, so dass nur die beiden Ecksäulen des Tisches dem Blick freigegeben werden. Eine Fotografie, die den in einer Nebenkapelle abgestellten Altartisch ohne textilen Schmuck unter dem Ziborium wiedergibt, zeigt dagegen nicht nur die Rückwand, sondern auch die Mittelsäule des Tisches und lässt erkennen, dass die Säulen der Mensa aus hellem Marmor, die Kapitelle dagegen aus einem dunklen Stein waren. Das ehemalige Vorhandensein einer dritten, mittleren Säule bestätigen Dübellöcher an der Unterseite der Mensa.[73]

Die Wahl des Ziboriumtypus für den Altar lässt sich aus der Orientierung Friedrich Wilhelms IV. an der altchristlichen Kirche ableiten. Die eigene Anschauung der frühchristlichen Basiliken Roms sowie der Kirchen in Ravenna hatte einen tiefen Eindruck bei Friedrich Wilhelm hinterlassen und „verband sich mit der Vorstellung, die in der frühchristlichen Gemeinde die noch

Abb. 92 „Christus". Altarbild von Anton von Werner, Ölgemälde 1909. Das Bild zeigt den Innenraum nach der Wiederherstellung der Garnisonkirche 1909. Rechts: die Kartusche von Otto Richter über der Kaiserloge. Links: die beim Brand 1908 gerettete erste Kanzel, Entwurf um 1722 von Philipp Gerlach.

unverfälschte Kirche, den Vorläufer und das Vorbild der protestantischen Kirche sah."[74] Dass diese Wertschätzung sehr umfassend wirkte, bezeugt Stüler. Er formuliert in seinem Vortrag „Ueber die Wirksamkeit Königs Friedrich Wilhelm IV. in dem Gebiete der bildenden Künste", dass der König nicht nur „wie in der Religion an heiligen Ueberlieferungen" festhielt, sondern auch „an den im Laufe der Jahrhunderte historisch entwickelten Kirchenformen"[75] und dass der König nach dem Italienbesuch „mit besonderer Vorliebe nicht allein die allgemeine Form, sondern auch die Auffassung der einzelnen Anordnungen und Architekturtheile im Bau evangelischer Kirchen nachzubilden suchte".[76] Anhand von Kupferstichen untersuchte der König fortan Raumverhältnisse und Details an den Kirchenbauten, verglich „die verschiedenartige Ausbildung der Altäre und Ciborien …"[77] Ziborien über Altären waren eingebunden in die „Vorstellung von der Erneuerung der altchristlichen Kirche".[78]

Der Altar in der Berliner Garnisonkirche war nicht der erste seines Typus. Für seinen königlichen Auftraggeber hatte Stüler bereits 1847 einen Ziborium-Altar für die Friedenskirche in Potsdam-Sanssouci in antiker Form entworfen. Der Ziborium-Altar stellte „einen vom König zur Restitution altchristlicher Liturgieformen vorgesehenen Typus" dar, „den Stüler mit gewissen Variationen wiederholte: in der Nikolaikirche 1849, in der Berliner Schlosskapelle 1853 und in der Oranienburger Kirche 1858."[79] Als solch eine Variante muss auch der Ziborium-Altar in der Berliner Garnisonkirche angesehen werden, dessen Gestaltmerkmale mit den genannten Altären vergleichbar sind. Besonders der Ziborium-Altar in der Potsdamer Friedenskirche – obwohl aus weit kostbareren und farbintensiveren Materialien als der Berliner gefertigt – belegt die Gestaltähnlichkeit eindrucksvoll. Vom Altar der Potsdamer Nikolaikirche ist nach der Kriegszerstörung der Kirche nur das Ziborium erhalten geblieben; die Oranienburger St. Nicolai Kirche brannte 1945 völlig aus.

Um eine Ahnung von der Wirkung des Berliner Altars mit seinem vergoldeten Giebeldach im Zusammenspiel mit dem Marmor zu bekommen, sei ein Gang ins Lapidarium des Alten Berliner Garnisonfriedhofs empfohlen. Hier vermitteln die Fundstücke, Mensa und Rückwand, einen Eindruck von der Materialkomposition

Abb. 90a Ziborium-Altar im Nebenraum der Garnisonkirche, wo er nachweislich bis 1941, wahrscheinlich bis zur Zerstörung der Kirche 1943, stand.

und den unterschiedlichen Gesteinsfarben. Nach gutachterlicher Untersuchung[80] handelt es sich bei Tischplatte und Rückwand um Großkunzendorfer Marmor, eine grauweiße Marmorart aus Niederschlesien. In die Rückwand sind rote Spiegel eingelassen, die aus Marbre du Roi bestehen, der in Villefranche-de-Conflent im

Département Pyrenées-Órientales in Frankreich vorkommt. Auffälliges Merkmal dieser roten Flächen sind die weißen, kalzitgefüllten Adern. Dunkelgrüne Rahmen aus Gabbro vom Zoptenberg, ein niederschlesisches Tiefengestein, umfassen die Spiegelflächen.

Thorwaldsen als Vorbild – „Christus" von Anton von Werner

Anton von Werner, 1843 in Frankfurt an der Oder geboren, gilt als der Historienmaler der Wilhelminischen Ära. Durch Aufgaben und Ämter war er nicht nur eng mit der offiziellen Kunstpolitik verbunden, er bediente nicht nur, sondern bestimmte wesentlich auch deren Inhalt und Richtung. So leitete er beispielsweise von 1875 bis 1915 40 Jahre als Direktor die Hochschule für bildende Künste, war von 1882 bis 1911 Mitglied der preußischen Landeskunstkommission und 1906/07 Vorsitzender des Vereins Berliner Künstler und mit der provisorischen Leitung der Berliner Nationalgalerie von 1908 bis 1909 beauftragt.

Selbst schuf er Ereignisbilder aus der Preußischen Geschichte, hielt die Kaiserzeit in militärischen Genrebildern fest, malte Hoffestlichkeiten und Bilder vom Kriegsgeschehen, auch Porträts bedeutender zeitgenössischer Persönlichkeiten. Dokumentarisch von Wert, waren seine Werke jedoch künstlerisch umstritten. Selbst konservativ in seinen Kunstauffassungen, tolerierte er nicht nur nicht moderne Kunstströmungen wie zum Beispiel den Impressionismus und Symbolismus, im Gegenteil, er lehnte sie regelrecht ab, so dass mit seinem Namen verschiedene Kunstskandale verbunden sind.[81] 1915 starb Anton von Werner in Berlin.

Ein neues Altarbild für die Garnisonkirche wurde nach dem Kirchenbrand im April 1908 notwendig, da große Bestände des Inventars vernichtet worden waren,

Abb. 91 Altartisch im Lapidarium auf dem Alten Berliner Garnisonfriedhof. Originalteile: Mensa und Rückwand, Rekonstruktion: Säulen.

so auch das Altarbild von Begas. Bei Anton von Werner wurde ein neues Altarbild in Auftrag gegeben. Der Kaiser wünschte eine einfache Christusfigur und hatte dabei die von Bertel Thorwaldsen für die Kopenhagener Frauenkirche geschaffene Marmorstatue eines segnenden Christus als Vorbild im Auge.[82]

Ganz in diesem Sinne schuf Werner ein Altarblatt mit einem in einer Landschaft stehenden Christus, ein Tuch über Körper und Schulter drapiert und ausgebreiteten Armen. Eine Aufnahme von 1911 zeigt das Gemälde in der bereits wiederhergestellten Garnisonkirche eingefügt in eine neobarocke Rahmenfassung und mit dem Altartisch davor. Dass Werner, bevor er das Altarbild ausführte, sehr wahrscheinlich Skizzen in verschiedenen Techniken anfertigte, ist anzunehmen. Eine solche Skizze, mutmaßlich in Öl ausgeführt, ist verbürgt.[83] Doch ist der Verbleib sowohl der Skizze als auch des Altarbildes heute unbekannt, wobei das Altarbild vermutlich beim Bombenangriff der Kirche 1943 zerstört wurde.

Orgeln – Attraktionen für Auge und Ohr

Nachrichten über die Orgeln der Garnisonkirche sind in höchst unterschiedlichem Umfang und in ungleicher Detailfreude für die Nachwelt erhalten geblieben. Knappe Erwähnungen stehen hier voluminösen Lobpreisungen gegenüber, eine Notiz in den Rechnungsbüchern anschaulichen Kupferstichen, lapidare Bemerkungen akribischen technischen Angaben.

Vom gemieteten Positiv zur bescheidenen Werner-Orgel

Eine Mitteilung über das offenbar erste Instrument in der Kirche ist bei Georg Goens zu finden. Er berichtet von einem kleinen Positiv, das von der ersten Jahreseinnahme aus der Sonntagskollekte, also offenbar 1704, angemietet wurde, welches der Hoboist Dümler „mit seinen Fäusten … zum Unglück auch noch entzwei schlug"[84], worauf eine teure Reparatur fällig wurde.

Eine zweite, größere Orgel wurde 1706 angeschafft. Sie bestand aus einem „Clavier von 8 Stimmen, (wovon die größte das Principal 8 Fuß gewesen) … und wurde … vorerst von einem Hautboisten bey der damaligen Guarde, Namens Dümler, gespielet".[85] Er scheint allerdings nicht lange an dem Instrument gespielt zu haben, denn sowohl Walther als auch Goens berichten von einem anderen, diesmal ausgebildeten Organisten. Goens, der die Kirchenrechnungen für seine Darstellung noch zu Rate zog, schrieb, dass „an Stelle des Hoboisten Dümler, dem man vorsichtiger Weise das neue Werk nicht anvertrauen wollte, ein Musiker vom Fach, Herr Baudriger, angestellt" wurde, „dem man einen Küster mit einer Monatsgage von 1 Thaler hinzugesellte".[86] Diese Orgel hatte, wie wahrscheinlich auch das vorher gemietete Positiv, ihren Platz auf der östlichen Empore.

Als Orgelbauer des kleinen Werkes mit mechanischer Traktur, das über kein Pedal verfügte, kann Christoph Werner angenommen werden. Er stammte aus einer Orgelbauerfamilie. Bereits sein Vater, Andreas Werner, war als Hoforgelbauer in Berlin tätig gewesen. Christoph Werner, um 1633 geboren, folgte dem Weg seines Vaters. 1667 wurde er zum Berliner Hoforgel- und Instrumentenmacher bestallt. Der Vertrag sah jedoch im Wesentlichen Reparatur- und Instandhaltungsarbeiten an der Domorgel und am Instrumentarium der Berliner Hofkapelle vor.[87] Nachgewiesen ist sein Wirken in Berlin bei Reparaturen an der Orgel von St. Marien, St. Nikolai und St. Georgen. Angenommen wird, dass er für verschiedene Berliner Kirchen, auch für nahe gelegene Dorfkirchen, Positive anfertigte.[88] Das deutet darauf hin, dass diese Positive zur bescheidenen Erstausstattung der jeweiligen Kirche gehörten und dass Werner auch die achtstimmige Orgel für die Garnisonkirche als erstes kircheneigenes Instrument fertigte. Da er 1706 starb, war die Orgel somit eine seiner letzten Arbeiten.

Der bewegte Prospekt – die Röder-Orgel

Für Aufsehen sorgte 1713 eine neue Orgel, die für 600 Taler angeschafft worden war und in Anwesenheit Friedrich Wilhelms I. eingeweiht wurde. Deren optische Präsens war ein Novum im Berlin-Brandenburgischen Raum.

Das Instrument war von Johann Michael Martin Röder gebaut worden, der als Tischlergeselle zu Arp Schnitger kam und dort das Handwerk des Orgelbaus lernte. Die Lebensdaten dieses Orgelbauers sind bislang nicht bekannt, lediglich, dass er in der ersten Hälfte des 18. Jahrhunderts wirkte. Auf sich aufmerksam gemacht hatte Röder, als er sich 1708 für den Umbau der Orgel an der Bernauer Marienkirche bewarb und einen auffallend ungewöhnlichen Riss vorlegte. Das Erstaunen über Röders Entwurf und dessen Qualität brachte der Magistrat mit den Worten auf den Punkt: Röder wollte „die Orgel auff eine gantz andre Manier künstlich und schön bauen …, die alten Pfeiffen wollte er umschmelzen, und verschiedene neue Register hinzuthun".[89] Diesmal ging der Auftrag noch an seinen Meister, doch für den Orgelumbau in St. Stephan in Tangermünde bekam er 1711 den Zuschlag. Der König hatte sich für Röder ausgesprochen, und obwohl es zu Ungereimtheiten mit den Orgelbauern Schnitger und Lübeck und zu Klagen vonseiten der Stadt über die ausgeführten Arbeiten kam, die vermutlich auch an das Ohr der Majestät drangen, erhielt Röder den Auftrag für den Orgelneubau der Garnisonkirche. Wahrscheinlich hatte Friedrich I. noch den Entwurf für den Bernauer Orgelprospekt vor Augen und entschied sich diesmal nicht für den Hoforgelbauer Arp Schnitger, sondern für dessen Schüler. Von Röder versprach er sich offenbar eher eine Orgel, die in ihrem gestalterischen Gestus dem Repräsentationsbedürfnis des Königs entsprach.

Die 23 Stimmen der Orgel waren auf zwei Manuale und ein Pedal verteilt, ein Rückpositiv war nicht mehr gebaut.[90] Die Orgel war „nach Proportion der Kirche und des Raumes sehr wohl angeleget", was bedeutet, der Orgelbauer war auf die Raumbedingungen eingegangen. „In denen Manualen konten wegen Mangel der Höhe, keine andere, als achtfüßige Stimmen angebracht werden. Im Pedale aber waren die Posaune 16 Fuß, wie auch der Violon 16 Fuß befindlich."[91] Die Orgel, die „zwar nur von mittelmäßiger Größe, jedoch so beschaffen war, dass sie wegen ihres äusserlichen Zierrahts sehr wohl in Augen und wegen ihres Tohnwerkes wohl in die Ohren fiel"[92], war sicherlich der Glanzpunkt in der Garnisonkirche.

Der Orgelprospekt, als das herausragende Element, spielte hierbei die entscheidende Rolle. Da ein Kupferstich von G. P. Busch nach einer Zeichnung von Daniel Eberfelt erhalten blieb, ist es nicht schwer, sich den prächtigen Anblick der Schauseite und den vergnüglichen Eindruck der Gottesdienstbesucher beim Orgelspiel vorzustellen. Es muss ein völlig ungewohntes Erlebnis gewesen sein, denn mit diesem „Ornamentprospekt"[93] beschritt Röder neue Pfade. Es war bislang nicht üblich gewesen, die Schauseite so aufwändig zu gestalten und mit einem üppigen Figurenensemble, das beim Spiel auch noch in Bewegung geriet, und derart reichem und schmückendem Beiwerk zu versehen.

Der Prospekt war vertikal in fünf Türme gegliedert, wobei der mittlere Pfeifenturm im Gehäuseaufbau als Symmetrieachse fungierte. Zu beiden Seiten des Mittelturms war der Prospektaufbau gleich strukturiert und mit denselben Elementen gestaltet worden. Nur in wenigen Details wichen die Seiten voneinander ab. Ornamente, Akanthuslaub und anderes Rankenwerk schmiegten sich um die Pfeifentürme. Die Legende unter dem Kupferstich gibt genauere Auskunft über die Orgel und den Prospekt. Das Gehäuse war ausstaffiert mit zwei Trophäen aus klingenden Trompeten und kupfernen Pauken, die durch zwei Engel tatsächlich geschlagen wurden und sich auf den äußeren Pfeifentürmen befanden. Am Mittelturm prangte ein Schild mit preußischem Adler. Vier Engel, zu beiden Seiten des Mittelturms und an den Außenseiten des Prospekts postiert, mit Glocken und Hämmern in den Händen, schlugen beim Orgelspiel den Akkord g h d g an. Unterhalb der Engel an den Mittelturmseiten waren zwei Sonnen angebracht, deren Strahlen aus Pfeifen bestanden. Das jeweilige Zentrum der linken und rechten Prospektseite besetzte je ein Thron mit einem Adler aus je 300 klingenden Pfeifen. Je ein Engel mit Ordensstern in der Hand schmückte die Pfeifentürme neben dem Mittelturm. Wurde die Orgel gespielt, drehten sich die Ordenssterne und ihr Zimbelklang harmonierte mit dem Glockenklang, den die vier anderen Engel erzeugten. Auf jeder Seite trugen Engel und Adler eine Ordenskette. Eine weitere Ordenkette schmückte den mittleren Pfeifenturm.

Ikonographisch feiert dieser Prospekt das preußische Königtum mit Friedrich Wilhelm I. an der Spitze und lässt im Detail die Besonderheit der Kirche, Militärkirche zu sein, erkennen. So waren die das Königtum repräsentierenden Elemente an hervorgehobener Stelle angeordnet: Die Königskrone trug der mittlere Pfeifenturm über dem Adlerschild und die flankierenden Türme waren mit je einer Initialkartusche Friedrich Wilhelms I. bekrönt. Auch die zu jeder Seite folgenden Pfeifentürme waren mit Kronen versehen. Das Einbeziehen von Ordensstern und Ordenskette spannt den Bogen zum Auftraggeber von Kirche und Orgel: Friedrich III./I. war es, der am 17. Januar 1701, einen Tag vor seiner eigenhändigen Krönung, den Orden vom Schwarzen Adler stiftete. Kette und Stern gehören zu den Insignien des Ordens. Mit den Ordenszeichen wurde für alle sichtbar auf die Prämissen der Rittergemeinschaft verwiesen, ein tugendsames Leben zu führen und die christliche Religion zu befördern, zu deren Anerkennung sich der König als erster Ritter des Ordens sowie die anderen Ritter verpflichtet hatten. Da bei den Gottesdiensten auch hochrangige adlige Militärs anwesend waren – ebenfalls Ritter des Ordens, die den Ordensstern in gestickter Form sichtbar auf der linken Brust ihrer Kleidung zu tragen hatten –, schloss sich der Kreis zu den Gottesdienstbesuchern. Die Propagierung der

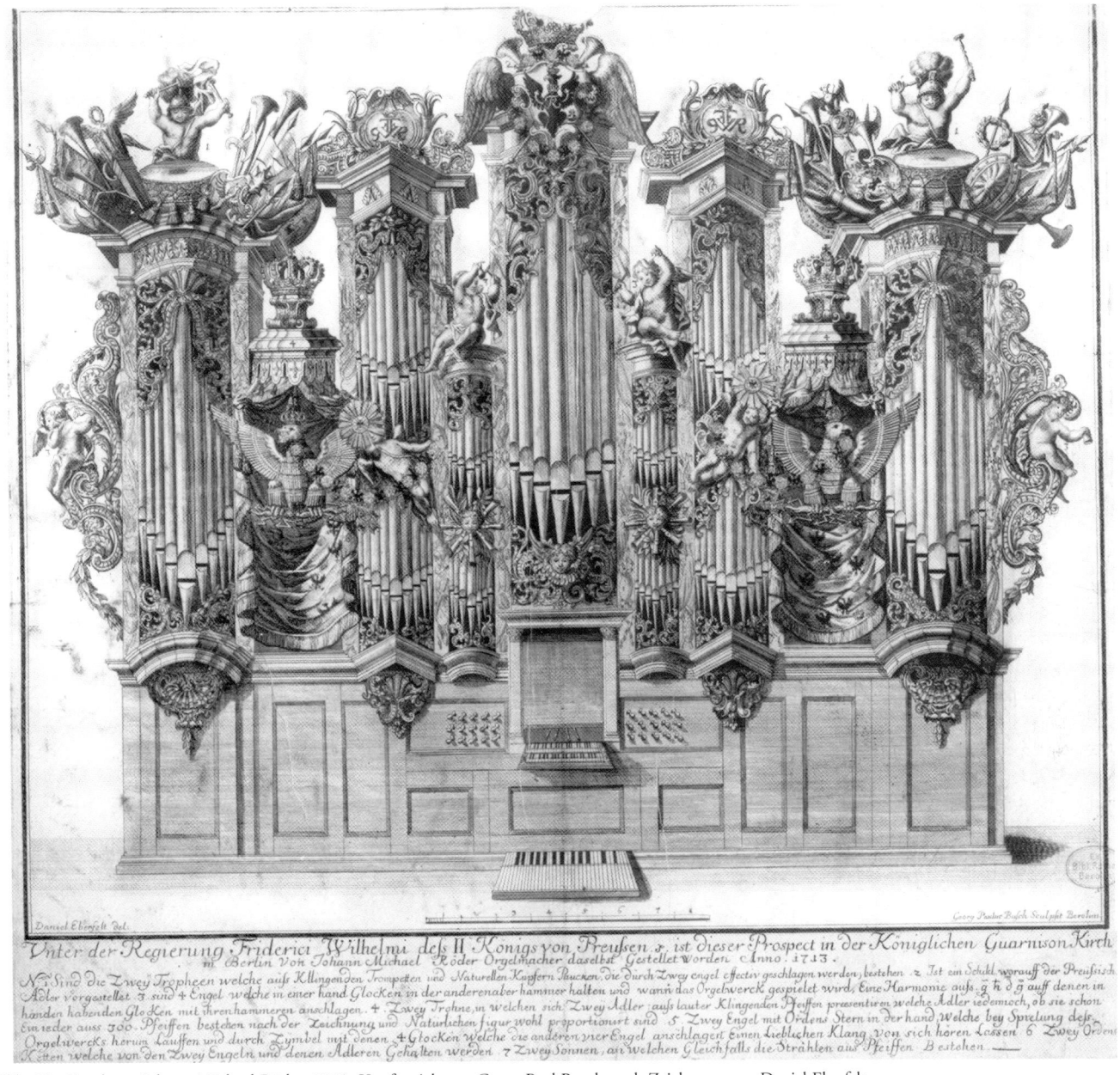

Abb. 93 Orgel von Johann Michael Röder, 1713. Kupferstich von Georg Paul Busch nach Zeichnung von Daniel Eberfelt.

Werte im Orgelprospekt reflektierte sich in den wenigen, die ausgewählt waren, die Ansprüche zu erfüllen und in diesem Sinn zur „Elite" gehörten.

Die mit Helm und Federbusch geschmückten paukenschlagenden Engel der Außentürme, gerahmt von militärischer Staffage wie Fahnen, Lanzen, Streitäxten, verwiesen auf die Funktion als Militärkirche. Das hier von Röder eingeführte Attribut des Orgelprospekts, Engel mit Helm und Federbusch, wurde an den Orgeln der nachfolgenden Garnisonkirchen in Berlin und

Potsdam durch den Orgelbauer Joachim Wagner aufgegriffen und variiert. Mit dem paukenschlagenden Engel hatte Röder einen Topos geprägt, der – auch in seiner unbehelmten Variante – von ihm und anderen Orgelbauern in der Region und darüber hinaus verbreitet wurde.[94] Auch wenn über die Farbigkeit des Prospekts keine Informationen erhalten geblieben sind, ist wahrscheinlich, dass der Orgelprospekt eine Farbfassung hatte und einzelne Teile, zum Beispiel die Sonnen, vergoldet und die Adler von schwarzer Farbe waren.

Da Röder sich sowohl im Tischlerhandwerk als auch im Pfeifenherstellen verstand und im Gegensatz zu Schnitger noch nicht zu den renommierten Orgelbauern zählte, ist anzunehmen, dass er nicht nur den Prospekt entwarf, sondern wahrscheinlich auch, unterstützt von Kunstschnitzern, die Prospektarbeiten selbst mit ausführte und nicht nach Vorlagenbüchern arbeiten ließ. Auch sprechen der Aufbau der Orgel und der innovative, fantasievolle und formensprühende Geist der Schauseite dafür, der sich gleichfalls in den Nachfolgearbeiten, etwa in der Breslauer Orgel für St. Maria Magdalena von Röder, finden ließ. Welchen Stellenwert Röder selbst in seinem Schaffen der Garnisonkirchenorgel beimaß, ist daran zu sehen, dass er nicht nur einen Riss und ein Modell zur Bewerbung um den Breslauer Auftrag 1721 einreichte, sondern auch das Gutachten des Berliner Konsistoriums über die Orgel der Garnisonkirche.[95]

Röder hatte – wie auch Orgelbauer in anderen Regionen – das Prinzip der barocken Werkorgel verlassen und war dazu übergegangen, die Orgel nicht mehr aus dem Blickwinkel des Orgelbauers aus zu denken, sondern aus der Sicht des Betrachters heraus zu bauen.[96] Wesentlich aus diesem gewandelten Verständnis, das sich um 1700 herausbildet, lässt sich die neue Bedeutung des Orgelprospekts als Schauseite im Wortsinn erklären. Von der konstruktiv-technischen Seite her wurde die Umformung des Orgelprospekts durch die Aufgabe des Rückpositivs eingeleitet, ein Prozess, der bereits ab 1680 begann.[97] Röders Interesse an Mechanik verlieh dem Orgelprospekt darüber hinaus noch eine neue Qualität. Indem er mechanisch bewegte Elemente in den Prospekt integrierte, gab er der Orgel eine Schauseite, die nicht mehr als ein unveränderliches Bild vor den Zuhörern prangte, sondern es

Abb. 94 Pauker, Detail des Prospekts der Orgel von Johann Michael Röder, 1713. Kupferstich von Georg Paul Busch nach Zeichnung von Daniel Eberfelt.

entstanden erstmals wechselnde Bilder vor den Augen des Publikums. Der Zuhörer bekam mit derartigen Prospekten das Angebot, auch zum Zuschauer zu werden. Der Organist produzierte mit solch einem Instrument nicht mehr nur Töne und Melodien, sondern auch Bilder.

Die Orgel, durch Friedrich I. in Auftrag gegeben und unter Friedrich Wilhelm I. fertig gestellt, hatte, wie auch der Taufstein, im Gegensatz zum Kirchengebäude die Pulverturmexplosion relativ unbeschadet überstanden. Vor dem Abbruch der Kirchenruine wurde sie geborgen und auf dem Boden der Garnisonschule gelagert. Nachdem die neue, nun wesentlich größere Garnisonkirche aufgebaut worden war, sollte die Röder-Orgel zunächst darin ihren Platz finden. Doch da zwischen ihr und der Größe der neuen Kirche keine harmonische Wirkung zustande gekommen wäre und man glaubte, dass sie offenbar „in einer so grossen Kirche und Gemeine nicht hinlänglich und durchdringend seyn würde"[98] und da man sie als „zu klein, und nicht suffisant"[99] erachtete, suchte man nach einer anderen Lösung. Die Kirchenmänner wandten sich an den König, und der ließ sie durch eine andere Orgel von Joachim Wagner ersetzen. Die Röder-Orgel wurde

1724 nach Potsdam in die Stadtkirche, die alte Nikolaikirche, umquartiert.

Der Prospekt als Bühne – die Wagner-Orgel

Als bekannteste Orgel in der Garnisonkirche gilt das von Joachim Wagner gefertigte Instrument. Vom Organisten der Garnisonkirche, Johann Friedrich Walther, wurde sie ausführlich dokumentiert. Er beschrieb nicht nur die Orgel, sondern zeichnete auch ihren Prospekt, der später von G. P. Busch in Kupfer gestochen wurde.[100]

Die Orgel hatte fünfzig Stimmen, die aus 3.214 Pfeifen bestanden.[101] Die fünfzig Stimmen hatten „50 Züge, dazu kommt aber noch, 1 Tremulant zum Haupt-Wercke, wie auch 1 gelinder Tremulant oder Schwebung, zu Voce Humana. Item 1 Zug zu denen beyden Sonnen, 1 Zug zu den Pauken-Claviren, 4 Züge zu denen Sperr-Ventilen, vermittelt welchen, jedem Clavire, wann unterweilen in der Regierung etwas hängen bleibet und ein heulen verursachet; der Wind so gleich versperret, und dergleichen Heulen gestillet werden kann. Da man sonst in Ermangelung dieser Sperr-Ventile erst alle angezogene Register abstossen müsse. Noch findet sich 1 Zug zu dem Trompeten-Baß, wie auch 1 Zug zur Calcanten-Glocke. Daß also auf jeder Seite der Clavire vier Riegen Züge neben einander, über dem noch an dem Rahm über den Claviren 4 Züge, zu denen beyden engeln, deren in Händen haltenden Trompeten und zu den beyden Adlern; und demnach überhaupt 64 Züge vorhanden sind."[102]

Über die Materialbeschaffenheit notierte Walther, dass die zehn als Schleifladen ausgeführten Windladen aus Eichenholz bestanden, die verwendeten Drähte aus Messing und nicht aus Eisen waren, um der Gefahr des Rostens aus dem Weg zu gehen, die Abstraktur aus Kienholz und die Registerwellen aus Eichenholz gefertigt waren.

Die Pfeifen der offenen Stimmen waren aus Berlinischem Probezinn, die gedeckten Stimmen aus einer Legierung von zwei Teilen Blei zu einem Teil Zinn gegossen. Walther lobte diese Legierung als sehr dauerhaftes und hartes Material, das im Gegensatz zu weitaus bleihaltigeren Legierungen nicht so anfällig für den Salpeterfraß war.[103]

Abb. 95
Pauker, Detail des Prospekts der Orgel von Joachim Wagner, 1724/1726. Kupferstich 1728 von Georg Paul Busch nach einer Zeichnung von Johann Friedrich Walther.

Die äußere Dimension der Orgel war durch ihren Standort auf der westlichen Empore und die Anzahl ihrer Pfeifen bestimmt. Die Orgelhöhe, begrenzt durch die Distanz zwischen Empore und Kirchendecke, durfte dreißig Fuß nicht überschreiten. Die Orgelbreite betrug vierunddreißig Fuß. Die vertikale Struktur des sichtbaren Orgelaufbaus wurde durch die dominanten Pfeifentürme in der Mitte und an den Seiten gebildet. Sichtbar im Prospekt standen die Prinzipalpfeifen aus englischem Zinn. Gearbeitet war der Prospekt aus Kienholz, in zwanzig Felder unterteilt und mit beweglichen Figuren und Schmuckformen versehen.[104]

Der Orgelprospekt war die größte in der Kirche vorhandene bildartige Fläche. Ein Augenschmaus schon beim bloßen Anblick, ein Erlebnis, wenn die Orgel gespielt wurde, sich die Mechanik in Gang setzte. Was fanden die Gottesdienstbesucher vor? Einen Prospekt, dessen einzelne Felder mit Akanthuslaubwerk verziert waren, das mit „feinem Glantz-Golde verguldet" war.[105] An den äußeren Prospektseiten befanden sich an Stelle der üblichen Blindflügel je eine Pyramide, die mit Kriegsrüstungen – wozu Fahnen, Hieb- und Stichwaffen gehörten – umgeben war. Die Spitzen der Pyramiden zierte eine Flammenvase. Darunter waren Krone und Adler zu sehen. Vor den Pyramiden standen je eine Pauke, die von der kindlichen Figur dahinter tatsächlich geschlagen werden konnten, so der Organist sie über das Pedal in Aktion setzte. Bei den Kesselpauken handelte es sich um ein Geschenk des Wartenslebenschen Reiter-Regiments, die vormals in dessen Gebrauch waren.[106] Die Besonderheit dieser paukenschlagenden Kinder war ihr Kopfschmuck. Sie trugen einen Helm mit Federbusch, ein Attribut, das Wagner von Röder übernommen hatte. An den Seitentürmen schwebte über jeder Pyramide eine Fama[107], die ihre Trompete an- und absetzen und beim Paukenspiel flügelschlagend bis auf die Höhe der Pyramidenspitze herabgelassen werden konnte. Zwischen mittlerem Pfeifenturm und den Seitentürmen nahm die oberen Plätze statt der üblichen Zimbelsterne je eine Sonne ein, die aus dem sie umgebenden Wolkenkranz hervorschien und sich drehen konnte. Wenn dies geschah, schlugen die darunter angebrachten Adler mit ihren Schwingen auf und ab und erzeugten dadurch die Illusion des Fliegens. Dieser Adlerflug während des Orgelspiels führte den sich als Schriftband über den Mittelturm der Orgel entlang ziehenden Wahlspruch des Königs Non soli cedit" – Er weicht der Sonne nicht – somit als ‚lebendiges' Bild vor. Zum unbeweglichen figürlichen Schmuck gehörten die Ensembles von Harnisch und Helm, die atlantengleich die Seitentürme trugen. Sie waren im Detail unterschiedlich gestaltet und mit verschiedenen militärischen Accessoires – wie Fahnen, Trompete, Morgenstern – versehen. Besonders auffallend waren die verwendeten Tierkopfmotive – Löwenköpfe und Widderkopf – an den Rüstungen. Bekrönt wurde jeder Seitenturm von einem Helm mit geschlossenem Visier und Federbusch, der von Fahnen und Kanonen flankiert wurde. Je drei aufgetürmte Kanonenkugeln mit aufgesetztem Flammenzeichen leiteten in dieser obersten Gestaltungszone zum Mittelturm über. Auf diesem thronte über allem die Königskrone, darunter befand sich ein Schild mit den königlichen Initialen FWR.

Vielfältiger als Röder spielte Wagner mit den mechanischen Möglichkeiten des Orgelprospekts. Wagner hat weiterentwickelt, was Röder begonnen hatte. Der Prospekt wurde zur Bühne, auf der ein mechanisches Theater ablief. Damit avancierte die Orgel zum Gesamtkunstwerk, das über Klänge, Formen, Farben und Bewegungen mehrere Sinne zugleich ansprach, ein komplexes Wahrnehmungserlebnis schuf und aus dem Publikum Zuhörer und Zuschauer gleichzeitig machte.

Der bildhafte Schmuck des Prospekts präsentierte die Orgel als Instrument der Militärkirche des Königs und nahm sowohl die von Röder geprägten Bildmotive auf als auch die an der Kirchenfassade befindlichen Bild- und Schriftelemente. Darüber hinaus ist eine Korrespondenz der Bildmotive am Orgelprospekt mit denen an der Kanzel zu erkennen. Orgelprospekt und Kanzel wurden jeweils von einem Ensemble aus Harnisch und Helm getragen. Der am Prospekt zweifach verwendete Adler, der zur Sonne aufstieg, die aus Wolken hervorschien, fand sich auch als Motiv am Schalldeckel der Kanzel. Der wies über königlicher Krone und Initialen eine über den Wolken strahlende Sonne auf, zu der sich ein Adler emporschwang. Auch an der Kanzel zog sich zwischen den Sonnenstrahlen das Band mit dem Wahlspruch des Königs entlang. Die Wiederkehr dieser einzelnen prägnanten Bildmotive an den Hauptinventarstücken und der Fassade des Baues haben die Charakteristik der Kirche gewiss intensiviert und zu einem hohen Identitätsgrad der Garnisonkirche beigetragen.

Wird die Entstehungsgeschichte der Orgel betrachtet, ist die Frage, warum die Wahl bei der neuen Auftragsvergabe nicht wieder auf Röder fiel, der mit der Vorgängerorgel schon einen Glanzpunkt in die Garnisonkirche brachte und sich damit einen Namen gemacht hatte, nicht unberechtigt. Röder hatte nach seinem Erfolg mit der Orgel für die Garnisonkirche 1714 zunächst das Glockenspiel für die Parochialkirche fertig gestellt. 1717 hatte er ein kleineres Instrument für die Dorotheenstädtische Kirche gebaut und war 1718 mit dem Neubau der Orgel für die Schloss- und Domkirche betraut worden. Wagner lebte erst seit 1719 in Berlin. Für beide wurde das Jahr 1719 entscheidend für den weiteren Lebensweg. In Berlin war 1719 die Orgelbaukonzession durch den Tod des Instrumenten-

Abb. 96 Orgel von Joachim Wagner, 1724/1726. Kupferstich 1728 von Georg Paul Busch nach einer Zeichnung von Johann Friedrich Walther.

machers Mietke frei geworden, eine Bewerbung beim Magistrat dafür stand aus. Röder versäumte es, sich zu bewerben, Wagner jedoch nicht. Wahrscheinlich hatte dieser von seinem Bruder Friedrich Wagner, der Militärgeistlicher beim Löbischen Regiment und an der Berliner Garnisonkirche war, einen Tipp bekommen, sich zu bewerben. Im November erlangte Wagner die Konzession. Das zwang Röder, sich ein neues Wirkungsgebiet nach Vollendung der Domorgel 1721 zu suchen, da er in Berlin keine Orgeln mehr bauen durfte.[108] „Auch der wohlwollende Friedrich Wilhelm I. konnte nach dem Erwerb der Orgelbau-Konzession durch Wagner nicht darüber hinwegsehen oder gar ignorieren, dass Röder den Erwerb einer solchen Konzession nicht für notwendig erachtet hatte."[109] Das Jahr 1719 ist noch aus einem zweiten Grund entscheidend. Die Gemeinde der St. Marienkirche vergab den Auftrag zum Neubau einer Orgel, um den Röder und Wagner konkurrierten. Wagner bekam den Zuschlag, baute sein Meisterstück und empfahl sich damit als Orgelbauer für den Berlin-Brandenburger Raum. Röder, der sich 1714 nach dem Weggang von Arp Schnitger aus Berlin auch nicht für die Stelle des Hoforgelbauers interessiert hatte, da er offenbar nicht auf Reparatur- und Instandhaltungsarbeiten begierig war, verlagerte nunmehr konzessionslos und ohne Bindung zum Hof sein Schaffensgebiet ab 1721 nach Schlesien. Als es um den Neubau für die Garnisonkirchenorgel in Berlin ging, stand er somit gar nicht zur Verfügung. So fiel auch Wagner die Aufgabe zu, die Röder-Orgel aus der alten Garnisonkirche in Potsdam neu zu installieren, wobei er Gelegenheit hatte, sich mit dem mechanischen Werk der Röder-Orgel auseinander zu setzen und hierbei Anregungen für sein Schaffen zu ziehen.

Nachdem die Röder-Orgel als nicht mehr passend für die neue Kirche eingeschätzt worden war, kümmerte sich das Militärgouvernement um den Aufbau eines neuen Instruments. Bei Wagner wurde nachgesucht, eine Zeichnung dafür anzufertigen. Nachdem sie der König begutachtet und dem Prospektentwurf zugestimmt hatte, erhielt der Garnisonorganist Johann Friedrich Walther vom Generalfeldmarschall und Gouverneur Reichsgraf von Wartensleben und vom General und Kommandanten De Forcade den Befehl, einen Kontrakt aufzusetzen, der von „dreyen Kunsterfahrnen Organisten hiesiger Residentz, durchgesehen und examiniret, sodann aber mit dem Orgelmacher Hrn. Joachim Wagner, darüber accordiret, und unterm 27. Januar 1724 geschlossen"[110] wurde. Die Bürgschaft über dieses Projekt übernahmen Wagners Brüder Johann Christoph Wagner, Prediger in Karow bei Genthin, und Friedrich Wagner, Militärgeistlicher beim Löbenschen Regiment und an der Garnisonkirche zu Berlin ordiniert.[111] Damit der Orgelbau schnell in Gang kam, hatte der König gleich zu Beginn des Projekts 1.200 Reichstaler in die Kasse der Garnisonkirche gelegt.[112] Nach Vollendung des Werks beliefen sich die Kosten letztlich auf die stattliche Summe von 3.343 Reichstalern und 4 Groschen.[113]

Der Bau dieser Orgel von fünfzig Registern, der größten in der Berliner Residenz, reizte Wagner sicherlich besonders und forderte all sein Können heraus. Nicht ohne andere Aufträge zu vernachlässigen[114], kniete er sich in die Arbeit, so dass nach nur elf Monaten, also „noch in selbigen Jahre auf Weyhnachten, zum ersten mahle das Hauptmanual, nebst dreyen Stimmen im Pedal, zum Gottes-Dienst gebrauchet, und gespielet werden konnte".[115] Von der Einweihung der neuen Kirche am 31. Mai 1722 bis zu diesem Zeitpunkt musste im Gottesdienst auf eine Orgelbegleitung verzichtet werden. Bereits ein halbes Jahr später, „auf Pfingsten 1725 konte das andere Clavier wie auch noch einige Stimmen im Pedal, gebraucht werden. Auf Michaelis d. a. war das 3te Clavier klingend, und auf Weyhnachten, eben desselbigen Jahres, war das Werck so weit zur perfection gebracht …, daß es am ersten Feyertage gedachten Weynacht-Festes, in allerhöchster Præsence und zum Contentement Sr. Majestät unsers Allergnädigsten Königs, durch eine wohlgesetzte Music, konte eingeweihet werden".[116] Weiter ist vom Organisten der Kirche zu erfahren, dass am Instrument noch einiges nachgebessert wurde, bis es endlich „den 5ten Septembris 1726 in vollkommenen Stande konte geliefert werden".[117] Die Abnahme der Orgel, „das gewöhnliche Examen der Orgel", wurde vom Gouvernement und dem Domorganisten Gottlieb Hayne und Adrian Lutterodt, dem Organisten an St. Nikolai, vorgenommen, die „alles Contractmäßig befunden"[118] hatten.

An der im Chorton gestimmten Orgel prangte in der Mitte des Werks über der Klaviatur auf einem Schild in einem blauen Feld folgende Inschrift:

> „Unter der Regierung
> **Friderich Wilhelms**
> Koenigs in Preussen &c. &c.
> und
> unter Direction des Gouverneurs hiesiger
> Residentzien
> Reichs-Grafen von WARTENSLEBEN
> und Commendanten General-Major von FORCADE
> ist diese Orgel erbauet
> und den 25. Decembris 1725 in vollkommenen
> Stande gespielet und eingeweihet worden.
> Joh. Frider. Walther   Joachim Wagener
> h. t. Organist   Orgelmacher"[119]

Die Resonanz auf die Orgel war durchaus unterschiedlich, was ihre Klangfarbe, Disposition, aber auch ihre Technik betraf.[120] Der Neffe Gottfried Silbermanns interessierte sich 1741 im Auftrag seines Onkels für das gerühmte Instrument und fand kritische Worte sowohl für die Orgeltechnik als auch für den Klang. Ebenso fühlten sich die mit weicherem Klang verwöhnten Ohren eines englischen Reisenden von Wagners Orgeln eher gepeinigt. Im Gegensatz dazu wurde Ende des 18. Jahrhunderts die Disposition der Garnisonorgel in die Dispositionssammlungen aufgenommen und dort umfassend gelobt.

Auf der Wagner-Orgel wurde bis 1892 gespielt, dann ihr Werk ersetzt und nur das Gehäuse weiter genutzt. Bis zu diesem Zeitpunkt gab nur kleine Reparaturen. Eingravierungen an der größten Zinnpfeife belegten, dass 1791 Ernst Marx und 1835 ein Mitglied der Orgelbauerfamilie Buchholz die Orgel reparierten.[121] Weitere Reparaturen waren 1806 nach der französischen Einquartierung in die Kirche nötig und nochmals 1820. Nach einem Diebstahl galt es 1810, Pfeifen zu ersetzen.[122]

Die Konzertorgel – die Sauer-Orgel

Die Wagner-Orgel hatte den Ansprüchen und dem veränderten Geschmack der Zeit Ende des 19. Jahrhunderts nicht mehr genügt. Der Blick zu Orgeln anderer Städte, deren Registerumfang und Pfeifenzahl das Werk der Berliner Garnisonorgel beträchtlich übertrafen, ließen den Ruf nach einer angemessenen Konzertorgel in der Reichshauptstadt anschwellen. Der Königliche Preußische Hoforgelbaumeister Wilhelm Sauer, geboren 1831, wurde daraufhin mit einem Neubau beauftragt. 1892 ersetzte er die Wagner-Orgel durch ein Instrument von nunmehr siebzig Registern, verteilt auf drei Manuale und Pedal. Die ursprünglich für den Orgelneubau angesetzten 32.000 Mark wurden jedoch vom Militärfiskus empfindlich auf 18.000 Mark gekürzt, was eine Verminderung der geplanten Registerzahl bedeutet hätte. Doch Sauer sprang selbst in die Bresche, baute das geplante Werk in der vorgesehenen Ausstattung und fügte es in den Prospekt der Wagner-Orgel ein.[123] Der Einbau eines Kollektivschwellers machte es möglich, eine beliebige Auswahl von Stimmen zum Klingen zu bringen. Zeitgenossen schwärmten davon, dass „beim Anschlagen eines vierstimmigen Accords rund 300 Töne" erklangen und die Töne „nicht mehr – wie meist bei der alten Orgel – einen grellen, schreienden Charakter" hatten, sondern „der zartere des Streichmusikorchesters vorherrschend" war, „obgleich auch Trompeten-, Posaunen-, Kornette-, Spitzflöten- und Mixturen nicht fehlten".[124]

Als der Kirchenumbau zwischen 1899 und 1900 vonstatten ging, wurde die Orgel abgenommen und anschließend mit veränderter Disposition wieder aufgebaut. Die alte Empore, auf der die Orgel zuvor stand, war abgerissen worden, so dass das Instrument auf der ehemals darunter liegenden Empore ihren Platz fand. Damit reagierte man auf eine Kritik vom ersten Orgeleinbau, in der bereits zugunsten einer besseren Tonentfaltung ein tieferer Standort für wünschenswert gehalten wurde.[125]

Der Kirchenbrand von 1908 zerstörte Werk und Prospekt. Bis 1909 zog sich der Kirchenwiederaufbau hin. Eine neue Orgel von Wilhelm Sauer, diesmal von achtzig Registern auf vier Manualen und Pedal, erklang ab 1909 in der Kirche. Sie stand hinter einem Prospekt, der nach dem Vorbild des Orgelprospekts der alten Wagner-Orgel anhand des Kupferstichs von Busch gefertigt worden war. Die Zeichnung für die Kopie lieferte Baurat Gerstenberg. Diese neue Sauer-Orgel gehörte nicht nur fortan in Berlin zu den beliebtesten Konzertorgeln, sie zählte in der Epoche der Hoch- und Spätromantik im Orgelbau auch zu den „fortschrittlichsten und technisch modernsten"[126] Instrumenten.

Diese Orgel gehörte neben der Orgel für die Kaiser-Wilhelm-Gedächtnis-Kirche, 1894, und jener für den Berliner Dom, 1904, zu den Höhepunkten im Gesamtwerk Wilhelm Sauers, der 1916 starb. Nachdem die Kirche 1943 ausgebrannt war, war auch die Orgel zerstört.

Exkurs: Röder, Wagner, Sauer in Berlin-Brandenburg

Im Berlin-Brandenburger Raum auszuschwärmen, um Orgeln der genannten Instrumentenbauer zu finden, ist nicht nur lohnend, sondern auch ein Erlebnis für Auge und Ohr. Mitunter sind hierbei Besonderheiten zu finden, die auch zum Charakteristikum der Garnisonkirchenorgel gehörten. Einige besonders schöne Exemplare sollen hier erwähnt werden.

Nur wenige hundert Meter vom ehemaligen Standort der Berliner Garnisonkirche kann die St. Marien-Kirche besucht werden. Für diese Kirche hatte Joachim Wagner sein Meisterstück zwischen 1719 und 1723 errichtet: eine Orgel mit 40 Registern verteilt auf drei Manuale und Pedal. Heute klingt hier allerdings eine neue Orgel der Strasbourger Firma Alfred Kern & Fils, die im Mai 2002 geweiht wurde. Von der ursprünglichen Wagner-Orgel wurden im neuen Instrument die historischen Register von 1724 und die Gehäusefront mit den Prospektpfeifen wieder verwendet.[127] Eine Parallele zur ehemaligen Wagner-Orgel der Garnisonkirche und deren gestalterischen Bezug zur Kirchenausstattung kann an der Marienkirche nachvollzogen werden. Bereits bei der Gestaltung der Orgel der Marienkirche hatte Wagner Ornamente und Figuren des Prospekts mit dem Schmuckwerk des Schalldeckels der Kanzel korrespondieren lassen. Musizierende Engelsputten und strahlenumkränzte Himmelsgloriole des Schalldeckels finden ihren Widerhall im Auge Gottes auf dem mittleren Pfeifenturm und den umgebenden Posaunenengeln des Orgelprospekts. Führt man sich dann noch vor Augen, dass die Kanzel nicht am heutigen Ort, am zweiten nördlichen Pfeiler von Osten stand, sondern von Schlüter ursprünglich am zweiten Nordpfeiler von Westen platziert worden war und somit liturgischer Mittelpunkt des barocken Predigtsaales,[128] wird die gestalterische Beziehung und die Wahrnehmungssituation der Gottesdienstbesucher, die Orgel und Kanzel im Blick hatten, plausibel.

In unmittelbarer Nähe befindet sich der Berliner Dom und in ihm eine imposante Sauer-Orgel. Mit ursprünglich 113 Registern auf 4 Manualen und Pedal war sie die größte ihrer Zeit in Deutschland. Der Dom, in eklektischer Manier in Formen des römischen Barock von Julius Carl Raschdorff entworfen, bekam eine Orgel, die ebenfalls historisierende Elemente aufwies. Zum einen wurde das Rückpositiv wieder aufgenommen, zum anderen der Prospekt historisierend gestaltet. Der historisierende Entwurf zum Prospekt stammte ebenfalls vom Domarchitekten, der damit offenbar eine Korrespondenz zwischen der Architektur von Kirche und Orgel beabsichtigte. Von 1990 bis 1993 wurde die Orgel von der Firma Wilhelm Sauer in Frankfurt an der Oder restauriert und dabei die ursprüngliche Klanggestalt wieder hergestellt.

Auch die Schlosskirche in Berlin Buch hält ein Kleinod bereit. Röder hatte nach seiner Rückkehr aus Schlesien wieder im Brandenburgischen gearbeitet und in Prenzlau in den Jahren 1744 und 1745 zwei Instrumente gebaut, eines für die Heilig-Geist-Kapelle, ein weiteres für St. Marien. Der Orgelprospekt der Röder-Orgel aus der Heilig-Geist-Kapelle, mit Palmetten bekrönt und filigranem Akanthusdekor versehen, wurde 1955 im westlichen Kreuzarm auf einem modernen Emporeneinbau aufgestellt[129] und 1962 ein neues Werk der Firma Schuke eingebaut.[130]

Einzigartiges bietet der Orgelprospekt der Wagner-Orgel in der St. Marien Kirche von Angermünde. Hier ist es möglich, die mechanischen Elemente des Prospekts noch in Aktion zu erleben. Die von Wagner gern verwendeten Paukenengel, hier in einer Pfarrkirche unbehelmte Vertreter ihrer Gattung, sind noch über einen spielfähigen Nebenzug zu aktivieren. Obwohl diese Orgel nicht annähernd die Größe und Opulenz der Ausstattung seiner Orgel in der Garnisonkirche hat, kann trotzdem, wenn auch in abgeschwächter Form, eine Vorstellung davon hervorgerufen werden, welchen Eindruck Orgelprospekte mit mechanisch bewegten Figuren bewirkt haben.[131] In der Gegend von Angermünde, in den Dörfern Felchow und Flemsdorf, befinden sich zwei andere von Wagner geschaffene kleinere Orgeln. Der Orgelbauer Röder ist ebenfalls in der

Uckermark zu finden. In Greiffenberg wird er mit einem Umbau der Orgel 1742 in Verbindung gebracht.[132]

Im Havelland lassen sich ebenfalls die Spuren von Wagners Wirken verfolgen. Am imposantesten ist die Orgel im Dom zu Brandenburg. Es ist die größte erhaltene Wagner-Orgel, deren Bestand weitgehend authentisch aus der Entstehungszeit überkommen ist. Mit 29 originalen von 33 Pfeifenreihen, mit sämtlichen Windladen und technischem Zubehör und mit dem prachtvollen in Schwarz und Gold gefassten Prospekt kann dieses Werk mit Recht als „eine der wertvollsten und klangschönsten Orgeln im Land Brandenburg überhaupt"[133] bezeichnet werden. Die Besonderheit am Orgelprospekt sind die Wappen der sieben Dompräbenden aus der Zeit des Orgelbaus. Über diesen Wappen märkischer Adliger, die hier ihre Pfründe besaßen und von denen einige beim König militärische Ränge innehatten, thront der preußische schwarze Adler. Getragen wird die Orgel scheinbar von den Atlantenfiguren Petrus und Paulus, die sich kraftvoll gegen die Last stemmen.

Aufmerksamkeit verdient auch die Wagner-Orgel in Pritzerbe. Befragt man die einschlägige Literatur, so trifft man auf unterschiedliche Angaben hinsichtlich ihres Ursprungsortes. In älteren Publikationen wird erwähnt, dass sie 1792 aus der Berliner Garnisonkirche nach Pritzerbe versetzt wurde[134], eine Angabe, die jedoch nicht zutrifft. Tatsächlich wurde diese Orgel um 1730 für das Militärwaisenhaus in Potsdam gebaut und kam bereits 1789 nach Pritzerbe. Der Prospekt der Orgel ist heute allerdings in Gefahr, da sich die Kirchendecke senkt. Erst kürzlich mussten deshalb die oberen Schmuckelemente des Prospekts, die Initialkartusche König Friedrich Wilhelm I. und der preußische Adler über dem mittleren Pfeifenturm und die Vasen der Seitentürme, abgenommen und geborgen werden.

Kirche und Personen – skizziert und porträtiert

Die bisher vorgestellten Kunstwerke gehörten zum Inventar der Kirche, waren im Auftrag des jeweiligen Königs in seiner Funktion als Kirchenpatron entstanden oder der Kirche von anderen Personen gestiftet worden. Die jetzt folgenden Werke sind in Auseinandersetzung mit der Garnisonkirche hervorgegangen. So wurde die seltene Gelegenheit, die geöffnete Gruft zu besuchen, für die künstlerische Produktion genutzt oder Persönlichkeiten, deren Wirken eng mit der Kirche verbunden war, zum Bildgegenstand.

„Das ist Keith, den erkenne ich ..." – Gruftstudien von Adolph Menzel

Eine Reihe von Bleistiftzeichnungen, die Adolph Menzel alle in der Gruft der Garnisonkirche skizzierte, ist überliefert. Ihr künstlerischer Wert liegt nicht nur im äußergewöhnlichen Sujet, sondern vor allem in der Verbindung mehrerer Komponenten: der Wiedergabe des Erlebens der drastischen Direktheit der mumifizierten Leichen beim Öffnen der Sargdeckel, der Kombination des Skizzenhaften und einer gleichzeitigen Wucht im zeichnerischen Strich und der Parallelität des intensiven Wahrnehmens von Figuren und Details. Darüber hinaus sind diese Blätter in dokumentarischer Hinsicht von einzigartigem Rang. Als im Jahr 1873 die Gruft geöffnet wurde, stiegen, angeführt von Garnisonpfarrer Frommel mit dem restlichen Kirchenvorstand im Gefolge, andere Interessierte und Adolph Menzel über eine „steile Kellertreppe, die von der Seite der Predigerhäuser zum Gewölbe"[135] führte, hinunter zu den Toten. Mit dieser Beschreibung ist der zu dieser Zeit einzige Grufteingang verortet. Er befand sich an der nordöstlichen Ecke der Kirche. Die Namen der Bestatteten sollten festgehalten, der Zustand der Gruft geprüft werden. Niemand hatte erwartet, hier mumifizierte Leichen vorzufinden, Generäle in Uniformen mit Orden und Ehrenzeichen.

Für Menzel war es 1873 nicht sein erster Gang hinab zu den Toten. Bereits 1852 hatte er am geöffneten Sarg in der Gruft der Frauenkirche zu Halberstadt gezeichnet.[136] Ganz fremd und überraschend war ihm das Metier also nicht, zumal er sich auch 1866 mit dem Thema Tod auseinandergesetzt hatte.[137] Menzel stieg also nicht erfahrungslos in die Garnisonkirchengruft und sicherlich auch mit einem bestimmten Interesse. Hatte er sich doch mit den Kriegen und Generälen der friderizianischen Zeit mehrfach beschäftigt. Insofern kam er als Kenner, der zur Identifikation der Leichen beitragen konnte.[138]

Zwei Blätter geben die Gruft mit den übereinander getürmten Särgen wieder. Die Unterschiedlichkeit in der Darstellung ist bemerkenswert. Auf dem einen Blatt[139] beherrscht der Hell-Dunkel-Kontrast die Darstellung. Das Licht fällt über eine steile Treppe ein, Gewölbe und Särge sind mit schnellem Strich gezeichnet. Die beleuchtete Treppe kontrastiert mit der Masse der dunklen, zufällig gestapelten Särge zu beiden Seiten des Ganges. Auf dem zweiten Gruftbild[140] (Abb.6 S.21), das einen anderen Ausschnitt des Gewölbes wiedergibt, widmete Menzel den Details der Särge mehr Aufmerksamkeit. Hier sind die Sargformen, die Beschläge und Griffe deutlicher abgebildet als in der anderen Zeichnung. In beiden Blättern wird das Unaufgeräumte, der vernachlässigte Charakter der Gruft nur zu deutlich. Eine andere Zeichnung gibt lediglich einen geschlossenen Sarg wieder.[141] Der

Abb. 97 Gruft unter der Garnisonkirche in Berlin. Adolph Menzel, Bleistiftzeichnung 1873.

Abb. 98 Sarg des Feldmarschalls von Kalckstein in der Gruft der Berliner Garnisonkirche. Bleistiftzeichnung von Adolph Menzel, 1873..

Abb. 99 Leiche des Feldmarschalls Keith. Adolph Menzel, Bleistiftzeichnung 1873.

Sargdeckel und die Schmalseite mit Beschlägen und Griff sind detailliert skizziert. Zusätzliche Notizen hielt Menzel über die Beschaffenheit des Sarges am Rand fest. Auch der Name des Bestatteten ist festgehalten: „Feldmarschall Kalkstein". Diese Gruftzeichnungen und das Sargblatt können als Auftakt für die folgenden Leichen-Porträts angenommen werden.

Über die Begegnung mit der mumifizierten Leiche von Keith schilderte Oberst von Prittwitz folgende Begebenheit: „In einem Sarge fanden wir einen preuß. Feldmarschall vollkommen konserviert, mit dem Haupthaar, den Schwarzen Adlerorden auf der Brust. Menzel sagte sofort: ‚Das ist Keith, den erkenne ich an der Ähnlichkeit!'".[142] Diese spontane Bemerkung Menzels verwundert kaum, hatte dieser sich mit James Keith doch schon mehrfach beschäftigt, so unter anderem in der Holzschnittfolge „Aus König Friedrichs Zeit".[143] Allerdings musste er bei seinen bisherigen Keith-Darstellungen immer auf ältere Porträts zurückgreifen. So ist es nahe liegend, dass es Menzel bei der Wiedergabe der Leiche[144] offenbar um die Physiognomie ging, denn die Wunde, durch die der tödliche Schuss drang, befand sich auf der abgewendeten Seite.

Die Zeichnung, auf der die mumifizierte Hand von Feldmarschall Keith und die Beine der Mumie des Reichsgrafen Truchsess zu Waldburg skizziert sind, vereint zwei nicht zueinander gehörende Details auf einem Blatt.[145] Keiths Hand, am nur flüchtig angedeuteten Körper liegend, ragt aus dem Ärmel der Uniform hervor, Hemd und Jacke sind zu unterscheiden. Die Beine des Truchsess sind in Draufsicht wiedergegeben. Der Betrachter schaut in das untere Ende des Sarges, der wie ein Rahmen den Ausschnitt begrenzt und an den die Stiefel des Truchsess stoßen.

Ein weiteres Blatt, auf dem Menzel den Namen „Reichsgraf Truchsess-Waldburg" vermerkte, gibt einen geöffneten Sarg mit dem Kopf und dem bekleideten Körper einer Mumie und eine zweite Kopfskizze derselben wieder.[146] Menzel zeichnete hier mit ähnlich kräftigem, eiligem Strich wie im vorherigen Blatt. Die Hände des Toten liegen auf dem Bauch, um die linke ist eine Perlenkette gebunden, wahrscheinlich ein Rosenkranz. Zwei Ehrenzeichen sind erkennbar, das eine als Metallfassung am Hals getragen, das andere auf den Mantel genäht. Der Form nach sind beide gleich, so dass es möglich ist, das es sich um einen Orden handelt, der wie häufig üblich auf verschiedene Art getragen wurde. Auf den ersten Blick liegt die aus der Form des Metallkreuzes abgeleitete Deutung nahe, es könne sich hier um das Eiserne Kreuz handeln.[147] Der daraus abgeleiteten Folgerung, es handele sich um einen Truchsess von Waldburg, der an den Befreiungskriegen teilnahm[148], widerspricht die Tatsache, dass in den Kirchenbüchern kein Truchsess vermerkt ist, der nach 1813 in der Kirchengruft beigesetzt wurde. Auch der Annahme, es handle sich um ein Eisernes Kreuz, ist zu

Abb. 100 Keiths Hand und die Beine des Reichsgrafen Truchsess von Waldburg. Adolph Menzel, Bleistiftzeichnung 1873.

Abb. 101 Leiche des Reichsgrafen Truchsess von Waldburg. Adolph Menzel, Bleistiftzeichnung 1873.

widersprechen, denn das Eiserne Kreuz wurde nicht in einer Stoffausgabe an die Garderobe genäht. Bei genauerem Hinsehen deutet die Form des Mantelkreuzes eher auf ein Johanniterkreuz hin. Nach den Totenbüchern der Garnisonkirche sind vier Personen aus der reichsgräflichen Familie Truchsess von Waldburg in der Gruft bestattet.[149] Da in biografischen Darstellungen über Karl Ludwig Truchsess von Waldburg keine Mitgliedschaft im Johanniterorden erwähnt wird, kann ausgeschlossen werden, dass Menzel dessen Leiche zeichnete. Nachweislich dagegen war Otto Wilhelm Truchsess von Waldburg Ritter des Johanniterordens.[150] Von den verbleibenden beiden anderen Personen liegen die biografischen Angaben bislang nur unvollständig vor. Insofern kann eine namentliche Zuordnung der gezeichneten Mumie zu Otto Wilhelm Truchsess von Waldburg nur unter Vorbehalt erfolgen.

Einen besonders schauerlichen Eindruck vermittelt ein Blatt, auf dem ein Totenschädel im Profil und ein Paar Stiefel gezeichnet sind.[151] Der Totenschädel insbesondere hat Menzels Interesse auf sich gezogen. Mit weit aufgeklapptem Unterkiefer und großen Augenhöhlen liegt der Mumienschädel im Kissen. Ein Schatten verstärkt die Wirkung des Profils. Ein Tuch oder Schal ist nur mit wenigen Strichen festgehalten, der Rock nur noch angedeutet, der Sargrand flüchtig angezeigt und Farben sind notiert. Die Stiefel werden in der oberen Bildecke platziert. Die Detailskizze ragt wie auch in anderen Blättern häufig in die Hauptskizze hinein.

Lässt sich von voriger Zeichnung auf keine Person schließen, da hier jeglicher zusätzliche Hinweis fehlt, konnten die Autoren ausgehend von den knappen Notizen Menzels auf den folgenden zwei Blättern nach eingehender Recherche den Toten Namen zuordnen.

Auf der Zeichnung mit der Abbreviatur „Gd v G. 1794" ist eine Mumie vom Kopf bis zu den Oberschenkeln im ausgeschlagenen Sarg dargestellt.[152] Am unteren Bildrand ist ein Stiefel skizziert. Zollangaben geben Aufschluss über seine Maße. Der Vorgang der Mumifizierung, so hat es den Anschein, ließ den Körper in die weiße Galauniform förmlich „hineinkriechen". Die wenigen Angaben über den Toten, die Menzel auf dem Sargdeckel machte, lassen sich mit Generalleutnant Georg Dietrich von der Groeben, der am 11. Juli 1794 in der Gruft der Garnisonkirche beigesetzt wurde, verbinden.

Drei verschiedene Skizzen brachte Menzel auf dem folgenden Blatt unter.[153] Ein paar Stiefel, in denen noch die Beinknochen stecken, nehmen den oberen linken Bildteil ein. Die Hauptskizze zeigt eine Leiche im Brustbild, um deren Kopf noch die Reste eines Lorbeerkranzes hängen. Auf der Uniform sind zwei Orden angedeutet, der obere davon ist der Schwarze Adler-Orden. Die gewählte Perspektive lässt den Toten halb aufgerichtet erscheinen. Das erweckt den Eindruck, als

Abb. 102 Totenschädel und Stiefel. Adolph Menzel, Bleistiftzeichnung 1873.

Abb. 103 Leiche eines Offiziers. Adolph Menzel, Bleistiftzeichnung 1873. Dieses Mumienbild konnte Generalleutnant Georg Dietrich von der Groeben zugeordnet werden.

würde der Kopf den Betrachter aus den leeren Augenhöhlen mit halb geöffnetem Mund anstarren. Eine kleiner gezeichnete Mumie als Brustbild füllt die linke untere Bildecke aus. Menzels Notizen unter der Lorbeer bekränzten Mumie bahnen den Weg für die Zuordnung eines Namens zu dem Toten. Die Notizen enthalten den Hinweis darauf, dass es sich um eine Generalsleiche aus der Zeit Friedrich Wilhelms III. handelt, eine Person aus der Zeit der Befreiungskriege. Der Lorbeer deutet auf besondere Verdienste hin. Nach den Angaben in den Kirchenbüchern wurden ab 1815 nur drei Generale in der Gruft der Garnisonkirche beigesetzt.[154] Von den biografischen Daten abgeleitet, kann diese Mumienskizze Friedrich Heinrich Ferdinand Emil Graf Kleist von Nollendorf zugeordnet werden. 1772 geboren, nahm er an den Feldzügen 1813/15 teil und bekam 1814 den Schwarzen Adler-Orden für die Schlacht bei Kulm. Als Generalfeldmarschall ging er 1821 in den Ruhestand und wurde am 20. Februar 1823 in der Gruft der Garnisonkirche beigesetzt.

Skarbinas Gruftstudien

Dass nicht nur Menzel in der Gruft der Garnisonkirche gezeichnet hat, sondern auch der Berliner Maler Franz Skarbina, ist heute wenig bekannt. Der 1849 in Berlin geborene Skarbina war zu seiner Lebzeit von offizieller Seite vor allem als Historienmaler geschätzt. Heute ist Skarbina mehr durch seine Großstadt- und Gesellschaftsbilder bekannt. Früh von Menzel inspiriert, wandte er sich der Ära des Großen Kurfürsten und dem friderizianischen Zeitalter zu. 1906 gab er in einer Neuauflage Menzels Werk „Die Armee Friedrichs des Großen in ihrer Uniformierung" heraus. Doch das ist nur eine Facette im Schaffen des Malers, der als Professor an der Hochschule für bildende Künste anatomisches Zeichnen unterrichtete. Seine Haltung zur staatlichen Bevormundung und Reglementierung in Sachen bildender Kunst – die letzte Entscheidung in Kunstfragen behielt sich der Kaiser vor – machte er 1892 deutlich mit dem Beitritt zur Vereinigung der „XI" und seiner Mitgliedschaft in der Berliner Sezession von 1899 bis 1901. Nicht Stilfragen führten zum Zusammenschluss Gleichgesinnter, sondern die Suche nach Öffentlichkeit außerhalb der Ausstellungen der Akademie und des Vereins Berliner Künstler. Eine Plattform, von der aus die Künstler wirkten, war die Galerie Eduard Schulte am Pariser Platz 1 im damaligen Palais Redern.[155] Es war ein prominenter Ort, den das Publikum annahm. Dennoch war Skarbina ein Mann des Ausgleichs, des Kompromisses, der auch wieder in den offiziellen Akademieausstellungen seine Werke zeigte. So wurde ihm auf der Großen Berliner Kunstausstellung 1905 eine Sonderausstellung eingeräumt, in der er hauptsächlich neuere Werke präsentierte und nicht die Erwartungen einer retrospektiven Werkschau

Abb. 104 Generalsleiche mit Lorbeerkranz, Leiche aus der Frühzeit Friedrich Wilhelms III. und Stiefel. Adolph Menzel, Bleistiftzeichnung 1873. Dieser Zeichnung konnte Generalfeldmarschall Friedrich Heinrich Ferdinand Emil Graf Kleist von Nollendorf zugeordnet werden.

bediente. Als er 1910 starb, hatte er sich von den einstigen Weggefährten schon längere Zeit gelöst.

Die Beschäftigung mit toten Körpern war für Skarbina eine Aufgabe, die mit seinem Amt als Lehrer für anatomisches Zeichnen einherging. So schuf er einen Komplex von heute verschollenen Gruftbildern nach Skizzen, die er noch im alten Dom anfertigte, kurz bevor dieser dem Domneubau nach Raschdorffs Entwurf weichen musste. An den geöffneten Särgen zeichnete er die mumifizierten Leichen in ihren Paradeuniformen.[156] Diese Gruftstudien waren jedoch nicht seine einzigen. Auch in der Gruft der Garnisonkirche hatte er skizziert. Doch sind diese Zeichnungen und nachfolgende Umsetzungen als Ölbild bis heute nicht wieder aufgefunden. Lediglich Indizien bezeugen Skarbinas künstlerische Auseinandersetzung mit der Thematik.

Die Tatsache, dass Skarbina in der Garnisonkirchengruft gezeichnet und nach diesen Skizzen auch in Öl gearbeitet hat, ist durch mehrere Quellen verbürgt. 1898 wurde in der Zeitschrift Quickborn auf ein Kolossalgemälde Skarbinas hingewiesen, das spätere Monumentalgemälde „Friedrich der Große am Lagerfeuer bei Bunzelwitz". Zu diesem Gemälde fand Skarbina „die ersten Anregungen durch seine viel angefeindeten, aber leider wenig verstandenen Gewölbestudien in der Garnisonkirche".[157] Von Major von Siefart, der die Gruftbesichtigung durch den Garnisonpfarrer Frommel und andere schilderte, stammt ein anderer Hinweis: „Der Maler Professor Scarbina hat seiner Zeit mehrere Skizzen, die er unten in der Garnisonkirche gemalt hatte, bei Schulte ausgestellt".[158] Ein anderer Anhaltspunkt findet sich im Katalog der von September bis November 1910 abgehaltenen Gedächtnisausstellung für den verstorbenen Skarbina. Unter der Position 71 ist aufgeführt: „Gruft in der Garnisonkirche, Berlin. Oel. Leinw. Höhe 0,69 m. Breite 1,00 m. bez.: F. Skarbina. 1894. Nachlaß". Eine zusätzliche Bemerkung zeigt an, dass dieses Gemälde zu kaufen war.

Im Porträt: Garnisonpfarrer Emil Frommel

Von den Garnisonpfarrern im 19. Jahrhundert war wohl keiner so bekannt wie der Hof- und Divisionspfarrer Emil Frommel. Seine Predigten verständlich formuliert, eindringlich und mit Verve vorgetragen, brachten der Garnisongemeinde einen gern gesehenen Mitgliederzuwachs. Kriegserprobt und kaisertreu, wurde er von der Majestät geschätzt; im Laufe der Zeit bildete sich eine engere Beziehung zwischen beiden heraus. Seine Tätigkeit brachte den Kontakt mit vielen Prominenten mit sich und ebnete den Weg zu persönlichen und freundschaftlichen Verbindungen. So auch zu Anton von Werner, von dem ein Porträt Frommels stammt.[159] (Abb.105 S. 96)

Frommel tritt dem Betrachter in höchst offizieller Haltung gegenüber. Schlaglichtartig sind sein Gesicht, das Eiserne Kreuz am Bande und der Handrücken beleuchtet. Der Porträtierte, mittig ins Bild gesetzt, blickt den Beschauer direkt an. Werner hat mit dieser Komposition ein Bildschema aufgegriffen, das für Repräsentationsporträts üblich ist und verweist damit auf Rang und Ansehen Frommels in der Berliner Gesellschaft.

1. Vgl. Walther, 1743, S. 75; Müller/Küster, S. 607 und Kammel. Öffentliche Präsentation im Herbst 1994.
2. Der Steinmetz Carl Schilling, der für den Kirchenwiederaufbau 1908/09 die Säulen fertigte, bekam auch im Mai 1909 den Auftrag zur Reinigung und Ausbesserung des Taufsteins. Vgl. EZA 14/7560 Akte über die Steinmetzarbeiten von Carl Schilling.
3. Müller/Küster, S. 607.
4. Kammel, S. 44.
5. Ebenda, S. 45.
6. Ebenda, S. 44.
7. Walther, 1743, S. 75.
8. Goens, S. 14.
9. Radczynski, 3. Bd., S. 8/9.
10. „Auch dieser [Rode] war jeden Abend im Aktsaal, überließ sich hier, im Crayon noch mehr als mit Pinsel und Palette, seiner Flüchtigkeit; er entwarf zuweilen zwei ganze Figuren in den sieben Viertelstunden." Schadow, 1987, Bd.1, S. 7.
11. Fontane, Grafschaft Ruppin, S. 21.
12. 1786 malte er noch ein Gedächtnisbild für General Zieten.
13. Ramler war Professor an der Berliner Kadettenanstalt.
14. Büttner, S. 9.
15. Ebenda, S. 12.
16. Borrmann, S. 176.
17. Weinitz, 1912, S. 7.
18. König, 5. T. 1. Bd., S. 238.
19. „Rode (Bernhardus), ein berühmter Historien- und Portrait-Mahler zu Berlin ... Auf königlichen Befehl verfertigte er A. 1761 drey Gemälde für die Garnisons-Kirche zu Berlin, welche die, in dem damaligen Krieg gebliebne Helden, Schwerin, Winterfeld und Kleist, mit allegorischen Figuren vorstellen." Füßli, S. 461.
20. „Fast zu gleicher Zeit errichtete der hiesige berühmte Mahler B. Rode denen im Kampf gefallenen Helden, Schwerin, Winterfeld und Kleist Denkmäler seiner Meisterhand in hiesiger Garnisonkirche, wodurch er sich nicht allein ein wirkliches wesentliches Verdienst erwarb; ... sondern lebende und folgende Staatsbürger aufforderte, das Gedächtnis von Männern zu verehren, welche ihr Blut für das gemeine Wohl vergossen hatten. Im folgenden Jahr kam noch Keiths Denkmal hinzu." König, 5. T. 1. Bd., S. 238.
21. Vgl. Becker, Carl, S. 73.
22. Vgl. Rosenthal, S. 67f.
23. Vgl. Patitz, S. 8. Erst 1779 wird das Ewald-von-Kleist-Grabdenkmal in Frankfurt/Oder enthüllt.
24. Vgl. Jacobs, S. 309-311. Die Radierungen zu einem jeweiligen Gemälde weichen unterschiedlich stark in Details voneinander ab.
25. Schwerin wird sterbend von der Siegesgöttin bekränzt. NV 153. Variante A. Berlin, Kupferstichkabinett, Inv. Nr. 613-45.
26. Vor der Büste Winterfelds schreibt die Muse der Geschichte dessen Heldentaten nieder. NV Nr.154. Variante C. Berlin, Kupferstichkabinett, Inv. Nr. 352.141-1888.
27. Die Urne Keiths wird von der Göttin des Ruhms mit Lorbeer umwunden. NV Nr.155. Variante B. Berlin, Kupferstichkabinett, Inv.Nr. 323.141-1888.
28. Am Grabmal Kleists trauert die Göttin der Freundschaft. NV Nr. 156. Variante C. Berlin, Kupferstichkabinett, Inv. Nr. 324.141-1888.
29. Am Grabmal Kleists trauert die Göttin der Freundschaft. NV Nr. 156. Variante A. Berlin, Kupferstichkabinett, Inv. Nr. 325.141-1888, ca. Mitte der Sechzigerjahre entstanden. Am Grabmal Kleists trauert die Göttin der Freundschaft. NV Nr. 156. Variante B. Berlin, Kupferstichkabinett, Inv. Nr. 326.141-1888, ca. 1762/63 entstanden.
30. Kleist starb am 24. August und wurde am 26. August 1759 begraben. Vgl. zur Beschreibung seines Todes: Nicolai, 1760, S. 12-16; derselbe Vorgang ist auch ausführlich wiedergegeben bei Patitz, S. 3-4
31. Die Freunde, vor allem Gleim, wollten ihm ein Denkmal setzen, was an Geldmangel scheiterte. Ein Denkmalsentwurf von Johann Wilhelm Meil von 1760, als Frontispiz in einer von Ramler und Lessing besorgten Werkausgabe für den Verlag Christian Friedrich Voß, Berlin, veröffentlicht, verehrt Kleist als Dichter und Soldaten und zeigt bereits Parallelen zum später aufgestellten Denkmal. Gleim, so zumindest die Vermutung, gab das Gemälde für die Garnisonkirche bei Rode in Auftrag. Die Freimaurerloge in Frankfurt/Oder gab schließlich das Kleistdenkmal in Auftrag, das 1779 enthüllt wurde.
32. Gemeint war eine Jungfer Gause, die auch die Karschin 1761 besingt: „Von dem größten Künstler der aus Steine/ Bilder machet, die wie Menschen weinen,/ Wardest du gehauen auf sein Grab./ In Gestalt des Mädchens, die ihn dachte, / Mit dem Schooß voll Blumen, die sie brachte,/ zeichne dich des Künstlers Meißel ab!" Zit. n. Jacobs, S. 157.
33. Komander, S. 53.
34. Fontane, Grafschaft Ruppin, S. 22 Fußnote.
35. Personifikation wird unter dieser Bezeichnung aufgeführt im Verzeichnis der Bilder, S. 510, Nr. 17.
36. EZA 14/7483 Schreiben vom 18. Oktober 1809 der verwitweten Direktorin Rode an das Gouvernement der hiesigen Residenz.
37. Ebenda.
38. Weinitz, 1912, S. 9.
39. Vgl. ebenda., S. 9f..
40. Vgl. Goens, Brecht, Strauß.
41. Allgemeine Deutsche Biographie, Bd. 24, S. 775; Allgemeines Künstler-Lexicon. Bd. 5, S. 42; Boetticher, Bd. II/ 2, S. 955; Nagler, Bd. 23, S. 394; Rosenberg, Adolf, S.11; Thieme-Becker, Bd. 35, S. 3.
42. Schreibweise des Familiennamens ab etwa 1823/24, vorher Begasse.
43. Raczynski, 3. Bd., S. 29. Der hier erwähnte Dom ist der Vorgängerbau des jetzt existierenden, von Raschdorff entworfenen Doms. Bei dem Kongress, der von September bis November 1818 dauerte, handelt es sich um die im 2. Pariser Frieden festgelegte Besprechung über den Rückzug der Siegermächte aus dem besetzten französischen Gebiet.
44. Vgl. Schadow, 1987, Bd. 1, S. 127.
45. Vgl. Eggers, S. 340. Über Carl Mittag sind nur wenige biografische Daten überliefert. Er wird als Bildniszeichner und Lithograph angegeben. Vgl. Nagler, Bd. 9, S. 324, Thieme/Becker, Bd. 24, S. 596/597.
46. Kunstblatt, 1820, S. 322f.
47. Eggers, S. 340.
48. Matthäus 26, 42 und vgl. auch Lukas 22, 42-43, vgl. auch Strauß, S. 11.
49. Kunstblatt, 1820, S. 323.
50. Allgemeine Deutsche Biographie. 2. Bd., S. 269.
51. Eggers, S. 340.
52. Fontane, Spreeland, S.392 f.
53. Ebenda, S. 390
54. Verzeichnis der Werke lebender Künstler, S. 24, Nummer 280, „Christus vor Pilatus".
55. Abkürzung für senatus populusque Romanus (Senat und Volk von Rom).
56. „FOEDUS ROM. AC JUD." Foedus romanorum ac judeorum. Bündnis der Römer und der Juden.
57. Berlinische Nachrichten 2. 10. 1834 zit. n. Lowenthal-Hensel, S. 33.
58. GstAPK 4, fol. 54.
59. Ebenda.
60. Ebenda.
61. Johannes 18, 36.
62. Goens, S. 78.
63. Strauß, S. 12.
64. Zu Biografie und Werkkatalog siehe Börsch-Supan/Müller-Stüler.
65. Bis zum Tod von Ludwig Persius 1845 war er mit diesem gemeinsam, danach allein Berater des Königs.

66 Vgl. Goens, S. 80f.
67 Ebenda Frontispiz.
68 Karl Friedrich Schinkel. Lebenswerk, S. 369.
69 Es handelt sich hier nicht um den von Adolph Menzel gezeichneten Eingang (SZ Menzel N 4441) wie H. Lange (Lange, S. 185) vermutet, denn die Predigerhäuser befanden sich hinter der nordöstlichen Ecke der Kirche in der ehemaligen Frommelstraße 1. Der gefundene Gruftzugang der Nordwestecke weist somit nur Ähnlichkeiten mit der Menzelzeichnung auf, die sich aus der Spezifik der Bau- und Raumsituation der Gruft begründen lassen.
70 Heinrich Lange und Harry Nehls gebührt das Verdienst, die bei Bauarbeiten für die Straßenbahn entdeckten Fundstücke als Teile des Stüler-Altars identifiziert und diese Kenntnisse erstmals der Öffentlichkeit zugänglich gemacht zu haben. Vgl. Lange/Nehls, auch Lange, S. 190 bes. f., in beiden Artikeln auch Bildmaterial zur Situation am Fundort. Zu den ursprünglich entdeckten Teilen gehörte noch eine kleine Säule des Altartisches, die jedoch noch auf der Fundstelle gestohlen worden ist.
71 Strauß, S. 12.
72 Ebenda.
73 Lange/Nehls, S.11, auch Lange, S.190 f.
74 Börsch-Supan/Müller-Stüler, S.112.
75 Stüler, S. 9.
76 Ebenda, S. 10.
77 Stüler, S. 10.
78 Börsch-Supan/Müller-Stüler, S. 182 Hier in Anm. 527 auch Hinweise zu den antiken Vorbildern.
79 Ebenda, S. 83.
80 Vgl. Schirrmeister.
81 Schließung der Munch-Ausstellung des Vereins Berliner Künstler, Berlin 1892. Im Ergebnis dessen erfolgte die Gründung der Gruppe „XI". Tschudi-Affäre 1908. Hugo von Tschudi war ab 1896 Direktor der Berliner Nationalgalerie und setzte sich für Ausstellung und Ankäufe von Werken französischer Impressionisten ein, wurde von der offiziellen Kunstpolitik blockiert und in Zwangsurlaub geschickt, ging daraufhin 1909 nach Bayern und wurde Direktor der Königlich-Bayrischen Gemäldesammlung in München.
82 Vgl. Nachlass Werner, Copir-Buch vom 27. November 1906 bis 29. Oktober 1909, S. 467.
83 Vgl. ebenda, Copir-Buch 9. Februar 1907-28. März 1912, S. 122.
84 Goens, S. 15.
85 Walther, 1743, S. 26, vgl. auch Bekmann, S.159.
86 Goens, S. 15. Auch Walther gibt das Jahr 1706 an, in dem ein „Studiosus, Herr Johann Baudringer, die Vocation als erster Organist bey der Garnison-Kirche" erhält. Walther, 1743, S. 46. Vgl. die unterschiedliche Schreibweise des Namens bei Walther und Goens.
87 Vgl. 500 Jahre, S. 45.
88 So für die Dorothenstädtische Kirche nach 1687, für die seit 1689 als Pfarrkirche genutzte Georgenkirche1690, für die Sebastianskirche 1696 und für die Dorfkirchen in Blankenburg und Französisch-Buchholz vor 1706.Vgl. ebd., S. 46.
89 GstAPK, X Rep. 2B, Abt. II 1534, zit. nach: 500 Jahre, S. 59. Vgl. auch Flade, S. 867.
90 Flade gibt bei Mitzählung der Nebenzüge 34 Register an. Flade, S. 868. Die Orgel war mit mechanischen Schleifladen ausgestattet. Vgl. 500 Jahre, S.447.
91 Walther, 1743, S. 27.
92 Bekmann, S. 159.
93 Kaufmann, 1949, S. 38.
94 Röder selbst nutzt dieses Motiv an der Breslauer Orgel, gebaut von 1721-1725, Joachim Wagner an der Wriezener Orgel 1728-1729, an der Orgel der Potsdamer Garnisonkirche 1732, für die Orgel in Angermünde 1731-1732. Der Orgelbauer Contius verwendete ebenfalls das Motiv für den Orgelprospekt der Bartholomäuskirche in Halle 1743.
95 Flade, S. 868.
96 Vgl. Kaufmann, 1939, S. 73 ff., auch Kaufmann, 1949, S. 36/37.
97 Vgl. Kaufmann, 1949, S. 38.
98 Walther, 1743, S. 88.
99 Walther, n. 1726, S. 8.
100 Im Werk „500 Jahre Orgeln in Berliner Evangelischen Kirchen" wird G. P. Busch auch als verantwortlich für die Bildhauerarbeiten am Orgelprospekt angegeben, eine Information, die leider ohne Quellennachweis erfolgt, und daher mit Vorsicht zu behandeln ist. 500 Jahre, S. 100. Der nachfolgende Hinweis, dass Busch auch später den Kupferstich vom Orgelprospekt gemacht hat, hat hier keine zwingende Beweiskraft, da er alle vom Organisten Walther zuvor gezeichneten Blätter, die die Garnisonkirche und die Orgel betrafen, in Kupfer umgesetzt hatte. Die bildhauerischen Prospektarbeiten an der Orgel für St. Marien in Berlin hatten für Joachim Wagner Paul de Ritter und Johann Georg Glume erledigt. Letzterer schuf auch den Orgelprospekt für die Brandenburger Domorgel von Wagner. Insofern ist seine Mitarbeit an der Orgel für die Garnisonkirche, sofern kein anderer gesicherter Nachweis erfolgt, hier nicht abwegig. Ebenso könnte der am Prospekt der Wriezener Orgel von 1728-1729 angegebene Berliner „Fr. Ziegler" als (Mit-)Produzent des Wagnerschen Orgelgehäuses angenommen werden. Vgl. Flade, S. 1396.
101 „Im Haupt-Wercke oder Mittel-Clavir sind 13 Stimmen:
1. Principal 8 Fuß
2. Bordun 16 Fuß
3. Rohrflöt 8 Fuß
4. Viol. di Gamba 8 Fuß
5. Cornet von c' bis c''' 5 fach
6. Flaute Traversiere 4 Fuß
7. Octave 4 Fuß
8. Spitzflöt 4 Fuß
9. Quinta 3 Fuß
10. Octave 2 Fuß
11. Scharff 6fach
12. Mixtur 4fach
13. Fagott 16 Fuß
Im Seiten-Wercke oder unterstem Clavir sind 13 Stimmen:
1. Principal 8 Fuß
2. Quinta-dön 16 Fuß
3. Gedact 8 Fuß
4. Salicinal 8 Fuß
5. Octava 4 Fuß
6. Fugura 4 Fuß
7. Quinta 3 Fuß
8. Octava 2 Fuß
9. Waldflöt 2 Fuß
10. Sifflöt 1 Fuß
11. Scharff 5fach
12. Cimbel 3fach
13. Trompet 8 Fuß von c' bis c''' 2fach
Im Ober-Werck oder dritten Clavir sind 11 Stimmen:
1. Principal 4 Fuß
2. Quinta-dön 8 Fuß
3. Gedact 8 Fuß
4. Rohrflöt 4 Fuß
5. Nassat 3 Fuß
6. Octava 2 Fuß
7. Flageollett 2 Fuß
8. Tertia 13/5 Fuß
9. Quinta 1? Fuß

10. Cimbel	4fach
11. Vox Humana	8 Fuß

Das Pedal hält in sich 13 Stimmen; Davon sind auf der Vorder-Lade folgende 9 Stimmen:

1. Principal	16 Fuß
2. Gemshorn	8 Fuß
3. Quinta	6 Fuß
4. Octava	4 Fuß
5. Nachthorn	4 Fuß
6. Quinta	3 Fuß
7. Mixtur	8fach
8. Trompet	8 Fuß
9. Cleron oder Trompet	4 Fuß

Auf der Hinter-Lade, welche platt auf dem Fußboden liegt, sind folgende 4 Stimmen:

1. Violon	16 Fuß
2. Octava	8 Fuß
3. Posaun	32 Fuß
4. Posaun	16 Fuß

Sind also in Summa 50 klingende Stimmen, welche zusammen enthalten 3.214 grosse und kleine Pfeiffen." Walther, 1743, S. 95-97, Disposition auch bei Walther, n. 1726, S. 14/15.

[102] Walther, 1743, S. 94.
[103] Vgl. Walther, n. 1726, S. 11/12. Zu den Windladen ebenda, S. 12-14.
[104] Vgl. Walther, n. 1726, S. 9, 11 und Walther, 1743, S. 89ff.
[105] Walther, n. 1726, S. 27 und Walther, 1743, S. 98.
[106] Vgl. Walther, 1743, S. 90 und Goens, S. 35.
[107] Eigentlich: der Ruf, das Gerücht. Römische Gottheit mit Flügeln und tausend Augen, die alles sieht und mit tausend Stimmen, mit denen sie alles verkündet. In der Legende zur Zeichnung und zum Kupferstich wird der Begriff Fama verwendet, im beschreibenden Text spricht Walther von Engeln. Vgl. Walther, n. 1726, S. 9 und Walther, 1743, S. 90.
[108] Vgl. DZAM, Rep. 9 KK1 b, Fasz.3. Zit. n. 500 Jahre, S. 61. Vgl. auch 500 Jahre, S. 69.
[109] 500 Jahre, S. 69.
[110] Walther, n. 1726, S. 8 f. Später gibt Walther den 24. Januar für den Vertragsabschluss an. Vgl. Walther, 1743, S. 89.
[111] Vgl. ebenda., S. 41.
[112] Ebenda, S. 88.
[113] Ebenda, S. 100.
[114] Gleichzeitig arbeitete er an der Brandenburger Domorgel und der Orgel für die Potsdamer Garnisonkirche. Vgl. 500 Jahre, S. 96.
[115] Walther, n. 1726, S. 27.
[116] Ebenda.
[117] Ebenda.
[118] Ebenda, S. 27f.
[119] Walther, 1743, S. 100.
[120] Vgl. ausführlicher 500 Jahre, S. 96f. Vgl. auch Burney, S. 381.
[121] Vgl. Mittheilungen des Vereins, 1892, S. 86.
[122] Vgl. 500 Jahre, S. 100. Goens schrieb über die Aufräumungsarbeiten ab 1810, dass man „mit Hülfe der Polizei energisch die Orgelpfeifen zurück" forderte, „die in der neuen Friedrichstraße beliebte Blasinstrumente geworden waren." Goens, S. 59.
[123] Vgl. Mittheilungen des Vereins, 1892, S. 86.
[124] Vgl. ebenda.
[125] Vgl. ebenda.
[126] 500 Jahre, S. 224.
[127] Vgl. St. Marien-Kirche Berlin, Kap. Die neue Orgel, und Pape, S. 16-25.
[128] Die barocke Ausstattung war Teil einer zentralisierenden Raumkonzeption mit 1817 abgetragenen Emporen in der Art eines Predigtsaales.
[129] Vgl. Bau- und Kunstdenkmale II, S. 103.
[130] Pape, S.170.
[131] Vom Wagner-Schüler Peter Migendt existiert in der Dorfkirche von Ringenwalde in der Uckermark eine Orgel aus dem Jahre 1760.
[132] Vgl. 500 Jahre, S .61.
[133] Kitschke, 1998, S. 28.
[134] Dehio, S. 390.
[135] Siefart, S. 135 Die Predigerhäuser standen senkrecht zum äußersten östlichen Teil der Kirche, durch die umlaufende Gasse hinter der Kirche, später Frommelstraße, getrennt.
[136] Die Halberstädter Zeichnung befindet sich im Kupferstichkabinett Berlin (SZ Menzel 1181).
[137] Drei gefallene Soldaten in der Leichenkammer zu Königinhof, 1866, Berlin, Kupferstichkabinett (SZ Menzel N 1741). Zwei gefallene Soldaten in der Leichenkammer zu Königinhof, 1866, Berlin, Kupferstichkabinett (SZ Menzel N 1740).
[138] Folgt man einer Angabe im Katalog Hundert Jahre Berliner Kunst, 1929, so hatte Menzel bereits in der Garnisonkirchengruft gezeichnet. Unter der Nummer 1002 mit dem Titel „Gruft in der Garnisonkirche, Berlin" Sign. A. Menzel 1853 ist eine Arbeit in Tusche angegeben, die offenbar in den Gruftgewölben der Berliner Garnisonkirche entstand. Die Tuschzeichnung ist als in Privatbesitz angegeben.
[139] Gruft unter der Garnisonkirche in Berlin, 1873, Berlin, Kupferstichkabinett (SZ Menzel N 4441).
[140] Gruft unter der Garnisonkirche in Berlin, 1873, Berlin, Kupferstichkabinett (SZ Menzel N 4440).
[141] Sarg des Feldmarschalls Kalkstein, 1873, Berlin, Kupferstichkabinett (SZ Menzel N 249).
[142] Siefart, S. 136 Oberst von Prittwitz stellte 1883 mit dem nachfolgenden Satz: „Er war es, - er hatte einen Schuß in den Mund", die Bemerkung in einem Aufsatz richtig, die behauptet, Keith hätte den Todesschuss in seine ,Heldenbrust' bekommen. Vgl. ebd.
[143] Bock, Nr. 1065-1076, Erschienen 1856.
[144] Leiche des Feldmarschalls Keith, 1873, Berlin, Kupferstichkabinett (SZ Menzel N 252).
[145] Keiths Hand und die Beine des Reichsgarfen Truchsess von Waldburg,1873, Berlin, Kupferstichkabinett (SZ Menzel N 250).
[146] Leiche des Reichsgrafen Truchsess von Waldburg, 1873, Berlin, Kupferstichkabinett (SZ Menzel N 248).
[147] Vgl. Andreas Heese in: Adolph Menzel 1815-1905, S. 266.
[148] Vgl. ebenda.
[149] Karl Ludwig Truchsess Graf von Waldburg 1685-1738, Otto Wilhelm Truchsess Graf von Waldburg 1714-1748, Otto Ludwig Truchsess Graf von Waldburg 1749-1789 und ein Truchsess von Waldburg, beigesetzt 1758.
[150] Vgl. Gauhe, Th. 2, S. 1875f.
[151] Totenschädel und Stiefel, 1873, Berlin, Kupferstichkabinett (SZ Menzel N 251).
[152] Leiche eines Offiziers, 1873, Berlin, Kupferstichkabinett (SZ Menzel N 253).
[153] Generalsleiche mit Lorbeerkranz, Leiche aus der Frühzeit Friedrich Wilhelm III. und Stiefel, 1873, Berlin, Kupferstichkabinett (SZ Menzel N 247).
[154] Die anderen Generale sind: Anton Wilhelm von L'Estoq, und Friedrich Adolf Graf von Kalckreuth.
[155] 1905/07 wurde das von Schinkel erbaute Palais Redern durch den Neubau des Hotels Adlon ersetzt.
[156] Vgl. Bröhan, S.177f.
[157] Franz Skarbina – Max Kretzer, S. 18.
[158] Siefart, S. 136.
[159] Anton von Werner: Porträt des Hof- und Divisionspredigers Emil Frommel, 1883,Werkverzeichnis 1883-5.

Dieter Weigert
Märker in den Grüften

Angehörige märkischer Adelsfamilien waren als Offiziere in der Berliner Garnison, am Hofe, an den königlichen Gerichten, an den Bildungseinrichtungen und in den kirchlichen Institutionen der Residenz tätig. Die Namen bedeutender Adelsgeschlechter des Havellandes, der Uckermark, des Oder-Spree-Gebietes finden sich in den Totenbüchern der Berliner Garnisonkirche mit dem Zusatz „beigesetzt im Gruftgewölbe".

Schon im ersten Jahrzehnt des Bestehens der Kirche fanden einzelne Beisetzungen im Kirchenraum statt. Erst der Neubau erhielt 1723 wie alle Kirchen dieser Zeit ein großes Gruftgewölbe als bevorzugte Grabstätte, die im Laufe der Zeit zum Prominentenfriedhof der preußischen Armee und der Berliner Beamtenschaft lutherischer Konfession wurde.

Die Mumifizierung der Leichen, von der berichtet wird, ist in ähnlichen Anlagen öfter anzutreffen, zum Beispiel in der Parochialkirche (Klosterstraße) und in der 1945 zerstörten Luisenstädtischen Kirche, der ehemaligen Sebastianskirche.[1]

Die Kirchenbücher belegen, dass von 1723 bis zur Schließung 1830 etwa 815 Särge aufgestellt wurden, darunter 15 von General-Feldmarschällen und 56 von Generalen, unter ihnen enge Vertraute Friedrichs II. – Jakob v. Keith († 1758) und Christoph Wilhelm v. Kalckstein († 1759) wie auch Offiziere des Soldatenkönigs: Curt Hildebrand von Loeben († 1730), Alexander Hermann v. Wartensleben († 1734), Albrecht Konrad Finck von Finckenstein († 1735), Dubislav Gneomar v. Natzmer († 1739), Hans Heinrich v. Katte († 1741), Graf Samuel v. Schmettau († 1751).

In den Kirchenbüchern finden sich ebenfalls Einträge über die Beisetzungen von 15 Gerichtsbeamten (Auditeuren), 37 hohen Beamten des königlichen Hofes, 10 Feldpredigern und bei der Garnisongemeinde angestellten Personen, 28 Offizieren und Lehrern an den Bildungseinrichtungen der Armee, an der Garnisonschule und an der Kadettenanstalt sowie 16 Medizinern. In diesen Zahlen sind jeweils Familienangehörige eingeschlossen.

Die Herren des Havellandes

Theodor Fontane erzählt von einer Bemerkung Friedrichs II. gegenüber einem „Herrn auf Nakel", der mehrfach nacheinander um die Heiratserlaubnis nachsuchte. Friedrichs Antwort sei beim fünften Mal gewesen: „Er braucht künftig nicht mehr einzukommen."[2] In den Militärkirchenbüchern der Berliner evangelischen Garnisongemeinde[3] finden sich Einträge, die die Hintergründe der Bemerkung Fontanes erhellen.

Der „Herr auf Nakel" war Christian Ludwig von der Hagen aus Stölln, (Abb.106 S. 97) nach seinem Tode beigesetzt auf dem Kirchhof von Nakel. Er war kein frauenverschlingender Ritter Blaubart, sondern ein Gutsbesitzer, dem das Schicksal nacheinander die Frauen und Töchter entriss, so dass er zur mehrfachen Heirat gezwungen war. Wahrscheinlich war es die Verwandtschaft der Familie von der Hagen mit der reichsgräflichen Familie von Wartensleben, die die Beisetzung der sieben weiblichen Angehörigen des Kompanie- bzw. Bataillonschefs des Infanterieregiments No. 1 in den Grüften der Garnisonkirche ermöglichten – war doch die Gemahlin des Präsidenten des Königlichen Oberkonsistoriums Thomas Philipp von der Hagen eine geborene Reichsgräfin von Wartensleben, eine Tochter des Generalfeldmarschalls Alexander Hermann von Wartensleben.

Christian Ludwig von der Hagen (1734-1796), Offizier im Infanterieregiment No. 1 des Königs von Preußen, Garnison in Berlin, hatte die Ritterakademie in Brandenburg/Havel absolviert, stieg unter den Regimentschefs von Winterfeldt, von Lattorf (ab 1758), von Zeuner (ab 1760), von Koschembar (ab 1768), von Bandemer (ab 1776), von Kalckreuth (ab März 1778) und von Bornstedt (ab Mai 1778) vom Sekondeleutnant zum Oberstleutnant auf. 1784 nahm er den Abschied und bewirtschaftete das Familiengut in Nakel.

In chronologischer Folge finden sich zwischen 1769 und 1784 die Einträge in den Militärkirchenbüchern der Berliner evangelischen Garnisongemeinde zur Beisetzung von Angehörigen des Infanterieoffiziers Christian Ludwig von der Hagen aus Stölln/Havelland in den Grüften der Berliner Garnisonkirche: die erste[4], zweite[5], dritte[6] und vierte Gemahlin[7], ein namenloses totgeborenes Kind der ersten Gemahlin sowie zwei Töchter der dritten Gemahlin, drei Wochen nach deren Tod – Pocken als dreifache Todesursache.

Neben den von der Hagen waren auch die von Bismarck Besitzer größerer Ländereien und Wälder im Havelland. Zwei Beisetzungen von Offizieren aus der Bismarckschen Familie konnten bisher in den Begräbnislisten des Friedhofs der Berliner Garnisongemeinde nachgewiesen werden, ein Verstorbener aus dem Jahre 1845 und der Generalleutnant Friedrich Adolf Ludwig von Bismarck (1766-1830, beigesetzt auf dem alten Offiziersfriedhof an der Linienstraße am 15. April)[8]. Der General war der Sohn des Rittmeisters Karl Alexander von Bismarck aus Schönhausen, trat im Jahre 1779 als Fahnenjunker in das preußische Kürassierregiment No. 7 ein, wurde 1786 Kornett, 1790 Sekondeleutnant. Historisch belegt ist seine Teilnahme am Feldzug gegen

Abb. 107 Catharina Hedwig von der Hagen (1701–1769), geb. von Brunn, Gemahlin des Königl. Preuß. Hauptmanns Thomas Philipp von der Hagen, Mutter des späteren Konsistorial-Präsidenten Thomas Philipp von der Hagen.

das republikanische Frankreich und das Erlebnis der Kanonade von Valmy im September 1792. In diesem Feldzug wurde er zum Premierleutnant befördert. 1798 finden wir ihn als Stabsrittmeister beim Regiment Garde du Corps (Kürassierregiment No. 13), 1801 als Major, 1809 als Kommandeur des neuaufgestellten brandenburgischen Kürassierregiments. 1810 erhielt er den Roten Adlerorden, 1813 wurde er Generalmajor, 1814 Kommandeur von Leipzig und 1816 Generalleutnant.

Einer der Offiziere aus der Bismarckschen Familie, der den Havelländern bekannter ist als der schon genannte, 1830 in Berlin beigesetzte General, war August Adam Heinrich von Bismarck (1739–1813)[9], ebenfalls

General, aber lebenslang an das havelländische Rathenow gefesselt, die Garnison der königlich preußischen Leibkarabiniers. (Abb.108 S. 98) Er war der Sohn des Rittmeisters und Domherrn zu Havelberg

Alexander Wilhelm von Bismarck aus Schönhausen (1704–1793), trat 1753 als Standartenjunker in das Kürassierregiment No. 11, der Leibkarabiniers, ein, nahm an den Feldzügen des Siebenjährigen Krieges teil, wurde 1759 Leutnant, 1770 Rittmeister und Kompaniechef und schließlich 1790 Kommandeur des Regiments. 1791 erhielt er den Orden Pour le mérite; auch er musste 1792 Valmy erleben wie auch 1793/94 die blutigen Kämpfe um Mainz. 1794 wurde er zum Generalmajor befördert und im selben Jahr ernannte ihn der König zum Chef des Kürassierregiment 11, das er schon unter Heinrich Sebastian von Reppert kommandiert hatte. Als Generalleutnant erhielt er 1803 den Roten Adlerorden, sein schlechter Gesundheitszustand rettete ihn vor dem Debakel von Jena und Auerstedt, 1807 musste er seinen Abschied nehmen.

Den Söhnen, August Ernst Friedrich, Wilhelm Karl Adam und Heinrich Friedrich Alexander Bernhard, ebenfalls Offiziere „seines" Regiments, blieb die Niederlage in der kämpfenden Truppe 1806 nicht erspart.

Der historische Zufall wollte es, dass zwei der Kommandeure jenes Rathenower Kürassierregiments aus dem 18. Jahrhundert ebenfalls in den Grüften der Berliner Garnisonkirche beigesetzt waren – Generalleutnant Peter Ernst von Pennavaire (1680–1759), Ritter des Schwarzen Adlerordens und des Ordens Pour le mérite sowie Generalmajor Karl Ludwig Graf von Truchsess zu Waldburg (1685–1738), Ritter des Ordens de la generosité, des Vorläufers des Ordens Pour le mérite. (Abb.109 S. 98)

Drei Ehrungen für einen von Arnim und acht Hektar Bodenreformland für Frau von Stülpnagel

Die von Arnim gehörten zu den Stützen der Berliner Garnison, als Generalfeldmarschall fand Georg Abraham von Arnim (1651–1734) aus Boitzenburg in der Uckermark seine letzte Ruhestätte in den Grüften der Garnisonkirche. (Abb.110 S. 98) Er war 1672 als brandenburgischer Infanterieleutnant nach Berlin gekommen, hatte die Feldzüge des Großen Kurfürsten gegen die

Abb. 111 Charlotte Juliane von Arnim, geborene Freiin von Loeben, dritte Ehefrau des Generalfeldmarschalls Georg Abraham, 1747 in der Berliner Garnisonkirche beigesetzt.

Schweden und Franzosen mitgemacht und war schließlich 1675 als Major Kommandant der Festung Berlin geworden. Weitere Feldzüge gegen die Türken, Auszeichnungen als Befehlshaber der preußischen Truppen am Rhein und in Italien führten ihn militärisch bis in die höchsten Ränge, bevor er als Chef des Leibregiments und Ritter des Schwarzen Adlerordens ab 1712 wieder in der Residenz Berlin und in der evangelischen Garnisongemeinde wirksam wurde.

Die vom König angeordnete feierliche Leichenprozession am 5. Juni 1734 nachmittags zog sich durch die Innenstadt der königlichen Residenz Berlin vom Trauerhaus durch die Königstraße, vorbei am Rathaus und am königlichen Schloss über den Paradeplatz zur Gar-

Abb. 112 Grabkreuze der Familie von Stülpnagel auf dem Berliner Offizierskirchhof. Historische Aufnahme.

nisonkirche, in deren Grüften der mit violettem Samt bezogene und goldenen Tressen verzierte Sarg beigesetzt wurde. Dreimal Salut aus 12 Kanonen und das Läuten aller Glocken der Residenz verkündeten: es wird ein Kommandant der Festung Berlin zur letzten Ruhe gebettet.

In zwei Dorfkirchen der Uckermark ließ die Familie von Arnim dem Generalfeldmarschall besondere Ehrungen zukommen. In Boitzenburg und in Stegelitz sind Epitaphe des Feldherrn zu sehen: der Held der Schlachten in kriegerischer Pose, versehen mit den Attributen der Herrschaft wie Wappen, Kanonen und Marschallstab. Dreimal also wurde er auch im Tode geehrt, der Feldmarschall des Soldatenkönigs – wo seine Leiche endgültig ihre Ruhe fand, ist bis heute ungeklärt.

Neben den von Arnims gehörte die Familie von Stülpnagel zu den größten Grundbesitzern der Uckermark. Drei Generalsehepaare waren aktive Mitglieder der Berliner Garnisongemeinde und fanden ihre letzte Ruhe auf dem alten Offiziersfriedhof.

Den Übergang vom 18. zum 19. Jahrhundert markieren Jeanette, geb. von Blankenstein (1786–1865) und ihr Ehemann, der Generalleutnant Wolf Wilhelm Ferdinand von Stülpnagel (1781–1839)[10], ihnen folgen Caecilie geb. v. Lossau (1809–1886) und General der Infanterie und Domherr zu Brandenburg Louis Anton Ferdinand Wolf von Stülpnagel (1813–1885)[11]. Den Abschluss der Reihe bilden Marie, geb. Bronsart v. Schellendorff (1854–1932), Tochter des kaiserlichen Kriegsministers Paul Bronsart von Schellendorf (1832–1891), und General der Infanterie Ferdinand Wolf von

Stülpnagel (1842–1912)[12]. In dieser Reihenfolge liegen sie auch auf dem Offiziersfriedhof begraben – nur das Grabkreuz für Wolf Wilhelm Ferdinand fehlt, er liegt auf dem Berliner Invalidenfriedhof begraben. Im Familienarchiv von Stülpnagel findet sich eine kirchengeschichtlich interessante Urkunde – das Dokument belegt, dass Louis Anton Ferdinand Wolf von Stülpnagel am 13. Februar 1813 getauft wurde – nicht in der Garnisonkirche, sondern in der Berliner Dreifaltigkeitskirche. Und: die Urkunde ist nicht das Originaltaufzeugnis, sondern eine im Jahre 1829 ausgefertigte Bescheinigung, unterzeichnet von Pfarrer Philipp Konrad Marheineke (1870–1846), einem der bedeutenden Professoren der theologischen Fakultät der Berliner Universität und nach Hegels Tod Führer des orthodoxen Flügels seiner Anhänger.

Ein nichtmilitärisches, aber nicht minder bedeutsames historisches Ereignis vollzog sich nach 1945 in Lindhorst, einem der ehemals Stülpnagelschen Gutszentren in der Uckermark. Wie die abgebildete Urkunde vom 1. Mai 1946 zeigt, (Abb.114 S. 99) erhält die Bäuerin Helene von Stülpnagel (unter Zustimmung der Dorfbewohner) 8 ha Bodenreformland, eine äußerst seltene Ausnahme in jenen Zeiten. Aus den Dokumenten des Familienarchivs geht hervor, dass die Initiative dieser Entscheidung der Behörden von einem Offizier der Sowjetarmee ausging, der Helene von Stülpnagel für ihre Menschlichkeit und Hilfe danken wollte, die sie trotz scharfer Strafandrohung russischen, polnischen und ukrainischen Zwangsarbeitern in den Kriegsjahren auf dem Gut entgegengebracht hatte. Schon 1947 machten die deutschen Behörden die Entscheidung rückgängig und verfügten die Ausweisung der Bäuerin aus dem Kreis, im September 1947 wurde wieder die Erlaubnis zur Siedlung gegeben, aber nicht für Dauer, daher entschied sich Frau von Stülpnagel zum Verlassen der Heimat und zur Übersiedlung nach Berlin (West). Übrigens: Wie Helene von Stülpnagel in Lindhorst/Uckermark erhielt auch Eva von der Hagen in Rhinow/Havelland Bodenreformland – 13,15 Hektar einschließlich Wald. Der Hintergrund der Entscheidung vom Dezember 1945: die Empfängerin war die Schwester des durch das NS-Regime im August 1944 hingerichteten Verschwörers General Paul von Hase, Stadtkommandant von Berlin.

Abb. 113 Helene von Stülpnagel.

Zwei Residenzen

Manche der Stabsoffiziere der Berliner Garnisongemeinde hatten eine enge Beziehung zu Potsdam, der benachbarten Residenz, der Stadt der königlichen Garde und der königlichen Plankammer, der großen Schlösser und Gärten.

So der preußische General Otto August Rühle von Lilienstern (1780–1847) aus Königsberg in der Prignitz. Geprägt durch die Kadettenjahre in Berlin bei Professor Karl Wilhelm Ramler und die lebenslange Freundschaft mit Heinrich von Kleist und Ernst von Pfuel, beginnend im Garderegiment (IR No. 15) in Potsdam, konnte er sich durch seine Leistungen als Kartograph, Historiker, Pädagoge auszeichnen.

Ab 1802 gehörte Rühle von Lilienstern zu der von Scharnhorst geführten „Militärischen Gesellschaft zu Berlin", einer Gruppe jüngerer Offiziere, die sich für grundlegende Reformen in Armee und Gesellschaft Preußens einsetzte. Nach der Niederlage 1806 war Rühle von Lilienstern zum Herzog von Weimar abkommandiert. Seine Analyse der Niederlage bei Jena und Auerstedt, die er 1807 veröffentlichte, erregte großes Aufsehen und machte ihn auch über die Grenzen Preußens bekannt.

Rühle war wissenschaftlich und schriftstellerisch tätig, gab in Dresden die Zeitschriften „Pallas" und zusammen mit Heinrich von Kleist „Phöbus" heraus. In Dresden beteiligte er sich an den ästhetischen Debatten um die Malerei der romantischen Schule von Caspar David Friedrich und Gerhard von Kügelgen.

In den Feldzügen 1813–1815 wirkte er im Stab Blüchers, nahm als Mitglied der preußischen Delegation am Wiener Kongress 1814/15 teil und arbeitete ab 1815 im Generalstab, den er ab 1819/21 leitete. In dieser Periode initiierte er die Bildung einer staatlichen Einrichtung für den Druck von Karten und graphischen Werken, die als Königliches Lithographisches Institut 1818 in Berlin entstand und deren erster Direktor er war. 1837 wurde er zum Direktor der Allgemeinen Kriegsschule zu Berlin ernannt. Er gab den ersten Schulatlas in Deutschland heraus, versuchte sich als erster an einer synchronistischen Geschichtsschreibung und verfasste eine Reihe philosophischer und historischer Schriften. Über die Gemahlin[14] und über die Tochter war General Rühle von Lilienstern mit den preußischen Familien von Frankenberg und von Schleinitz verwandt.

Die Berliner Familien von Boguslawski und von Wildenbruch waren ebenfalls aktive Mitglieder der evangelischen Garnisongemeinde. Auf dem Offizierskirchhof an der Linienstraße sind acht Angehörige der eng befreundeten Familien beigesetzt – Generalmajor Carl Andreas (1758–1817), seine Ehefrau Wilhelmine (1769–1839), sein Enkel Generalleutnant Albert (1834–1905) dessen Ehefrau Camilla (1848–1920) sowie die Pflegetochter Carl Andreas von Boguslawskis, Ernestine von Wildenbruch, geb. von Langen (1805–1858), deren Söhne Generalleutnant Ludwig (1846–1930) und der Oberst und Diplomat Heinrich Emin (1842–1893); schließlich ihre Tochter Margarethe, verstorben am 3. Juli 1839 einen Monat nach der Geburt.

Die Boguslawskis stammten aus Polen, siedelten im 18. Jahrhundert ins preußische Schlesien. Carl Andreas war Schüler des bekannten Schriftstellers und Pädagogen Karl Wilhelm Ramler an der Berliner Kadettenanstalt, wurde Stabsoffizier und nahm aktiv an der Reorganisation der preußischen Armee und insbesondere des militärischen Bildungswesens unter Führung Gerhard von Scharnhorsts teil. Er war ab 1810 erster

Abb. 115 Otto August Rühle von Lilienstern mit Tochter Jenny.

Direktor der Allgemeinen Kriegsschule zu Berlin, der späteren Militärakademie, und im Jahre 1814 Stadtkommandant von Berlin. Auch als Schriftsteller ist Carl Andreas von Boguslawski in der Literaturgeschichte bekannt.

Seine Gemahlin Wilhelmine war Hofdame der Königin Luise. Albert von Boguslawski war preußischer General, widmete sich ab 1869 der Militärwissenschaft und trat als Verfasser strategischer Analysen und kriegsgeschichtlicher Arbeiten an die Öffentlichkeit. Seine Belletristik veröffentlichte er unter dem Pseudonym Friedrich Wernau. Befreundet war mit dem Schriftsteller Felix Dahn.

Ernestine von Wildenbruch war als Tochter des späteren Generals Karl Ferdinand von Langen (1765–1820) in Neumarkt (Schlesien) geboren und eine Woche nach dem Tode ihrer Mutter von Wilhelmine von Boguslawska als Pflegetochter aufgenommen worden. Von Langen hatte im Füsilierbataillon des Obersten Carl Andreas von Boguslawski als Hauptmann gedient. 1827 wurde Ernestine von Langen Hofdame der Fürstin Radziwill, der Schwester des Prinzen Louis Ferdinand, 1837 heiratete sie den preußischen Offizier Ludwig

(Louis) von Wildenbruch, der später in den diplomatischen Dienst trat und 1842 zum preußischen Generalkonsul in Beirut ernannt wurde. Louis von Wildenbruch, der Gemahl Ernestines, war ein Sohn des Prinzen Louis Ferdinand von Preußen aus dessen Verbindung mit Henriette Fromm.

Ernestine von Wildenbruch ist die Mutter des Schriftstellers Ernst von Wildenbruch (1845–1909), ihre Briefe aus Beirut, Kairo, Athen und Konstantinopel sind 1903 unter dem Titel „Aus der Hof- und diplomatischen Gesellschaft" durch Albert von Boguslawski veröffentlicht worden.

Lebus und die Herren an Oder und Spree

Das Land Lebus, alter Bischofssitz in der Mark, stand im 17. und 18. Jahrhundert für die Symbiose von kirchlicher und weltlicher Macht – von Militär, Beamtentum, Grundbesitz und evangelischem Klerus beiderlei Gestalt, Reformierten und Lutheranern.

Zu den Familien, die den brandenburgischen Kurfürsten Beamte und Offiziere stellten, gehörten die von Prittwitz und von Borstell, die von Wulffen, von der Marwitz, von Lestwitz, von der Schulenburg und Finck von Finckenstein – die Belohnung der Fürsten und Könige waren Rittergüter, säkularisierter Kirchenbesitz und Orden.

Der kurfürstliche Rat Ludwig von Borstell war Anfang des 17. Jahrhunderts Amthauptmann von Lebus und Fürstenwalde, seine Söhne werden hohe Militärs und Hofchargen, kaufen sich in der Region Barnim/Oberhavel ein und verheiraten sich mit den Damen der Familien von Einsiedel, von Wuthenow, von dem Knesebeck.

Die Herren von Prittwitz kamen aus Schlesien, der Sieg eines der Ahnherren des Geschlechts im Schach über eine so genannte Mohrenkönigin führte zur Darstellung des Brettspiels im Wappen. (Abb.117 S. 100)

Und aus der neueren Geschichte ist überliefert: Friedrich II. bedankte sich beim Kavallerieoffizier Joachim Bernhard von Prittwitz und Gaffron für die Rettung seines Lebens in der Schlacht von Kunersdorf am 12. August 1759 durch die Vergabe von Grundbesitz im Kreis Lebus, darunter Quilitz, Rosenthal, Görlsdorf, Quappendorf und Kienwerder. Als Kommandeur

Abb. 116 Grabplatte für Carl Andreas von Boguslawski und Grabkreuz für Wilhelmine von Boguslawska.

der ruhmbedeckten Kürassiere des Regiments Gensd'armes starb er 1793 in Berlin und wurde in der Kirche von Quilitz (heute Neuhardenberg) beigesetzt.

Die alte Kirche von Tempelberg ist das einzige steinerne Zeugnis der Pracht des Ortes, den Fontane beschrieb. Das Gut hatte Karl August von Hardenberg 1802/03 gekauft, als er sich entschloss, Abschied von seiner Heimat im Kurfürstentum Hannover zu nehmen und dauerhaft in der Mark Brandenburg zu wohnen. Dem benachbarten Steinhöfel mit Kirche und Schloss, umgestaltet von Gillys Hand, widmete Fontane ein eigenes Kapitel. Bevor Gut und Schloss in die Hände der Familie von Massow gerieten, waren die von Wulffens hier heimisch, der Epitaph in der Kirche ehrt einen Baltzer Dietloff von Wulffen, Oberstleutnant von der

Infanterie, gestorben 1726. In der Kirche und auf dem Friedhof der Berliner Garnison waren zwei berühmte Obristen aus der Familie Wulffen beigesetzt, beide Kommandeure des Berliner Kadettenkorps: Friedrich August (1704–1757, Kommandeur ab 1753) und Joachim Günter (1740–1798, Kommandeur ab 1790).

Das Rittergut Cunersdorf, das KZ Buchenwald und der Abschuss von Orjol

Unweit von Fürstenwalde/Spree liegt das Dörfchen Cunersdorf, von 1814 bis 1945 dominiert durch die Familie von Gersdorff, die Anfang des letzten Jahrhunderts mit der märkischen Familie von Braun über eine standesgemäße Heirat verbunden war: Bertha Friederike von Braun (1892–1971) aus der Familie des preußischen Generalleutnants der Infanterie und Berliner Stadtkommandanten Heinrich Gottlob von Braun (1714–1798), Ritter des Ordens vom Schwarzen Adler und des Ordens Pour le mérite, beigesetzt in den Grüften der Berliner Garnisonkirche, heiratete am 2. Oktober 1910 in Berlin den Rittergutsbesitzer und preußischen Major Hans-Henning von Gersdorff (1886–1965), den Herrn von Cunersdorf.

Das Familienarchiv von Gersdorff[15] belegt, dass zwei Männer dieser beiden Familien auf dem Berliner Offizierskirchhof an der Linienstraße beigesetzt, ihre Grabstätten aber verschwunden sind: Dr. Wilhelm von Braun (1883–1941) und Rittmeister Gero von Gersdorff (1913–1942).

Wilhelm von Braun war der Bruder Berthas von Gersdorff – ihr Vater, Konstantin Jakob Albert Ernst von Braun (1843–1906), war Oberst und Regimentskommandeur, er wurde am 2. November 1906 auf dem Alten Berliner Garnisonfriedhof in der Grabanlage der Familie von Braun beigesetzt. Diese durch ein Eisengitter eingefasste Anlage befand sich im Feld IV, in der Nähe der historischen Grabdenkmale von Greiffenberg und von Brauchitsch.

Durch die mütterliche Linie war Wilhelm von Braun mit der Berliner Familie Hoffmann verbunden, sein Großvater war der Königlich Preußische Baurat und Industrielle Friedrich Hoffmann (1818–1900), der Erfinder des Hoffmannschen Ziegelei-Ringofens; seine Mutter, Bertha Auguste Marianne von Braun, geb.

Abb. 118   Gero von Gersdorff.   Abb. 119   Bertha von Gersdorff.

Hoffmann (1856–1919) wurde am 25. Oktober 1919 in der Braunschen Familiengrabanlage beigesetzt.[16] Die Trauerzeremonie in der Garnisonkirche hatte Feldpropst Schlegel geleitet.

Aus dem Gothaischen Adelskalender ist ablesbar, dass Wilhelm von Braun mit dem NS- und späteren in US-Diensten stehenden Raketenentwickler Wernher von Braun (1912–1977) verwandt ist.

Dr. jur. (Heidelberg 1910 bei Hofrat Prof. Dr. von Lilienthal) und Dr. theol. Wilhelm von Braun, geboren in Frankfurt an der Oder, ab 1902 Offizier im 2. Garde-Feldartillerie-Regiment Potsdam, war im Ersten Weltkrieg kaiserlicher Hauptmann, nach einem Einsatz in der Türkei kam er in russische Gefangenschaft und wurde in Sibirien mit sozialistischem Gedankengut vertraut. 1917 konvertierte er zum Katholizismus und war von 1917 bis 1922 im Dienste des Vatikans als Vermittler der internationalen Hungerhilfe für Sowjetrussland tätig.[17] Nach Aussagen eines Familienangehörigen kannte er Lenin persönlich. Später schloss er sich dem Benediktinerorden an und arbeitete in dessen Auftrag in China. Am 25. August 1935 wurde er in seinem Wohnort München verhaftet und in das Konzentrationslager Dachau eingeliefert. In der Polizeiakte ist die Mitgliedschaft in der NSDAP zwischen 1933 und 1935 sowie als Grund der Inhaftierung § 175, also Homosexualität, angegeben. Die Einzelheiten der politischen Aktivitäten von Brauns in jenen Jahren sind bisher nicht aufgeklärt. In den KZ-Unterlagen wurde er als „prominenter Häftling" geführt.

Abb. 120 Militärische Beisetzungszeremonie Geros von Gersdorff auf dem Berliner Offizierskirchhof. Im Hintergrund sein Vater (x) und seine Mutter (xx).

Die NS-Behörden lieferten ihn nach einem Zwischenaufenthalt in einer anderen Strafanstalt ab März 1937 im April 1938 in Dachau ein, verschleppten ihn 1939 in das KZ Buchenwald, 1940 in das KZ Mauthausen und im Juli 1941 wieder nach Buchenwald, wo sie ihn am 29. August 1941 ermordeten.

Bertha von Gersdorff erreichte bei den Behörden, dass die Urne im Erbbegräbnis auf dem Berliner Garnisonkirchhof ihren Platz fand.

Gero von Gersdorff, ihr Sohn, wuchs auf dem väterlichen Rittergut in Cunersdorf auf, trat in das von preußischen Adelsfamilien bevorzugte Kavallerieregiment Nr. 9 in Fürstenwalde/Spree ein und war zu Beginn des Feldzuges gegen die Sowjetunion Rittmeister. Durch die familiären Bedingungen und die internationalen politischen Beziehungen seiner Eltern war von Gersdorff in Kontakt zu Vertretern der Widerstandskreise gegen das NS-Regime gekommen (wahrscheinlich zur Gruppe um Henning von Tresckow im IR No. 9 in Potsdam und im Generalstab des Heeres) und führte in deren Auftrag kleinere Kuriertransporte aus. Bei einem dieser Unternehmungen wurde sein Flugzeug im Dezember 1941 in der Nähe von Orjol abgeschossen. Gero von Gersdorff überlebte schwerverwundet den Absturz im Lazarett in Königsberg und starb am 9. Januar 1942. Die Familie ließ seine sterblichen Überreste mit militärischen Ehren auf dem Alten Berliner Garnisonfriedhof im Feld IV in der Nähe der Grabanlage der Familie von Braun beisetzen, in der einige Monate vorher die Urne seines Onkels bestattet worden war. Die Mutter Geros von Gersdorff, Bertha Friederike von Gersdorff-Büttikofer, geb. von Braun, wurde durch das NS-Regime nach dem 20. Juli 1944 festgenommen, da sie in Verbindung zu einer Widerstandsgruppe stand. Sie wurde vom „Volksgerichtshof" verurteilt und am 23. April 1945 angesichts der sich nähernden Roten Armee durch verunsicherte Wärterinnen des Gerichtsgefängnisses in Berlin-Charlottenburg freigelassen.

Brüder und Vettern in Preußen

Die Wälder und Felder, die Kleinstädte und Dörfer nördlich von Fürstenwalde, östlich von Strausberg gehörten über Jahrhunderte den Marwitz', später auch den Lestwitz' und den eingewanderten Finckensteins. Jene Familien waren in den Ehrenbüchern der brandenburgisch-preußischen Orden zahlreich vertreten; die hochrangigen Militärs fanden in den Grüften der Berliner Garnisonkirche ihre Ruhe. Erhalten blieb die kunsthistorisch einmalige Grabanlage der Familien von Lestwitz und von Friedland in Kunersdorf, geschaffen von Bildhauern Berlins und der Mark, die auch ihre Spuren auf dem Offiziersfriedhof in Berlin hinterlassen hatten.

Das Schloss der Finckensteins jedoch in Reitwein und das der Marwitz' in Friedersdorf wurde zerstört, das in Altmadlitz, Mittelpunkt einer von den Finckensteins eingeladenen Musenrunde, blieb erhalten. Schon in der ersten Hälfte des 18. Jahrhundert hatte sich der Ruf von zwei reichsgräflichen Vettern aus dem Hause Finck von Finckenstein zwischen Oder und Spree ausgebreitet: der eine, Wilhelm Ernst, schon 1727 als Oberst verstorben, war der erste Kommandeur der 1717 geschaffenen Berliner Kadettenanstalt, bekannt als einer der Wortführer des Pietismus im preußischen Armeekorps. Der andere, Albrecht Konrad, war General und Erzieher der Kronprinzen Friedrich Wilhelm, des späteren Soldatenkönigs, und dessen Sohn Friedrich. (Abb.121 S. 100)

Auch ein Bruderpaar jener friderizianischen Zeit, nicht märkischer, sondern schottischer Abstammung –

Abb. 122 Wilhelm Ernst Finck von Finckenstein.

James und George von Keith – hatte seinen Bezug zur Berliner Garnisonkirche. Die Brüder waren durch die Gemälde der Hofmaler Christian Bernhard Rode und Adolph Menzel sowie durch den Bildhauer Rauch noch im 19. Jahrhundert bekannt. Rode hatte in einem Gedächtnisbild in der Berliner Garnisonkirche den Generalfeldmarschall James von Keith verewigt, einen der großen Helden des Siebenjährigen Krieges, der feierlich in den Grüften der Kirche beigesetzt wurde. Menzel hatte beide Brüder auf einem Bild – Tafelrunde Friedrich II. in Sanssouci – festgehalten. Rauch verewigte James von Keith am Denkmal Friedrichs II. Unter den Linden – an vorderster Linie, unter dem Kopf des Schlachtrosses, im Halbprofil und in Uniform.

Die Brüder Keith waren nach der zweimaligen Niederlage der katholischen Stuarts 1715 und 1719 emigriert, beide gelangten nach Zwischenstationen in

Frankreich und Russland Anfang der Vierzigerjahre an den Hof Friedrichs II. Lordmarschall George und der jüngere Feldmarschall James waren oft Gäste an der berühmten Tafel im Schloss Sanssouci. James fiel im Siebenjährigen Krieg in der Schlacht bei Hochkirch am 14. Oktober 1758 und wurde in einer würdigen Zeremonie feierlich in den Grüften der Garnisonkirche beigesetzt.

Die Schulenburgs auf Lieberose

Lieberose im Süden Brandenburgs gehörte seit 1519 der aus dem Rheinland stammenden Familie von der Schulenburg. Militärs und hohe Staatsbeamte am Hof in Berlin kamen aus dieser Familie – aus den Häusern Lieberose sowie Salzwedel, Tuchheim und anderen Orten der Altmark.

Es war jener Achaz von der Schulenburg aus dem Haus Salzwedel, den König Friedrich Wilhelm I. 1730 zum Vorsitzenden des Kriegsgerichts zum Hochverratsverfahren über seinen Sohn, den Kronprinzen Friedrich, bestellt hatte. Theodor Fontane hat in seinen Wanderungen durch die Mark Brandenburg des Generalleutnants heikle Rolle zwischen dem Herrscher und seinem Nachfolger beschrieben. Das Schloss der weitverzweigten Familie von der Schulenburg in Lieberose gehört zu den schönsten Barockbauten Brandenburgs.

Abb. 123 Achaz von der Schulenburg.

---

1 Die deutsche Illustrierte, Berlin, 8. Dezember 1936.
2 Fontane, 1966, S. 436.
3 GStAPK, HA VIII, MKB, Mikrofiche/Blatt/Nr. 917/710/791; 917/711/306; 918/908/829; 923/513/154; 923/518; 923/516; 926/083/132; 929/420/377; 1067/170/814.
4 Erste Gemahlin Helena Sophia Erdmuthe, geb. Freiin von Arnold, † 10. Juli 1769.
5 Zweite Gemahlin Sophia Albertine Maria, geb. v. Holtzendorff, † 2. November 1772.
6 Dritte Gemahlin, Friderike Juliane Marie, geb. von Lüderitz, † 1. März 1781, gest. an den Pocken.
7 Vierte Gemahlin Louisa Henrietta Amalia, geb. Freiin von Vernezobre, † 17. Februar 1784.
8 Priesdorff Nr. 1190.
9 Ebenda, Nr. 890.
10 Kiekebusch, Nr. 81. Für weiterführende Informationen sind wir dem Familienverband von Stülpnagel zu großem Dank verpflichtet.
11 Ebenda, Nr. 124.
12 Ebenda, Nr. 177.
13 Domstiftarchiv Brandenburg/Havel, Rh 241/269.
14 Während es über die Beisetzung der Gemahlin Rühles auf dem Berliner Offizierskirchhof in den Militärkirchenbüchern keine Zweifel gibt, sind die Meinungen geteilt über den Begräbnisort des Generals, da er in Salzburg gestorben war und kein Nachweis über einen Transport seiner sterblichen Überreste nach Berlin zu finden ist.
15 Das Familienarchiv wurde uns freundlicherweise durch den in Washington, D. C. (USA) lebenden Bruder des Rittmeisters Gero von Gersdorff, Dr. Ralph von Gersdorff, zur Verfügung gestellt.
16 GStAPK, HA VIII, MKB, Mikrofiche/Blatt/Nr 1041/1567927a.
17 Die Aktivitäten Wilhelm von Brauns werden bei Stehle, 1975, S. 35ff., erstmals erwähnt und in Stehle, 1998, S. 32ff. detailliert dargestellt.

Anhang

Nach den Kirchenbüchern verifizierte Liste der in der Gruft der Garnisonkirche beigesetzten Personen

Name	Vorname	Rang, Familie	geb.	beigesetzt
Ahlimb	Heinrich von	Kapitän Rgt. Herzog von Braunschweig	1750	1790
Alzier	Johanna Carolina Friederica	Tochter des Johann Gottfried A., Hauptmann Artillerie	1777	1789
Anckerstein	Johann Christoph von	Rittmeister Döring-Husaren	1675	1768
Arent	Christoph	Major Artillerie	1727	1788
Arndt	Friedrich Albrecht von	erschossen im Gewölbe durch Leutnant von Steinkeller	1745	1776
Arnim	Charlotte Juliane von, geb. Loeben	Gemahlin des General-Feld-Marschalls		1747
Arnim	Leonora Elisabeth von	Gemahlin Major, Rgt. Glaubst	1704	1772
Arnim	Georg Abraham von (Boitzenburg)	General-Feld-Marschall, Kommandant von Berlin, Schwarzer Adler-Orden	1651	1734
Bachenschwantz	August Heinrich Adolf	Geh.Sekretär	1743	1776
Balge	von	Kapitän Rgt. Larisch/gestorben im Duell		1745
Bandicow	Charlotta Louisa, geb. Rothen	Witwe Kirchenrat Oberpfarrer Christian Samuel B.	1731	1805
Barbones	von	Premier-Leutnant		1751
Bardeleben	August Friedrich Wilhelm von	Sohn des Carl Friedrich von B.	1766	1773
Bardeleben	Christoph Ludwig von	Oberst, Kommandeur Rgt. Markgraf Carl	1703	1754
Bardeleben	Henriette Dorothea Leopoldine von, geb. von Krosigk	Gemahlin Major 1. Feldartillerieregiment	1734	1777
Barfuß	Carl August Heinrich von	Sohn des Frantz Heinrich von B. und der Louisa Sophia Charlotta von B.	1782	1783
Barfuß	Friedrich Wilhelm von	Fähnrich Rgt. Bülow	1751	1770
Barfuß	Louisa Charlotta Sophia, geb. von Krosigk (Kroseck)	Gemahlin des Frantz Heinrich von B., Kapitän Rgt. Bornstedt,	1754	1784
Barowsky	Johann Ignatz	Kapitän Pontonierkorps	1725	1787
Bassewitz	Carl Georg Christoph von	Rittmeister Garde du Corps	1754	1800
Baumgarten	von	Kapitän Rgt. Kleist		1744
Beauvrye	Bernhard von	Generalmajor	1690	1750
Beauvrye	von	Leutnant Artillerie		1742
Below	Johann Ferdinand Ernst von	Stabs-Kapitän Rgt. Jung-Schwerin (aus Pommern)	1749	1791
Below	von	Kapitän		1758
Beneckendorf	von	Leutnant Rgt. Herzog von Braunschweig	1743	1770
Bepper	Carl August	Sohn des Heinrich Gottlieb B., Kapitän 1. Feldart. Rgt.	1783	1783
Bieberstein	Johann Friedrich von	Sekonde-Leutnant	1747	1774
Billerbeck	Amalia Sophia Wilhelmine von	Tochter Hauptmann von B.	1756	1767
Billerbeck	Ernst Friedrich von	Hauptmann, Direktor Pagen Korps	1718	1783
Billerbeck	Joachim Friedrich von	General-Intendant der Armee, Gen.-Insp. Invalidenhaus	1706	1769
Billerbeck	von	Kapitän Rgt. Markgraf Carl		1743
Billerbeck	Johanna Carolina Elisabeth von, geb. von Haacke	Gemahlin Hauptmann	1739	1778
Blanck	Friedrich	Premier-Kapitän, Artillerie	1729	1784
Blanck	Friedrich Ludwig	Sohn des Friedrich B.	1757	1774
Blanck	Sophia Dorothea, geb. Lestel	Witwe des Friedrich B., Premier-Kapitän, Artillerie	1730	1791
Blanckensee	von	Sohn des Generalmajor von B.		1743
Blankensee	von	Leutnant		1775
Blankenstein	von	Oberstleutnant		1731
Block	Ermina Sicilia Henrietta von	Tochter des Johann Carl Friedrich, Major 1. Feldart. Rgt.	1784	1787

Blumenthal		Oberstleutnant, Wartensleben Erbbegräbnis		1763
Blumenthal	August Friedrich Valentin von	Sohn Oberstleutnant, Wartensleben Erbbegräbnis	1770	1775
Blumenthal	Christian Wilhelm Ludwig von	Sohn Oberstleutnant, Wartensleben Erbbegräbnis	1772	1775
Blumenthal	Ferdinand Friedrich Heinrich Christian von	Sohn des Etat-Ministers	1756	1770
Blumenthal	Hans August Graf von	Oberstleutnant Kavall., Kommandeur Garde du Corps	1722	1788
Blumenthal	von	Kapitän		1732
Blumenthal	von	Rittmeister Garde		1745
Blumenthal	von	Tochter		1777
Bock	Amalia Louise von, geb. Gräfin von Burg	Gemahlin des Generalleutnants	1720	1775
Bock	Carl Friedrich Ludwig von	Kapitän Rgt. Arnim	1758	1798
Bockelberg	Ernst Friedrich von	Generalmajor, Generalintendant, Pour le mérite	1727	1796
Bockum	Johann Christian Sigismund von	Premier-Kapitän Rgt. Woldeck	1738	1783
Boden	Alexander von	Leutnant Rgt. Prinz Heinrich		1769
Bohm	Friedrich Leopold	Geh. Ober-Justizrat und General-Auditeur	1747	1805
Böhm	Carl Ludwig von	Oberst, Orden Pour le mérite	1730	1792
Bomberg	von	Leutnant	1724	1752
Bonin	Carl von	Kapitän Artillerie	1755	1790
Bonin	von	Gemahlin		1748
Bonin	Wilhelm von	Stabs-Kapitän Rgt. Woldeck	1737	1785
Borck	von	Kapitän		1736
Borcke	Adrian Bernhard Graf von	General-Feld-Marschall, Schwarzer Adler-Orden	1668	1741
Borsdorf	von	Leutnant		1733
Borstel	von	Leutnant Rgt. Meyerinck	1729	1755
Bosse	Heinrich Günter Gottfried von	Generalleutnant Infanterie	1680	1755
Boulet	Samuel von	Oberst und Flügel-Adjudant	1739	1790
Boy	Georg Friedrich von	Premier-Leutnant Rgt. Forcade	1705	1749
Braatz	Amalia Louisa Sousetta	Tochter des Friedrich Ludwig Ernst von B., Sek-Leutnant 1. Feldart. Rgt.	1784	1785
Braatz	Johann Joachim	Sohn des Friedrich Ludwig Ernst von B., Sek-Leutnant 1. Feldart. Rgt.	1787	1788
Brandenstein	Carl Wilhelm von	Sohn Ltn Rgt. Bornstedt	1791	1792
Braun	Christoph Heinrich Gottlob von	General d. Infanterie und Stadt-Kommandant (Gouv.-Gewölbe), Schwarzer Adler-Orden, Pour le mérite	1714	1798
Braunschweig	von	Hauptmann Rgt. Rentzel, Todesursache: Hectica	1733	1775
Bredow	Catharina Sophia von	Tochter Minister, Hofdame Witwe Königin	1729	1791
Bredow	Dorothea von, geb. Haasen	Gemahlin des Carl August von B., Major Rgt. Gensd'armes	1754	1798
Bredow	von	Leutnant		1738
Bresemann	von			1762
Briesen	von	Major		1757
Brießen	von	Kadett		1740
Briest	Otto Friedrich Wilhelm von	Fähnrich Rgt. Bornstedt	1766	1789
Brietz	von	Kapitän		1747
Brock	Elisabeth Dorothea	Tochter des Leutnant von B., Rgt. Kreytz	1743	1774
Brösicke	von	Leutnant		1729
Brösicke	von	Major		1758
Bruchhausen	von	Leutnant Rgt. Platen		1741
Brughausen	von	Leutnant Rgt. Anhalt-Zerbst		1742
Brünnow	von	Major		1814
Buchhort	Wilhelmina, geb. Thümen	Gemahlin Major Rgt. Braun	1734	1784
Buddenbrock	Charlotte Johanna von, geb. zu Wacknitz	Gemahlin (3.) des Generalleutnant Johann Jobst Heinrich Wilhelm von B.	1727	1769
Buddenbrock	Elisabeth Dorothea Juliana, geb. von Wallmoden	Gemahlin (1.) des . Generalleutnant Johann Jobst Heinrich Wilhelm von B.	1714	1767
Buddenbrock	Johann Jobst Heinrich Wilhelm von	Generalleutnant, Gouverneur des Kadetten-Korps, Schwarzer Adler-Orden	1707	1781
Buddenbrock	Louise Charlotte Maria von, Baronesse von Kalckstein	Gemahlin (2.) des Generalleutnant Johann Jobst Heinrich Wilhelm von B.	1727	1768
Buddenbrock	von	Leutnant		1743
Bugenhagen	von	Kapitän		1762

Bülow	Johann Albrecht von	Generalleutnant Infanterie, Gouverneur Spandau, Schwarzer Adler-Orden	1708	1776
Bünau	von	Fähnrich Rgt. Dohna		1746
Büren	von	Fähnrich		1771
Burgsdorf	Adolph Friedrich von	Kapitän Schlossgarde	1688	1749
Busch	Heinrich Philipp Wilhelm von	Kammerherr	1691	1765
Busse	George Friedrich	Sohn des Johann George B., Kriegsrat im Oberkriegskollegium	1787	1788
Büttner	Daniel Wilhelm von	Major Rgt. Rentzel	1702	1768
Butzloff	Margaretha Elisabeth, geb. Veinen	Gemahlin des Gottfried B., Feldtrompeter Kadetten-Korps	1688	1719
Byla	von	Leutnant		1756
Cahil	Johann Friedrich von	Major, Rgt. Braun	1720	1776
Caprisi	Friedrich Heinrich Leopold von	Sohn des Christian Friedrich von B., Hauptmann Rgt. Herzog von Braunschweig	1791	1791
Cavan	Sophia Beada geb. Schadzen	Gemahlin Kriegsrat, Ober-Auditeur	1746	1777
Chambo	Susanna Veronica von, geb. von Young	Gemahlin Major (aus Polen)	1766	1788
Chemlin	Johann Anton Franz Wilhelm	Sohn d. Predigers beim Kadetten-Korps Johann Daniel C.	1785	1786
Clair	Gottlieb August von	Ingenieur-Kapitän	1730	1778
Cöln		Regiments-Quartiermeister		1745
Corssanten	Christiana Sophia von, geb. von Löwenblatt	Gemahlin des Friedrich Ludwig von C., Hauptmann Rgt. Bülow	1742	1770
Cronenfels	August Adam von	Stabskapitän Rgt. Alt-Bornstedt	1749	1788
Cronsfeld	von	Oberst		1764
Cunow	Wilhelm Gustav von	Regiments-Quartiermeister Feldart.	1731	1777
Czetteritz		Tochter		1777
Dahmen	von	Kapitän		1730
Damitz	Georg Christoph von	Major Rgt. Ramien	1708	1781
Danckbahren	Maria Helena von, geb. von Hoffmann	Gemahlin Major	1726	1770
Decker	Sabina Sophia von, geb. Moelter	Gemahlin (1.) des Friedrich Wilhelm von D., Premier-Leutnant im 2. Feldart. Rgt., später Generalleutnant	1758	1785
Dentoll	Heinrich	Pontonier-Kapitän	1696	1774
Derschau	Christian Reinhold von	Generalmajor, Mitgl. im Gericht über Leutnant von Katte, Pour le mérite	1679	1742
Dewitz	Henning Otto von	Generalmajor, Pour le mérite	1707	1772
Diebendorf	Abraham	Leutnant	1740	1773
Diebitsch	Carl Philipp Friedrich von	Sohn des Carl Ernst von D., Leutnant Rgt. Schwerin	1789	1790
Dieskau	Karl Wilhelm von	Generalleutnant, Inspekteur der Artillerie, Chef AR 1, Schwarzer Adler-Orden, Pour le mérite	1701	1777
Dieskau	von	Kapitän Rgt. Derschau		1743
Dieskau	von	Leutnant Rgt. Kleist		1743
Ditfurth	von	Sohn Major Rgt. de la Motte Fouqué		1747
Dittmar	Carolina Albertina Juliana von	Tochter Major Feldartillerie	1770	1777
Dittmar	Carolina Philippina von	Tochter Oberst Johann Wilhelm	1786	1786
Dittmar	Henriette Amalie von	Tochter Oberst Feldartillerie	1774	1778
Dittmar	Henriette Christiane	Tochter Oberstleutnant Johann Wilhelm, Kommandeur 3. Feldart.	1780	1781
Dittmar	Johann Wilhelm von	Generalmajor und General-Inspekteur der Artillerie (19 Kinder)	1725	1792
Dittmar	Philipina Henriette von	Tochter des Johann Wilhelm von D., Generalmajor	1789	1789
Dittmar	Sabine Ernestine von, geb. von Holtzmann	Gemahlin des Johann Wilhelm von D., Generalmajor	1735	1774
Dockum	Wilhelmine Sophia geb. Baroness von Reck	Gemahlin (105 Jahre!) von Generalmajor von D.	1676	1781
Dohna-Schlodien	Christoph II. Burggraf und Graf von	Generalleutnant, Schwarzer Adler-Orden, Pour le mérite	1702	1762
Dollen	Levin von	Forstrat, Fürstenwalde, ehem. Pionierleutnant	1715	1768
Dönhoff	Ernst Wladislaus Graf von	Generalmajor	1672	1724
Durant	Heinrich von	Premier-Kapitän Artillerie	1736	1774
Dyherrn	von	Premier-Leutnant		1780
Eichelberg	von	Major Garnison-Rgt.		1743
Eichmann	Johann Friedrich von	Rittmeister Carabiniers	1737	1765
Eichmann	von	Geh. Kriegsrath		1770

Eichstorf	George Maximilian von	Major, Kommandeur eines Bataillons im Rgt. Braun	1732	1785
Eide	Julija	Gemahlin des Christian Anton E., Artillerie	1722	1778
Eimbeck	Johann Friedrich	Auditeur Rgt. Herzog von Braunschweig	1754	1786
Eimbeck	Johann Georg	Kapitän 1. Art.-Rgt.	1743	1781
Eisenberg	Friedrich Johann Emmanuel	Gouverneur bei der Académie militaire	1731	1802
Elsner	Samuel Friedrich	Kapitän Rgt. Möllendorf	1744	1792
Enckevort	Bernhard Friedrich von	Oberst, Kommandant Kadetten-Korps	1716	1791
Ewart	George William	Sohn des brit. Botschafters Joseph Ewart Esqu. Und dessen Gemahlin Elisabeth Susanna geb. von Wartensleben	1785	1789
Faber	Barbara Charlotta von	Witwe des Carl Ludwig von F., Kapitän Artillerie	1721	1792
Faber	Dietrich von	Kapitän 1. Art. Rgt.	1768	1781
Falckenhagen	Baron von	Fähnrich		1758
Faulhaber	Johann Gottlieb von	Kapitän Rgt. Bornstedt	1728	1783
Favrat	Pierre de	Sekonde-Leutnant, Directeur fabrique	1734	1774
Fehrsen	von	Gefreiter-Korporal Rgt. Prinz Anhalt Zerbst		1741
Feilitzsch	Friedrich von	Kapitän Rgt. Württemberg		1754
Ferens	von	Leutnant Garnison-Rgt.		1744
Fidizin	Christian Friedrich	Feldwebel, Rgt. Koschembar	1712	1773
Fiebig	Friederica Wilhelmina Helena, geb. Thiemen	Gemahlin des Johann Friedrich F., Kapitän Feldartillerie	1766	1795
Finck	Ernestine Charlotte von, geb. Freiin von Braun	Gemahlin Major Rgt. Schwerin	1709	1751
Finck	Friderica Juliana Sophia	Tochter General von Finck	1758	1766
Finck	von	Major		1769
Finck	Wilhelm Ernst	Oberstleutnant, Kommandeur des Kadetten-Korps	1680	1727
von Finckenstein				
Finckenstein	Albrecht Konrad Reichsgraf von	General-Feld-Marschall, Großvater des exekutierten Katte mütterlicherseits, Gouverneur von Berlin, Schwarzer Adler-Orden	1660	1735
Fink	von	Major		1751
Fink	von	Oberstleutnant		1754
Foller	Georg Gottfried von	Oberst (pensioniert) Rgt. Götze	1729	1798
Forcade	Marquis de Biaix, Friedrich Wilhelm Quirin von	Generalleutnant, Schwarzer Adler-Orden, Pour le mérite	1698	1765
Forcade	Marquise de Biaix, Maria von, geb. von Montolieu	Gemahlin des Generalleutnant Friedrich Wilhelm Quirin von F.	1709	1767
Franckenberg	Gottlieb Friedrich Wilhelm von	Leutnant Rgt. Braun	1746	1781
Franckenberg	Susanna Sophia Baronesse von, geb. von Rosenthal		1684	1752
Frauendorf	von	Ingenieur-Major		1748
Freyberg	Diederich Carl Leopold von	Stabs-Rittmeister Rgt. Gensd'armes	1753	1788
Gayette	Pierre von	Rittmeister Rgt. Zieten	1729	1772
Gedicke	Lampertus	Feldprobst, Garnisonprediger	1682	1736
Gersdorff	David Gottlob von	Generalleutnant, Gouverneur Spandau, Amtshauptmann Kloster Zinna, Schwarzer Adler-Orden	1658	1732
Geysau	Gottlob von	Leutnant Rgt. Braun	1747	1781
Giedowsky	Friedrich Wilhelm von	Sekonde-Leutnant, Rgt. Bülow	1750	1773
Glasenapp	Anna Margarethe von, geb. von Zastrow	Gemahlin des General-Feld-Marschall Caspar Otto von G.		1741
Glasenapp	Caspar Otto von	General-Feld-Marschall und Gouverneur von Berlin, Schwarzer Adler-Orden	1664	1747
Gleim		Leutnant		1789
Gleim	Elisabeth Charlotta, geb. Sumly	Tochter des Johann Friedrich Gotthelf G., Leutnant Artillerie	1789	1789
Goebel	Johann Sigmund von	Leutnant in poln. Diensten	1760	1789
Goertz	Frank Ludwig	Sohn Obristwachtmeister Rgt. Bornstedt	1778	1780
Goetz	Carl Ludwig von	Oberst und Kommandeur Rgt. Bornstedt	1721	1784
Goetze	Karl Ludwig Bogislaw von	Generalleutnant, Kommandant von Berlin	1743	1806
Goldbeck	Friederica Charlotta von	Witwe des Johann Friedrich von G., Geh. Oberkriegsrat	1729	1805
Goldbeck	Johann Friedrich von	Geh. Oberkriegsrat, General-Auditeur		1787
Goltz	Charlotte Wilhelmine von der, geb. von Graevenitz	Gemahlin des General Georg Franz Konrad von der G.	1720	1771
Goltz	Johann Friedrich von	Leutnant Artillerie		1771

Name	Vorname	Rang/Funktion	*	†
Goltz	Karl Franz Freiherr von der	Generalleutnant, Geh. Staats- und Kriegsminister, Pour le mérite, Roter Adler-Orden	1740	1804
Gostkofsky	von	Sekonde-Leutnant Rgt. Prinz von Braunschweig	1749	1775
Graevenreit	Luise Sophie von, geb. Struben		1719	1771
Grävenitz	Christoph Friedrich Wilhelm von	Kapitän Rgt. Lestoc		1777
Grävenitz	Georg Friedrich von	Rittmeister Rgt. Erbherr Schilde/Perleberg	1742	1778
Grävenitz	von	Fähnrich Rgt. Borck		1742
Gravius	Carl Philipp	Ingenieur-Kapitän Kadetten-Korps	1724	1788
Gravius	Peter Wilhelm Philipp	Sohn Ingenieur-Kapitän	1767	1786
Groeben	George Dietrich von der	Generalleutnant, Chef d. Militärdepartements d. Generaldirektoriums, Pour le mérite	1725	1794
Groeben	von der	Leutnant		1782
Grube	Hans George Carl	Sohn des Carl Heinrich G., Regiments-Quartier-Meister	1782	1783
Gruben	Elisabeth Wilhelmina Friederica von	Tochter des Martin Heinrich von G., Hauptmann Rgt. Braun,	1792	1792
Gruben	Sophia Henrietta Carolina	Tochter des Martin Heinrich von G., Major Rgt. Arnim	1791	1797
Grumbkow	Friedrich Wilhelm von	General-Feld-Marschall, Minister, Amtshauptmann Wittstock	1678	1739
Grünenthal		Major		1769
Gwallich	Johann Friedrich	Auditeur	1737	1772
Haak	von	Kapitän		1751
Haase	Friderica	Tochter		1751
Hacke	Albertina von	Tochter des Friedrich Wilhelm Graf von H., Obristwachtmeister	1778	1780
Hacke	Friedrich Albrecht von	Oberst Kommandeur Rgt. Thiele	1721	1796
Hacke	Friedrich Wilhelm von	Oberst Rgt. Pfuhl	1724	1795
Hacke	Graf von	Oberst		1780
Hacke	Hans Christoph Friedrich Graf von	Generalleutnant und Kommandant hiesiger Residenz, Schwarzer Adler-Orden, Pour le mérite	1699	1754
Hacke	Ludwig Friedrich Ferdinand von	Sohn des Friedrich Wilhelm von H.	1774	1774
Hagemeister	Christoph Ludwig Rudolph	Leutnant Artillerie	1747	1771
Hagen	Amalia Louisa Wilhelmina Ernestina von der	Gemahlin (5.) des Christian Ludwig von der H., Major Rgt. Bornstedt	1753	1787
Hagen	Anton August Graf von	Oberstleutnant, Kgl. Poln. Kurf. Sächs. Kammerherr	1702	1758
Hagen	Elisabeth Charlotte Albertine von der	Tochter des Christian Ludwig von der H., Major Rgt. Bornstedt	1779	1781
Hagen	Friderike Charlotte	Tochter des Christian Ludwig von der H., Major Rgt. Bornstedt	1781	1781
Hagen	Friderike Juliane Marie von der, geb. von Lüderitz	Gemahlin (3.) des Christian Ludwig von der H., Major Rgt. Bornstedt	1747	1781
Hagen	Helena Sophia Erdmuthe von der, Freiin von Arnold	Gemahlin (1.) des Christian Ludwig von der H., Hauptmann, Rgt. Koschembar	1735	1769
Hagen	Joachim Friedrich von der	Major Rgt. Glasenapp	1697	1741
Hagen	Louisa Henrietta Amalia von der, geb. Freiin von Vernezobre	Gemahlin (4.) des Christian Ludwig von der H., Major Rgt. Bornstedt	1749	1784
Hagen	Sophia Albertine Maria von der, geb. von Holtzendorf	Gemahlin (2.) des Christian Ludwig von der H., Hauptmann Rgt. Koschembar	1742	1772
Hagen	von der	Tochter (totgeboren) des Christian Ludwig von der H., Hauptmann Rgt. Koschembar	1769	1769
Hager	Eberhard von	Generalleutnant, Direktor 1. Dept. Kriegskollegium, Pour le mérite	1723	1790
Hake	von	Fähnrich		1740
Hanow	Christian Friedrich	Sekonde-Leutnant, 3. Feldart. Rgt.	1764	1785
Hanstein	Carl Frantz Baron von	Sekonde-Leutnant Artillerie	1752	1784
Hartmann	Friederica Juliana Wilhelmine von	Tochter des Andreas von H., Major Assessor Kriegskollegium 4. Dptm	1789	1791
Hauchwitz	Carl Friedrich von	Major	1717	1773
Haugwitz	Ernst Gottlob von	Premier-Leutnant Rgt. Pfuel	1757	1789
Havenstein	Carl Friedrich Wilhelm	Sohn des Carl Gotthold H., Kapitän Artillerie	1789	1789
Heerdan (ermordet vom Diener)	Christian Ludwig	Regiments-Quartiermeister		1769
Herbst		Kadettenprediger		1773
Herfurth	Christian Gottfried	Kapitän Artillerie	1727	1767
Hern		Tochter des Gustav von H., Leutnant Adjutant Artillerie	1788	1788
Hertzberg	Caspar Friedrich von	Major	1701	1770
Hertzberg	Joachim Wilhelm von	Premier-Leutnant	1739	1771

Hertzberg	von	Kapitän		1759
Heyde		Hauptmann		1764
Heyden	von	Major		1759
Hochwitz	von	Leutnant		1739
Höfer	Georgina Ernestina Dorothea von, geb. Eversmann	Witwe des Johann Bernhard von H., Oberst Artillerie	1736	1801
Höfer	Johann Bernhard von	Oberst Artillerie		1785
Hoffmann	Sabina, geb. von Keller		1710	1773
Hofmann		Regiments-Feldscher		1781
Holstein-Beck	Friedrich Prinz von	Oberst, gefallen vor Prag	1723	1757
Holstein-Beck	Herzog von	General-Feld-Marschall und Gouverneur hiesiger Residenz, Schwarzer Adler-Orden		1750
Holtzendorf	George Wilhelm Ludwig von	Sohn des George Friedrich von H., Leutnant Artillerie	1781	1781
Holtzendorff	Georg Ernst von	Generalmajor, General-Inspekteur der Artillerie	1714	1785
Holtzendorff	Sophia Louisa Christiana von	Tochter des George Friedrich von H., Leutnant Artillerie	1788	1790
Holtzendorff	Wilhelmina Antoinetta Coecilia von	Tochter des George Friedrich von H., Leutnant Artillerie	1783	1784
Holtzmann	Catharina Elisabeth von	Gemahlin des Georg Ludwig von H., Hauptmann Artillerie	1713	1792
Holtzmann	Hans Hermann von	Major und General-Adj. Pour le mérite	1748	1803
Holtzmann	von	Oberst		1759
Holtzmann	von	Leutnant		1760
Holwede	Carolina Friederica Sophia von, geb. Klee	Gemahlin Leutnant Gens d'armes Ferdinand Friedrich Ludwig	1761	1788
Holzmann	von	Kapitän		1754
Horst	Charlotte Caecilia Johanna von der	Tochter des Präsidenten	1766	1767
Horst	von der	Präsident		1768
Hoyen	Johann von	Leutnant Rgt. Lottum	1741	1768
Hoyer	Johann Bernhard von	Oberst, Chef 2. Feldart.Rgt., Pour le mérite	1713	1785
Hugo		Regiments-Quartiermeister		1787
Hülsen	Johann Dietrich von	Generalleutnant und Gouverneur hiesiger Residenz, Schwarzer Adler-Orden, Pour le mérite	1693	1767
Hüser	Maria Carolina Charlotta von	Tochter des Johann Eberhard von H., Leutnant Artillerie	1788	1788
Huß	von	Sekonde-Leutnant		1751
Ilow	von	Kapitän		1758
Ivernois	Bertram von	Fähnrich Rgt. Möllendorf	1773	1792
Jagow	von	Fähnrich		1734
Jagow	von	Major		1776
Jeetz	von	Oberstleutnant		1753
Jeetze	Sophia Friderica von, geb. von Hessig	Gemahlin des Generalmajors Hans Christoph von J.	1724	1794
Jeetze	von	Oberst		1776
Jonaschewsky	Carl Friedrich von	Premier-Leutnant Rgt. Möllendorff	1757	1794
Kahlden	Henning Alexander von	Generalmajor (evtl. Parochialkirche beigesetzt)	1713	1758
Kahlenberg	Alexander Wilhelm von	Oberst, Kommandeur Rgt. Eichmann in Wesel	1715	1787
Kahlenberg	Louisa Henrietta von, geb. von Rothberg	Witwe des Alexander Wilhelm von K., Oberst und Kommandeur Rgt. Eichmann	1739	1798
Kalckreuth	Friedrich Adolf Graf von	General-Feld-Marschall und Gouverneur Berlins, Schwarzer Adler-Orden, Pour le mérite	1737	1818
Kalckstein	Christoph Wilhelm von	General-Feld-Marschall, Schwarzer Adler-Orden	1682	1759
Kanacher	Ernst Ludwig von	Generalmajor	1692	1765
Katte	Hans Heinrich Graf von	General-Feld-Marschall, Vater des 1730 hingerichteten Leutnant von Katte, Schwarzer Adler-Orden	1681	1741
Katte	von	Kornet		1739
Kattinat	Johann August von	Premier-Leutnant Rgt. Below	1729	1776
Kayserling	Baron von	Oberst		1745
Keith	Jacob von	General-Feldmarschall, Schwarzer Adler-Orden	1696	1759
Keith	Johann Carl	Leutnant Artillerie	1746	1783
Kitzing	von	Sekonde-Leutnant Artillerie		1743
Kleemann	Dr.	Ober-Medizinal- und Sanitätsrat		1809
Kleinen		Leutnant		1732
Kleist	Albertine Maria von, geb. von Biedersee	Gemahlin des Henning Alexander von K., General-Feld-Marschall	1700	1731

Kleist	Alexander Ludwig	Sohn des Generalmajors		1741
Kleist	Bogislaw von	Stabs-Rittmeister Gensd'armes	1699	1755
Kleist	Henning Alexander von	General-Feld-Marschall, Schwarzer Adler-Orden, Pour le mérite	1677	1749
Kleist	Luisa Dorothea Julia, geb. von Schwerin		1736	1779
Kleist	von	Leutnant Rgt. Markgraf Carl		1744
Kleist	von	Oberst		1806
Kleist	von	Oberst		1810
Kleist von Nollendorf	Friedrich Heinrich Ferdinand Emil Graf	General-Feld-Marschall, Schwarzer Adler-Orden, Pour le mérite	1772	1823
Klitzing	von	Stabs-Kapitän		1763
Klug	Friedrich Ferdinand	Major Rgt. Arnim	1749	1801
Knauth	Carl Georg Friedrich von	Fähnrich Rgt. Kunheim	1775	1793
Knitter	Johann Simon	Leutnant	1724	1781
Knitter	Sophia Magdalena, geb. Wendert	Witwe des Johann Simon K., Leutnant	1731	1791
Knobelsdorf	von	Kapitän und Oberforstmeister		1760
Knobelsdorff	Eduard Otto Alexander von	Sohn des Heinrich Carl Alexander von K., Offizier Kadettencorps	1788	1790
Knobelsdorff	Wilhelm Friedrich von	Premier-Leutnant Regt. Prinz Friedrich	1739	1775
Knoblauch	Curt Philipp von	Sohn des Philipp Wilhelm von K., Kapitän Rgt. Puttkamer.	1766	1766
Knobloch	Friedrich Ludwig Albrecht Wilhelm von	Sohn des Philipp Wilhelm Von K., Hauptmann Rgt. Rentzel	1764	1768
Köckritz	von	Sekonde-Leutnant		1751
Königsmarck	Sophie Albertine Elisabeth Maria von, geb. von Hacke	Gemahlin des Generals H. J. C. von K.	1734	1755
Korf	Wilhelm von	Leutnant, Adjutant Rgt. Gensd'armes	1751	1773
Koschembar	Friedrich Ernst Julius von	Generalmajor, Chef IR Zeuner	1715	1776
Koschembar	Johanna Wilhelmine von, geb .von Seydewitz, verw. von Hackeborn	Gemahlin des Generalmajors Friedrich Ernst Julius von K.	1718	1773
Kottwitz	Amalia Friderica Louisa von	Tochter des Heinrich Wilhelm von K., Leutnant	1784	1791
Kottwitz	Johanna Christiana von	Tochter des Heinrich Wilhelm von K., Leutnant	1788	1791
Krahmer	Christian August Friedrich	Sohn des Feldschers K., Rgt. Braun	1773	1776
Krahn	Carl Reichhold Burckhardt	Sohn des Majors	1771	1773
Kreckwitz	Carl Friedrich	Fähnrich Rgt. Woldeck	1758	1786
Kreckwitz	Friedrich Wilhelm von	Oberst Reg. Steinkeller	1722	1774
Kreytz	Johann Friedrich Wilhelm von	Generalmajor Infanterie, Hofmarschall Prinz Ferdinand, Hofmeister d. Prinzen Heinrich und Ferdinand	1693	1765
Kröcher	von	Kapitän		1758
Kroseck	von	Fähnrich Rgt. Prinz Ferdinand		1742
Krums	von	Oberst	1699	1748
Kuhnitz	Johann Philipp von	Fähnrich Rgt. Woldeck	1756	1781
Küntzel	Johanna Wilhelmina	Tochter des Feldpredigers Johann Christian K.	1781	1781
Küntzel	Johannes	Sohn des Feldpredigers Johann Christian K., Rgt. Woldeck	1782	1782
Kuntzsch	Johanna Charlotte Wilhelmine, geb. Künzel	Gemahlin Feldpfarrer	1735	1774
Kuntzsch		Feldpfarrer		1773
Kurthaafen	von	Oberst-Wachtmeister		1775
Lademack	Johann Christian Friedrich	Küster Garnisonkirche	1728	1781
Lademus		Leutnant		1773
Lange	Carl Friedrich von	Oberst Kavallerie	1737	1803
Lange	Jacob	Adjutant Rgt. Kleist (zusammen mit Gemahlin)	1671	1749
Lange	Johann Ernst	Oberfeld-Stabs-Chirugus	1740	1790
Lange	Luitgard, geb. Frauendorf	zusammen mit Ehemann	1674	1749
Lange		Major		1771
Langenair	Friedrich Karl von	Generalmajor, Pour le mérite	1737	1802
Langener	von	Kapitän		1754
Langler	von	Leutnant Rgt. Prinz von Anhalt-Zerbst		1741
Latemus	Johann Friedrich	Leutnant	1735	1777
Lattemus	Ernestine	Tochter Leutnant		1776
Laurenze	von	Fähnrich		1743
Lautherien	Salome Catharina, geb. Niemeyer	Gemahlin Leutnant	1650	1703
Ledebur	Mathilde Maria Christine	Gemahlin des Carl Friedrich August Ludwig von L.,	1804	1828

	Wilhelmine von, geb. Freiin von Maltzahn	Rittmeister Garde du Corps		
Legat	Eberhard Leberecht von	Kapitän, Vater des Generals A. C. Heinrich von L.	1690	1773
Legrady	Antoinette	Gemahlin Oberst Zieten-Husaren	1732	1782
Lehmann		erhängt aus Melancholie		1786
Lehsten	Christian Wilhelm von	Leutnant	1764	1792
Lehwald	Abraham von	Major Rgt. Buddenbrock	1711	1771
Lehwald	Otto Fabian von	Oberstleutnant Kommandeur Rgt. Bülow	1706	1769
Lehwaldt	von	Kapitän		1761
Lemcke	Johann Bogislaus von	Leutnant Rgt. Thyna	1749	1784
Lengerke	von	Sekonde-Leutnant Artillerie	1744	1770
Lentulus	Friedrich Wilhelm Caspar von	Kornet, 3. Sohn des Generals R. S. von L.	1749	1770
Lentulus	Robert Scipio Baron von	Major Leib Carabinieri Rgt., 4. Sohn des Generals R. S. von L.	1751	1804
Lentzen	Henrietta Charlotta Wilhemina von	Tochter des Johann Christian von L., Major Artillerie	1780	1790
Lepell	Ernst Wilhelm von	Major Rgt. Möllendorf	1737	1790
Leslee	Sophie	Tochter des Christian David L., Rgt.-Feldscher	1778	1778
L'Estocq	Anton Wilhelm von	General der Cavallerie, Gouverneur von Berlin, Schwarzer Adler-Orden, Pour le mérite	1738	1815
Lestwitz	Johann Georg von	Generalleutnant, Schwarzer Adler-Orden, Pour le mérite	1688	1767
Lettow	Gottlob Conrad von	Major Rgt. Arnim	1743	1799
Lettow	von	Leutnant		1747
Lewald	von	Major		1771
Licht	Johann Andreas	Kantor		1747
Liebermann	Carl Hermann von	Sohn des Carl Moritz von L., Stabskapitän Rgt. Woldeck	1784	1784
Liepen	von	Rittmeister		1730
Liezen	Ernst Carl	Sohn des Franz Carl von L., Hauptmann Rgt. Lottum	1765	1770
Lilien	Georg von	Generalleutnant	1652	1726
Lindner	Carl August	Sekonde-Kapitän Artillerie	1746	1788
Lindner		Premier-Kapitän Feldartillerie		1777
Linger	Cristian Nikolaus von	Generalleutnant, Mitglied im Gericht über Leutnant von Katte, Schwarzer Adler-Orden	1669	1755
Linger	Ernestina Sophia von	Tochter des Peter von L. Major Artillerie	1760	1784
Linger	Maria Elisabeth geb. Oppermann	Ehefrau Hauptmann	1743	1765
Liptay	Carl Georg von	Major Kommandeur Rgt. Berlin	1740	1793
Liptay	Joachim Samuel von	Oberstleutnant Kommandeur Seydlitz, jetzt Belling-Husaren	1699	1770
List	von	Leutnant/gestorben im Duell		1765
Löbel	von	Oberst der Reichs-Armee		1758
Löben	von	Gemahlin Sekonde-Leutnant		1746
Löben	von, geb. Schneider (?)	Gemahlin, St. Nicolai		1744
Loeben	Anna Elisabeth von	Tochter Heinrich Wilhelm von L., Hauptmann Rgt. Lichnowsky	1785	1786
Loeben	Curt Ernst von	Major Rgt. Pfuhl	1725	1783
Loeben	Curt Hildebrand Freiherr von	Generalleutnant, Gouv. Kolberg	1661	1730
Lohmann	Anton Erdmann von	Oberst, Rgt. Herzog von Braunschweig	1716	1773
Lontanus	Johanna Dorothea	Tochter Sekonde-Leutnant Artillerie	1777	1778
Lossow	von	Major		1749
Luck	Carl Johann Sigmund Gotthard von	Sohn des Heinrich Sigmund von L., Hauptmann Rgt. Bülow	1768	1770
Ludecker	von	Gemahlin Major		1742
Lüderitz	von	Kapitän		1751
Magnus	Gottlob	Stabs-Kapitän 2. Art.-Reg.	1712	1769
Malschinsky	Friedrich August Adrianus von	Sohn des Johann Matthias von M., Major Rgt. Braun	1785	1789
Maltitz	Joachim Ernst Baron von	Hauptmann, pensioniert	1764	1830
Manteufel	Anton Heinrich von	Fähnrich Rgt. Alt-Bornstedt	1772	1789
Marconnay	von	Major		1768
Marschall von Bieberstein	Adam Christian	Major Rgt. Alt-Pfuhl	1731	1786
Marschall von Bieberstein	Friderica Charlotta, geb. von Tresckow	Gemahlin des Conrad Leberecht MvB., Generals der Cavallerie	1723	1785
Marschall von Bieberstein	Konrad Lebrecht	Generalleutnant der Cavallerie	1695	1768
Marschall von Bieberstein	Sophia Charlotte	Tochter des Generalleutnants	1744	1765

Marschall von Bieberstein		Gemahlin Rgt. Württemberg		1742
Martitz	Philipp Erdmann Benjamin	Leutnant Artillerie	1762	1802
Marwitz	Albertina Charlotta Friederica von der	Tochter Leutnant Husarenrgt. Zieten	1780	1781
Marwitz	Albertina Ernestina von der	Tochter des Hans Heinrich von der M., Major Rgt. Kunheim	1795	1797
Marwitz	Carolina Friderica Jeanette Auguste	Tochter des Gustav Ludwig von der M., Major (später General) Rgt. Gensd'armes	1763	1769
Marwitz	Carolina Wilhelmina von der	Tochter des George Adolph von der M., Premier-Leutnant	1784	1784
Marwitz	Charlotta Louisa Wilhelmina von der	Tochter des Hans Heinrich von der M. und der Henriette Ernestina von der M., Hauptmann Rgt. Bornstedt	1789	1790
Marwitz	Ferdinand Leopold von der	Sohn des Hans Heinrich von der M., Hauptmann Rgt. Bornstedt	1790	1791
Marwitz	Ferdinand von der	Leutnant KüR Marwitz	1768	1794
Marwitz	Henriette von der	Tochter des Hans Heinrich von der M., Hauptmann Rgt. Bornstedt	1786	1791
Marwitz	Joachim Christoph Hildebrandt von der	Oberst Rgt. Prinz Ferdinand, Whg. Neue Kommandantenstraße	1701	1785
Marwitz	Juliana von der	Tochter des Hans Heinrich von der M., Hauptmann Rgt. Bornstedt	1791	1792
Marwitz	von der	Leutnant		1794
Massow	von	Oberstleutnant		1732
Maukisch	Friederica Augusta Wilhelmina	Tochter des Johann Georg M., Direktor Kgl. Stückgießerei	1784	1801
Maukisch	Johann Georg	Direktor Stückgießerei	1748	1804
Maukisch	Johann Friedrich Wilhelm	Sohn des Johann Georg M., Direktor Stückgießerie, Feldartillerie-Corps	1782	1786
Mayirs	von	Leutnant		1758
Meckling	Maria Elisabeth, geb. Moser	Gemahlin des Johann Christoph Gottfried M., Major	1735	1790
Medina	Franz Heinrich	Kapitän Artillerie	1742	1792
Menck	von	Leutnant Rgt. Kalckstein	1747	
Merkatz	Henrietta Wilhelmine von	Tochter des Johann Friedrich M., Major Feldartillerie	1776	1782
Merkatz	Joachim Wilhelm von	Oberst, Chef 3. Art.-Rgt.	1718	1786
Meseberg	von	Major Belling-Husaren	1735	1770
Metzerat	von	Sekonde-Leutnant Rgt. Schwerin		1748
Michaelis	Friedrich Gottlieb	Wirklicher Geheimer Staats-, Kriegs- und Minister-Präsident	1726	1781
Milaxheim	von	Oberst Kadettenanstalt		1747
Miltitz	Caroline Friderica Johanna Magdalena von	Tochter Hauptmann Rgt. Lottum	1772	1773
Moebis	Johann Gottlieb	Leutnant Artillerie	1743	1796
Möllendorf	Johanna Louise Sophia von	Tochter	1772	1772
Möllendorf	Johanna Wilhelmina Christiana	Tochter Kapitän Rgt. Rentzel	1759	1775
Morgenstern	Johann Melchior von	Oberst Kommandeur Rgt. Bornstedt	1703	1789
Moritz		Leutnant		1747
Mosch	Carl Rudolph von	Generalleutnant, Chef Kadetten Korps, Pour le mérite	1718	1798
Mosch	Ernst Siegismund von	Hauptmann, Gren.Bat. von Hallmar, Erbherr auf Kunersdorf	1724	1787
Mühlbach	Johann Gottfried	Feldprediger Rgt. Braun		1775
Müller	Johann Christian	Sekonde-Leutnant, Adjutant 3. Feldart. Rgt.	1743	1778
Müller	Wilhelm Theodor	Prediger Kadetten-Korps		1771
Müller		Regiments-Quartiermeister		1770
Münchhausen	von	Fähnrich		1731
Münchow	Eleonora von	Gemahlin des Carl von M., Leutnant Rgt. Lichnowsky	1755	1787
Münchow	Gustav Bogislaw von	Generalleutnant und Gouverneur der Feste Spandau, Schwarzer Adler-Orden, Pour le mérite	1686	1766
Münchow	Sophia Eleonora von, geb. von Schwerin	Witwe des Generalleutnants Gustav Bogislaw von M.	1706	1769
Münchow	von	Oberstleutnant		1753
Münchow		Reg-Quartiermeister Rgt. Münchow		1745
Nassau	Christian Max von	Kapitän		1762
Natzmer	Charlotte Justine, geb. Baronesse von Gersdorf, verw. Gräfin von Zinzendorf	Witwe (2. Frau) des General-Feld-Marschalls Dubislaw Gneomar von N.	1675	1763
Natzmer	Dubislaw Gneomar von	General-Feld-Marschall, Schwarzer Adler-Orden	1654	1739
Nauendorff	von	Kapitän		1760

Neander	Pauline Henrietta	Tochter des Karl Gottlieb N., Leutnant Artillerie, und dessen Ehefrau Johanna Friederica	1791	1792
Nethen	Maria Sophia geb. Jaenicke		1696	1773
Nimptsch	von	Sekonde-Leutnant		1756
Nöldecken	Carl Ferdinand	Leutnant Artillerie	1769	1793
Normann	von	Leutnant		1763
Oestereich	von	Kapitän		1733
Oesterreich	von	Leutnant		1740
Oetteritz	Helena Sophie Ernestine Carolina von			1777
Okell	Carl Andreas	Gieß-Leutnant Artillerie	1752	1785
Oppen	Joachim Erdmann	Major		1776
Ordon	Georg	Major Artillerie	1731	1798
Osten	Albrecht von	Kapitän Rgt. Braunschweig	1722	1768
Osten	Gustaph von der	Sekonde-Leutnant Rgt. Zeuner	1736	1766
Osten	von	Premier-Leutnant Rgt. Württemberg	1726	1756
Otterstädt	von	Major Rgt. Borcke		1741
Ottleben	Johann Friedrich	Premier-Leutnant 1.Bataillon. Feldart.	1709	1749
Pannewitz	von	Oberst Artillerie		1748
Pannewitz	Wolf Adolf von	Generalmajor, Vater der Sophie Wilhelmine Charlotte Gräfin Voß	1679	1750
Pape	Ernst Ludwig	Regiments-Quartiermeister Kadetten-Korps	1752	1779
Papstein	Ernst August von	Leutnant Rgt. Woldeck	1754	1781
Papstein	Hennig Christoph Friedrich von	Fähnrich Rgt. Braun	1752	1780
Paulsdorff	Ernst Heinrich von	Oberst, Assessor Kriegskollegium	1723	1791
Paulsdorff	Rahel Dorothea von, geb. von Lüttichau	Gemahlin des Ernst Heinrich von P., Oberst Kriegskollegium	1734	1789
Pelkowsky	Eva Maria von	Tochter des Johann Friedrich von P., Hauptmann Rgt. Zeuner	1762	1773
Pelkowsky	Maria Susanna Friderica von	Tochter des Johann Friedrich von P., Hauptmann Rgt. Zeuner	1751	1766
Pennavaire	Peter Ernst von	Generalleutnant, Rathenow, KüR 11, Schwarzer Adler-Orden, Pour le mérite	1680	1759
Peters	August	Sekonde-Leutnant		1771
Petersdorf	Carl von	Major Rgt. Braun	1719	1786
Petersdorf	Friedrich Albert von	Fähnrich Rgt. Braun.	1753	1777
Petersen	Otto Georg Friedrich	Sekonde-Leutnant Artillerie	1748	1780
Petersen		Leutnant		1780
Pfuel	Christian Ludwig von	Generalmajor, Pour le mérite	1696	1756
Pfuel	Ernst Ludwig von	Sohn des Christian Ludwig von P., Generalmajor, Direktor 2. Dept. Kriegskollegium	1718	1789
Pfuhl	George Dietrich von	Oberst Kommandeur Rgt. Braun, Pour le mérite	1723	1782
Pieper	Johann Christian	Auditeur Rgt. Steinkeller		1773
Piette	von	Kapitän		1759
Plach	von	Hauptmann		1766
Platen	von	Major		1739
Platen	von	Oberstleutnant		1760
Platen	Wichard Chistian von	Oberst, Kommandeur Rgt. Thyna	1732	1783
Plettenberg	Baron von	Leutnant		1759
Plothow	von	Oberstleutnant		1762
Plötz	Johann Ernst von	Oberst und Chef des Kadetten-Korps	1707	1782
Podewils	Sophia Louisa von		1751	1774
Poser	von	Kapitän		1750
Priesen	Hans Friedrich von	Kapitän Rgt. Koschembar	1734	1770
Prittwitz	von	Leutnant		1751
Pritzelwitz	von	Gemahlin Oberst von P.		1778
Pritzelwitz	Adam Heinrich von	Oberst Chef 2. Feldart. Rgt.	1727	1787
Probst	Friedrich Bernhard Sigmund von	Premier-Leutnant Rgt. Herzog von Braunschweig	1748	1788
Putkammer	von	Kapitän		1745
Putlitz	Albrecht Gottlieb Gans Edler von	Oberstleutnant Rgt. Braun	1718	1794
Putlitz	Caroline Sophia Gans Edle von	Tochter des Albrecht Gottlob Gans Edler von P., Oberstleutnant Rgt. Braun	1767	1792
Putlitz	von	Leutnant		1762

Puttkamer	Amalia Florentina von	Tochter des Alexander Heinrich von P., Hauptmann Rgt. Lichnowsky	1787	1791
Puttkammer	Friedrich August von	Sohn des Alexander Heinrich von P., Hauptmann Rgt. Lichnowsky	1786	1790
Puttkammer	von	Kapitän		1740
Puttkammer	von	Sekonde-Leutnant Rgt. Meyering	1725	1749
Puttkammer	Wilhelmina Juliana von	Tochter des Alexander Heinrich von P., Hauptmann Rgt. Lichnowsky	1789	1790
Puttlitz	von	Sekonde-Leutnant		1753
Quernheim	Friedrich Wilhelm von	Premier-Leutnant Rgt. Thyna	1748	1783
Rabenau	Johann Adolph Ernst von	Stabs-Kapitän Rgt. Jung-Schwerin	1752	1791
Rabenau	Wendel Gottlob von	Kapitän Rgt. Pfuhl	1743	1792
Radicke	Gustav	Sohn des Feldschers R.		1772
Ramin	Friedrich Ehrenreich von	Generalleutnant und Gouverneur Berlins, Schwarzer Adler-Orden, Pour le mérite	1709	1782
Rauchhaupt	von	Leutnant		1732
Rebentisch		Kapitän		1769
Reddel	Martin Heinrich Friedrich	Sekonde-Leutnant Artillerie	1734	1776
Reedern	von	Kornet		1783
Reichardt	Friderica Charlotta Johanna	Tochter des David Ludwig R., Premier-Kapitän Feldartillerie	1784	1785
Reinicke	Johann Ludwig	Generalauditeur	1712	1773
Reinicke	Otto Wilhelm	Sekonde-Leutnant Artillerie	1730	1773
Reiswitz	von	Oberst		1764
Reuß jüngere Linie	Amalia Esperence von, geb. von Wartensleben	Witwe Reichsgraf Heinrichs IX. Minister, Mutter von Heinrich 38., 39., 44.	1713	1787
Reuß jüngere Linie	Heinrich 66.	Sohn des Heinrich 64.	1788	1788
Reuß Jüngere Linie	Heinrich IX. Reichsgraf	Geh. Staatsminister, Schwarzer Adler-Orden	1711	1780
Reuß jüngere Linie	Heinrich Graf von	Sohn Heinrichs XXXVII.	1746	1774
Reuß jüngere Linie	Wilhelmina Friederica Maria Augusta Eleonora	Gemahlin Heinrichs XLIV., Mutter von Heinrich LX. und LXIII.	1755	1790
Reuß jüngere Linie		Sohn totgeboren	1790	1790
Richter	Carl Friedrich	Kgl. Bau-Adjutant	1701	1766
Richter	Johann Carl Adolph	Sohn des Kgl. Bau-Adjutanten R.	1743	1750
Richter	Konstantin	Sohn des Kgl. Bau-Adjutanten R.		1746
Riemer	August Ferdinand	Sohn des Johann Andreas R.	1787	1788
Riemer	Johann Andreas	Dr., Kgl. Obermedizinalrat, Sanitätsrat, Arzt Invalidenkorps	1748	1804
Riemer	Louisa Christina	Gemahlin des Johann Andreas R.	1761	1804
Ritschor	Carl Friedrich von	Chef 2. Artillerie-Rgt.	713	1770
Rose	Anna Gertrut von, geb. Rolfzen	Witwe Oberst R.	1686	1768
Rose	Marcus von	Oberst	1699	1764
Rothenburg	Carolina Charlotte von	Gemahlin des Carl Otto von R., Major Gensd'armes	1752	1780
Rothenburg	Eleonora Johanna Wilhelmina Elisabeth von	Tochter des Carl Otto von R., Major, Gensd'armes	1780	1781
Rothenburg	Friedrich Rudolf Graf von	Generalleutnant, Schwarzer Adler-Orden	1710	1752
Rothenburg	von	Leutnant		1739
Rudolphi	George Christoph Ludwig	Sohn des Ferdinand George R., Auditeur Rgt. Pfuhl	1783	1786
Rüger	Heinrich Ludwig	Major Rgt. Braun	1731	1794
Rumlandt	Christian Friedrich	Major 3. Art.-Rgt.	1714	1769
Sack	August Wilhelm von	Premier-Leutnant 2. Feldart.Rgt.	1745	1783
Sallet	von	Kapitän Rgt. Röder		1743
Sander	von	Leutnant		1760
Sauveur	von St.	Oberst		1731
Schaarschmidt	Samuel	Garnison-Doktor		1747
Schachten	von	Kapitän Artillerie		1747
Schack		Hauptmann		1762
Schack	Christoph Friedrich von	Major Kadetten-Korps	1730	1773
Schack	Friderica Sophia Wilhelmine von, geb. von Stephani	Gemahlin des Friedrich Christoph von Sch. Major	1742	1769

Schack	George Johann von	Major, Gouverneur des Kronprinzen, Pour le mérite	1753	1794
Scheel	Heinrich Otto von	Generalmajor	1745	1808
Schenkendorff	Wilhelmina Maria Albertina Friederica von, geb. von Hieckoll	Gemahlin des Carl Gottlob von Sch., Major und Flügeladjutant Prinz Ludwigs von Preußen	1748	1788
Schertewitz	von	Major		1740
Schimahasy	Joseph Theodor von	Leutnant Rgt. Pfuhl	1755	1788
Schitting	August Ferdinand	Assessor Kgl. Auditoriat	1767	1790
Schlabrenndorff	Alexander Graf von	Major Cavallerie Adjutant Prinz Ludwig	1749	1795
Schlichting	Ludwig Wilhelm Ottokar von	Sohn Hauptmann Rgt. Kunheim	1793	1793
Schlieben	Friedrich Wilhelm Ernst Graf von	Major Rgt. Braun	1731	1783
Schlieben	von	Leutnant		1731
Schlippenbach	Carl Heinrich Graf von	pensionierter Eleve bei der Académie militaire	1786	1801
Schlitte	Johann Carl Heinrich	Feldprediger	1738	1771
Schlochow	Friedrich Wilhelm von	Fähnrich Rgt. Bandemer	1753	1778
Schmaltz	Friderica Maria	Tochter Schul-Organist Leopold Christian		1748
Schmaltz	Johann Daniel	Organist, Lehrer an der Garnisonschule	1730	1772
Schmaltz	Johanna Maria, geb. Fabricius	Witwe des Leopold Christian Sch., Organist Garnisonkirche	1720	1779
Schmaltz	Leopold Christian	Organist Garnisonkirche, Lehrer an der Garnisonschule		1771
Schmeling	von	Major Rgt. Kleist		1748
Schmelinsky	Franz Jacob	Kapitän Rgt. Lichnowsky	1737	1789
Schmettau	Samuel Graf von	General-Feld-Marschall, Grand-Maitre Artillerie, Schwarzer Adler-Orden	1684	1751
Schmidhammer	Johann Christian	Kapitän Feldartillerie	1744	1793
Schmidt	Carolina Henrietta Charlotta	Tochter des Carl Friedrich Sch., Kriegsrat Rgt.-Quartiermeister Kadetten-Korps	1765	1791
Schmidt	Johann George	Sekonde-Leutnant, Artillerie	1746	1783
Schmidt	Juliana Sophia Ulrica Wilhelmina von	Tochter des Friedrich Christoph Levin von Sch., Leutnant Artillerie	1796	1803
Schmidt		Kustos		1761
Schmidt	Ernestina Louisa Wilhelmina, geb. Marcellin	Gemahlin des Carl Friedrich Sch., Ingenieur Kadetten-Korps	1761	1795
Schmucker	Johann Leberecht	erster General-Chirurgus der Armee	1712	1786
Schmude	Franz von	Sekonde-Leutnant	1748	1784
Schmuecker	Maria Katharina, geb. Kramer	Gemahlin des Johann Leberecht Sch., Generalchirurg der Armee	1710	1794
Schönburg	Carolina Regina Gräfin von, geb. von Carlowitz	Gemahlin des Albrecht von Sch., Kapitän Infanterie, Adjutant von Prinz Markgraf Carl	1730	1755
Schönburg-Glaucha	Christian Wilhelm Graf von		1751	1770
Schorlemmer	Anna Catherina Louise von	Tochter des Generalleutnants Ludwig Wilhelm von Sch.	1730	1776
Schorlemmer	Anna Gertraude, geb. von Langen	Witwe des Generalleutnants Ludwig Wilhelm von Sch.	1700	1779
Schorlemmer	Juliana Sophia von	Tochter des Generalleutnants Ludwig Wilhelm von Sch.	1722	1787
Schorlemmer	Ludwig Wilhelm von	Generalleutnant, Pour le mérite	1695	1776
Schröder	Baron von	Leutnant		1730
Schulenburg	Achaz von der	Generalleutnant, Vorsitzender des Gerichts über Leutnant von Katte	1669	1731
Schulenburg	Lewin Rudolph von	Generalleutnant	1721	1788
Schultz	Otto Friedrich Carl Anton	Sohn von Otto Friedrich Sch., Leutnant Artillerie	1782	1783
Schultze	Johann Carl Friedrich	Leutnant Feldartillerie	1776	1794
Schultze	Sophia Louisa, geb, von Kockow	Gemahlin des David Sch., Gießleutnant Artillerie	1762	1788
Schwaenck	Johann Gottfried	Kapitän Artillerie	1716	1781
Schwald	von	Kapitän		1745
Schwartz	Johann Wilhelm	Leutnant Artillerie	1768	1789
Schwartze		Regiments-Quartiermeister		1762
Schwebs	Erdmann Heinrich	Premier-Kapitän 4. Art.Rgt	1709	1777
Schweder	von	Oberst		1730
Schwensintzery	von	Kapitän		1739
Schwerin	Charlotte Albertine, geb. von Kreytzen	Gemahlin des Generalleutnants Philipp Felix Bogislaus von Sch.	1708	1769
Schwerin	Eva Friederica von, geb. von Winterfeldt	Gemahlin Major Carl Magnus von Sch.	1742	1804
Schwerin	Philipp Felix Bogislaus von	Generalleutnant IR 13 Berlin, Pour le mérite	1700	1751
Schwerin	von	Leutnant		1746

Schwerin	von	Major		1750
Schwerin	von	Leutnant		1758
Schwerin	von			1779
Sehler		Leutnant		1762
Selchow	von	Oberst		1740
Selchow				1744
Seydel	Friedrich	Sekonde-Leutnant, Adjutant, 1. Art.Rgt.	1737	1782
Seydlitz	Johann Bogislaw von	Premier-Leutnant		1772
Sglinitzky	Anton Benedict von	Sohn des Anton von S., Hauptmann Rgt. Bornstedt	1778	1780
Sichter	von	Premier-Leutnant		1750
Sindner		Premier-Kapitän		1777
Sitte	Charlotte Justine geb. Schleppen	Gemahlin des Johann Andreas S.	1762	1785
Sitte	Johann Andreas	Kantor der Garnisonkirche und Lehrer an der Garnisonschule	1721	1765
Sohr	Carl August Wilhelm	Sohn des George Wilhelm von S., Oberstleutnant Kommandeur 2. Feldart.Rgt.	1770	1784
Sohr	Dorothea Elisabeth von, geb. von Briest	Gemahlin des George Wilhelm von S.	1741	1783
Sohr	Dorothea Wilhemine	Tochter des Johann Caspar von S.	1773	1774
Sohr	Johann Caspar von	Major Artillerie		1772
Sonnenfeld	Faffenrath von	Premier-Leutnant		1762
Sperling	von	Leutnant Rgt. Württemberg		1745
Spiegel zum Desenberg	Karl Ludwig von	Generalleutnant	1682	1743
Stäbichen		Regiments-Feldscheer		1745
Stankar	Carlotta Wilhelmina von	Tochter des Johann Friedrich Gottlob von St., Leutnant 1.Feldart.Rgt.	1782	1787
Stankar	Charlotta Christina von	Tochter des Johann Friedrich Gottlob von St., Leutnant 1. Feldart. Rgt.	1787	1789
Stegenthien	von	Fähnrich		1737
Stein	Bartholomeus Ludwig von	Major Rgt. Rentzel	1737	1773
Steinkeller	Anton Abraham von	Generalmajor und Stadt-Kommandant, Amtmann Schlauchstädt, Pour le mérite	1714	1781
Steinwehr	August Wilhelm Ferdinand von	Sohn des Friedrich Wilhelm von St., Major Rgt. Thyna	1778	1779
Steinwehr	Charlotte von, geb. von Below	Gemahlin (2.) des Friedrich Wilhelm von St., Oberst, Kommandeur Rgt. Lichnowsky	1755	1793
Steinwehr	Friedrich Wilhelm	Sohn des Friedrich Wilhelm von St., Hauptmann Rgt. Rentzel	1771	1774
Steinwehr	Helena von	Tochter des Friedrich Wilhelm von St., Oberst, Kommandeur Rgt. Lichnowsky	1792	1792
Steinwehr	Juliana von	Tochter des Friedrich Wilhelm von St., Oberst Kommandeur Rgt. Lichnowsky	1792	1792
Steinwehr	Margarethe Henriette von, geb. von Below	Gemahlin (1.) des Friedrich Wilhelm von St., Hauptmann Rgt. Rentzel		1775
Stockhausen	Johanna Sophia, geb. Schwenk	Gemahlin des Carl Ludwig von St., Sekonde-Leutnant	1749	1781
Stosch	von	Major		1779
Strampff	Antoinette Wilhelmina Carolina	Tochter des Johann Ernst von S.	1781	1782
Strampff	Carl Ernst Ludwig von	Sohn des Johann Ernst von S.	1789	1790
Strampff	Carolina Elisabeth Henrietta von	Tochter des Johann Ernst von S.	1785	1786
Strampff	Charlotta Wilhelmina von	Gemahlin des Johann Ernst von S., Kapitän Feldartillerie-Korps	1752	1782
Straß	Carl Wilhelm	Hauptmann und Platz-Major hiesiger Residenz	1736	1788
Stutterheim	von	Major Rgt. Kalckheim		1744
Stzeblitz	von	Kapitän		1739
Sudthausen	von	Fähnrich		1762
Summ	von	Fähnrich Rgt. Kalckstein		1748
Suprian	Gottlieb Bernhard	Hauptmann Artillerie, Todesursache: Hectica	1730	1765
Sydow	Carola Eleoniora Maria von	Tochter	1764	1765
Sydow	Christian Ludwig von	Kapitän Rgt. Thyna	1730	1785
Sydow	Dittloff von	Oberst Rgt. Thyna	1728	1780
Sydow	Egidius Ehrenreich von	General der Infanterie und Kommandeur hiesiger Residenz, Schwarzer Adler-Orden	1669	1749
Sydow	Gustav Adolf von	Generalmajor	1715	1772
Sydow	Maria Louise	Gemahlin Leutnant	1724	1772

Sydow	von	Stabs-Kapitän		1759
Sydow		Kapitän		1763
Tadden	Franz Heinrich von	Major Rgt. Thyna	1735	1784
Tarelle	de la	Oberst		1754
Taubeneck	von	Major Rgt. Prinz Anhalt-Zerbst		1741
Tauentzien	Wilhelmina Louisa Catharina Cecilia von.	Tochter des Generalmajors Friedrich Boguslaw Emmanuel von T	1799	1802
Telicken		Feldwebel		1773
Tesmar	Baltzer Ludwig Christian Friedrich von	Sohn Major Rgt. Langen	1753	1757
Tettau	Daniel von	Generalmajor	1670	1709
Tettenborn	von	Kapitän		1762
Thile	Carl von	Sekonde-Leutnant Rgt. Prinz von Braunschweig	1745	1768
Thingen	von	Premier-Leutnant		1753
Thomsdorf	Adolf Christoph von	Sekonde-Leutnant Rgt. Ramien	1756	1780
Thüna	August Wilhelm von	Generalmajor, Amtshauptmann zu Schlauchstädt	1721	1787
Töpfer		Kapitän		1763
Treskow	von	Kapitän Rgt. Alt-Württemberg		1747
Treskow	von	Leutnant		1751
Troschel	Carl Philipp	Kriegsrat und Ober-Auditeur	1748	1787
Troschke	Carl Friedrich von	Fähnrich Rgt. Steinkeller	1755	1774
Troschke	Friedrich Adolph von	Premier-Leutnant Rgt. Zülchow	1717	1755
Trotow	von	Kornet Rgt. Gensd'armes	1775	1790
Truchsess zu Waldburg	Otto Ludwig von, Erbtruchsess des Hl.Röm.Reiches	Kapitän Rgt. Braun	1749	1789
Truchsess zu Waldburg	Otto Wilhelm von, Graf des Hl. Röm. Reiches	Rittmeister Gensd'armes	1714	1748
Truchsess zu Waldburg	Reichsgraf von	Oberst der Reichs-Armee		1758
Truchsess zu Waldburg	Karl Ludwig Graf von	Generalmajor, Domprobst zu Havelberg, Gesandter in Paris	1685	1738
Tschammer	von	Leutnant		1770
Ugla	von	Fähnrich der Schwedischen Armee		1758
Unruh		Gemahlin (?)		1763
Unruh	Carl Friedrich Wilhelm	Sohn des Premier-Kapitäns von Unruh, Rgt. Woldeck	1782	1785
Valentini	Charlotta Christina Carolina von	Tochter des Georg Heinrich von V., Oberstleutnant Kommandant Fußjäger-Korps.	1780	1793
Varnbüler	Johann Albrecht Ernst von	Sekonde-Leutnant	1750	1772
Vernizobre	von	Fähnrich Rgt. Prinz Hessen		1744
Vietinghoff	Reinhard Ernst von	Leutnant Rgt. Bülow	1750	1774
Vogt	Johann Friedrich	Feldscher Rgt. Bülow	1735	1774
Vogt	Tobias von	Premier-Leutnant Zieten-Husaren	1732	1768
Voitus	Carolina Sidonia Dorothea	Tochter des Feldscher V., Rgt. Woldeck	1782	1783
Voitus		dritter General-Chirurgus der Armee		1787
Voß	Hellmuth George Adam von	Oberstleutnant und Assessor, Kriegskollegium	1733	1791
Wachholtz	Anna Carolina von, geb. von Chambon		1751	1782
Wachholtz	von	Major Artillerie		1746
Wachholtz	von	Oberst		1788
Wagner	Heinrich Wilhelm	Geheimer Kriegs-Sekretär Generalauditorium, Kriegskonsistorium	1741	1789
Walther		Leutnant Rgt. Forcade	1740	1763
Wagner	Henriette Maria	Tochter des Geheimsekretärs Heinrich Wilhelm W.	1775	1778
Wangenheim	George Friedrich von	Leutnant Feldartillerie	1759	1793
Wangenheim	George Friedrich von	Leutnant Feldartillerie	1762	1796
Wangenheim	von	Fähnrich		1749
Wangenheim	von	Major		1775
Wartenberg	Friedrich Wilhelm von	Generalmajor, Schwarzer Adler-Orden	1725	1807
Wartenberg	von	Fähnrich Rgt. Kalkstein	1733	1755
Wartensleben	Alexander Friedrich Wilhelm	Sohn des General-Feld-Marschalls	1765	1768
Wartensleben	Alexander Hermann Reichsgraf von	General-Feld-Marschall, Gouv. von Bln., Schwarzer Adler-Orden, Großvater des exekutierten Leutnant von Katte mütterlicherseits,	1650	1734

Wartensleben	Anna Friederica von, geb. Gräfin von Kameke	Gemahlin (2.) bzw. Witwe von Alexander Leopold von W.	1714	1788
Wartensleben	Anna Sophia Reichsgräfin von, geb. von Tresckow	Gemahlin (1.) des General-Feld-Marschalls	1670	1735
Wartensleben	Elisabeth Louisa Friderica	Tochter von Ferdinand Moritz von W.	1777	1779
Wartensleben	Ferdinand Moritz Graf von	Kammerherr und Hofmarschall des Prinzen Heinrich	1751	1795
Wartensleben	Friedrich Ludwig Reichsgraf von	Oberhofmeister der Königin, Kapitän, Kammerherr, Enkel des General-Feld-Marschalls	1708	1782
Wartensleben	Heinrich Wilhelm Carl von	Sohn von Ferdinand Moritz von W.	1784	1784
Wartensleben	Leopold Alexander Graf von	Generalleutnant, Johanniterorden	1710	1775
Wartensleben	von	Oberst		1764
Wartensleben	von	Sohn des Reichsgrafen August Heinrich von W.	1777	1779
Wartensleben	Wilhelm Friedrich Reichsgraf von	Kapitän, Hof-Marschall, Kammerherr	1740	1777
Wartensleben	Sophia Isabelle Comtesse, geb. von Reuß	Gewölbe Wartensleben		1746
Wedel	Heinrich Sigismund von	Leutnant	1751	1787
Wegener		Sekonde-Leutnant		1750
Weidemann		Leutnant Garnison-Rgt.		1743
Wenckstern	Johann Gustaph von	Major Rgt. Zeuner	1712	1765
Wend	Carl Albert	Sohn Hauptmann Artillerie	1776	1778
Wendeßen	Louisa Friederica Christiana von	Tochter Oberst Kommandeur Reg. Thyna	1768	1781
Wendt	Adolph	Sohn des Johann Carl W., Kapitän 4. Art.Rgt.		1781
Wentzel	Amalia Friederica Charlotte von	Tochter des Carl Christian Ludwig von W., Leutnant Rgt. Lichnowsky	1787	1789
Wentzel	Charlotta Sophia von geb. Ortlieb	Gemahlin des Christian Friedrich von W.	1725	1783
Wentzel	Christian Friedrich von	Oberst Kommandeur 2. Feldart.Rgt.	1707	1782
Wentzel	Friedrich Leopold von	Sohn des Carl Christian Ludwig von W., Leutnant Rgt. Lichnowsky	1788	1788
Wentzel	Sabina von, geb. von Dittmar	Gemahlin des Johann Friedrich von W., Sekonde-Leutnant Rgt. Lichnowsky	1764	1791
Wentzky	Bernhard Friedrich von	Premier-Leutnant Rgt. Lettow	1738	1778
Wentzky	Friedrich Wilhelm von	Leutnant Rgt. Pfuhl	1745	1782
Wiese	Maximilian von	Kapitän Rgt. Woldeck	1744	1784
Wilcken	von	Kapitän		1766
Wildtschütz	Carl Anton von	Kapitän Rgt. Steinkeller	1735	1774
Wilkins	Charlotte Friderica Carolina Henriette	Tochter des Auditeurs Theodor David W.	1773	1774
Wilkins	Theodor David	Auditeur Feldartillerie	1715	1778
Wilkins		Sohn des Auditeurs Theodor David W.	1771	1773
Willisen	Anton Wilhelm von	Kapitän Rgt. Ramin, Todesursache: Hectica	1722	1767
Windheim	Carl Wilhelm von	Premier-Leutnant Rgt. Bülow	1731	1770
Winterfeld	Hans Carl Wilhelm	Sekonde-Leutnant	1747	1779
Winterfeld	Wilhelm von	Oberst Rgt. Lettow, Pour le mérite	1722	1779
Wismar	von	Leutnant		1758
Wobiser	von	Leutnant		1760
Woldeck	Christina Elisabeth von	Tochter des Generalleutnants Hans-Christoph von W.	1744	1788
Woldeck	Hans Christoph von	Generalleutnant	1712	1789
Woldeck	Otto Friedrich von	Major Rgt. Kleist	1745	1791
Woldeck	von	Leutnant		1763
Wolfhardt	Carl Friedrich	Rektor der Garnison-Schule	1760	1794
Wollenroths		Fähnrich		1733
Wulffen	Anna Friederica Emilie von, geb. Kessler	Gemahlin des Carl Moritz von W., Kapitän Rgt. Kunheim	1763	1801
Wulffen	Carl Ferdinand von	Sohn des Ludwig Werner von W., Kapitän Feldartillerie		1795
Wulffen	Carlotta Louisa Wilhelmina von	Tochter des Ludwig Werner von W., Kapitän Feldartillerie	1792	1794
Wulffen	Catharina Elisabeth von, geb. Lehmann	Gemahlin (1.) des Ludwig Werner von W., Kapitän Feldartillerie	1765	1785
Wulffen	Friedrich August von	Oberst und Kommandeur des Kadetten-Korps (ab 1753)	1704	1757
Wulffen	Friedrich von	Oberst Rgt. Steinkeller	1719	1769
Wulffen	Sara von, geb. du Titre	Gemahlin des Alexander Jacob von W., Kapitän Kadetten-Korps	1765	1795
Wulffen	Wilhelm Theodor Werner von	Sohn des Ludwig Werner von W., Kapitän Feldartillerie,	1783	1786

Wulffen	Wilhelmine Friederica Dorothea Eleonore von, geb. von Wackerhagen	Gemahlin des Friedrich von W., Oberst	1721	1778
Wulffen		Oberst		1777
Wurmb	Fiedrich Ludwig von	Oberstleutnant Depotbataillon Möllendorf	1717	1788
Wutenow	von			1757
Wuthcnow	Philipp Heinrich von	Kapitän Rgt. Koschembar, gestorben an Blessuren	1725	1771
Wylich und Lottum	Friedrich Wilhelm Graf von	Generalmajor und Stadt-Kommandant, Pour le mérite	1716	1774
York	von	Fähnrich		1739
Zabeltitz	Carolina Henrietta von, geb. Lehmann	Gemahlin des Friedrich von Z., Leutnant Rgt. Schwerin	1763	1790
Zastrow	Anna Christiana von, geb. Bilek	Witwe des Rüdiger Arnshelm von Z., Hauptmann Rgt. Lichnowsky	1713	1787
Zastrow	von	Leutnant Rgt. Kleist		1747
Zechin	von	Gemahlin Oberstleutnant		1742
Zeißler		Leutnant		1782
Zenge	Friderica Augustina von	Tochter des August von Z., Major Rgt. Lichnowsky	1784	1786
Zenge	Sophia Eleonora von	Tochter des August von Z., Oberst Rgt. Lichnowsky	1791	1793
Zeuner	Karl Christoph von	Generalmajor, Por le mérite	1703	1768
Zeunert	Friedrich Wilhelm	Sohn Leutnant Rgt. Friedrich	1772	1775
Ziegler	August Leberecht von	Kapitän Rgt. Bornstedt, Schwiegersohn von General Koschembar	1739	1783
Ziegler	Friederica Juliana Ernestina von	Gemahlin des August Leberecht von Z., Kapitän Rgt. Bornstedt, Tochter von General Koschembar	1748	1783
Ziegler	Julius Friedrich	Sohn des August Leberecht von Z. und der Friederica Juliana Ernestina von Z.	1781	1782
Ziegler	von	Premier-Leutnant		1761
Zimmermann	Augusta Louisa	Tochter von Johann Gottlieb Z., Leutnant Artillerie und dessen Gemahlin Louisa Carolina	1790	1790
Zimmermann	Sophia	Tochter von Johann Gottlieb Z., Leutnant Artillerie und dessen Gemahlin Louisa Carolina	1790	1790
Zobel	von	Oberst		1758
Zschuschen	Sophia Wilhelmine von, geb. Hubert	Gemahlin des Heinrich Gottlob von Z.	1752	1780
Zschüschen	Heinrich Gottlob von	Major Rgt. Jung-Schwerin	1739	1791

Personenregister (Auswahl)

Altenstein, Karl Freiherr von Stein zum 147
Arnim, Charlotte Juliane von 174
Arnim, Georg Abraham von 57, 70, 98, 174

Barfuß, Johannes Albrecht von 25, 35
Baudriger 153
Bawyr, Johann Friedrich Freiherr von 25
Becher, Johann Christian 50
Begas, Karl 108f., 114, 142ff., 149, 152
Begas, Reinhold 142
Behr, Heinrich 33
Bekmann, Bernhard Ludwig 37ff.
Berckelmann, Theodor Martin 26
Bismarck, Alexander Wilhelm von 174
Bismarck, August Adam Heinrich von 98, 173
Bismarck, Friedrich Adolf Ludwig von 104, 173
Bismarck, Karl Alexander von 173
Bismarck, Otto von 14
Bittenfeld, Johann Eberhard Ernst Herwarth von 104
Bodt, Jean de 33f., 58f., 74, 91
Boguslawska, Wilhelmine von 177f.
Boguslawski, Albert von 177f.
Boguslawski, Camilla von 177
Boguslawski, Carl Andreas von 104, 177f.
Böhme, Martin Heinrich 74
Bollhagen, Laurentius 54
Borstell, Karl Leopold Heinrich Ludwig von 104, 118, 178
Boyen, Hermann von 103, 120
Bräker, Ulrich 11
Brauchitsch, Ludwig Mathias Nathaniel Gottlieb von 104
Braun, Bertha Auguste Marianne von, geb. Hoffmann 179
Braun, Dr. Wilhelm von 179
Braun, Heinrich Gottlob von 179
Braun, Johann Carl Ludwig von 104
Braun, Konstantin Jakob Albert Ernst von 179
Braun, Wernher von 179
Brause, Johann Georg Emil 120
Brecht, Bertolt 9
Broebes, Jean Baptist 74
Bronsart von Schellendorf, Paul 175
Bronsart von Schellendorf, Marie geb. 175
Buchholz, Familie 161
Busch, Georg Paul 21, 35f., 61, 63, 71, 78, 81, 154ff., 159, 161
Büsching, Anton Friedrich 55
Butzloff, Gottfried 40
Butzloff, Margaretha Elisabeth 40

Canstein, Carl Hildebrand Freiherr von 29, 46, 56ff., 67, 69
Carl von Preußen 105
Carstedt, Johann Caspar 84f., 106
Clemen, Hans 130
Colomb, Peter von 104
Creutz, Boguslav Ehrenreich von 58
Creytzen (Kreytz), Friedrich Wilhelm von 58f.

Dach, Simon 90
Dahn, Felix 177

Decker, Johann Christoph 84f.
Dohna, Alexander Burggraf und Graf zu 25, 29
Dohrmann, Franz 128ff.
Dohrmann, Ursula Ella Martha Maria 131
du Bois, M. Franciscus du 26
Dümler 153

Ebel, Catharina Elisabeth 40
Ebel, Johannes 40
Eberfelt, Daniel 154f.
Effey, Friedrich Wilhelm 130
Eichborn, Johann Albrecht Friedrich 121
Elisabeth, Prinzessin von Bayern 144
Eosander, Johann Friedrich 33f., 74

Feldmann, Christian Friedrich 80
Ferdinand von Preußen 58
Fester, Jeannette 26
Finckenstein, Albrecht Konrad Finck von 100, 172, 181
Finckenstein, Ernst Friedrich Finck von 30, 55f., 87f., 181
Fleischinger, Ferdinand 109
Fontane, Theodor 123, 140f., 143, 172, 178, 182
Forcade 160
Fouqué, Friedrich de la Motte 103f., 144
Francke, August Hermann 28ff., 54ff., 67ff., 84
Friedel, Johann Friedrich 95f.
Friedrich I., König, vormals Friedrich III., Kurfürst 10, 24, 33ff., 41, 53, 55, 58, 60, 77, 135, 154, 156
Friedrich II. 10ff., 54, 59, 80ff., 84ff., 102, 106, 136, 165, 167f., 172, 178, 180, 182
Friedrich Wilhelm, Kurfürst 9, 24f., 167, 174
Friedrich Wilhelm I. 10f., 29ff., 43ff.., 53f., 58, 67, 74, 77ff., 153f., 156, 160, 163, 180, 182
Friedrich Wilhelm II. 87f.
Friedrich Wilhelm III. 13, 18, 106, 108f., 120, 142f., 167f.
Friedrich Wilhelm IV. 13, 18, 109, 111, 120f., 143f., 148f., 151
Friedrich, Caspar David 177
Frommel, Carl Ludwig 124
Frommel, Emil 14, 17, 51, 93, 96, 124ff., 164, 168
Frommel, Otto 124
Fuchs, Paul von 29, 57
Furttenbach, Joseph 41

Gayette, Pierre de 78
Gedicke, Lambertus 10, 44, 57ff., 67ff., 73, 76, 84, 88
Gedicke, Simon 69, 76
Geiss, Moritz & Johann Conrad 88
Georg Wilhelm, Kurfürst 35
Gerlach, Hauptmann 35
Gerlach, Otto von 121,
Gerlach, Johann Philipp 34, 49, 73ff., 78f., 150
Gersdorff, David Gottlob von 55, 69
Gersdorff- Büttigkofer, Bertha Friederike von, geb. von Braun 179f.
Gersdorff, Gero von 179f.
Gersdorff, Hans-Henning von 179
Geßler, Otto 126
Gilly, David Friedrich 178
Glasenapp 61, 64, 81
Gleim, Johann Wilhelm Ludwig 102f., 137, 140
Goens, Georg 9, 39, 71, 86f., 122, 125, 127, 135, 148, 153,
Goes, Albrecht 129

Goethe, Johann Wolfgang 102f.
Goetze, Karl Ludwig Bogislaw von 105
Goltz, Joachim Rüdiger Freiherr von der 25, 105
Groeben, Georg Dietrich von der 166
Groende, von 25
Gronemeyer 130
Gros, Jean Antoine 142
Grumbkow, Friedrich Wilhelm von 25, 29, 56
Grünberg, Martin 33f., 42f., 46.f, 70f., 74, 135
Gustav Adolf, schwedischer König 29

Hacke, Ernst Ludwig von 10
Hacke, Hans Christoph Friedrich, Graf von 12, 83
Hagen, Catharina Hedwig von der 173
Hagen, Christian Ludwig von der 97, 172f.
Hagen, Eva von der 176
Hagen, Thomas Philipp von der 173
Hahn, Robert 86, 142
Hanisius, David 10, 26ff., 35, 59, 69
Hanisius, Johannes 35
Hardenberg, Karl August Graf von 178
Hase, Paul von 176
Hengstenberg, Ernst Wilhelm 121
Henhöfer, Aloysius 124
Hensel, Fanny , geb. Mendelssohn 86, 144, 146
Hensel, Wilhelm 18, 95, 109, 111, 142ff.
Hindenburg, Paul von 14, 127f.
Hobert, Johann Philipp 119
Hocker, Johann Ludwig 53, 68
Hoffmann, Friedrich 179
Holtzendorff, Friedrich Karl von 105
Holtzendorff, Georg Ernst von 105
Hölzer, Dr. 130
Horstmann, Johannes 130
Hrdlicka, Alfred 15
Hymmen, Friedrich 132

Jahn, Adolf 88
Jänicke, Baukommissar 35
Johann Sigismund, Kurfürst 69
Jonas, Ludwig 121, 123
Jordan, Georg 26, 32

Kalckreuth, Friedrich Adolf Graf von 105
Kalckstein, Christoph Wilhelm von 165, 172
Kalckum, Wilhelm von 24
Karsch (Karschin), Anna Louisa 17, 140
Katte, Hans Heinrich von 172
Katte, Hans Hermann, Sohn des vorigen 31, 58
Keith, George von 181f.
Keith, James (Jakob) von 136ff., 141, 164ff., 172, 181f.
Kern, Alfred 87, 162
Kiss, August 88
Kleist, Ewald von 18, 83, 102, 136ff.
Kleist, Heinrich von 103f., 177
Kleist von Nollendorf, Friedrich Heinrich Ferdinand Graf 104, 167f.
Knesebeck, Adolphine von dem Knesebeck 102, 104
Knesebeck, Karl Friedrich von dem 102ff.
Koblanck, Kurt 130
Krauseneck, Johann Wilhelm von 104
Kreytz (Creytzen), Friedrich Wilhelm von 58

Krüger, C. G. 87
Krüger, Friederike 118
Krüger, Heinrich 43f.
Kügelgen, Gerhard von 177
Kühl, Bernhard Oskar Robert 131
Küster, Carl David 84, 88, 102
Küster, Georg Gottfried 37, 39, 70ff.

L'Estocq, Anton Wilhelm von 105, 107, 120
Lafontaine, August Heinrich Julius 101f.
Lange, Joachim Ernst 57
Langen, Karl Ferdinand von 177
Lautherien, Salome Catharina 40
Leibniz, Gottfried Wilhelm 26
Leopold von Anhalt-Dessau 32, 35, 56, 59, 70
Lessing, Gotthold Ephraim 26, 140
Liese, Kur 115
Loeben, Curt Hildebrand von 29f., 55ff., 59, 68, 172
Lonicer, Heinz 129
Louis Ferdinand von Preußen 177f.
Ludwig, Hauptmann 35
Luise, Königin von Preußen 119, 177

Marheineke, Philipp Konrad 176
Marx, Ernst 161
Memhardt, Gregor 60
Menken 113
Menzel, Adolph 9f., 19, 30, 54, 83, 122f., 164ff., 181
Meyer, Wilhelm Christian 141
Minutoli, Heinrich von 104f.
Mittag, Carl 143
Müller, Johann Christoph 37, 39, 59
Müller. L. L. 33
Müller, Ludwig 128f.

Nagel, Christoph 10, 26, 29, 53
Napoleon I. 12, 118
Natzmer, Charlotte Justine, geb. von Gersdorff, verwitwete Gräfin von Zinsendorf 33
Natzmer, Dubislaw Gneomar von 29f., 55ff., 59, 69, 81, 83, 172
Naumann, Christoph 10, 32, 35, 43, 69, 90
Neander, Bischof Daniel Amadeus 121
Nering, Johann Arnold 33f.
Nicolai, Friedrich 22, 91
Nicolai, Otto 123

Oppeln-Bronikowski, Karl Ludwig von 104

Pennavaire, Peter Ernst von 174
Pesne, Antoine 55, 76, 136
Pitzler, Christoph 18, 21, 35ff., 53, 60
Porst, Johann 59, 69
Prittwitz und Gaffron, Joachim Bernhard von 100, 165, 178

Rabe, Martin Friedrich 107, 143
Radziwill, Fürstin 177
Ramler, Karl Wilhelm 96, 136f., 140, 177
Raschdorff, Julius Carl 162, 168
Rave, Paul Ortwin 148
Reinbeck 85
Reppert, Heinrich Sebastian von 174

Richter, Carl Friedrich 20, 90f.
Richter, Otto 114f., 150
Rochow, Eberhard von 87
Rode, Christian Bernhard 18f., 83, 135ff., 181
Röder, Johann Michael Martin 40f., 153ff., 158, 160, 162f.
Roloff, Michael 59, 69
Ronneberger, Friedrich 129
Rosenberg, Alfred 128
Rosenberg, Johann Georg 52, 76, 91, 137, 141
Rosenthal, Anna 137
Rosenthal, Johann Ernst 26, 32
Roßteuscher 112
Rühle von Lilienstern, Otto August 176f.
Ryckwaert, Cornelis 43, 60

Sauer, Wilhelm 115, 161ff.
Schadow, Johann Gottfried 144
Scharnhorst, Gerhard David von 120, 176ff.
Schievelbein, Hermann 88
Schiller, Friedrich 123
Schilling, Carl 114
Schinkel, Karl Friedrich 20, 88, 108ff., 144, 147f.
Schlegel, Friedrich Gottlob Erich 126f., 179
Schleiermacher, Friedrich Daniel Ernst 14, 120
Schleuen, Johann David 22, 71
Schliepstein, Wilhelm 106
Schlüter, Andreas 17, 33ff., 39ff., 60. 77, 80, 134f., 162
Schmettau, Graf Samuel von 172
Schmidt, Jakob 21, 37, 70, 80
Schnitger, Arp 153, 160
Schöning, Hans Adam von 25, 57
Schuke 162
Schulenburg, von der (Familie) 91
Schulenburg, Achaz von der 182
Schulenburg, Fritz-Dietloff von der 131
Schwerin, Kurt Christoph Graf von 83, 136ff., 141
Seeckt, Hans von 14, 126
Seutter, Matthäus 22, 45
Siefart, Major 168
Silbermann 161
Skarbina, Franz 167f.
Smids, Michael Matthias 33
Soller, August 88, 111f.
Spener, Philipp Jakob 28f., 56, 59
Stenger, Johann Melchior 26
Strauß, Friedrich Adolph 14, 108, 123
Stresemann, Gustav 126
Stüler, Friedrich August 18, 109f., 143, 148f., 151
Stülpnagel, Caecilie von 175
Stülpnagel, Ferdinand Wolf von 175f.
Stülpnagel, Helene von 99, 174, 176
Stüpnagel, Jeanette von 175
Stülpnagel, Louis Anton Ferdinand Wolf von 175f.
Stülpnagel, Marie von 175
Stülpnagel, Wolf Wilhelm Ferdinand von 176
Sturm, Leonhard Christoph 42, 59
Sulzer, Johann Georg 136, 140
Sydow, Adolph 13, 118ff.
Sydow, Otto Ferdinand 119

Tauentzien 106, 142

Teichert, Daniel Friedrich Gottlob 93, 118f.
Teichert, Johann Gottlob Benjamin 119
Tempelhoff, Georg Friedrich Ludwig von 104, 119
Teske, Hermann 129
Tettau, Daniel von 25. 40f., 69, 76, 90
Thadden, Johann Leopold von 101
Thomasius, Christian 55
Thorwaldsen, Bertel 152
Tieck, Friedrich 88
Tresckow, Henning von 131, 180
Truchsess, Karl Ludwig Graf von, Truchsess zu Waldburg 98, 165f., 174
Truchsess, Otto Wilhelm Truchsess von Waldburg 165f.
Tuchtfeld, Victor Christoph 69f.

Uffeln, Heinrich von 13, 25

Voß, George Adam von 105
Voß, Hans-Alexander von Voß 105
Voß, Julius von 105

Wach, Karl Wilhelm 108, 142
Wagner, Feldprediger 38, 68
Wagner, Friedrich 160
Wagner, Joachim 71f., 75, 77f., 156ff.
Wagner, Johann Christoph 160
Walther, Johann Friedrich 10, 18, 21, 29, 35ff., 40, 43, 45ff., 56ff., 61, 63, 65, 70ff., 74ff., 81, 86f., 89, 123, 134f., 153, 157, 159, 161
Walther, Dorothea Catharina 72
Walther, Louysa Tugendreich Kühnelein 72
Wartenberg, Johann Casimir Kolbe Reichsgraf von 58
Wartensleben, Alexander Hermann Reichsgraf von 55, 58, 83, 160, 172f.
Wehrhahn, Christian Friedrich 101f.
Weinreich, Leutnant 35
Weiß, Johann Martin 71
Wendland, Hans-Dietrich 132
Werner, Andreas 153
Werner, Anna Maria 21f,
Werner, Anton von 96, 114, 150, 152, 168
Werner, Christoph 153
Wildenbruch, Ernestine von 177f.
Wildenbruch, Ernst von 178
Wildenbruch, Heinrich Emi von 177
Wildenbruch, Ludwig (Louis) von 177f.
Wilhelm I. 13, 109, 120, 123, 125
Wilhelm II. 14, 110, 125
Winckelmann, Johann Jakob 144
Winterfeld, Hans Carl von 83, 136ff., 141, 173
Wippel, Johann Jakob 86
Wippel, Wilhelm Jakob 86ff.
Wittgenstein, August Graf von 25, 58
Wolf, Christian 55, 57
Wölfing, Max 126
Woltersdorff, Johann 63ff.
Wulffen, Baltzer Dietloff von 178
Wulffen, Friedrich August von 179
Wulffen, Joachim Günter von 179

Ziehe, Gottlieb Friederich 13, 102, 106, 109, 118f., 122
Zieten, Hans Joachim von 83, 140f.

Verzeichnis ausgewählter Literatur

Adolph Menzel. 1815-1905. Das Labyrinth der Wirklichkeit. Hrsg. v. Claude Keisch u. Marie Ursula Riemann-Reyher, Köln 1996

„Adreß-Kalenders Der Kön. Preuß. Haupt- und Residentz-Städte Berlin Und daselbst befindlichen Hofes Auff das Jahr 1704", Nachdruck, Berlin 1999

Adreß-Kalenders Der Kön. Preuß. Haupt- und Residentz-Städte Berlin Und daselbst befindlichen Hofes Auff das Jahr 1723, Berlin 1723

Allgemeine Deutsche Biographie. 24 Bd., Leipzig 1875

Allgemeines Künstler-Lexicon. Vorbereitet von Hermann Alexander Müller. Herausgegeben von Hans Wolfgang Singer, Frankfurt/Main 1895-1906

Alte Berliner Kirchen. Hrsg. vom Berliner Stadtsynodalverband, Berlin o. J. (1937)

Anton von Werner. Geschichte in Bildern. Hrsg. v. Dominik Bartmann, Berlin/München 1993

Badstübner, Ernst/Badstübner-Gröger, Sibylle: Kirchen in Berlin, Berlin 1987

Badstübner-Gröger, Sibylle: Der hugenottische Kirchenbau in Berlin und Potsdam. In: Hugenotten in Berlin. Hrsg. von Gottfried Bregulla, Berlin 1988

Bau- und Kunstdenkmale in der DDR. Hauptstadt Berlin. Bd. I, Berlin 1984; Bd. II, Berlin 1987

Becker, Carl: Der Freundschaftstempel im Gleimhause zu Halberstadt, Halberstadt 1911

Becker, Wolfgang: Paris und die deutsche Malerei 1750-1840, München 1971

Beese, Dieter: Seelsorger in Uniform. Evangelische Militärseelsorge im Zweiten Weltkrieg, Hannover 1995

Behringer, Wolfgang/Roeck, Bernd (Hrsg.): Das Bild der Stadt in der Neuzeit 1400-1800, München 1999

Bekmann, Bernhard Ludwig: Von der Haupt- und Residenz-Stadt Berlin: das II. Kapitel, von Berlin insbesondere. o. O, o. J. Handschriftliches Manuskript. (Transkription ca. 1913), Exemplar im Zentrum für Berlinstudien, Berlin

Berlin und seine Bauten. 2 Theile, Berlin 1877.

Berlin und seine Bauten. Bd. I und II, Berlin 1896

Berlin und seine Bauten. Teil VI. Sakralbauten, Berlin 1997

Berliner Baukunst der Barockzeit. Die Zeichnungen und Notizen aus dem Reisetagebuch des Architekten Christoph Pitzler (1657-1707), Hrsg. v. Hellmut Lorenz, Berlin 1998

Berlinische Nachrichten Von Staats- und Gelehrten Sachen. 30. Juli 1776

Berlinisches Denckmahl Des Am 12. Aug. des 1720. Jahrs durch Zersprengung Eine Pulver-Thurms von GOTT verhängten Unglücks In Zwoen bey der Garnison-Gemeinde daselbst gehaltnen Buß-Predigten und einer kurtzen Historischen Nachricht, Berlin 1720

Besier, Gerhard: Begeisterung, Ernüchterung, Resistenz und Verinnerlichung in der NS-Zeit (1933 bis 1945). In: Heinrich, Gerd (Hrsg.):Tausend Jahre Kirche in Berlin-Brandenburg, Berlin 1999, S. 703-762

Bibel, Die. Altes und Neues Testament. Einheitsübersetzung, Stuttgart 1980

Biographisch-Bibliographisches Kirchenlexikon, Bd. 11, Herzberg 1996

Bock, Elfried: Adolph Menzel. Verzeichnis seines graphischen Werkes, Berlin 1923

Bohne, Ericus Christophorus: Diarium oder Tage-Büchlein wegen des Königl. Preuß. Einfalls in Nordhausen unter dem Commando des General-Adjutanten und Obristen von Tettau …, Nordhausen 1901

Börsch-Supan, Eva: Berliner Baukunst nach Schinkel 1840-1870, München 1977

Börsch-Supan, Eva: Kirchenbau in Berlin-Brandenburg im 19. Jahrhundert. In: Heinrich, Gerd (Hrsg.): Tausend Jahre Kirche in Berlin-Brandenburg. Berlin 1999, S. 499-526

Börsch-Supan, Eva: Kirchen zwischen 1800 und 1861. In: Berlin und seine Bauten. Teil VI. Sakralbauten, Berlin 1997, S. 39-68

Börsch-Supan, Helmut: Die ‚Geschichte der neueren deutschen Kunst' von Athanasius Graf Raczynski. In: Beiträge zur Rezeption der Kunst des 19. und 20. Jahrhunderts. München 1975, S.15-26

Börsch-Supan, Eva/Müller-Stüler, Dietrich: Friedrich August Stüler 1800-1865, Berlin/München 1997

Boetticher, Friedrich von: Malerwerke des 19. Jahrhunderts. Bd. I, 1 – II, 2, Dresden 1891-1901, vierter unveränderter Nachdruck. Hofheim/Taunus 1979

Borrmann, R.: Die Bau- und Kunstdenkmäler von Berlin, Berlin 1893

Brecht, C.: Die Garnison-Kirche in Berlin. Zur Erinnerung an die 150jährige Einweihungs-Feier derselben am 2. Juni 1872, Berlin 1872

Bröhan, Margit: Franz Skarbina, Berlin 1995

Büsching, Anton Friederich: Beyträge zu der Lebensgeschichte denkwürdiger Personen, insonderheit gelehrter Männer, 1. Teil, Halle 1783

Büttner, Frank: Bernhard Rode – ein Künstler der Aufklärung. In: Kunst im Dienste der Aufklärung. Radierungen von Bernhard Rode. 1725-1797, Kiel 1986, S. 8-14

Burney, Charles: Tagebuch einer musikalischen Reise. Hrsg. v. Eberhardt Klemm, Leipzig 1975

David, Werner: Die Orgel von St. Marien zu Berlin und andere berühmte Berliner Orgeln. Mainz 1949

Dehio, Georg: Handbuch der deutschen Kunstdenkmäler. Bezirke Berlin/DDR und Potsdam, Berlin 1983

Der Berliner Maler Franz Skarbina. Ein Querschnitt durch sein Werk. Bearb. v. Irmgard Wirth, Berlin 1970

Der Knabenmörder verhaftet. In: Berliner Morgenpost, 15. April 1908, Erste Beilage

Devrient, Ernst: Das Geschlecht von Arnim, Leipzig, Teil 1, 1914, Teil 2, 1922

Die deutsche Illustrierte, 8. Dezember 1936.

Eggers, Friedrich: Karl Joseph Begas. In: Deutsches Kunstblatt, 6 (1855), Berlin 1855, S. 339-342

Extract eines Schreibens aus Berlin. Darinnen das am vergangenen 12. Aug. 1720 entstandene Große Unglueck des in Brand gekommenen Pulver-Thurms enthalten …, gedruckt den 16. Aug. Exemplar des Landesarchivs Berlin

Falk, Beatrice/Holz, Bärbel: Das Schicksal der Alten Berliner Garnisonkirche. In: Der Alte Berliner Garnisonfriedhof. Hrsg. Förderverein Alter Berliner Garnisonfriedhof e.V., Berlin 1995

Falkenberg, Regine: Franz Skarbina „Ein Erwachen". Eine Neuerwerbung. In: Museumsjournal 10 (1996) 1, S. 42-45

Feldprediger Magazin, Erster Theil, Stendal 1793, Zweyter Theil, Stendal 1794, Dritter Theil, Stendal 1797

Fester, Jeannette: Erste Ergebnisse der Untersuchungen auf dem Gelände des ehemaligen Gemeindefriedhofs der Berliner Garnison, Manuskript des Vortrags vom 19. 2 .2003, Archiv Förderverein Alter Berliner Garnisonfriedhof e. V.

Flade, Ernst: Lexikon der Orgelbauer des deutschen Kulturkreises. (Orgelbauerlexikon) Maschinenschriftliches Manuskript der Staatsbibliothek PK zu Berlin, um 1960

Fontane, Theodor: Wanderungen durch die Mark Brandenburg, Berlin 1892

Fontane, Wanderungen durch die Mark Brandenburg, Erster Band, München 1966, An Rhin und Dosse

Francke, August Hermann: Die Bekehrung Durch Leibliche Trübsal, Halle 1719

Franz Skarbina – Max Kretzer. In: Quickborn, 1 (1898) 2, S. 17/18

Fried, Michael: Menzel's Realisms. Art and Embodiment in Nineteenth-Century Berlin. New Haven & London 2002

Friedrich Wilhelm II. und die Künste. Preußens Weg zum Klassizismus, Berlin 1997

Friedrich Wilhelm IV. Künstler und König, Frankfurt am Main 1995

Fritsch, K. E. O.: Der Kirchenbau des Protestantismus, Berlin 1893

Frommel, Emil: Für Thron und Altar, Berlin 1901

Frommel, Otto: Frommels Lebensbild, Bd.1, Berlin 1907, Bd.2, Berlin 1908

500 Jahre Orgeln in Berliner Evangelischen Kirchen. Bd. 1 und 2. Hrsg. von Berthold Schwarz, Berlin 1991

Füßli, Johann Rudolf: Allgemeines Künstler-Lexicon oder kurze Nachricht von dem Leben und den Werken der Mahler, Bildhauer, Baumeister … , Zürich 1763

Gauhe, Johann Friedrich: Des Heil. Röm. Reichs Genealogisch-Historischen Adels-Lexici, zweyter und letzter Theil darinne die älteste und ansehnlichste adeliche, freyherrliche und gräfliche Familien …, Leipzig 1747

Gieraths, Günther: Die Kampfhandlungen der brandenburgisch-preußischen Armee, Berlin 1964

Goens, Georg: Geschichte der Königlichen Berlinischen Garnisonkirche, Berlin 1897

Gottschalk, Wolfgang: Altberliner Kirchen in historischen Ansichten, Leipzig 1985

Grashoff, Ehler W.: Raumprobleme des protestantischen Kirchenbaus im 17. und 18. Jahrhundert, Berlin/ Leipzig 1938

Gurlitt, Cornelius: Kirchen. Handbuch der Architektur. 4. Teil. 8. Halbband, Stuttgart 1906

Hachtmann, Rüdiger: Berlin 1848, Berlin 1997

Heckmann, Hermann: Baumeister des Barock und Rokoko in Brandenburg-Preussen, Berlin 1998

Hegemann, Werner: Das steinerne Berlin. 2., unveränd. Aufl., Braunschweig 1976

Hein, Carola: Zur Geschichte der Hauptstadt Berlin. In: Hauptstadt Berlin: internationaler städtebaulicher Ideenwettbewerb 1957/58, Hrsg. Berlinische Galerie e. V., Berlin 1990, S. 10-216

Heinrich, Gerd (Hrsg.): Tausend Jahre Kirche in Berlin-Brandenburg, Berlin 1999

Heinze, R.: Die Ruhestätten der Berliner Garnisonkirche. In: Der Bär 12. Jg. 1886, S. 232-236

Herden, Elke: Kirchenbau und Stadterweiterung. Protestantische Kirchengründungen des 19. Jahrhunderts in der Luisenstadt, Berlin 1996

Hermann, Franz: Atelier-Studien. III. Bei Franz Skarbina. In: Das Atelier, 1 (1891) Heft 13, S. 7-9

Heussi, Karl: Kompendium der Kirchengeschichte, 18. Aufl., Tübingen 1991

Hinrichs, Carl: Der Hallesche Pietismus als politisch-soziale Reformbewegung des 18. Jahrhunderts. In: Moderne Preußische Geschichte, Hrsg. v. Otto Büsch und Wolfgang Neugebauer, Bd. 3, Berlin/New York 1981

Hinrichs, Carl: Preußentum und Pietismus, Göttingen 1971

Hintze, Otto: Die Epochen des evangelischen Kirchenregiments in Preußen. In: Moderne Preußische Geschichte 1648-1947, eine Anthologie, Bd, 3, Berlin/New York 1981, S. 1217-1242

Hocker, Johann Ludwig: Pastorale Castrense oder Nützlich und treuer Unterricht vor neu angehende Feldprediger, Onolzbach o. J.

Hübsch, Heinrich: In welchem Style sollen wir bauen?, Karlsruhe 1828

Hundert Jahre Berliner Kunst im Schaffen des Vereins Berliner Künstler, Berlin 1929

Jacobs, Renate: Das graphische Werk Bernhard Rodes (1725-1797), Münster 1990

Joachim, Erich/Klinkenborg, Melle: Familiengeschichte des Gräflich Finck von Finckensteinschen Geschlechts, Berlin 1920

Kammel, Frank Matthias: Der Taufstein der Berliner Garnisonkirche. In: Museumsjournal 9 (1995) Heft 1, S. 44-45

Karg, Detlef: Stadtschloß und Garnisonkirche. Zur Rekonstruktion von Baudenkmälern. In: Brandenburgische Denkmalpflege 2 (1993)1, S. 57-58

Karl Friedrich Schinkel. Lebenswerk. (begr. von Paul Ortwin Rave): Berlin 1. Bauten für die Kunst, Kirchen /Denkmalpflege, Berlin 1941/1981

Kaufmann, Walter: Der Orgelprospekt, Mainz 1949

Kaufmann, Walter: Der Orgelprospekt in stilgeschichtlicher Entwicklung, Mainz 1939

Keisch, Claude: Menzel, die Toten, der Tod. In: Jahrbuch der Berliner Museen. 41. Band 1999. Beiheft, Berlin 1999

Kiekebusch, Werner von: Geschichte des Geschlechts von Stülpnagel, Berlin 1938, Fortsetzung 1957

Kirchen-Agende für die Königliche preußische Armee. Weihnachten 1821. Berlin o. J.

Kitschke, Andreas: Die historische Wagner-Orgel im Dom zu Brandenburg/Havel, Passau 1998

Kitschke, Andreas: Die Potsdamer Garnisonkirche. Potsdam 1991

Klingebiel, Thomas: Pietismus und Orthodoxie. Die Landeskirche unter den Kurfürsten und Königen Friedrich I. und Friedrich Wilhelm I. (1688 bis 1740): In: Heinrich, Gerd (Hrsg.): Tausend Jahre Kirche in Berlin-Brandenburg, Berlin 1999, S. 293- 324

Klinkott, Manfred: Die Backsteinbaukunst der Berliner Schule, Berlin 1988

König , Anton Balthasar: Versuch einer historischen Schilderung der Hauptveränderungen, der Religion, Sitten, Gewohnheiten, Künste, Wissenschaften etc. der Residenzstadt Berlin seit den ältesten Zeiten, bis zum Jahre 1786. Fünften Theils Erster Band. Berlin 1798. Nachdruck, Berlin 1991

Komander, Gerhild: Brandenburgisch-preußische Geschichte. In: Kunst im Dienste der Aufklärung. Radierungen von Bernhard Rode. 1725-1797, Kiel 1986, S. 49, 52/53

Krüger, C. G.: Authentische Nachricht von der mit der Garnisonschule zu Frankfurt an der Oder verbundenen Leopoldsstiftung, Leipzig 1800

Kühne, Günther/Stephani, Elisabeth: Evangelische Kirchen in Berlin, Berlin 1978

Küster, Georg Gottfried: Chronik Des Alten und Neuen Berlin Vierte Abtheilung, Berlin 1769

Kugler, Franz/Menzel, Adolph: Geschichte Friedrich des Großen, Leipzig 1842

Kunst, Hermann (Hrsg.): Gott lässt sich nicht spotten. Franz Dohrmann. Feldbischof unter Hitler, Hannover 1983

Kunst im Dienste der Aufklärung. Radierungen von Bernhard Rode. 1725-1797, Kiel 1986

Kunst-Blatt Nr. 81, 9. Oktober 1820, S. 322-323

Lange, Heinrich: „Marmor-Altar unter glänzendem Dache". Friedrich August Stülers Altartisch der Alten Berliner Garnisonkirche in den verschütteten Gruftgewölben an der Spandauer Straße entdeckt. In: Jahrbuch Stiftung Stadtmuseum Berlin, Bd. VIII, 2002, Berlin 2003, S. 182-204

Lange, Heinrich/Nehls, Harry: Der Altartisch der Alten Berliner Garnisonkirche. In: Museumsjournal 1999, Heft 1, S. 10-13

Ledebur, Carl v.: Tonkünstler Lexikon Berlins, Berlin 1861

Lehmann, Gustaf: Die Ritter des Ordens pour le mérite, Bd. 1 u. 2, Berlin 1913

Lemburg, Peter/Schulte, Klaus: Kirchen zwischen 1861 und 1918. In: Berlin und seine Bauten. Teil VI. Sakralbauten, S. 69-132

Loock, Hans-Dietrich: Vom „Kirchenwesen" zur Landeskirche. Das Zeitalter der Reformen und der Konfessionsunion (1798 bis 1840). In: Heinrich, Gerd (Hrsg.): Tausend Jahre Kirche in Berlin-Brandenburg, Berlin 1999, S. 363-428

Lowenthal-Hensel, Cécile: Wilhelm Hensel 1794-1861. Porträtist und Maler. Werke und Dokumente. Ausstellung zum 200. Geburtstag, Wiesbaden 1994

Lütkemann, Wilhelm: Deutsche Kirchen. Die evangelischen Kirchen in Berlin, Berlin 1926

Menzel, Adolph: Aus Königs Friedrichs Zeit, Berlin 1886

Mertens, Melanie/Lorenz, Hellmut: Kirchen zwischen 1648 und 1780. In: Berlin und seine Bauten. Teil VI. Sakralbauten, Berlin 1997, S. 16-38

Mielke, Friedrich: Potsdamer Baukunst, Berlin 1998

Mittheilungen des Vereins für die Geschichte Berlins. Jg. 9, 1892; Jg. 10, 1893; Jg. 25, 1908

Möller, Horst: Toleranz als „zärtliche Mutter". Kirchen und Konfessionen im Zeitalter der Aufklärung und religiösen Indifferenz (1740 bis 1797). In: Heinrich, Gerd (Hrsg.): Tausend Jahre Kirche in Berlin-Brandenburg, Berlin 1999, S. 325-362

Müller, Johann Christoph/Küster, Georg Gottfried: Altes und neues Berlin, Berlin 1737, 1752

Müller, Konrad Jörg: Denkmale in ländlichen Regionen der Mark Brandenburg, Neuenhagen 2002

Müllerjans-Dickmann, Rita/Haffner, Dorothee/Felbinger Udo: Carl Joseph Begas (1794-1854). Blick in die Heimat, Heinsberg 1994.

Nachlaß Werner, Anton von: Copir-Buch vom 27. November 1906 bis 29. Oktober 1909, Copir-Buch 9. Februar 1907-28. März 1912, Handschriftenabteilung der Staatsbibliothek PK Berlin

Nagler, G. K.: Neues allgemeines Künstler-Lexicon, 22 Bd., 1835-1852, Leipzig

Nicolai, Friedrich: Beschreibung der Königlichen Residenzstädte Berlin und Potsdam, aller daselbst befindlicher Merkwürdigkeiten und der umliegenden Gegend, 1. Band, Berlin 1786

Nicolai, Friedrich: Beschreibung der königlichen Residenzstadt Berlin, Reprint, Leipzig 1987

Nicolai, Friedrich: Ehrengedächtniß Herrn Ewald Christian von Kleist, Berlin 1760

Osborn, Max: Berlin, Leipzig 1909

Pape, Uwe: Orgeln in Berlin, Berlin 2003

Patitz, Ingrid: Ewald von Kleists letzte Tage und sein Grabdenkmal in Frankfurt an der Oder, Frankfurt/Oder 1994.

Paul, Wolfgang: Das Potsdamer Infanterie-Regiment 9 1918-1945, Osnabrück 1985

Peise, Willi: Märkische Dorfkirchen d. 18. Jahrhunderts zwischen Elbe und Oder, Würzburg 1933

Pfundheller: Der Kirchenbau des Protestantismus und die protestantischen Kirchen Berlins, Halle 1895

Preußische Bildnisse des 19. Jahrhunderts. Zeichnungen von Wilhelm Hensel, Berlin 1981

Priesdorff, Kurt von (Hrsg.): Soldatisches Führertum, Band. 1-10, Hamburg o. J.

Pröhle, Heinrich: Abhandlungen über Goethe, Schiller, Bürger und einige ihrer Freunde, mit Knesebecks Briefen an Gleim, Potsdam 1889

Raczynski, Athanasius: Geschichte der neueren deutschen Kunst, 3 Bd., 1 Tafelband, Berlin 1836, 1838, 1841

Rapsilber, Maximilian: Der Hof Wilhelms des Zweiten, Berlin o. J. (1911)

Reber, Franz von: Geschichte der neueren deutschen Kunst, Leipzig 1884

Reden bey der Einweihung der erweiterten und verbesserten Berlinischen Garnison-Schule und der Einführung ihres Rektors am 22. Juni 1785, Berlin 1785

Reichert, Peter: Orgelbau. Kunst und Technik, Wilhelmshaven 1995

Rosenberg, Adolf: Die Berliner Malerschule. 1819-1897, Berlin 1879

Rosenberg, Johann Georg: Die Berliner Stiche. Stadtansichten aus der Zeit Friedrichs des Großen, Berlin 1995

Rosenthal, Anna: Bernhard Rode. Ein Berliner Maler des 18. Jahrhunderts, Berlin 1927

Rudolph, Hartmut: Die Potsdamer Hof- und Garnisonkirche. In: Potsdam. Staat, Armee, Residenz in der preußisch-deutschen Militärgeschichte. Hrsg. v. B. R. Kroener, Frankfurt/Main, Berlin 1993

Rudolph, Hartmut: Das evangelische Militärkirchenwesen in Preußen, Göttingen 1973

Schadow, Johann Gottfried: Kunstwerke und Kunstansichten, Berlin 1849

Schadow, Johann Gottfried: Kunstwerke und Kunstansichten. 1849. Aufsätze und Briefe. 2. Auflage 1890. Eingeleitet und mit einem Register versehen von Helmut Börsch-Supan, Berlin 1980

Schadow, Johann Gottfried: Kunstwerke und Kunstansichten. Ein Quellenwerk zur Berliner Kunst- und Kulturgeschichte zwischen 1780 und 1845. Kommentierte Neuausgabe der Veröffentlichung von 1849, hrsg. v. Götz Eckhardt, Bd. 1-3, Berlin 1987

Scheffler, Karl: Menzel. Der Mensch/Das Werk, Berlin 1933.

Schicketantz, Peter: Carl Hildebrand von Canstein: Leben und Denken in Quellendarstellungen, Halle 2002

Schicksale deutscher Baudenkmale im Zweiten Weltkrieg. Bd. 1 und 2, Berlin 1978

Schiedlausky, Günther: Martin Grünberg. Ein märkischer Baumeister aus der Wende vom 17. zum 18. Jahrhundert, Burg b. Magdeburg 1942

Schild, Erich: Der preußische Feldprediger. Bd. I, Eisleben 1888; Bd II, Halle 1890

Schirrmeister, Gerda: F. A. Stülers Altartisch der Alten Berliner Garnisonkirche. Gutachterliche Stellungnahme 2002/01. Archiv Förderverein Alter Berliner Garnisonfriedhof e. V.

Schmidt, Georg: Das Geschlecht von der Schulenburg, Teil 3, Berlin 1897

Schmidt, Jacob: Berlinische und Cöllnische Merk- und Denkwürdigkeiten. Neudruck des 1727-1734 in Berlin erschienenen Werkes von Jacob Schmidt: Collectionum memorabilium Berolinensium, decas prima (secunda, III, IV), das ist: Derer Sammlung Berlinischer Merck- und Denckwürdigkeiten Erste (Zweyte, IIIte, Vierte) Zehende und Collectionum memorabilium Coloniensium, decas I. Cöllnischer Merck- und Denckwürdigkeiten der erste Zehend. Eingeleitet und mit einem Personenregister versehen von Peter P. Rohrlach, Berlin 1992

Schneider, Kurd: Quellen und Beiträge zur Geschichte der deutsch-evangelischen Militärseelsorge von 1564-1814, Halle 1906

Schubert, Ernst: Die evangelische Predigt im Revolutionsjahr 1848. Ein Beitrag zur Geschichte der Predigt wie zum Problem der Zeitpredigt, Gießen 1913

Schwipps, Werner: Die Garnisonkirchen von Berlin und Potsdam, Berlin o. J. (1964)

Schwipps, Werner: Die Königl. Hof- und Garnisonkirche zu Potsdam, Berlin 1991

Siefart, v.: Ein Erlebnis im Grabgewölbe der Garnisonkirche. In: Mittheilungen des Vereins für die Geschichte Berlins. 25 (1908) 5, S. 134-136

Stehle, Hansjakob: Die Ostpolitik des Vatikans, München/Zürich 1975

St. Marien-Kirche Berlin. Orgelfestwochen. Joachim-Wagner-Orgel, o. O. (Berlin), o. J. (2002)

Strauß, Friedrich Adolph: Uebersicht der Geschichte der Königlichen Garnisonkirche, Berlin 1862

Stüler, Friedrich August: Über die Wirksamkeit König Friedrich Wilhelms IV. in den Gebieten der bildenden Künste. Vortrag gehalten am Schinkelfest ... 1861, Berlin 1861

Sturm, Leonhard Christoph: Bedencken von Protestantischer kleinen Kirchen Figur und Einrichtung, Hamburg 1712

Sturm, Leonhard Christoph: Vollständige Anweisung aller Arten von Kirchen wohl anzugeben, Augsburg 1718

Sydow, Marie: Adolph Sydow. Ein Lebensbild, Berlin 1885

Thieme, Ulrich/Becker, Felix: Allgemeines Lexikon der Bildenden Künstler von der Antike bis zur Gegenwart, Bd.1-37, Leipzig 1907-1950

Tscheschner, Dorothea: Das abgerissene Außenministerium der DDR in Berlin-Mitte, Berlin (1997)

Verzeichnis der in Berlin aufgestellten Gemälde unsers Geschichtsmalers Bernhard Rode. In: Berlinische Monatsschrift, Bd. 23, 1794

Verzeichnis der Werke lebender Künstler, welche in den Sälen des Akademie-Gebäudes vom 14. September an öffentlich ausgestellt sind. 1834. XXVIII. Kunstausstellung der Königlichen Akademie der Künste, Berlin 1834

Völkischer Beobachter, 22. Juli 1933

Vollmer, Hans: Allgemeines Lexikon der bildenden Künstler des XX. Jahrhunderts, 6 Bd., Leipzig 1953-1962

Voß, Georg: Ein Berliner Realist. In: Die Kunst für Alle. Hrsg. von Friedrich Pecht. 3. Jg. 1887-1888 Heft 11, München 1888, S.168-170

Waetzold, Ursula: Preußische Offiziere im geistigen Leben des 18. Jahrhunderts, Dissertation, Göttingen 1936

Walther, Johann Friderich: die gute Hand Gottes über die Kirch- und Schul-Anstalten der Garnison in der Königl. Preuß. Residenz Berlin. Oder Historische Nachricht 1736 Wie und wann die Garnisonkirche und Schule zuerst ..., Berlin 1736 (Handschriftliches Manuskript Stiftung Stadtmuseum Berlin)

Walther, Johann Friedrich: Die gute Hand Gottes über Die Garnison-Kirch- und Schul-Anstallten, in der Königlichen Preußischen Residenz Berlin, oder Historischen Nachricht Wenn und wie die Garnison-Kirche und Schule zuerst gestiftet ..., Berlin 1737

Walther, Johann Friedrich: Die gute Hand Gottes über Die Garnison-Kirch- und Schul-Anstallten, in der Königlichen Preußischen Residenz Berlin, oder Historischen Nachricht Wenn und wie die Garnison-Kirche und Schule zuerst gestiftet ..., Berlin 1743

Walther, Johann Friderich: Die, In der Königl. Garnison-Kirche zu Berlin, befindliche Neue Orgel, Wie selbige, Nach ihrer äussern und innern Beschaffenheit erbauet ... o. O., o. J. (nach 1726)

Walther, Johann Friedrich: Kurzgefasste Historische Nachricht von Fundirung und zweymaliger Erbauung der sogenannten ... Königlichen Residenz Berlin. Aus sicheren Urkunden zusammengetragen ... Sebastians-Kirche 1757, Berlin 1757, Handschriftliches Manuskript, Exemplar der Staatsbibliothek PK, Berlin

Weichert, Friedrich: Die Geschichte der Evangelischen Kirche in Berlin-Brandenburg. Ein Überblick, Berlin 1986

Weigert, Dieter: Preußens schreibende Offiziere, in: Berliner LeseZeichen, 6/7/2000, S. 63ff

Weigert, Dieter: Leyer und Schwert. Der Schriftsteller Karl Andreas von Boguslawski, in: Berliner LeseZeichen, 12/2000, S. 28ff

Weinitz, Franz: Die alte Garnisonkirche in Berlin. Ein geschichtlicher Abriss nebst Schilderung ihrer Zerstörung durch den Brand am 13. April 1908, Berlin 1908

Weinitz, Franz: Bernhard Rodes Allegorische Gemälde Preußischer Kriegshelden aus der Zeit Friedrichs des Großen in der Berliner Garnisonkirche, Berlin 1912

Weisenborn, Günther: Memorial, Leipzig 1968

Werner, Arthur: Der protestantische Kirchenbau des fridericianischen Berlins, Berlin 1913

Wirth, Irmgard: Berliner Malerei im 19. Jahrhundert, Berlin 1990

Wirth, Irmgard: Die Künstlerfamilie Begas in Berlin, Berlin 1968

Woche, Klaus-Rainer. Vom Wecken bis zum Zapfenstreich. Die Geschichte der Garnison Berlin, Potsdam 1998

Woltersdorff, Johann: Die grosse Macht des Zorns, der Güte und Allmacht Gottes, Bey der am 12. August 1720 von GOtt verhängten Zerspringung eines Pulver-Thurms in der Königl. Preußischen Residenz Berlin. In: Umständliche Nachricht, von dem Erschrecklichem Brande In der Königl. Residenz-Stadt Berlin, Durch welchen in der Nacht zwischen dem zweyten und dritten Pfingst-Tage dieses 1730sten Jahres ..., hrsg. von Johann Gustav Reinbeck, Berlin 1730

Zeitschrift für Bauwesen 12, 1862, S. 477-480

Nachwort

Aus Anlass der Ausstellung „Der Adler weicht der Sonne nicht – 300 Jahre Berliner Garnisonkirche in der märkischen Landschaft" stellen die Autoren diesen Band als Bild- und Textbuch vor, ohne den Anspruch auf Vollständigkeit eines Ausstellungskatalogs erheben zu wollen.

Über ein Jahrzehnt Recherchen in Archiven Berlins und des Landes Brandenburg enthüllte bisher Verborgenes, gab Antworten auf Fragen zur Baugeschichte, zu den Biografien der mit der Berliner evangelischen Garnisongemeinde verbundenen Prediger, Offiziere, Lehrer, Organisten, zum Schicksal der in den Grüften der Kirche beigesetzten Persönlichkeiten der Berliner und Brandenburger Kulturgeschichte.

Vertreter bekannter Adelsfamilien der Mark Brandenburg finden ihre Ahnen in diesem Band wieder wie auch an der Geschichte der preußischen Militärseelsorge Interessierte durchaus Neues entdecken werden.

Bauhistoriker, Kunst- und Musikwissenschaftler werden neue Zusammenhänge entdecken, werden insbesondere die Verknüpfungen Berlins mit der Mark Brandenburg, mit den Städten und Dörfern des Havellandes, der Oder-Spree-Region, der Uckermark in neuem Lichte erfassen – sei es in den Klängen der Orgeln der Meister Michael Röder oder Joachim Wagner, in den Bildern Bernhard Christian Rodes und Wilhelm Hensels oder beim sinnlichen Begreifen der Arbeiten Andreas Schlüters und Johann Georg Glumes.

Allen Einrichtungen und Einzelpersonen, die uns ihre Text- und Bildsammlungen zugänglich machten und die uns in vielen Stunden der Debatten auf manche neue Gedanken brachten, sei an dieser Stelle herzlich gedankt:

Evangelisches Zentralarchiv Berlin; Geheimes Staatsarchiv Preußischer Kulturbesitz Berlin; Domarchiv Brandenburg/Havel; Abteilungen Historische Drucke, Handschriften, Karten und Musik der Staatsbibliothek Preußischer Kulturbesitz Berlin; Institut für Musikforschung Preußischer Kulturbesitz Berlin; Stiftung Stadtmuseum Berlin; Kunstbibliothek Preußischer Kulturbesitz Berlin; Bibliothek der Humboldt-Universität Berlin; Landesdenkmalamt Berlin; Landesarchiv Berlin; Zentrum für Berlin-Studien; Historische Sondersammlungen der ZLB Berlin;

Heimatverein Neuhardenberg e.V.; Geschichts-Museum Märkische Güter e.V.; Kirchgemeinde Altlußheim; Büro für Stadtkirchenarbeit im Evangelischen Kirchenkreis Potsdam; Familienverbände von der Hagen, von Voß, von Stülpnagel, Finck von Finckenstein;

im Einzelnen Jutta von Bültzingslöwen, Gisela und Heinz Berg, Christiane Mokroß, Maria Pudellek, Heinrich Lange, Harry Nehls, Jeannette Fester, Fred Nespethal, Peter R. Fuchs, Dieter Frommel, Horst Helas, Reinhold Kirsten, Brigitte Binder, Martin Vogel, Andreas Kitschke.

Besonderer Dank gilt der Brandenburgischen Landeszentrale für politische Bildung und der SIEMENS AG, ohne deren finanzielle Unterstützung diese Publikation nicht möglich gewesen wäre.

Die Autoren

Barbara Kündiger, geboren 1959 in Berlin, Studium der Kultur- und Kunstwissenschaft an der Humboldt-Universität Berlin, von 1985 bis 1995 wissenschaftliche Mitarbeiterin an der Kunsthochschule Weißensee; lebt heute als freie Autorin in Berlin; mehrere Ausstellungen und Veröffentlichungen zur Architektur- und Kulturgeschichte, 2003 erschien von ihr das Buch *Fassaden der Macht*.

Dieter Weigert, geboren 1939 in Erfurt, Studium der Philosophie und Literaturgeschichte in Leipzig, Promotion, Dozent, anschließend Tätigkeit am UNO-Sekretariat in New York; lebt gegenwärtig als freier Autor in Berlin, mehrere Bücher zur Berliner Geschichte, darunter *Das Scheunenviertel, Der Alte Garnisonfriedhof* und *Der Hackesche Markt*.